"211"工程三期重点学科建设I

U0678780

财政法学原理

关于政府与纳税人基本关系的研究

翟继光　著

CAIZHENGFAXUE
YUANLI

经济管理出版社
ECONOMY & MANAGEMENT PUBLISHING HOUSE

前　言
——以人为本，推进财税法研究

中国财税法研究经过 20 多年的发展已经积累了比较丰富的研究成果，研究人员的队伍逐渐壮大，立法机关对财税法的重视程度也与日俱增，财税法开始迎来快速发展的大好时机。

财税法是一个涉及国家生死存亡、百姓安居乐业的重要法律部门，如何推进财税法研究，特别是推进财税法研究朝着有利国计民生的方向发展是值得学界进一步深入研究的课题。财税法研究的初期应当将重点放在基础理论体系的构建上，而发展阶段的财税法则应当更加关注国计民生，应当按照以人为本的原则来研究一些现实的课题和具体的问题，以充分发挥财税法在国家建设和人民福祉提高中的作用。

随着中国改革开放的逐渐深入，随着中国综合国力的不断提升，以人为本中的"人"应该更多转向个体的人、社会底层的人以及具有特殊困难的人。在一个社会整体贫困的时代，不可能奢谈提高每个人的生活水平，只能从国家的整体利益出发，从民族发展的大局出发，此时，可能难以照顾每个人的具体生存状态，也不可避免地要损害部分人的利益。但今天的中国已经不是一个积贫积弱的国家，在国家有能力关怀每个人的生存状态的时候就应该对全体国民实行最低生活水平关怀。

财税法提供了国家履行职责的经济基础，也是国家履行职责的指针，因为国家所履行的任何职责都会反映在财政支出上。目前，我国的财税法还是定位于国家的整体利益，对具体纳税人的生存关怀还远远不够。因此，我国财税法的研究应当更多偏向于对具体纳税人，特别是社会底层和处于特殊困难状态的纳税人的生存关怀。当然，关心具体纳税人并不是要否定国家的整体利益，因为二者在本质上是一致的。国家整体利益最终要体现在每个纳税人的具体生存状态上，每个纳税人的个人利益最终必须通过国家整体利益来实现。如果把国家类比为一个家庭的话，整体利益就是这个家庭要挣更多的钱，而个体利益就是家庭中的每个成员都要得到大体公平的生活保障，不应在富裕家庭中出现挨饿的孩子或者因无钱看病而等死的人。

我国财税法研究中已经出现了一些关注民生，关注具体纳税人生存状态的成果，但远远不够，特别是我们的主流财税法研究尚未转向具体民生，关注的重点还是大民生，还是整体利益。从另一个角度来看，就是研究成果比较原则和抽象，无法直接指导现实制度的改革，与现实生活脱节的现象也比较严重，导致大量研究成果仅仅是作为研究成果而存在，甚至仅仅停留在"自娱自乐"的层面，为创作而创作，创作者本身并未思考其成果的价值问题。

以人为本推进财税法研究需要我们自己深入基层纳税人的生存状态之中，多研究身边的小事，亲自挤一次公交车、与穷人共同生活一天、和上访的人聊聊天、到政府机关去办一件事、与无钱看病而等死的人一起痛哭一场、向一辈子未出大山的人讲一讲"鸟巢"、国家大剧院、城际高铁、飞机、"嫦娥"二号……

如果研究者自身已经满足于社会为其提供的生存状态，已经对他人的痛苦没有切肤之痛，已经失去了探索真理的信心和勇气，财税法研究是不可能真正以人为本的，也是不可能出现长期繁荣景象的。

本书与已经出版的《税法学原理》是姊妹篇，是作者多年来研究财税法的学术成果和心得体会，其中很多论述都贯彻了以人为本的思想，都是作者追求为全体国民实行最低生活水平关怀的体现。

学者的研究成果必须深入社会，为社会所接受和理解，因此，本书除定位于学术专著以外，也立足于本科生和研究生的教材，为此，本书也论述了现行最新的财政法制度，并结合作者的理论观点提出了完善具体财政法制度的基本构想。

本书分为上下两编，上编为财政法基础理论，下编为财政法基本制度。上编论述了政府与纳税人的基本关系、财政公平原则与财政效率原则、财政立宪的源流、财政立宪的经济基础、财政立宪的文化传统、财政立宪的基本要素、财政立宪的基本路径、我国财政立宪的现实基础考察以及我国财政立宪的路径选择。下编论述了财政法的体系、财政收支划分制度、财政预算制度、政府采购制度、财政转移支付制度、政府信息公开制度、彩票管理制度、企业国有资产管理制度以及国库管理制度。

翟继光

2011 年 4 月

北京市昌平区金隅万科城

目　录

上编　财政法基础理论

下编　财政法基本制度

上编　财政法基础理论

第一章 政府与纳税人的基本关系

面对政府为我们提供的种种服务和保障，我们是否有政府养活了我们的感觉？在政府与纳税人的关系中，到底是政府养活了纳税人还是纳税人养活了政府是一个根本问题，它涉及政府和纳税人之间的基本权利和义务，而判断政府和纳税人是否履行了基本义务必须有一个法定的标准，对照这一标准，如果任何一方没有履行或者没有适当履行其自身应尽的义务，就应当承担一定的法律责任。

一、税收取之于民、用之于民、造福于民

当我们从政府①手中取得各类补贴时，当我们享受政府提供的各类免费公共服务时，当我们在生活无着落的困境下政府伸出援助之手时，当政府拨出巨款来进行抢险救灾时，我们是否有一种政府养活了我们的感觉？看到那些热情歌颂政府丰功伟绩的人，看到那些向政府赠送锦旗标语的人，看到那些为政府的举动感动得泪流满面的人，看到那些在记者的镜头面前磕头谢恩的人，我们可以真切地体会到，的确有很多人认为政府养活了我们，我们应当对政府感恩戴德，我们应当牢记政府的养育之恩，我们应当回报政府，我们的政府太伟大了。

可是，我们有没有想过政府的钱来自哪里？政府并不种地，却有吃不完的粮

---

① 关于政府的定义，向来众说纷纭，难有一个统一的说法。但大致上可以分为广义说和狭义说。广义说的政府，泛指一切国家政权机关，如立法机关、司法机关、行政机关以及一切公共机关。有代表性的如英国《大众百科全书》的定义："由政治单元在其管辖的范围内制定规则和进行资源分配的机构。政府的功能：（1）立法；（2）司法；（3）执行、行政管理。"狭义说的政府，专指一个国家的中央和地方的行政机关。《美国百科全书》是这样界定政府的："政府一词适应于管理团体和国家的机构及其活动。通常它指的是诸如英国或日本这些民族国家或其分支如省、市地方政府的组织机构及法定程序。就这一方面而言，政府对已经确认为某一民族国家中成员的事务进行管理。由此可见，政府就是一个国家或社会的代理机构。"我国《宪法》中的"人民政府"就是指各级行政机关，即狭义的政府（参见辛向阳：《新政府论》，中国工人出版社1994年版，第3页；徐争游等编：《中央政府的职能和组织结构》（上册），华夏出版社1994年版，第203页；郭小聪：《论国家职能与政府职能》，载《中山大学学报（社科版）》2003年第2期）。

食；政府并不盖房子，却有住不完的高楼大厦；政府并不生产汽车，却有坐不完的汽车。政府的工作人员整天坐在办公室里，当然偶尔也会出来走走，他们在创造什么？是坐在办公室里的他们在创造养活我们的劳动果实吗？

我们有没有想过，很多人一辈子辛辛苦苦、任劳任怨地工作，为什么到头来还是穷困潦倒、一无所有？我们的劳动所得都到哪里去了？为什么有的人一天挣的钱比我们一辈子挣的钱还多？难道农民种一辈子地创造的价值竟然抵不上歌星嚎一嗓子创造的价值？难道人的劳动成果也和人一样有高低贵贱之分？

其实，仔细思考上述问题就会对是政府养活了我们还是我们养活了政府这个问题有一个比较清晰的认识。人类社会的一切财富，除了大自然赐予的以外，都是劳动创造的，而且主要都是人类劳动创造的，因此，如果没有人织布，没有人种地，没有人盖房子，没有人生产汽车，我们的衣食住行都会毫无着落。无论人类在从事什么样的高智商劳动，其最终的结果无非还是满足人类的基本需要，包括物质上和精神上的。[①]

一般而言，政府并不从事任何物质资料的生产，既不创造物质财富，也不创造精神财富，他们无非是在进行一种类似引导、指挥、管理和分配的工作。政府不仅不创造物质财富和精神财富，还在大量消耗物质财富和精神财富，因为政府需要高楼大厦，公务员需要衣食住行，政府还需要大量的办公经费，政府提供国防、医疗、教育等公共物品更需要巨额的资金。既然政府不仅不创造财富，还在大量消耗财富，那么，创造财富的最终主体就只能是广大的劳动人民。

在现代社会，政府取得财政收入的主要形式是税收，[②] 即政府通过税收的形

---

①　耶林在其名著——《为权利而斗争》中明确表达了劳动是财产权历史和伦理的源头的观点。参见[德] 鲁道夫·冯·耶林：《为权利而斗争》，郑永流译，法律出版社 2007 年版，第 19 页。

②　2010 年全国财政收入为 83080 亿元，其中税收收入为 73202 亿元，占财政收入总额的 88.11%。2009 年全国财政收入为 68476.88 亿元，其中税收收入为 63104 亿元，占财政收入总额的 92.15%。2008 年财政收入总额为 61316.9 亿元，税收收入总额为 54219.62 亿元，占财政收入总额的 88.42%。2007 年财政收入总额为 51304.03 亿元，税收收入总额为 49449.29 亿元，占财政收入总额的 96.38%。2006 年财政收入总额为 39343.62 亿元，税收收入总额为 37636.27 亿元，占财政收入总额的 88.04%。2005 年财政收入总额为 31627.98 亿元，税收收入总额为 30866.95 亿元，占财政收入总额的 97.59%。2004 年这一比例为 97.58%，2003 年为 94.35%，2002 年为 89.86%，2001 年为 92.63%。相关数据来自国家税务总局发布的 1994 年至 2004 年全国税收收入统计数据（http://www.chinatax.gov.cn/shouru2004.htm）以及《关于 2001 年中央和地方预算执行情况及 2002 年中央和地方预算草案的报告》、《关于 2002 年中央和地方预算执行情况及 2003 年中央和地方预算草案的报告》、《关于 2003 年中央和地方预算执行情况及 2004 年中央和地方预算草案的报告》、《关于 2004 年中央和地方预算执行情况及 2005 年中央和地方预算草案的报告》、《关于 2005 年中央和地方预算执行情况与 2006 年中央和地方预算草案的报告》、《关于 2006 年中央和地方预算执行情况与 2007 年中央和地方预算草案的报告》、《关于 2007 年中央和地方预算执行情况与 2008 年中央和地方预算草案的报告》、《关于 2008 年中央和地方预算执行情况与 2009 年中央和地方预算草案的报告》、《关于 2009 年中央和地方预算执行情况与 2010 年中央和地方预算草案的报告》。

式将广大劳动人民的劳动成果转移到政府手中，因此，广大劳动人民也可以称为纳税人。① 政府与劳动人民之间的关系实质上就是政府与纳税人之间的关系。政府向纳税人所提供的一切均来自纳税人，政府所消耗的一切也均来自纳税人，因此，我们可以非常肯定地说是纳税人养活了政府，而非政府养活了纳税人。对此，马克思的一句名言也可以作为佐证："赋税是喂养政府的奶娘。"② 由于这句话的原文是德语，翻译成中文后自然会有一些误差。从中文表述习惯来看，这句话应当这样翻译："税收是喂养政府的奶汁，纳税人是喂养政府的奶娘。"如果向马克思询问这一问题的答案，相信马克思也会赞同我们的观点：是纳税人养活了政府，而非政府养活了纳税人。

二、政府与纳税人的基本权利义务

虽然我们解决了是纳税人养活政府还是政府养活纳税人的问题，但我们还需要进一步探讨，纳税人为什么要养活政府？在纳税人养活政府的基本前提下，政府与纳税人各享有什么权利？又各承担什么义务？

纳税人之所以要养活政府是因为纳税人无法自己养活自己。纳税人的基本需要可以分为两个方面：私人需要和公共需要，其中，私人需要可以通过私人物品③

---

① 纳税人的集合体大体类似于人民和公民的概念，但人民的概念更多强调其阶级属性，与"敌人"相对，在不同历史时期、不同国家，有不同的范围。人民是我国主权的享有者。《宪法》第 2 条规定："中华人民共和国的一切权力属于人民。"公民的概念强调其国籍属性，是根据一国《宪法》和法律享有权利和承担义务的人。《宪法》第 33 条规定："凡具有中华人民共和国国籍的人都是中华人民共和国公民。"纳税人的概念则强调负担了公共物品的经费，有权享受政府提供的公共物品的主体。在大多数情况下，纳税人相当于人民、公民。

② 参见马克思：《1848 年至 1850 年法兰西阶级斗争》，《马克思恩格斯全集》第 7 卷，人民出版社1959 年版，第 94 页。

③ 私人物品是指所有效益和成本都归私人所有并具有彻底的排他性的物品。简单地说：X 支付了对Y 商品的价格时就具有了对 Y 消费的排他性，并且当 X 消费了 Y 后，其他人就不能再消费 Y 了，这种商品就表现为私人物品（参见刘须宽：《罗尔斯"分配的正义观"与诺齐克"持有的正义观"对照研究》，载《伦理学研究》2004 年第 2 期）。曼昆在其经济学教材中认为："私人物品（private goods）在消费中既有排他性又有竞争性。"（［美］曼昆：《经济学原理（第 5 版）：微观经济学分册》，梁小民、梁砾译，北京大学出版社 2009 年版，第 233 页）

来满足，公共需要可以通过公共物品①来满足。对于私人物品，纳税人可以自给自足或者通过市场交换的方式来获得。例如，纳税人的基本私人需要体现在衣食住行各个方面，纳税人可以自己种地满足吃饭的需要，自己织布满足穿衣的需要，自己盖房子解决住房的需要，自己制造车辆满足出行的需要。对于上述私人需要，纳税人之间也可以进行适当的分工，从而通过市场交换的方式来满足。例如，一部分人专门种植粮食，并将吃不完的多余粮食用来交换衣服、住房和车辆，从而解决了仅仅从事一种劳动的纳税人要满足多方面需要的问题。

对于公共物品，纳税人往往没有能力依靠自身的力量来满足，也无法通过市场交换的方式来满足，例如公共安全、国防等。纳税人不可能自己来做警察维护社会治安，因为做警察的人也需要满足私人需要，做警察并不能满足自己在衣、食、住、行方面的私人需要。那么，做警察的人能否依靠自己的警察劳动来向他人换取粮食、衣服、住房和车辆呢？答案是不可行的，因为警察的劳动是一个公共物品，一个人享受了良好的社会治安，丝毫不会影响他人也享受良好的社会治安。因此，如果某个人用自己的粮食、衣服、住房和车辆换取了警察的劳动，那么，不仅这个人获得了良好的社会治安，这个人周围的人也同时获得了良好的社会治安，因此，周围的人就没有必要再购买警察的劳动了，这种行为叫做"搭便车"。② 这非常类似我们打车的行为，一个人打车是这么多钱，两个人打车还是这么多钱，只要出租车能坐下，四个人打的还是这么多钱，因此，在已经有一个人出钱的前提下，其他三个人可以免费乘坐出租车，但问题是，谁愿意做那个出钱的人呢？最终的结果是大家都不愿意出钱，都在等待其他人出钱。但类似社会治安、国防等公共需要是不能等待的，等强盗和侵略者来到我们面前的时候，一切都已经晚了。因此，对于公共需要，纳税人必须建立一个公共机构来提供，这个用来给全体纳税

---

① 萨缪尔森在发表于 1954 年的那篇著名论文——《公共支出的纯粹理论》中指出，公共物品是指每个人对该商品的消费不会造成其他人消费的减少，即具有非排他性、非竞争性和外部经济性。因而可能产生单个成本和社会成本的偏离，单个收益与社会收益的偏离，当市场机制不能解决时，就需要由政府财政来解决（参见李洁：《公共品供给困境的博弈分析与对策》，载《西安财经学院学报》2005 年第 2 期）。曼昆在其经济学教材中认为："公共物品（public goods）在消费中既无排他性又无竞争性。这就是说，不能阻止人们使用一种公共物品，而且，一个人享用一种公共物品并不减少另一个人对它的使用。"（［美］曼昆：《经济学原理（第 5 版）：微观经济学分册》，梁小民、梁砾译，北京大学出版社 2009 年版，第 233 页）斯蒂格利茨在其经济学教材中认为："一个人对一种公共物品的消费（或享受）并不会减少其他人对这种物品的消费，因而其消费是非竞争性的（nonrivalrous）。公共物品还有一个性质是非排他性（nonex-cludability）——也就是说，要排除任何人享受一种公共物品的利益要花费非常大的成本。公共物品的标准例子是国防。"（［美］斯蒂格利茨：《经济学（第二版）：上册》，梁小民、黄险峰译，中国人民大学出版社 2000 年版，第 140 页）

② 曼昆认为："搭便车者（free rider）是得到一种物品的利益但避开为此付费的人。"（［美］曼昆：《经济学原理：微观经济学分册》（第 5 版），梁小民、梁砾译，北京大学出版社 2009 年版，第 235 页）

人提供公共物品以满足全体纳税人公共需要的公共机构就是政府。

政府是为全体纳税人提供公共物品的公共机构，[①] 因此，政府提供公共物品的所有经费都应当由全体纳税人来负担。全体纳税人在负担了必要经费的前提下，有权要求政府提供足够的公共物品，政府在取得了纳税人所支付的必要经费的前提下，也有义务为全体纳税人提供适当的公共物品。因此，政府与纳税人的基本权利义务可以表述如下：政府的基本义务是为纳税人提供公共物品，基本权利是从纳税人取得提供公共物品的经费；纳税人的基本义务是向政府支付其提供公共物品的经费，基本权利是要求政府提供并享受政府提供的公共物品。

三、判断政府与纳税人是否履行基本义务的标准

对于政府和纳税人而言，其享受基本权利的前提是履行基本义务，而其履行基本义务的结果是使其具备了享有基本权利的资格。对于政府而言，其承担的基本义务即是纳税人享有的基本权利，其享有的基本权利即是纳税人承担的基本义务。对于纳税人而言，其承担的基本义务即是政府享有的基本权利，其享有的基本权利即是政府承担的基本义务。因此，政府最关心的是纳税人是否履行了基本义务，因为这就是其享受基本权利的保障，而纳税人最关心的则是政府是否履行了基本义务，因为这也是其享受基本权利的保障。而且，对于权利而言，主体可以放弃，但是对于义务而言，主体则不可以放弃。因此，我们只需提出判断政府与纳税人是否履行基本义务的标准即可，没有必要提出判断政府与纳税人享受基本权利的标准。

政府从纳税人那里取得经费以后，就应当合理地使用这笔经费。一般而言，这笔经费有三个用途：第一，满足政府工作人员的基本私人需要；第二，满足政府运转的必要设施和日常办公经费；第三，为全体纳税人提供公共物品。

对于第一个用途而言，我们不能奢想让政府工作人员为全体纳税人义务劳

---

① 政府的本质是与国家的本质联系在一起的。恩格斯在《家庭、私有制和国家的起源》中指出："国家是社会在一定发展阶段上的产物；国家是表示：这个社会陷入了不可解决的自我矛盾，分裂为不可调和的对立面而又无力摆脱这些对立面。"（恩格斯：《家庭、私有制和国家的起源》，人民出版社1972年版，第167页）恩格斯在另一处还一针见血地指出："实际上，国家无非是一个阶级镇压另一个阶级的机器……"（《马克思恩格斯选集》第二卷，人民出版社1972年版，第336页）但如果我们将恩格斯所讲的"一个阶级"和"另一个阶级"作为一个整体来看待，政府无疑还是为全体纳税人服务的工具，只不过为纳税人中的不同阶级服务的程度不同而已。另外，从我国现行法律的规定也基本可以得出本书的结论。我国《宪法》第27条规定："一切国家机关和国家工作人员必须依靠人民的支持，经常保持同人民的密切联系，倾听人民的意见和建议，接受人民的监督，努力为人民服务。"这里的人民大体可以等同于本书所讲的纳税人。

动，或者仅索取微薄的工资而主要以奉献精神为全体纳税人劳动。政府工作人员也是一般的人，也有自己的私人需要，也是为了满足私人需要而投身于政府工作的，因此，对于政府工作人员应当给予与其所完成的工作相对应的报酬。至于政府工作人员的具体标准，则应当综合考虑其自身素质、工作性质和强度、工作的重要性等，其所取得的报酬应当大体相当于同类素质的人才在大体相当的工作岗位上所取得的平均报酬。由于政府工作人员在整体上类似于白领阶层，因此，其报酬标准应当参照白领阶层的一般工资标准。过高和过低的报酬都不利于公务员阶层的正常发展，也不符合全体纳税人建立政府的初衷。工资过高会引起纳税人的反对，毕竟公务员是公共服务人员，而非纳税人的父母，工资过低则会引起公务员岗位缺乏吸引力，使得公务员的素质逐渐下降，工资过低也会诱使现任公务员采取其他手段谋取不正当利益，上述两种情况都不利于政府为全体纳税人提供公共物品的职能的正常发挥，也都不是纳税人建立政府的初衷。

对于第二个用途而言，政府为了能够提供公共物品必须具备一定的基本设施，如办公大楼、办公用品、交通工具等，这些基本设施应当以满足基本需要为标准，所谓满足基本需要，也就是满足政府为全体纳税人提供公共物品的需要，而不是满足政府工作人员的私人需要。① 例如，警察需要抓小偷，如果小偷乘坐汽车，而警察只有两条腿，显然无法很好地完成抓小偷的任务，如果仅配备自行车，有时也只能望小偷兴叹了，因此，警察应当配备汽车。这就是为了满足政府提供公共物品的基本需要，当然，给警察所配汽车是桑塔纳还是宝马，则应当以够用为标准。警察日常巡逻，开个桑塔纳，能够遮风挡雨，能够追得上一般的犯罪嫌疑人也就足够了，开个宝马的确浪费，特别是在广大纳税人连桑塔纳都买不起的情况下。② 但对一些执行特殊任务的特警，就有必要配备类似坦克的汽车了，汽车上不仅配备强大的武器，还应当具备较强的防暴能力，当然，也应当有一定的速度。是否满足提供公共物品的需要还应当根据社会一般的生产力水平来判断，在没有汽车的古代社会，配备一匹马就足够了，而在汽车满街跑的时代，则以汽车为必要，将来有了更先进的交通工具，警察的配备也应当随之更新换代。再比如政府的办公大楼，只要结实、耐用和有足够的空间即可，不需要刻意追求美观、豪华，特别是在很多纳税人还住不起房子的时代。当然，如果全体纳税人的生活水平已经达到一个较高的层次，政府的办公大楼可以在人均办公空

---

① 我国《宪法》第 27 条规定："一切国家机关实行精简的原则……"。

② 据《南方都市报》报道，2011 年 1 月 24 日，宁夏回族自治区政府采购中心一则公务车采购中标公告显示，由自治区财政厅一次性采购 25 辆奥迪 A6，每辆中标价 34.98 万元。如果这一新闻真实的话，我们的确应该反思政府公务用车的标准是否过高了，特别是在并不富裕的宁夏回族自治区是否有必要使用如此豪华的汽车作为公务用车。参见 http://www.cqcb.com/cbnews/instant/2011-01-27/930106.html。

间、空调设施方面适当提高水平，可以适当追求美观，乃至豪华，但无论什么时候都不能追求奢侈。因为在纳税人与政府之间，奢侈永远是纳税人的权利。虽然奢侈本身并不值得赞美，但如果物质财富的极大化导致必须有人奢侈时，这个权利也应该留给纳税人，政府奢侈在任何时候都是一种罪过。

关于第三个问题，政府应当将纳税人所支付的经费扣除政府工作人员的报酬以及满足政府运转的必要设施和日常办公经费以后的余额全部用于为全体纳税人提供公共物品。政府所提供的公共物品应当是纳税人所急需的，应当首先提供最基本的公共物品，即先保证全体纳税人能够生存下来，如最基本的食物、衣服、住宿、医疗、安全等。在满足了最基本的公共物品以后，再提供基本公共物品，如交通、教育、较高水平的食物、美观的衣服、较好的住宿、较高的医疗服务等。在满足了基本公共物品以后，再满足较高层次的公共物品，如飞机、高铁、国家大剧院、科技馆、奥运"鸟巢"等。以此类推，政府应当从低到高，从维持纳税人生存到确保纳税人幸福程度不断提高的顺序依次提供公共物品。[①] 在最基本的公共物品尚未满足时，不能急着为纳税人提供过高层次的公共物品，如开发航空旅游、建设高尔夫球场等。政府在按顺序提供公共物品的同时，还应当高效提供公共物品，即花费最少的成本为纳税人提供质量最高、数量最多的公共物品。

纳税人在享受了政府提供的公共物品之后或者为了能够享受政府提供的公共物品，必须严格履行自己缴纳公共物品经费的义务。这一义务应当通过法律所规定的方式，按照法律所确定的数额，公平合理地缴纳。纳税人没有义务提前缴纳，也没有义务超额缴纳。纳税人只需根据法律所确定的期限和数额缴纳即可。纳税人所支付的公共物品经费应当足以保证维持政府的基本公共开支，即在支付公务员报酬和政府运作的基本费用后还有所剩余，使得政府能够用这些剩余的经费为纳税人提供最基本的公共物品。不同时代、不同生产力水平下，纳税人所支付的公共物品经费的具体数额肯定是不同的，但总可以找到一个公平合理的比例。纳税人支付的公共经费占其全部劳动所得的比例应当公平合理，不能过高，也不能过低。过高会导致纳税人没有足够的财产满足其私人需要，而公共物品的提供有可能超越纳税人的现实需要；过低会导致政府提供的公共物品层次较低或者数量较少，无法满足纳税人对公共物品的现实需要。这一比

[①] 公共物品具有一定的层次性。有学者认为，公共物品可以分为基础性的公共物品，主要是指基础设施一类的公共工程；管制性的公共物品，指宪法、法律等制度安排以及国家安全或者地方治安；保障性公共物品，如社会保障、疾病防治；服务性公共物品，如公共交通、医疗卫生等（参见张庆东：《公共利益：现代公共管理的本质问题》，载《云南行政学院学报》2001年第4期）。本文所论述的公共物品的层次，是指其满足和实现纳税人权利的程度和层次，能够满足纳税人最基本人权的是最基本的公共物品。

例的确定是科学的问题，也是民意的问题，应当在科学研究的基础上，由全体纳税人来决定。笔者作为一名普通的纳税人，比较赞同 20％的比例。

在具体操作层面，判断政府和纳税人是否履行了基本的义务应当交给法律和全体纳税人。全体纳税人在听取专家意见并充分讨论的基础上，通过法律确定一个基本的标准，由全体纳税人和政府根据这一标准来判断各自是否履行了基本的义务。在进行相关立法和制定相关标准时，如果无法实现由全体纳税人来决定，就应当退而求其次，采取一种能够代表最大多数纳税人最大意愿同时也不损害任何纳税人最基本人权的方法来决定。

四、政府与纳税人不履行基本义务应承担的法律责任

政府与纳税人既然各自都承担基本义务，而且该基本义务还是通过法律来规定的，因此，在政府和纳税人不履行或者不适当履行自己的基本义务时需要承担一定的法律责任。

对于政府而言，不履行或者不适当履行基本义务主要包括两种情形，第一种情形是政府工作人员作为个体的成员不履行或者不适当履行其应尽的义务，从而导致政府不履行或者不适当履行其应尽的基本义务，例如，警察见死不救①，虽然是个人的行为，但其代表了政府见死不救的行为，也属于政府不履行基本义务的行为。对此，政府应当承担赔偿损失的法律责任，作为个体的警察应当承担赔偿损失的法律责任②，同时应当接受行政处分，如果情节比较严重，应当开除公职并追究刑事责任。③ 第二种情形是政府决策机关和主要领导人失职，从而导致政府不履行或者不适当履行其应尽的义务，例如，政府发布命令强制拆除一些纳税人的住房并建设一个高尔夫球场，而根据法律的规定，该级政府的这一行为是违法的，由此导致了部分纳税人的财产损失以及财政资金的浪费。对此，该级政府应当赔偿相关当事人的损失，做出该决策的政府领导人和相关决策机构中赞同该行为的全体成员都应当承担赔偿责任，同时应当根据其过错大小给予行政处分，直至开除公

---

① 例如我国《人民警察法》第 21 条规定："人民警察遇到公民人身、财产安全受到侵犯或者处于其他危难情形，应当立即救助；对公民提出解决纠纷的要求，应当给予帮助；对公民的报警案件，应当及时查处。"第 22 条规定："人民警察不得有下列行为：……（十一）玩忽职守，不履行法定义务；……"

② 例如我国《人民警察法》第 50 条规定："人民警察在执行职务中，侵犯公民或者组织的合法权益造成损害的，应当依照《中华人民共和国国家赔偿法》和其他有关法律、法规的规定给予赔偿。"

③ 例如我国《人民警察法》第 48 条规定："人民警察有本法第二十二条所列行为之一的，应当给予行政处分；构成犯罪的，依法追究刑事责任。行政处分分为：警告、记过、记大过、降级、撤职、开除。对受行政处分的人民警察，按照国家有关规定，可以降低警衔、取消警衔。"

职，情节严重的，则应当追究其刑事责任。①

对于纳税人而言，一般不会出现全体纳税人不履行或者不适当履行基本义务的行为，通常都是个别纳税人不履行或者不适当履行其基本义务。对此，政府可以根据相关法律的规定，采取加收滞纳金的间接强制执行措施，② 或者采取拍卖、划拨银行存款等直接强制执行措施，③ 同时可以对纳税人不履行或者不适当履行基本义务的行为给予行政处罚，情节严重的，可以追究其刑事责任。④

在正常的法律制度下，纳税人不能因为政府没有履行或者没有适当履行基本义务而拒绝履行自己的基本义务，同样，政府也不能因为个别纳税人没有履行或者适当履行基本义务而拒绝履行自己的基本义务或者拒绝向该个别纳税人履行或者适当履行自己的基本义务。例如，纳税人不能因为看到某政府违法建设办公大楼而拒绝纳税，政府也不能拒绝保护偷税的纳税人的基本人权。⑤ 因为纳税人和政府所负的基本义务都是法定义务，而非互相对应义务，纳税人不履行义务不仅是对政府权利的侵犯，也是对法律的漠视，同样，政府不履行义务也不仅是对纳税人权利的侵犯，也是对法律的藐视，上述行为都应当受到法律的惩处。

---

① 例如我国《预算法》第 73 条规定："各级政府未经依法批准擅自变更预算，使经批准的收支平衡的预算的总支出超过总收入，或者使经批准的预算中举借债务的数额增加的，对负有直接责任的主管人员和其他直接责任人员追究行政责任。"

② 例如我国《税收征收管理法》第 32 条规定："纳税人未按照规定期限缴纳税款的，扣缴义务人未按照规定期限解缴税款的，税务机关除责令限期缴纳外，从滞纳税款之日起，按日加收滞纳税款万分之五的滞纳金。"

③ 例如我国《税收征收管理法》第 40 条规定："税务机关可以采取下列强制执行措施：（一）书面通知其开户银行或者其他金融机构从其存款中扣缴税款；（二）扣押、查封、依法拍卖或者变卖其价值相当于应纳税款的商品、货物或者其他财产，以拍卖或者变卖所得抵缴税款。"

④ 例如我国《税收征收管理法》第 63 条规定："纳税人伪造、变造、隐匿、擅自销毁账簿、记账凭证，或者在账簿上多列支出或者不列、少列收入，或者经税务机关通知申报而拒不申报或者进行虚假的纳税申报，不缴或者少缴应纳税款的，是偷税。对纳税人偷税的，由税务机关追缴其不缴或者少缴的税款、滞纳金，并处不缴或者少缴的税款百分之五十以上五倍以下的罚款；构成犯罪的，依法追究刑事责任。"

⑤ 所谓基本人权，就是指人的生存和发展必须具有的最起码的权利（参见贺生群：《人权的内涵、外延及特征——对人权的马克思主义理解和认识》，载《西安教育学院学报》2004 年第 1 期）。

第二章 财政公平原则与财政效率原则

纳税人组建政府并由政府负责从纳税人那里征收公共经费再向纳税人提供公共物品，在这个过程中，纳税人到底希望达到一个什么样的结果？推动个体纳税人参与全体纳税人与政府所缔结的这样一个契约的原始动力是什么？是公平。财政公平仅仅是一个空洞和抽象的理想，还是具有可以操作的基本标准？财政效率原则所追求的目标与财政公平原则真的是两个不同的方向吗？当二者出现冲突时，我们应该优先考虑哪一个原则呢？

一、财政公平原则在财政法中的地位

纳税人为了满足自己的公共需要而组建了一个公共机构——政府，由政府从纳税人手中征收公共经费并用这些公共经费向纳税人提供公共物品，这个过程也被称为纳税人与政府缔结社会契约的过程。这个社会契约应当解决两个基本问题，第一个基本问题是作为一个整体的政府与作为一个整体的纳税人之间的关系，第二个基本问题是纳税人中的不同个体之间的关系，即个体的纳税人之间按照什么标准向政府支付公共经费，政府又按照什么标准来向个体的纳税人提供公共物品。我们在第一章已经讨论并回答了第一个基本问题，这里我们来讨论和回答第二个基本问题。

纳税人在缔结社会契约时无非处于两种状态：第一种状态是每个纳税人的条件是相同的，包括财富的拥有量、知识素质、身体素质、劳动能力、年龄状况等；第二种状态是每个纳税人的条件各不相同，即有富人和穷人之分，有脑力劳动者和体力劳动者之分，有健康和不健康之分，有男和女、老和少之分，有聪明和愚钝之分。我们分别来讨论在两种状态下，纳税人会做出的基本选择。

在第一种状态下，纳税人显然会遵循公平的原则来确定纳税人之间的关系，即按照公平的原则来负担公共经费，按照公平的原则享受公共物品，也可以说政府按照公平的原则向每个纳税人提供公共物品。由于纳税人之间不存在个体的差异，因此，这里所谓的公平也可以等同于同等或者相同，即每个纳税人负担的公共经费数额是相同的，所享受的公共物品的数量和质量也是相同的。由于这种状态只能存在于理论和观念之中，现实生活中不可能存在，因此，我们着重来讨论第二种状态。

在第二种状态下，纳税人是否会选择以公平原则来确定他们之间的关系呢？当然，纳税人在确定原则时不会简单地选择一个抽象的词语，而必须首先确定这个词语的内涵和外延，因为词语不过是一个指示，词语背后的东西才是实质和关键。在第一种状态下的公平原则能否直接适用于第二种情况呢？即大家按照一个相同的数额来负担公共经费，也享受相同水平的公共物品。这显然做不到。因为纳税人之间有贫穷和富裕之分，贫穷的纳税人可能根本负担不起分配给他的公共经费，而且当纳税人负担的公共经费达到其财富的一定比例时，纳税人也会拒绝支付公共经费。试想，一个连温饱问题都解决不了的纳税人会去考虑享受一次新年音乐会或者去"鸟巢"参观一下吗？这样的纳税人即使有钱也会先解决自己的温饱问题，然后才有可能考虑其他的。因此，按照相同的数额负担公共经费是行不通的。

那么，我们是否可以退一步，由纳税人根据自愿原则负担公共经费并按照其负担公共经费的数额来享受数量和质量不同的公共物品呢？这一方法类似于我们去超市购物，花钱多的人可以多购物，花钱少的人只能少购物，或者反过来说，购物多的人需要多花钱，购物少的人可以少花钱。这一原则对于私人物品是可行的，但是对于公共物品就不可行了。首先，公共物品的消费具有非排他性，即一个人消费并不影响另外一个人也消费。例如，富人花钱购买了军队，保家卫国。该军队在保护富人安全的同时也保护了穷人的安全，而且保护穷人的安全丝毫不影响保护富人的安全。这样，穷人就会搭便车，富人也会搭便车。因为只要有一个人出钱购买军队就可以了。但是最后我们会发现实际上并不会有人购买军队，因为大家都在等待着别人出钱购买。其次，公共物品消费的非排他性也导致了很难排除未付费的人享受公共物品，也很难向未付费的人收费。警察的巡逻减少了小偷的出现，不仅付费的人享受了良好的社会治安，未付费的人也享受了良好的社会治安，而且你很难不让那些未付费的人享受良好的社会治安（你总不能让警察只抓那些盗窃付费纳税人的小偷而对盗窃未付费纳税人的小偷视而不见吧？）。正因为此，我们也很难向那些未付费的人收费，因为无法衡量良好的社会治安对每个人的价值有多少，有人对此看得很重，而有的人对此可能感觉无所谓（因为他没有什么东西值得别人偷，或者他本人就想做小偷）。有人愿意多付费，有人只愿意少付费，还有一些人根本就不愿意付费，因此这一方法行不通。

由此可见，支付公共经费必须设定为每个人的法定义务，当然具体支付的标准和方法可以讨论。在支付公共经费为法定义务的前提下，选择一种能够为全体纳税人接受的原则和方法就显得尤为重要。这一原则具体是什么并不重要，只要该原则能够为全体纳税人接受和认可。能够为全体纳税人接受的原则一定是对每个纳税人都公平的原则，或者让每个纳税人都感到公平的原则。

因此，公平是个体的纳税人承认纳税人整体与政府所缔结的社会契约的前提，也是推动个体纳税人负担公共经费的动力。当然，公平也是每个纳税人享受公共物品的原则，是政府为每个纳税人提供公共物品的原则。财政公平原则是财政法的灵魂和动力，没有财政公平原则，财政法就缺乏了指导方针，在具体制度设计中就会迷失方向。同样，缺乏财政公平原则的财政法也难以真正得到广大纳税人的遵从和信仰，最终难逃消亡的命运。

纳税人之所以愿意建立政府，就是为了政府能够公平地对待每一个纳税人，公平地从每一个纳税人身上取得公共经费并公平地向每一个纳税人提供公共物品。虽然纳税人自身由于各种各样的先天和后天的因素无法实现个体之间的平等，但政府通过财政的收入和支出可以在最大程度上实现纳税人之间的公平，这种公平抵消了纳税人个体的差异所导致的不平等，并最终实现纳税人个体之间存在差异的平等。

二、财政公平原则的基本标准

（一）罗尔斯的正义原则

罗尔斯从人人都处在"无知之幕"中的"原初状态"（类似于"自然状态"）出发，推出正义的两条根本原则。第一个原则：每个人对与其他人所拥有的最广泛的基本自由体系相容的类似自由体系都应有一种平等的权利。第二个原则：社会的和经济的不平等应这样安排，使它们被合理地期望适合于每一个人的利益；并且依系于地位和职务向所有人开放。[①]

罗尔斯的第一条原则简称为自由原则，这一原则保证了人们享有平等的自由权利。第二条原则简称为差别原则，它规定了经济和社会福利领域的不平等权利的适用范围和条件，要求社会利益和经济利益的不平等分配应该对处于社会最不利地位的人最有利。这条原则实质是要求国家应对社会成员的社会经济差别予以调节，使之最大限度地改善最差者的地位。分配的问题涉及的是罗尔斯的第二正义原则。罗尔斯的两个正义原则为我们探讨财政公平原则提供了思路。

（二）财政收入公平

财政公平原则实际上包括两个方面，一个是财政收入的公平，即每个纳税人

---

① 参见［美］约翰·罗尔斯：《正义论》，何怀宏、何包钢、廖申白译，中国社会科学出版社 1988年版，第60~61页。

公平地负担公共经费，另一个是财政支出的公平，即政府公平地向每个纳税人提供公共物品。

在公平负担公共经费方面，我们前面讨论了每个纳税人按照同等的数额负担公共经费的原则，这个原则看似公平，实质上是不公平的。首先，每个纳税人自身的状况是不同的，有贫穷和富裕之分，有男女老少和高矮胖瘦之分，也有聪明与愚钝之分，由此导致了每个人享受公共物品的数量和质量也不相同。例如，富人可以经常坐飞机，而穷人可能一辈子都坐不起飞机，富人可以年年听新年音乐会，穷人可能一辈子也没有听过一次。既然大家享受公共物品的数量和质量不同，承担相同的公共经费显然是不公平的。其次，纳税人自身状况的差异导致了纳税人在财富占有上的不平等，这种不平等是不平等制度所导致的，而不平等的制度本身也是政府所提供的公共物品，不同的人在不平等的制度中所能够获得的财富是不同的，既然大家从不平等制度中的获益是不同的，当然也不应该负担相同的公共经费。最后，按照相同的数额负担公共经费有可能导致部分纳税人剩余的财产不足以维持其生存，当然还有部分纳税人即使上缴了全部财产也无法负担平均分配给他的公共经费，这显然也是不公平的。因此，按照相同的数额负担公共经费是不公平，也是不可行的。

由于纳税人负担公共经费与政府所提供的公共物品是对应的，因此，我们也可以考虑根据每个纳税人从政府提供的公共物品中受益的多少来负担公共经费，即受益多者多负担公共经费，受益少者少负担公共经费。这一原则比同等负担原则更公平一些，但仍无法尽善尽美。因为虽然在整体上纳税人与政府之间类似于等价交换关系，纳税人所得到的，正是纳税人所付出的，纳税人所付出的，在进行必要的扣除后，也正是纳税人所得到的。但这一原则并不适用于个体的纳税人，因为无法衡量个体的纳税人从政府那里获得了多少公共物品，由此也无法确定个人的纳税人应当负担多少公共经费。因此，这一原则仅能停留在理论的层面，无法实际操作。

公平的标准应当具体问题具体分析，针对纳税人的个体差异，设计符合个体差异的公共经费负担标准才能是公平的。纳税人的个体差异很多，贫富、美丑、男女、老少、高矮、胖瘦都是差异，到底应当根据哪一个差异来设计公平的标准呢？根据任何一个差异来设计似乎都能说出一些道理，但能够为全体纳税人所接受的，恐怕只有贫富。因为这里讨论的是负担公共经费的问题，也就是出钱的问题，因此，每个纳税人所拥有的财富状况才是相关的。让漂亮的纳税人多出钱或者让丑陋的纳税人多出钱似乎都不是那么具有说服力，而且美丑总是相对的，不同的人有不同的标准，你认为美的，我可能认为丑，反之亦然。当然，美丑的程度很难量化也是导致这一标准无法具体实施的重要原因。其他的标准与此类似，这里就不一一分析了。

根据贫富状况来承担纳税义务也就是根据每个纳税人的税收负担能力来分配纳税义务，税收负担能力强的纳税人缴纳较多的税款，税收负担能力弱的纳税人缴纳较少的税款，没有税收负担能力的纳税人不缴纳税款。纳税人的税收负担能力主要从三个方面来考量：所得、财产和消费。所得衡量的是纳税人的动态财富，在其他条件相同的前提下，所得多的纳税人税收负担能力强，可以多纳税。财产衡量的是纳税人的静态财富，在其他条件相同的前提下，财产多的纳税人税收负担能力强，可以多纳税。消费衡量的是纳税人通过支出体现的综合财富，即当前拥有和未来可能拥有的财富，在其他条件相同的前提下，消费多的纳税人税收负担能力强，可以多纳税。当然，在以上三个衡量标准中，所得是最准确的标准，财产其次，消费最次。因为所得是净增加的财富，无论纳税人之前的贫富状态如何，只要其所得足够多，其税收负担能力就足够强。而财产无法衡量纳税人未来的财富状态，无法确定财产是处于增值还是贬值的状态。而且，对所得征税不会触及纳税人现存的财富，而对财产征税经常会导致纳税人现存财富越来越少。消费之所以是衡量税收负担能力最差的指标是因为消费与税收负担能力的关联性只在一定限度内成立，对于维持基本生存的消费而言，其与税收负担能力没有直接的对应关系。例如，一个贫穷的人也要达到一定的消费水平，否则其无法生存下去。因此，当一个人去购买一个面包时，我们无法判断这个人是穷人还是富人，也无法准确判断其税收负担能力的大小。正因为三个标准与税收负担能力的关联性不同，我们在判断纳税人的税收负担能力时应当更多地考量所得标准和财产标准，消费只能作为一个参考性的标准。

纳税人所拥有的财产并不都具有税收负担能力，只有那些超过纳税人维持基本生存需要的财产才具备税收负担能力，或者说，如果纳税人的财产只够维持基本生存需要，则该纳税人就不需要缴纳税款。维持基本生存需要的财产的数量在不同生产力水平下具有不同的标准，一般而言，这一标准应当是全体纳税人所公认的，在当前的生产力水平下，整个社会可以达到或者维持的基本生存需要，低于这一标准，将被认为无法满足作为当前社会中生存的纳税人的基本需要。例如，在21世纪的中等发达国家，如果一个人仍然吃不饱或者穿不暖，则应当被认为该纳税人没有满足基本生存需要，这样的纳税人是不需要纳税的。

我们总结一下，财政公平原则的基本标准是根据每个纳税人的税收负担能力来分配公共经费，税收负担能力强的纳税人承担较多的公共经费，税收负担能力弱的纳税人承担较少的公共经费，不具有税收负担能力的纳税人不承担公共经费。衡量税收负担能力的基本标准是每个纳税人所拥有的财产，维持基本生存需要以外的财产才具有税收负担能力。

上述标准是否能够得到全体纳税人的一致同意呢？关于这个问题，我们假设一种状态来论证。假设全体纳税人全部来到天上，大家都是具有充分知识水平的聪明人，在天上时每个人的状态都是相同的，即没有男女老少、贫富贵贱之分，现在大家开始讨论如何分配公共经费。讨论结束以后，每个人都将从天上回到人间，而回到人间以后就会有男女老少、贫富贵贱、健康不健康、聪明愚钝之分，但每个人是什么状态是每个人所无法选择的，也无法事先确定的，每个人在人间的状态都是随机的。现在我们来设想，这些人是否会同意上文所提出的标准？如果某个人不同意这一标准，我们可以问他：如果你回到人间正好是一个残疾人，而且智力也有问题，即使每天拼命工作也只能勉强糊口，你是希望自己不承担公共经费，还是希望和其他人一样承担公共经费呢？我想，他会希望不承担公共经费。这倒并不是他不愿意承担，而是他的确没有承担公共经费的财产，他的财产只能维持自己基本生存需要。当然，可能也有那些宁愿自己饿死也要承担公共经费的"勇士"，对此，我们可以这样规劝他：其实你不必如此牺牲自己，因为你没有足够的财产并不完全是因为你自己的原因，因为人间的财产分配方法尚未实现完全的公平，你辛辛苦苦工作一辈子所取得的财产可能还不如别人一天随随便便所取得的财产多，虽然你所拥有的财产比他人少，但并不代表你为社会所创造的价值小于他人，恰恰相反，你为社会创造的价值是相同的，甚至你创造的价值远大于他，但他人的劳动价值在特定时期得到了社会的充分承认，甚至是扭曲的超额承认，从而得到了较多的财产，而你的劳动价值在特定时期没有得到社会的充分承认，甚至是扭曲的贬低，从而得到了较少的财产。如果我们需要责备谁的话，应该被责备的是社会的分配制度，而不是你，不公平的社会分配制度使得你受到了歧视，因此，即使你不承担公共经费，也并不表明你没有为社会做出贡献，更不代表是社会在养活你，你完全没有必要通过让自己忍饥挨饿的方式来证明自己是"勇士"，来证明自己的价值，因为你只要努力工作，问心无愧，就已经是勇士，已经具有了价值。如果你一定要通过忍饥挨饿来证明自己是"勇士"，来证明自己的价值，我们只能说你还没有真正领悟你所追求的"勇士"或者价值的真实含义，或者说你还不够聪明，反而不是真正的"勇士"，但这是不符合我们的假设的，我们假设每个人都有充分的知识水平。听完我的这番解释，我想，那位勇士应该会打消自己的挨饿念头，而光荣地选择不承担公共经费。

这里似乎还有必要论述一下一些富人的观点，即有些人以自己年纳税几百万为由，认为自己为社会做的贡献大。如果纯粹从其纳税数额来看，的确是为社会做的贡献大，但如果从其取得收入的方式、方法以及财政收入公平原则的标准来看，结果就不一定了。我国在分配税收负担时所依据的原则就是财政收入公平原则，即按照每个人的税收负担能力让其负担多少不同的公共经费。某人纳税多，说明某人收入多，而收入多是否一定意味着为社会做的贡献大呢？一个老农民种一辈子地所取得的收入不一定能超过一个歌星嚎一嗓子所取得的收入，但我们不能说那个歌星嚎一嗓子的价值大于那个老农民种一辈子地的价值。既然收入多并不代表贡献大，而收入多必然导致纳税多（否则就是偷漏税），因此，纳税多也不代表贡献大。

（三）财政支出公平

公共经费应当按照纳税人的税收负担能力来分担，那么，在享受政府提供的公共产品时，如何才能符合公平原则的要求呢？可能已经有人迫不及待地提出根据负担公共经费的数额的大小来享受公共产品，负担较多公共经费的纳税人享受较多的公共产品，负担较少公共经费的纳税人享受较少的公共产品。那么，接下来的问题就是不负担公共经费的纳税人是否有权享受公共产品？有权享受多少公共产品？由于公共产品自身的特征，要将某些人排除在所有公共产品的享受对象之外实际上是非常困难或者说是不可能的，那么，我们能否仅让那些没有负担公共经费的纳税人"搭便车"，而不让其享受其他无法"搭便车"的公共产品呢？例如，我们能否仅让那些流浪汉享受国防和公共安全的公共物品，[①] 而对其忍饥挨饿的状态视而不见呢？这个问题实际上又回到之前所提到的分配制度不公的问题上，很多流浪汉是不公平分配制度的受害者，将他们排除在享受基本生存需要的范围之外实在难以体现公平。因此，财政支出公平原则要求政府的公共产品确保每一个纳税人都能够享受基本生存需要。在基本生存需要方面，财政支出公平原则的标准是人人平等，无论你是否负担了公共经费或者负担了多少公共经费。当然，在不同生产力水平下，基本生存需要的标准是不同的，这一标准应当是全体纳税人所承认的在当前的生产力水平下可以维持的。这里的基本生存需要与前文所提到的基本生存需要在标准上是相同的，即超过维持基本生存需要的财产才具有税收负担能力，才能作为分配公共经费所考虑的因素，政府的公共产品应当确保每个人都具有维持基本生存需要的财产，如果某些人的财产尚未达到维持基本生存需要的水平，政府应当帮助其具备维持基本生存需要的财产。

当然，还有人会提出一切公共产品都应当同等享受的观点。这一观点，初看起来是比较公平的，但仔细分析就会发现存在很多问题。首先，公共产品的范围非常广泛，很难或者基本上无法用货币来衡量，要想确保每个人享受相同水平的公共产品是非常困难的。其次，退一步，即使可以确保每个人享受相同水平的公共产品，这样，每个人在负担公共经费时是不相等的，但在享受公共产品时又是相等

---

① 甚至连公共安全的公共产品都禁止流浪汉享受，法律可以规定：警察不保护流浪汉，任何人可以自由欺负流浪汉。

的，富人们负担公共经费的积极性就会大打折扣，筹集公共经费的成本会大大增加，这又不符合财政效率原则的要求，最终也难以为社会提供足够的公共产品。

总结一下，财政支出公平原则要求在基本生存需要方面，人人平等，政府的公共产品应当满足每个人的基本生存需要。在超过基本生存需要的公共物品享受方面，应当按照纳税人负担公共经费的多少享受水平高低不同的公共物品。

这种财政支出的公平原则能否得到全体纳税人的赞同呢？我们还是设想在前文所描述的状态之中，如果有人反对这一原则，认为应当否认不负担公共经费的纳税人享受基本生存需要的权利，那么，我们就会问他：如果你不幸是一个残疾人，而且智力水平也比较低，完全没有劳动能力，只能靠他人养活，如果你又不幸没有亲人或者你的亲人抛弃了你，那么，你是否希望整个社会不要抛弃你，是否希望还能活得像个人样？我想一般人都会说，如果是这种情形，我希望社会能够拉我一把。当然，我们也不能排除有人这样认为：这样的人活着没有价值，让他去死吧。如果是我，我也认了，不希望社会救助这样的人。对于这样的人，我们可以这样规劝他：虽然你现在不能养活自己，无法给社会创造价值，但你可能曾经给社会创造过价值，只是由于疾病、年老或者自然灾害或者其他意外事件才导致你丧失了劳动能力，作为曾经给社会做出过贡献的人，社会不应也不能遗弃你。当然，也有可能你生下来就没有劳动能力，就是一个残疾加智障的人，从单纯物质价值的角度来讲，你没有也不可能给社会创造价值，你的生存只能消耗社会的物质财富，但社会正是因为对于你这样的人仍然不放弃，才彰显了这个社会的人性，而全体纳税人所需要的正是这样一种氛围。每个人都会想，对于这样一个从来没有给社会创造过财富的人，社会都不愿意抛弃他，将来我年老、生病、失业或者遇到其他天灾人祸时，社会也不会抛弃我，我心里感到很温暖。虽然你没有给社会创造物质财富，但你给社会创造了精神财富，正是因为你给了社会一个养活你的机会，社会才彰显了自己的人性，其他纳税人才感到了生活在这个社会中的温暖。如果你一定要让社会抛弃你，无异于陷社会于不义。这样的事情，恐怕也是你不愿意做的。因为你让社会抛弃你就是希望不给社会增加负担，也就是对社会好，但你的行为事实上却违反了你最初的意愿，不仅没有给社会带来利益，反而危害了社会。因此，我想这并不是你的真实意思。我想，听到这样的规劝，他会改变自己的想法而赞同我们所阐述的原则。

概括一下我们的观点就是：财政支出公平原则的第一个基本标准是每个人都享受最基本的公共物品，基本的公共物品应当确保人所具有的在当时的社会条件下被广泛承认的基本人权得到实现。基本人权包括最低生存权、最低发展权和最低尊严权。财政支出公平原则的第二个基本标准是每个人对于基本公共物品以外的公共物品的享受都具有平等的机会。基本公共物品以外的公共物品能够保障纳税人的舒适的生存权、适宜的发展权和体面的尊严权。

三、财政效率原则的基本标准

财政收入和支出要不要讲究效率？这个问题实际上没什么需要讨论的。如果不要效率，政府就可以从纳税人手中取得 100 亿元的公共经费，但最终用于纳税人身上的只有 1 亿元；如果不要效率，政府也可以今年取得 100 亿元的公共经费，等 100 年以后再给纳税人提供公共物品。且不说纳税人会不会饿死，既然纳税人可以组建更加有效率的公共机构，为什么一定要这么没效率的公共机构呢？

（一）财政行政效率原则

财政效率原则有两个具体的原则：财政行政效率原则和财政经济效率原则。财政行政效率原则是指政府应当用最少的公共经费为纳税人提供最多的公共产品。为实现这一原则，政府必须做到两个方面，一方面是政府自身的节俭，即维持政府运作的办公经费应当减小到最低，[①] 政府应当在夏天将空调的温度调高一些，[②] 政府尽量不使用高档豪华轿车，[③] 政府应当尽量减少不必要的国外考察，[④] 公务员涨工资时应当充分考虑普通纳税人的工资水平，尽量不要高于同类纳税人

---

　　① 据国家统计局数据，1995~2006 年，国家财政支出中行政管理费由 996.54 亿元增加到 7571.05 亿元，12 年间增长了 6.60 倍；行政管理费用占财政总支出的比重在 1978 年仅为 4.71%，1995 年为 14.60%，到 2006 年上升到 18.73%。这一数据远远高于日本的 2.38%、英国的 4.19%、韩国的 5.06%、法国的 6.5%、加拿大的 7.1% 以及美国的 9.9%。参见《我国行政成本高出世界平均水平 25%　五大原因造成》，http：//news. xinhuanet. com/politics/2008-04/29/content _ 8071274. htm。

　　② 根据《国务院办公厅关于严格执行公共建筑空调温度控制标准的通知》（国办发〔2007〕42 号）规定，所有公共建筑内的单位，包括国家机关、社会团体、企事业组织和个体工商户，除医院等特殊单位以及在生产工艺上对温度有特定要求并经批准的用户之外，夏季室内空调温度设置不得低于 26 摄氏度，冬季室内空调温度设置不得高于 20 摄氏度。一般情况下，空调运行期间禁止开窗。参见 http：//www. gov. cn/zwgk/2007-06/03/content _ 634614. htm。

　　③ 2009 年 6 月，宝马轿车首次入围中央国家机关轿车协议供货商名单，这意味着，国务院、中央各部委、国务院直属部门和中直机关今后将开始招标采购宝马轿车作为政府公务用车，世界顶级品牌宝马成为中国"官车"。目前中国公务用车的标准是：部长级和省长级干部配备排气量是 3.0 升包括 3.0 升以下的，价格在 45 万以内的轿车，副部长和副省长级干部采用的是 3.0 升以下，价格在 35 万以内的轿车，党政机关的其他公务用车，一般排气量是 2.0 升以下，价格在 25 万以内。参见 http：//news. 163. com/09/0612/08/5BJJQKTU0001124J. html。

　　④ 2008 年 8 月，海南省出台了《海南省厅（局）级人员因公临时出国（境）管理规定》，对厅（局）级人员因公临时出国（境）的出访原则、审批程序和纪律要求等做了明确规定。省政府直属的厅（局）级人员原则上每年出国（境）不超过 1 次，其他厅（局）级人员 1 届任期内出国（境）不超过 2 次或 2 年内不超过 1 次。同一单位的厅（局）级人员原则上不得同团出访，也不得在 6 个月内分别率团出访同一国家。参见 http：//dfoca. hainan. gov. cn/wsqbzw/gzdt/200808/t20080803 _ 21918. htm。

的平均工资水平。① 另一方面是政府应当用公共经费换取物美价廉的公共产品，为此，政府在提供公共产品时应当杜绝"豆腐渣工程"、② "形象工程"，③ 应当杜绝质次价高的公共产品，④ 应当杜绝在提供公共产品过程中的贪污腐败行为，⑤ 这一目标可以通过政府采购制度以及公共支出绩效审计制度来实现。

（二）财政经济效率原则

财政经济效率是指政府的财政收支行为不能扭曲或者阻碍经济的发展，而应

---

① 在美国，公务员要"先天下之忧而忧，后天下之乐而乐"，法律规定公务员的工资标准以私企为参照，公务员的工资必须涨在老百姓之后，先涨百姓工资，后涨公务员工资，而且公务员工资的涨幅永远低于百姓。由于美国法律规定公务员工资不得高于私企，所以，公务员工资标准的制定参照以往的私企标准，从程序上就决定了公务员工资低于私企，因为私企工资在先，公务员工资在后，公务员工资总是"马后炮"，公务员工资标准比私企落后 1～2 年。2008 年，美国公务员的封顶工资是 191300 元，而这一年外科医生的工资是 206770 元；公务员的最低工资是 17046 元，而这一年餐馆上菜工的工资为 17400 元，数据显示，美国公务员的最高工资和最低工资都低于私企。参见刘植荣：《美国公务员工资制度探析》，http://guancha.gmw.cn/content/2009-12/28/content_1029351.htm.

② "豆腐渣工程"指的是那些由于偷工减料等原因造成不坚固的危险容易毁坏的工程。"豆腐渣工程"是朱镕基总理在 1998 年 9 月洪水期间说的，1998 年长江洪灾就是豆腐渣工程加重了灾情，朱镕基站在洪水滔天的九江大骂"豆腐渣工程"，从此，"豆腐渣工程"就成为了那些烂工程的代名词。《检察日报》1999 年 12 月 8 日曾将重庆綦江彩虹桥、三峡工程中焦家湾大桥、云南省高速公路部分路段、钱塘江防洪堤，概括为 1999 年全国闻名的四大'豆腐渣工程'。其实每年都有大量的"豆腐渣工程"被曝光。

③ "形象工程"，也称为"面子工程"、"政绩工程"，指的是那些没有实际使用价值，主要为领导人装点政绩门面的工程。近期的著名形象工程如 2009 年 1 月 5 日拆除的"三峡明珠观光塔"。该塔设计总投资 3500 余万元、建筑面积近 5000 平方米、主塔高 92 米、连同塔尖共 135 米、顶部有旋转观光厅、能俯瞰万州城全景、有万州形象工程之称。"三峡明珠观光塔"的成功拆除，标志着被誉为"三峡百万移民标志性"建筑的形象工程，在人们多年的期盼中，结束了其"光荣"的历史使命。http://politics.people.com.cn/GB/101380/8628127.html.

④ 质次价高是政府提供公共产品效率低下的主要表现形式，如在广东省广州市番禺中心医院一项空调政府采购项目的招标中，报价 1707 万元的广州格力空调公司却出人意料地败给了报价 2151 万元的广东省石油化工建设集团公司，理由是番禺中心医院认为广州格力空调公司的投标文件"不符合招标文件中有星号标记的内容（即一些具体的技术参数），不应中标。为此广州格力空调公司将广州市财政局告上了法庭（据 2009 年 11 月 2 日《中国青年报》）。重庆市合川区政府为辖区内几所中学招标采购了一批床，结果出人意料，在崭新的木床上随意一抠便会掉落木屑，承重的木方直径仅跟鸡蛋差不多（据 2009 年 10 月 28 日《重庆晚报》）。

⑤ 2009 年 12 月 28 日渭南市中级人民法院对临渭区原交通局局长雷建民贪污、受贿、巨额财产来源不明一案一审宣判，被告人雷建民被判无期徒刑。雷建民的贪污腐败行为绝大多数都与交通局的工程建设相关，即与政府提供公共产品的行为相关。2009 年 3 月，吉林市中级人民法院对一起电力工程领域贪污案件进行判决，犯罪嫌疑人王健在担任吉林供电公司送电工区副主任期间，利用主管工程基建工作的职务便利，与该公司基建办副处长贾宜君合谋，借国家电网进行全面改造之机，涉嫌贪污公款及受贿 1760 余万元。王健和贾宜君分别被判处死刑（缓期两年执行）和有期徒刑十四年。借政府提供公共产品之际截留公共经费已经成为领导干部贪污腐败的主要表现形式。

当促进经济的发展。为实现财政经济效率原则，政府应当做到以下两个方面：

（1）政府取得公共经费对纳税人所造成的损失仅限于公共经费本身，不能影响纳税人的经济决策，不能影响市场配置资源的基础性作用，即保持财政中性。例如，纳税人是开理发店还是百货店应当由市场的需求来决定，如果市场需要百货店，纳税人就应当开百货店，如果市场需要理发店，纳税人就应当开理发店。政府可以从纳税人从事百货店或者理发店的经营所得中筹集公共经费，但这种筹集公共经费的行为不能影响纳税人的决策，即纳税人在决策时不需要考虑纳税问题，因为无论是开百货店还是理发店，税收负担是相同的。但如果政府按照不同的标准从百货店和理发店的经营所得中筹集公共经费，就会影响纳税人的决策，而这种决策可能与市场的需要不一致，即当市场需要理发店时，由于百货店可以负担较少的公共经费，并且该少负担的公共经费完全可以弥补纳税人因为开百货店、不开理发店而少取得的利润，纳税人更愿意开百货店，这样就使得整个经济运行效率低下，反映在纳税人身上就是百货店过多，但生意并不红火，理发店非常少，老百姓想理发比较困难。

（2）政府应当通过财政收入和财政支出政策熨平经济运行的波动，促进经济平稳快速发展。市场并非万能，市场配置资源也有不符合效率原则的时候，此时就需要政府运用财政手段来解决市场的缺陷。如某些高污染产业对环境破坏很大，但由于其利润率比较高，市场就给高污染产业配置了过多的资源，此时，政府就应当从这些产业中征收比公平原则所要求的更高的公共经费，这样就可以在一定程度上限制高污染产业的发展，而高科技产业对一个国家未来的福利很重要，但由于其利润率较低，市场无法配置足够的资源，此时，政府就应当给予高科技产业一些优惠政策，使其负担比公平原则所要求的更少的公共经费，这样就可以在一定程度上促进高科技产业的发展。

四、财政公平原则与财政效率原则的关系

财政公平原则与财政效率原则作为矛盾的两个方面是对立统一的。二者有对立的一面，公平强调得多一些就影响了效率，而效率强调得多一些也会影响公平，但二者也有统一的一面，公平有利于效率的实现，效率也有利于公平的实现，不可能存在无任何公平可言的效率，也不可能存在无任何效率可言的公平。

财政不公平最终会导致财政无效率。假设全社会有 100 元钱，富人手中有 50 元，穷人手中有 50 元，富人将其中的 40 元用于投资生产，生产出产品的市场价值为 50 元，可以全部销售出去，既满足穷人的需要，也不会导致产品积压。经过一轮财富分配，富人手中有 80 元，穷人手中有 60 元，富人将其中的 65 元

用于投资生产，生产出产品的市场价值为 70 元，此时穷人手中的钱已经无法全部消费社会的产品，有一定的生产过剩。经过若干轮财富分配，富人手中有 1000 元，穷人手中有 100 元，富人将其中的 800 元用于生产，就会产生严重的产品过剩，但这种过剩是相对于社会的消费能力而言的，而不是消费需求而言，因此，是相对生产过剩。

自 1998 年开始的金融危机实质是收入分配不公发展到极致的产物，实际上也是经济危机的表现。马克思认为资本主义社会的基本矛盾，即生产社会化和生产资料私人占有之间的矛盾会导致生产相对过剩的经济危机，经济危机的爆发具有周期性，而且周期越来越短。① 自 1825 年英国爆发第一次经济危机以来，世界性的经济危机周期爆发，而且间隔时间也有越来越短的趋势。但自 20 世纪 80 年代以来，资本主义似乎并未爆发大的经济危机，特别是美国经济似乎一直欣欣向荣，致使一些人认为马克思的论述已经过时，甚至本身就是错误的。其实，马克思的论述并没有过时，更不是错误的。资本主义收入分配的差距越来越大，富人把更多的钱用于投资，而穷人则没有足够的钱用于消费，导致生产相对过剩的问题越来越严重，本来应当导致一次经济危机的爆发，但资本主义的金融创新发展得非常迅速，既然穷人没有钱消费，为什么不把富人的钱借给穷人用于消费呢？这样，富人一方面可以取得一定的利息，另一方面，穷人也可以消费掉已经过剩的产品，使得富人挣到更多的利润。以美国为代表的高消费、提前消费就是富人将钱借给穷人消费的代表。但这种消费模式不能永远持续下去，因为富人不能持续不断地将钱借给穷人，穷人也不可能无限制地提前消费下去，因为富人总要回报的，当穷人连利息都支付不起时，金融危机就爆发了。因此，以美国为代表的资本主义几十年没有发生较大的经济危机并不是马克思理论的错误或者过时，而是金融创新工具延缓了经济危机的爆发，但无论是什么金融创新工具也只能是延缓经济危机，而不能解决经济危机，因为经济危机的根源在于分配不公。财政法作为收入分配法可以对社会初次分配不公的现象进行一定程度的纠正，从而能够在一定程度上缓解经济危机的爆发。

从公共产品的层次来看，基本公共产品应当更多强调公平，而非基本公共产品则应当更多强调效率。在基本公共产品与非基本公共产品的关系上，应当将更多的资源用于基本公共产品，特别是基本公共产品中的最低层次的公共产品，即维持生命所必需的公共产品。例如，当一个流浪汉因饥饿而有生命危险时，政府应当伸出援助之手，挽救其生命，即使因此而影响了整个社会发展的效率，或者为了能够在最快的时间挽救更多的因饥饿而濒临死亡的人而耗费甚至是浪费了较

---

① 参见李顺荣等：《马克思主义政治经济学原理》，科学出版社 1999 年版，第 119~120 页。

多的社会资源。①

　　财政公平原则与财政效率原则的关系归根结底是一个主观判断和价值选择的问题，即一个社会上的全体纳税人是愿意这个社会更公平一些还是更有效率一些，当然，如果能够同时满足社会对于公平和效率的需求那就是最理想的状态，② 一旦两个方面无法同时满足，就需要社会进行选择和取舍。此时，如何选择和取舍应当由全体纳税人通过民主决策的方式来进行，能够反映大多数纳税人意愿的选择方式和取舍结果就是在当时的社会历史条件下最优的方式。

---

　　① 为此要建立一套完善的及时发现和及时救助因饥饿而濒临死亡的纳税人的体系，这需要投入大量的人力和物力。

　　② 自然科学与社会科学可以在一定程度上帮助纳税人接近这一理想状态。

第三章 财政立宪的源流

1215 年 6 月 15 日，泰晤士河畔的兰尼米德草地，英国国王约翰和大贵族相聚于此，在刀光剑影之中，贵族代表向国王约翰呈递了一份羊皮纸文件，约翰和 25 名贵族依次在上面签了字。该文件就是英国以及世界财政立宪发展史上最著名的文件之一——《大宪章》(The Magna Carta)。[①]

这是英国历史发展中很自然的事件，但就是这样一个很自然的历史事件，成了财政立宪制度的重要起源，并在以后的英国乃至世界历史发展中扮演了重要的角色。

一、《大宪章》中的财政立宪制度

《大宪章》由引言和 63 个条文组成，全文约 5000 字，内容比较庞杂，但其核心思想是从教会、贵族、骑士以及市民的利益出发，对国王的权力加以限制。从财政立宪的角度来看，其主要内容包括两个方面：①宣布了国王不可擅自征税的原则。②强调了纳税人（国民）的基本权利。[②]

（一）无代表，不纳税

《大宪章》明确规定了国王不可擅自征税的原则，后来发展为世人熟知的"无代表，不纳税"思想。

《大宪章》第 12 条明确规定了除三种税金以外，任何税金或者类似征收都应当取得全国纳税人的同意："除下列三项税金外，若无全国公意许可，将不征收任何免役税与贡金。即（一）赎回余等身体时之赎金〔指被俘时〕。（二）册封余等之长子为武士时之费用。（三）余等之长女出嫁时之费用——但以一次为限。且为此三项目的征收之贡金亦务求适当。关于伦敦城之贡金，按

---

① F. Barlow. The Feudal Kingdom of England 1042-1216，Longman，1983，p. 423.

② 阎照祥：《英国史》，人民出版社 2003 年版，第 58 页。

同样规定办理。"①

　　这里所规定的三个排除项目一定会引起我们的兴趣,特别是第一项,赎回国王身体的赎金。中国以及大部分国家的读者都会感到陌生,而在英国以及欧洲大陆却有着悠久的历史传统。国王与贵族之间以及上下级贵族之间是一种封主和封臣的关系,封主将土地分封给自己的封臣,封臣则要对封主效忠,效忠的一个重要方式就是如果自己的封主与其他人打仗,自己要替封主进行战斗,如果自己的封主在战斗中被俘,封臣则要向敌方缴纳赎金将自己的封主赎回来。② 国王在英国的传统中并非那么地位显赫,只不过是贵族中最大的一位贵族、封主中最高的一位封主而已。正因为其地位不是那么重要,③ 国王在战斗中被敌方俘虏也就不是什么值得大惊小怪之事,敌方往往不会伤害被俘的国王,因为这样做对他并没有什么好处,敌方所做的往往就是索要一大笔赎金或者土地。

　　对于上述例外,《大宪章》第 15 条也做出了明确的限定:"为上述目的所征收之贡金数额亦务求合乎情理。"因为如果不这样的话,国王仍有可能借口上述三种用途而任意征收贡金。在《大宪章》上签字的约翰王就曾经是一个挥霍无度的国君。

　　至于全国同意的程序,《大宪章》第 14 条做了明确规定:"凡在上述征收范围之外,余等如欲征收贡金与免役税,应用加盖印信之诏书致送各大主教,主教,住持,伯爵与男爵指明时间与地点召集会议,以期获得全国公意。此项诏书之送达,至少应在开会以前四十日,此外,余等仍应通过执行吏与管家吏普遍召集凡直接领有余等之土地者。召集之缘由应于诏书内载明。召集之后,前项事件应在指定日期依出席者之公意进行,不以缺席人数阻延之。"

(二)纳税人的基本权利

　　《大宪章》规定了纳税人的四项基本权利:被协商权、人身自由和财产自由权、监督国王权以及反抗政府暴政权。

　　关于被协商权,除上述规定纳税人同意纳税权的条款以外,《大宪章》第 55 条还规定:"凡余等所科之一切不正当与不合法之罚金与处罚,须一概免除或纠正之,或依照后列保障和平之男爵二十五人之意见,或大多数男爵连同前述之坎

---

① 　除特别注明外,本书所有的外国宪法文本均选自或者参考姜士林等主编:《世界宪法全书》,青岛出版社 1997 年版。

② 　张晓群:《广义的封建主义和狭义的封建主义》,http://article.comment-cn.net/show.php? type=xifang&id=1066266747。

③ 　这里是与中国等封建主义比较强大的国家的国王、皇帝相比而言的,只是强调其国王不像中国的皇帝那么重要,并非强调其国王不重要,否则就不会有那么多贵族不惜以生命为代价去抢夺王位了。

特伯雷大主教斯提芬，及其所愿与共同商讨此事件者之意见处理之。遇大主教不能出席时，事件应照常进行。但如上述二十五男爵中有一人或数人与同一事件有关，则应于处理此一事件时回避，而代之以其余男爵中所遴选之人。"

关于人身自由和财产自由权，《大宪章》第 39 条规定："任何自由人，如未经其同级贵族之依法裁判，或经国法判决，皆不得被逮捕，监禁，没收财产，剥夺法律保护权，流放，或加以任何其他损害。"

关于监督国王权，《大宪章》第 1 条就庄严宣布："余等及余等之子孙后代，同时亦以下面附列之各项自由给予余等王国内一切自由人民，并允许严行遵守，永矢勿渝。"第 61 条规定："诸男爵得任意从国中推选男爵二十五人，此二十五人应尽力遵守，维护，同时亦使其余人等共同遵守余等所颁赐彼等，并以本宪章所赐予之和平与特权。其方法如下：如余等或余等之法官，管家吏或任何其他臣仆，在任何方面干犯任何人之权利，或破坏任何和平条款而为上述二十五男爵中之四人发觉时，此四人可即至余等之前——如余等不在国内时，则至余等之三官前——指出余等之错误，要求余等立即设法改正。"

关于反抗政府暴力权，《大宪章》第 61 条规定："自错误指出之四十日内，如余等，或余等不在国内时，余等之法官不顾改正此项错误，则该四人应将此事取决于其余男爵，而此二十三男爵即可联合全国人民，共同使用其权力，以一切方法向余等施以抑制与压力，诸如夺取余等之城堡、土地与财产等，务使此项错误终能依照彼等之意见改正而后已。"

二、《大宪章》中财政立宪基本主体

从《大宪章》的内容来看，其中所涉及的财政立宪基本主体可以分为两大类：国王（及其官僚机构）与纳税人（及其代表机构），具体包括国王、大主教、主教、住持、伯爵、男爵、法官、森林官、执行吏、典狱官、差人、管家吏和人民。

（一）国王

国王以及代表国王的官僚机构作为征税主体显然是权力受到约束的一方，而与之相对的其他人作为纳税主体则是权利得到保障的一方。签署《大宪章》的国王约翰也被称为"无地王约翰"，之所以被称为"无地王"是因为自从威廉一世开始，欧洲大陆的诺曼底就属于英国国王的领地，威廉一世死后虽然引起英国暂时的内乱，导致英国与诺曼底分立自己的主人，但是亨利一世又重新收回了诺曼底，导致英国国王始终控制诺曼底的土地。但是到约翰担任国王期间，英国国王在欧洲大陆的诺曼底、安茹、曼恩以及波瓦图等领地相继失去。因此，约翰被称为"无地王"。①

约翰是一个专横暴虐、挥霍无度、反复无常的人，无止境的勒索各种苛捐杂税。这样就侵犯了大封建主、骑士、市民以及富裕农民的利益。② 约翰丢失了欧洲大陆的领地，也给英国贵族造成巨大的利益损失，因为英国贵族很多是追随威廉一世从诺曼底迁徙到英格兰，他们在欧洲的领地中拥有大量土地。约翰征收各种苛捐杂税的主要原因，除了自己挥霍以外，很重要的是应付在欧洲大陆的战争费用以及向教皇所缴纳的贡赋。而所有这些费用又都是约翰自己造成的。因此，其征税行为引起广大人民的反对。同时，英国长期以来形成了一个重要的传统，即国王的一切重大决策应当由一个代表统治阶层利益的机构来讨论决定，这个机构就是贤人会议。约翰不经过贤人会议就任意征税更加激怒了整个统治阶层。由此才会导致各阶层人民联合起来反对国王并强迫其签署了《大宪章》。

(二) 贤人会议

贤人会议是一个在英国财政立宪史中具有重要地位的机构。英国大约在9世纪出现了一种由国王不定期召开的贤人会议（Witenagemot，也称为贤士会、名士会），参加会议的主要包括主教、修道院院长、亲王、郡长和贵族。③ 贤人会议的起源可以追溯到欧洲大陆日耳曼人条顿部落的"马克大会"或民众大会。贤人会议的权力十分广泛，国王的一切重大决策原则上都要由贤人会议讨论通过。例如，贤人会议拥有最高司法权，地方法庭无法判决或者涉及政府官员的重大案件都由贤人会议审理，④ 另外，贤人会议还掌握着税收、外交、房屋、分封，特别是王位继承等重要事项的决定权。英国颁布的很多重要法令，都是经过贤人会议同意的，有的法令则是在国王签署以后直接由贤人会议发布的。⑤

贤人会议的传统逐渐形成了颁布新法以及涉及人民利害关系的大事必须经人民同意的原则。⑥ 而征税就是涉及人民利害关系的大事之一，因此，讨论和决定

---

① F. Barlow. The Feudal Kingdom of England 1042-1216, Longman, 1983, p. 372.

② 孙义学主编：《世界中世纪史》，辽宁教育出版社 1985 年版，第 67 页。

③ 据记载，在 934 年的温彻斯特贤人会议中，有大主教和主教 19 人，修道院院长 4 人，威尔士贵族 4 人以及若干地方官员和 59 个塞恩。可见，就成分而言，贤人会议的参加者都是世俗两界的贵族，贤人会议实际是贵族代表大会。参见阎照祥：《英国史》，人民出版社 2003 年版，第 26 页。

④ D. Fisher, The Anglo-Saxon Age c440-1042, Longman, 1983.

⑤ 马啸原：《西方政治制度史》，高等教育出版社 2000 年版，第 78 页。

⑥ 史密斯在《英国议会史》中指出，在所有的盎格鲁-撒克逊王国中，国民咨政会（即贤人会议）的同意，对于执行法律、课征税收和批准公共管理的主要活动，都是必需的。参见 Smith, G. Barnett. History of the English Parliament: Together with an Account of Parliaments of Scotland and Ireland, V1, London: Ward, Lock. Bowden & Co., 1892, pp. 14-15.

是否征税是贤人会议的重要职责。这一原则在威廉一世征服英格兰以后有所减弱，但是贤人会议的传统并没有中断。威廉一世去世后，贤人会议中断了一段时期，但是亨利二世继位以后，认识到贤人会议对于巩固王位的重要性，逐渐重视和加强了贤人会议的地位。在征税事项上，基本上形成了"不得人民同意则不课之原则"，但是，国王仍然保留了自行颁布新税法的权力。在理查德一世统治时期，历史学家已经发现了贤人会议讨论财政事项的记录。如果有人不同意新税法，国王可以王权压制他，如果是大贵族不同意，有时候国王会免除该大贵族的纳税义务。因此，从整体上来讲，当时仍属于君主专制状态，但是君主的征税权受到了一定的约束。①

《大宪章》虽然没有直接提到贤人会议，但是其中的很多规定都暗示了贤人会议这样一个机构的存在，如第14条规定："余等仍应通过执行吏与管家吏普遍召集凡直接领有余等之土地者。召集之缘由应于诏书内载明。召集之后，前项事件应在指定日期依出席者之公意进行，不以缺席人数阻延之。"这显然就是一次召集贤人会议的过程。第39条规定："任何自由人，如未经其同级贵族之依法裁判，或经国法判决，皆不得被逮捕，监禁，没收财产，剥夺法律保护权，流放，或加以任何其他损害。"这里所说的"经其同级贵族之依法裁判"也暗示了一个贤人会议的组织。第52条规定："任何人凡未经其同级贵族之合法裁决而被余等夺去其土地，城堡，自由或合法权利者，余等应立即归还之。"这里所谓"经其同级贵族之合法裁决"也暗示了一个贤人会议的组织。《大宪章》第52条以及第55条规定的"保障和平之男爵二十五人"也是一个贤人会议的组织。至于《大宪章》为什么不直接规定"贤人会议"，可能是当时的贤人会议仍没有形成一个固定的组织，是否召开、何时召开、在哪里召开、哪些人参加都是由国王来决定的，因此，如果简单规定一个"贤人会议"的组织来监督国王，无异于将监督国王的权力交到了国王手中，不如规定一个详细的与会人员数量和选择方法以及召集会议的基本程序更能控制国王的权力。

（三）世俗贵族

英国的贵族大体可以分为两类：宗教贵族与世俗贵族。宗教贵族包括大主教、主教、修道院院长以及其他高级教士。世俗贵族在中世纪的英国主要是指军事贵族（aristocracy），广义的贵族则包括大贵族和骑士。

骑士（knights）是一个含意不甚明确的称谓，伯爵、男爵等高级贵族有时

① ［英］比几斯渴脱：《英国国会史》，［日］镰刀节堂译，（清）翰墨林编译印书局编译，中国政法大学出版社2003年版，第2～3页。

也被包括在骑士的范围之内。欧洲骑士制度源于中世纪加洛林朝的法兰克王国，后逐渐推行到欧洲各国。① 英国的骑士制度主要是威廉一世征服英格兰以后从欧洲大陆引进的一种贵族制度。它代表着一种荣誉、精神和品格，上至国王、下至普通民众都以成为骑士为荣。12～14 世纪的英国社会是一个典型的封建等级社会。处于社会最顶层的是国王，每年有数万英镑的收入。国王下面是十几名伯爵，年收入在 1000～2000 英镑之间。伯爵下面是人数稍多的男爵，年收入在500～1000 英镑之间。男爵下面是数量较多的骑士，年收入在 20～100 英镑之间。② 13 世纪，英国的骑士数量在 500～1000 名之间，数量低于前朝。亨利二世在 1159 年征收代役税，取消了原来封臣所承担的骑士职责，使得骑士的地位有所下降。约翰继位以后将兵役免除税提高了 16 倍，而且提高了封建继承税。由此导致世俗贵族对约翰王的不满，并最终引发了由世俗贵族发动的叛乱并强迫约翰王签署了《大宪章》。

《大宪章》对于约翰王的上述行为进行的最主要约束是规定了没有贵族的同意不得向贵族征税的原则。同时，针对约翰王提高继承税的行为，《大宪章》第2 条、第 3 条规定了继承税的限额："任何伯爵或男爵，或因军役而自余等直接领有采地之人身故时，如有已达成年之继承者，于按照旧时数额缴纳继承税后，即可享有其遗产。计伯爵继承人于缴纳一百镑后，即可享受伯爵全部遗产；男爵继承人于缴纳一百镑后，即可享受男爵全部遗产；武士继承人于最多缴纳一百先令后，即可享受全部武士封地。其他均应按照采地旧有习惯，应少交者须少交。""上述诸人之继承人如未达成年，须受监护者，应于成年后以其遗产交付之，不得收取任何继承税或产业转移税。"

为了保障贵族的人身权利，防止国王任意处罚贵族，《大宪章》第 21 条规定："伯爵与男爵，非经其同级贵族陪审，并按照罪行程度外不得科以罚金。"为了防止国王对骑士横征暴敛，《大宪章》第 16 条规定："不得强迫执有武士采地，或其他自由保有地之人，服额外之役。"同时，《大宪章》第 29 条还规定国王不能任意要求骑士履行职责："武士如愿亲自执行守卫勤务，或因正当理由不能亲自执行，而委托合适之人代为执行时，巡察吏即不得向之强索财物。武士被率领或被派遣出征时，应在军役期内免除其守卫勤务。"

---

① 沈瑞英：《欧洲骑士制度对中世纪社会发展的影响》，http：//www. chinamil. com. cn/site1/ztpd/2004-09/07/content _ 3072. htm（最后访问时间 2007 年 11 月 25 日）。

② 美国学者西德尼·佩因因特估计，1180～1210 年间，每名骑士的年均收入为 10～20 英镑，各级贵族的年均收入为 115 英镑。当时英国物价波动较大，学者们所掌握的数据有较大差异。参见［英］约翰·克拉潘：《简明不列颠经济史：从最早时期到一七五〇年》，范定九等译，上海译文出版社 1980 年版，第153 页。

（四）宗教贵族与教会

大约在公元 2 世纪，罗马统治英格兰的时候，基督教就传到了英格兰。至公元 9 世纪，英格兰形成了包括两个大主教区（坎特伯雷和约克）、10 余个主教区以及许多基层教区的宗教管理体系。5～11 世纪是基督教征服欧洲的时代，英国也不例外，11 世纪中叶的爱德华国王被称为"忏悔者"，其原因就是他对宗教非常虔诚，对教会非常关切。

在国王与教会的关系中，坎特伯雷大主教具有特殊的地位。1073 年以来，教皇格列高利七世及其后任对教会进行了一次全面改革，史称"教皇革命"。教皇革命的开端，就是罗马教皇企图把神圣的、至高无上的基督教皇帝——几个世纪以来，他一直在教会中扮演重要的角色——降低到低微的俗人的地位，甚至比层次最低的教士还不如。皇帝和国王都是俗人，他们挥舞的只是世俗之剑，只负责世俗的事务，只负责这个世界的事务，这一事实使得他们从属于挥舞精神之剑、负责精神事务的宗教人士。教皇革命的主要目标之一就是剔除最高政治权威的宗教职能和宗教特性，类似近代意义上的"政教分离"。教皇革命撤销了皇帝和国王从前行使的精神权能，实际上为随后出现的近代世俗国家奠定了基础。①

威廉一世加快了英格兰教会诺曼化的过程，运用各种手段防止政教分离。教会一方面与国王密切合作，另一方面保持其相对独立性。威廉二世对教会充满不信任，侵夺了教会的大量权益。高级教职空缺时，他有意拖延任命期，在这期间的收入全部进入了国库。② 亨利一世在位时同样存在王权与教权的矛盾，双方达成的妥协是：国王放弃圣职的授予权，而大主教接受教皇任命后向国王行臣服礼。亨利一世后期主要由其摄政官索尔兹伯里的主教罗杰主政，这为教会和国王的和平共处铺平了道路。③ 斯蒂芬在位时由于政治困境而不得不向教会让步。王权与教权的斗争在亨利二世时达到顶峰，最终王权作了让步。约翰在位期间，于 1209～1211 年间，从教会掠夺了 2.8 万英镑。1209 年因坎特伯雷大主教的任命而得罪罗马教廷，教皇英纳森将其革除教门。这使得约翰多方树敌，便开始向教会屈服，答应将英格兰作为教皇采邑，向教皇称臣纳贡。因此，所增加的负担只能来自纳税人，此举又遭到广大纳税人的反对。

---

① ［美］哈罗德·J. 伯尔曼：《法律与革命——西方法律传统的形成》，贺卫方等译，中国大百科全书出版社 1993 年版，第 133、137、138 页。

② A. Poole. The Oxford History of England，From Domesday Book to Magna Carta 1087-1216，Oxford：Clarendon Press，1955，pp. 171-172.

③ Plucknett T. F. T. A Concise History of the Common Law，London：Butterworth & Co.，1940，pp. 12-13.

教会的利益在《大宪章》中得到充分的保护，《大宪章》第一句便是"受命于天的约翰"，同时，签署《大宪章》的目的是"为了圣教会的昌盛"。《大宪章》第1条更明确规定了教会的权利："英国教会当享有自由，其权利将不受干扰，其自由将不受侵犯。"《大宪章》所规定的无代表不纳税的原则，宗教人士是最重要的需要征求意见的对象。

为了保护教士的人身权利，防止国王以犯罪的名义任意处置教士，《大宪章》第22条规定："教士犯罪时，仅能按照处罚上述诸人之方法，就其在俗之财产科以罚金；不得按照其教士采地之收益为标准科处罚金。"

（五）商人及市民

经商获利在中世纪人们的心目中往往是不可思议的事情，也是一件罪孽深重的事情。但是对于那些没有宗教信仰的无业游民或者海盗而言，巨大的利润可以抵消任何宗教或者道德上的罪恶感，因此，早期的商人往往都来自海盗，海盗停止掠夺就变成了商人。由于商业契合人类追求冒险与喜爱牟利的本性，因此，在本质上是具有传染性的。由此也就决定了商业和商人能够不断发展壮大。商人往往通过组织同业行会的方式获得垄断权，而他们获得垄断权的方式是向王室缴纳一笔年金或者税款。有学者认为，中世纪的同业行会在本质上可以解释为一种工业工会，它根据公共权力所承认的规则而享有某项职业独占权。①

从一开始，市民阶级就是一个商人和工匠的阶级，在一切大城市中，他们一直保持着这样的特征。商人集团往往是城市中的统治阶级，例如，13世纪伦敦市参议员和市长大都出身于某种商人，第一位有文献可考的温契斯特市长是一位酒商。商人通过组织基尔特组织来维护自己的垄断权以及统治城市。除了商人以外，12和13世纪城市统治阶级的成员还包括王室代理人、都市地主，或许也包括农村地主。②

中世纪英国的城市在政治上的最大特征是努力争取自治权。它们一般通过纳税的方式从国王那里获得自治权，英国第一个获得自治特许状的城市是贝弗利，那是1129年。伦敦市在亨利一世在位时，通过每年向国王缴纳300英镑税金而获得自治权，可以自己选举市长和市政官。亨利二世在位时收回了伦敦市的自治权，导致伦敦市民为争取自治权而斗争。斯蒂芬在位时，他们曾自发创建公社，但只存在了短短的一年。1191年，他们再次建立公社，但又被官方解散。理查

---

① ［比］亨利·皮朗：《中世纪欧洲经济社会史》，乐文译，上海人民出版社2001年版，第21～25、174页。

② ［英］约翰·克拉潘：《简明不列颠经济史：从最早时期到一七五〇年》，范定九等译，上海译文出版社1980年版，第176～178页。

德一世和约翰在位时，由于急需用钱，被迫允许伦敦等城市自行收税和自行选举官员，以换取他们在财政上对国王的支持。1193 年，伦敦选出了市长，并于1216 年确立了每年改选一次的制度。[①] 为了协助市长工作，伦敦还选出了 24 人组成的市政议会。伦敦的经验影响了很多城市，截至 1216 年，已经有 10 多个城市自行选举市长，实现了自治。[②]

市民的自由权以及城市的自治权也在《大宪章》中得到充分的反映。《大宪章》第 25 条规定："一切州郡，百人村，小镇市，小区——余等自己之汤沐邑在外——均应按照旧章征收赋税，不得有任何增加。"这一条就是防止国王任意增加市民和城市的税收负担，从而确保其财产权与经营自主权。《大宪章》第 13 条专门确认了伦敦以及其他自治市的自治权："伦敦城，无论水上或陆上，俱应享有其旧有之自由与自由习惯。其他城市、州、市镇，港口，余等亦承认或赐予彼等以保有自由与自由习惯之权。"商人的权利也得到重视与保护，《大宪章》第 41 条规定："除战时与余等敌对之国家之人民外，一切商人，倘能遵照旧时之公正习惯，皆可免除苛捐杂税，安全经由水道与旱道，出入英格兰，或在英格兰全境逗留或耽搁以经营商业。战时，敌国商人在我国者，在余等或余等之大法官获知我国商人在敌国所受之待遇前，应先行扣留，但不得损害彼等之身体与货物。如我国商人之在敌国者安全无恙，敌国商人在我国者亦将安全无恙。"这里对商人的保护充分体现了对等原则。

（六）小农阶层

在《英国土地志》（Domesday Book）[③] 中，可以被称为统治阶级之下的社会等级主要包括六类人：自由农、自由佃农、维兰、边农、小屋农和农奴。从经济地位上说，自由农和自由佃农是自由的，其余阶层是不自由。自由农和自由佃农相比，显得更加自由，他们甚至可以自由选择自己的领主。自由佃农不能自由选择自己的领主，而且需要向领主缴纳供品或者从各方面去帮助领主。维兰（Villanus）不能像前两者那么自由，但是仍足以维持温饱。边农和小屋农不太容易区分，边农这个词在英语中已经不存在，但是仍存在于法文中，称为bordier，其原意为"住在小屋里的人"，在英格兰所指的可能就是那些住在主人

---

① 爱德华一世在位时，伦敦每年改选市长的制度被迫中断。

② 阎照祥：《英国史》，人民出版社 2003 年版，第 74～75 页。

③ 也可以翻译为《陆地测量簿》，直译为"末日审判书"，是征服者威廉（William the Conqueror）（即威廉一世）为了查明全国土地的数量、价值以及税收情况而进行的通过宣誓调查的结果，该书完成于1086 年，这本书非常详细地记载了 1086 年前后英国的土地状况。参见［美］罗宾·弗莱明：《诺曼征服时期的国王与领主》，翟继光译，北京大学出版社 2008 年版，第 12～13 页。

所提供的小屋中的农民或者他们的后裔。但是，当时英格兰的边农仍然属于拥有土地和一对耕牛或者一条耕牛的较贫贱的农民。小屋农并不是到处都有，从其名称上可以看出，他们显然是住小屋的农民，没有值得一提的土地，也许有一点菜园，没有耕牛。农奴是最低级的，估计占人口总数的9％到10％，他们大都没有土地，可是有时候也可以"住在小屋"中。诺曼征服以后，自由佃农没落了，农奴逐渐绝迹了，他们都开始向上层渗透，所有那些不太自由的农民都开始被法学家统称为维兰。到公元1100年，一般的维兰或者边农可能保有①的土地与公元1000年或者900年普通自有人所保有的土地大致相等，而且肯定是采用大致相同的方法来耕种的。公元1100年到1200年间所发生的变化，经济史学界不太清楚，但是并没有理由认为各类农民所保有的土地发生了很大的变动。②

随着时间的推移，维兰和自由农之间的界限越来越模糊了，维兰逐渐向自由农的方向发展，在1215年《大宪章》颁布之时，绝大部分农民都属于自由人，因此，《大宪章》第39条对于自由人的保护条款可以适用于大部分的农民。除此以外，《大宪章》还在多处规定，其中的各种自由权利为一切英国臣民所享受，如第60条规定："余等在上述敕令中所公布之一切习惯与自由，就属于余等之范围而言，应为全国臣民，无论僧俗，一律遵守，就属于诸男爵（一切贵族）之范围而言，应为彼等之附庸共同遵守。"第63条规定："余等即以此敕令欣然而坚决昭告全国：英国教会应享自由，英国臣民及其子孙后代，将如前述，自余等及余等之后嗣在任何事件与任何时期中，永远适当而和平，自由而安静，充分而全然享受上述各项自由，权利与让与，余等与诸男爵具已宣誓，将以忠信与善意遵守上述各条款。"

三、《大宪章》在财政立宪史中的地位

关于《大宪章》的历史地位，即如何看待《大宪章》的本质及其在当时以及

---

① 土地保有制度是英国封建制度的基础之一，英国著名法律史学家梅特兰认为，英国封建主义是这样一种社会状态，其主要的社会联系是领主和封臣之间的保护和效忠、服务关系，领主要为臣下提供保护，臣下要为领主提供各种服务。这种人身关系又和土地保有制度交织在一起，臣下所需提供的义务是他所保有土地上的负担，领主对领地内的事项享有一定的司法管辖权，从国王到各级领主，然后再到最低级的封臣，整个封建社会构成了一个金字塔体系。参见 Maitland F W., The Constitutional History of England, Cambridge: Cambridge University Press, 1946, pp. 143-144. 关于英国中世纪土地保有制度的基本状况，可以参见李红海：《普通法的历史解读——从梅特兰开始》，清华大学出版社2003年版，第152~169页。

② ［英］约翰·克拉潘：《简明不列颠经济史：从最早时期到一七五〇年》，范定九等译，上海译文出版社1980年版，第102~106、131页。

以后的财政立宪发展中所起到的作用，自《大宪章》产生以来就存在不同的看法，而且褒贬不一，赞扬者将其抬高到无以复加的历史地位，认为无论怎样评价都不算高估，而贬低者则在肯定其具有进步意义的同时揭示其阶级本质。

我们先从少数人的声音入手，因为少数人的声音往往更能把握事物的本质，更能揭示事物的本来面貌，虽然少数人的声音不一定全面、正确。

就其独创性而言，有学者认为，《大宪章》也许是英国历史上最为人所误读的文献之一，尽管其常被后人誉为英国宪政与自由的开端，而且冠之以"自由的守护神"、"自由的基石"等桂冠。但是，这多为后人为了给17世纪的革命提供理论借口所进行的曲意附会，究其实，它是对英格兰封建法律与习俗的重塑或者再确认。①

就其立法技术而言，有学者认为，《大宪章》似乎并不能算作成功的文本。其63个条款并不是系统地排列，条款之间也缺乏内在的逻辑联系。因此，它很可能是在匆忙之中出台的一个缺乏系统组织与严密论证的法律文件。②

就其保护的利益而言，有学者认为，《大宪章》是一个封建文件，旨在保护男爵以及他们的附庸。某些自由人的利益虽然也得到了维护，但这是因为他们能和男爵集团沾上边，否则，就像维兰阶层一样，《大宪章》会毫不理睬。③广大农民从《大宪章》里一无所得。④

就其历史作用而言，有学者认为，制定《大宪章》的男爵本身是自私狭隘、能力低下的，他们的目的就是阻碍安茹王朝高效的政府统治，开历史的倒车，回到过去。⑤《大宪章》是封建主阶级内部利害冲突的产物，其核心是限制王权，助长大封建主的势力，因此不是历史的进步。⑥不能夸大《大宪章》在当时所起的作用，因为《大宪章》并不是封建时代用来限制国王权力的唯一文件，而且实际上它在这方面的有效性要比确定联合的自治城市——通常包含国王作出的不干涉地方事务的特殊承诺的王室特许状——来得差。《大宪章》在限制王权、保护自由方面不过具有象征性的意义，而且在讨论《大宪章》在宪政上的意义时，注意到约翰国王并不是自愿签署《大宪章》的也是重要的，他是在指挥军队的官员的胁迫下这样做的。这就暗示了包含在《大宪章》中的普遍原则的陈述本身没有

---

① Colin Rhys Lovell. English Constitution and Legal History, New York：1962, pp. 111-113.

② Norman F. Cantor. The English：A History of Politics and Society to 1760, New York：Simon and Schuster, 1967, pp. 195-196.

③ Bryce Lyon. A Constitutional and Legal History of Medieval England, New York：Norton, 1980, p. 321.

④⑥ 孙义学主编：《世界中世纪史》，辽宁教育出版社1985年版，第68页。

⑤ Bryce Lyon. A Constitutional and Legal History of Medieval England, New York：Norton, 1980, p. 322.

迫使人服从的力量，与普通法律一样，它必须被武力强制执行。①

赞扬者的观点与上述观点针锋相对，例如大法官爱德华·柯克爵士认为，是《大宪章》将英格兰从专制暴政中解救出来，基本的民事和政治权获得了神圣的地位，正是此种萌发了英国宪政政府。著名法学家布莱克斯通认为，《大宪章》是捍卫英国自由的主要堡垒。② 有学者认为，《大宪章》逻辑严密、语言精确，甚至增删一字都属不当。③ 当然，我们还可以举出无数个赞扬者的声音，但基本观点是一致的，我们不再一一列举，而是针对批评者的声音对于《大宪章》的历史地位进行有针对性的分析。

（一）《大宪章》在财政立宪制度发展中是否具有独创性

具有重要历史意义的事物往往是开创性的、史无前例的，《大宪章》是否具有这样的性质呢？很多学者认为《大宪章》并没有什么新东西，不过是把封建时代的贵族权利重新加以规定和强调而已。这种观点是正确的，前文在阐述《大宪章》所涉及的基本主体时已经暗示了这一观点。《大宪章》中所规定的很多权利，例如贵族议会（贤人会议）的权力、宗教自由的权利、贵族的人身自由权和财产权、纳税人的人身自由权和财产权、自治市的自治权等都是在漫长的历史发展过程中逐渐形成的基本惯例，虽然没有成文的法律予以规定，但都是已经存在的。正是因为这些权利的存在，而约翰王却漠视或者无视这些权利，因此才会导致贵族联合市民反对国王并最终逼迫国王签署了《大宪章》。我们在评价《大宪章》的历史地位时必须正视历史，不能为了提高其历史地位而将很多本不属于《大宪章》的桂冠戴在《大宪章》头上。④

但是，《大宪章》是否就因此而没有创新性呢？如果没有，那么，它何以能够被后人给予这么高的评价？其实，是否具有创新性应当从两个方面加以考察，一是内容，一是形式。批评者往往从内容的角度来探讨其创新性，而且暗示内容高于形式，其实不然。就英国当时所处的历史环境而言，《大宪章》的创新性正体现在其形式上，而且这种形式上创新的历史价值远大于内容上的创新。《大宪章》以成文法的形式将以前通过惯例形成的贵族、教会和自由民的权利以及对王国权力的限制固定下来，并以上帝、国王等名义郑重向天下人昭告，这本身不就

---

① ［美］斯科特·戈登：《控制国家——西方宪政的历史》，应奇等译，江苏人民出版社 2001 年版，第 234～235 页。

② Bryce Lyon. A Constitutional and Legal History of Medieval England, New York: 1980, pp. 310-311.

③ M. T. Clanchy. England and Its Rulers 1066-1272, Malden, Mass: Blackwell, 1998, p. 139.

④ 当然，这仅仅代表学术研究的态度，搞政治或者进行革命不需要如此，政治或者革命往往需要将很多不属于某事物的桂冠都戴在某事物的头上。

是一个惊天动地的历史壮举吗？

具体来讲，这种创新体现在以下两个方面：①将传统、习俗和惯例等不稳定的东西固定下来，使其"有章可循"，这已经不仅仅是形式方面的创新，在内容方面实际上也是有所创新的。通过历史的考察可以知道，虽然《大宪章》所规定的权利在之前已经存在，但是并不稳定，而且往往是国王可以凭借自己的权力予以改变甚至否定的。例如，贤人会议的职权在《大宪章》之前并不固定，而且关于何时召开、如何召开、由哪些人参加等问题都是由国王自己来决定的，因此，即使国王长期不召开贤人会议也难以说国王的行为违法，特别是在国王的王位比较稳固时，更难以有人敢挑战国王违反惯例的行为。约翰王在签署《大宪章》之前所进行的一系列倒行逆施的行为都说明了那些通过传统、习俗、惯例所确定下来的权利和自由是非常脆弱的。《大宪章》将不确定的权利变成确定的权利，实际上既增加了权利的数量，也增加了权利的质量，也实现了以形式创新来达到内容创新的目的。②运用一个最高的规范来约束国王的权力，保护国民的权利，从而为宪政和法治传统的形成奠定了坚实的基础。在《大宪章》之前虽然国王的权力在事实上是受到约束的，国民的权利也是有一定保障的，但是却没有一个高于王权的文件来规范这一切，而《大宪章》实现了这一突破，它以上帝之下、王权之上的地位来对人世间的基本权利义务进行一次重新规范，实际上就是近代宪法的雏形，也符合法治最本质的特征。因此，可以认为《大宪章》开创了近代宪政和法治的传统，成为英国近代宪政和法治的形式源头。[1] 上述两个方面的创新已经足以使《大宪章》青史留名，永垂不朽了。

（二）《大宪章》是否保护普通纳税人的利益

很多学者批评《大宪章》保护的是封建主，特别是大封建主的利益，并不保护或者基本上没有保护普通纳税人[2]（主要是农民）的利益，因此，并不是历史的进步。

《大宪章》保护的首先是大封建主的利益，这里面既包括世俗贵族，也包括宗教贵族，这一点从《大宪章》的基本条款以及大封建主领导反叛并且逼迫国王

---

[1] 这里所谓"形式源头"是指从形式上来讲，近代宪政和法治可以追溯到《大宪章》，但是，宪政和法治的实践却早在《大宪章》很久以前就已经在人类社会中进行着，例如古代的雅典民主制、罗马共和国都存在宪政和法治的实践，但是并没有出现《大宪章》的形式。关于古代的雅典民主制、罗马共和国宪政的基本制度，参见［美］斯科特·戈登：《控制国家——西方宪政的历史》，应奇等译，江苏人民出版社2001年版；陈可风：《罗马共和宪政研究》，法律出版社2004年版。

[2] 由于世俗贵族和宗教贵族在形式上也是纳税人，而且是很重要的纳税人，因此这里用"普通纳税人"来指那些实际上承担纳税义务的底层劳动人民。

签署《大宪章》的历史事实可以明显看出。但是，不可否认的是，大封建主也是人民群众的一员，一个保护大封建主利益的制度与一个仅保护国王一个人利益的制度相比，也应该算历史的进步。人类历史的进步毕竟是一步一步走过来的，社会制度为广大人民群众谋福利的目标也是一步一步实现的，一般都是从社会的上层逐渐渗透到社会的底层，如果只把维护社会最底层纳税人利益的制度改革算做进步的话，人类历史发展到今天恐怕都不能算进步。

《大宪章》并非对普通纳税人的利益漠不关心，其中对"自由人"权利的规定，对"英国臣民及其子孙后代"权利的规定都不能不说是对普通纳税人权利和自由的关注与保障。自由民也参加了反对国王的斗争，因此，《大宪章》不会对他们的要求熟视无睹。同样，领导反对国王斗争的大封建主也深知他们能够取得斗争的胜利在很大程度上是依靠广大人民群众的支持，他们在《大宪章》中连带规定普通纳税人的权利也能够赢得广大人民群众对《大宪章》的支持，这对于他们将来与国王的较量更加有利，因此，《大宪章》不会对社会底层纳税人的利益熟视无睹。虽然有学者认为，《大宪章》是贵族们起草的，贵族们本来只是为了保护自己的利益，只是由于其中所使用的语言非常笼统，以至于后人可以把它解释成纳税人自由的总宪章。[①] 但是从当时的阶级状况来看，《大宪章》的起草者们并非是无意间将普通纳税人的权利规定进去的，而是"有意"这样规定的，他们与国王相比，更需要普通纳税人的支持。

（三）限制王权是否是历史的进步，《大宪章》能否限制王权

《大宪章》限制了王权，这是不争的历史事实，但是，限制王权是否是历史的进步，则在学术界并没有取得一致的意见。签署《大宪章》的时期正处于中世纪中期[②]，也是教皇革命[③]结束以后不久以及民族国家开始形成的时期。在民族国家形成的过程中，中央集权所起的作用非常显著，如果没有中央集权，而是地方封建主各自为政，独霸一方，则不可能形成民族国家。《大宪章》限制了王权，也就削弱了中央集权，阻碍了民族国家的形成，因此，是历史的倒退。

对于上述论证，必须明确两点。首先，民族国家的形成的确需要中央集权，但是，中央集权并不等于国王一人集权，中央集权也可以通过由某个全国性的机

---

① ［美］斯科特·戈登：《控制国家——西方宪政的历史》，应奇等译，江苏人民出版社 2001 年版，第 233～234 页。

② 早在文艺复兴时期，西方就已经有了把历史分为"古代"、"中世纪"以及"近代"的说法。西方史学界一般把 476 年西罗马帝国灭亡到 1640 年英国资产阶级革命爆发这一时期称为中世纪，中世纪也被称为"黑暗的时代"。

③ 教皇革命是从 1050 年左右到 1150 年左右，由教皇格列高利七世所倡导的一场教会改革。

构掌权来实现，也就是说，中央集权有独裁专制以及民主集中制两种方式来实现。限制王权并不等于阻碍中央集权。其次，即使中央集权在中世纪主要表现为加强国王的权力，削弱地方封建主的权力，也有一个加强什么样的国王的权力问题。如果是明君，加强其权力的确可以加速中央集权的过程，从而加速民族国家的形成；如果是暴君，加强其权力不仅不会加速中央集权的过程，而且会导致该王朝的加速灭亡，民族国家的形成更是无从谈起。由于《大宪章》只是将国王的部分权力转移给中央的另一个机构——贤人会议，而且，《大宪章》反对的是一个暴君，因此，《大宪章》虽然限制了王权，但是并没有阻碍中央集权与民族国家形成的历程，更不是历史的倒退。

与此相关的一个问题是：《大宪章》能否限制王权？在任何封建社会，要想仅凭一份文件就能限制国王的权力那肯定是痴人说梦。正如很多学者指出的，《大宪章》仅仅是限制王权的表现与结果，而并非限制王权的真正实力所在。真正能够限制王权的是与之相抗衡的广大贵族以及市民的实力，是更广大的普通民众的实力。没有后者，《大宪章》不过是一纸空文，也根本不可能出台。其实，历史早就把其中的道理告诉我们了。约翰王虽然在贵族刀剑的逼迫下签署了《大宪章》，但是一等贵族的军队撤走，约翰就企图废除《大宪章》，为此，贵族们只好再次带领民众造反。第二年10月，约翰病死，内战结束，由约翰年幼的儿子亨利三世继位，实际由大贵族掌权，贵族们逼迫亨利三世再三确认《大宪章》的效力。以后每位新国王登基，都想废除《大宪章》，而贵族和普通民众则拼命保护，并不惜以反叛国王为代价。由此，从《大宪章》颁布至亨利五世时（1413～1422），前后由国王重新确认竟达44次之多。可以说，每次确认《大宪章》的背后都隐含着一次国王对《大宪章》的背离以及贵族、普通纳税人对《大宪章》的拥护。因此，谁是真正限制王权的主体也就不需要我们来回答了。

（四）《大宪章》推动了财政立宪的历史，还是财政立宪的历史赋予了《大宪章》生命

《大宪章》在财政立宪的历史上到底起到了多大的作用呢？是因为《大宪章》的确起到了推动历史前进的巨大作用，历史才赋予其如此之多的桂冠，还是因为历史在不知不觉中赋予了《大宪章》如此之多的桂冠，才导致人们越来越认为是《大宪章》在推动历史前进？持上述两种观点的都大有人在。

其实，如果能够将这个问题转换一下，可能更容易回答。《大宪章》不过是一个表面的结果，其背后所代表的实际上是贵族阶层、市民阶层以及广大底层民众的利益，因此，这个问题也可以转化为到底是人民（纳税人）在推动历史，还是历史把过多的桂冠赋予了人民？对于这样一个问题，似乎已经不需要我们给予回答了，

马克思和恩格斯早在19世纪中叶就已经给出了明确的答案。真正推动历史发展的是广大人民（纳税人），历史无论给予人民（纳税人）多少桂冠都不为过。

　　或许有人会认为我们这里所讨论的不是一个问题，实际上它们既是一个问题，又不是一个问题。说它们是一个问题，是因为无论我们认为《大宪章》在历史上的地位和作用有多大，那都不过是纳税人的地位和作用的表现而已，明眼人都知道，没有纳税人的推动，《大宪章》在历史上连一天也维持不了，甚至根本就不会产生《大宪章》。说它们不是一个问题，是因为纳税人的地位和作用的表现形式有很多，《大宪章》是否是最重要和最根本的仍然是值得讨论的。就此问题而言，《大宪章》是纳税人在宪政和法治的道路上开创的第一个具有标志性的成果，以后，纳税人在开创宪政和法治的道路上每取得一次胜利，就把这一胜利归功于这第一个具有标志性的成果——《大宪章》，由此，随着宪政和法治逐渐在英国以及世界其他国家得以实现，《大宪章》头上的桂冠也就越来越多了。分析至此，上面问题的答案已经呼之欲出了。的确是历史赋予了《大宪章》更多的桂冠，但是除了《大宪章》，历史又能把这些桂冠赋予谁呢？

四、税收法定原则的起源

　　学界一般认为，税收法定原则起源于中世纪的英国，而且一般就将其定位于1215年的《大宪章》。从理论的推导和历史的考察来看，在古代雅典和罗马共和国时期也存在税收法定原则的影子。

（一）雅典时期税收法定原则的影子

　　在古代雅典，最强大的机构是议事会。它的基本功能是为公民大会准备日程和协调政府的行政活动。议事会行使一项非常重要的政府职能——财政控制。议事会由500名成员组成。其对政府财政行为的控制必然包括对政府征税行为的控制，而这种控制就已经带有税收法定原则的影子。但是，雅典财政收入的主要形式却并不是税收，而是天然资源。由国家所有和由奴隶开采的阿提卡东南部的丰富银矿为雅典提供的资金足以建立一支征服一个帝国的海军舰队，帝国依次从贡物、奴隶贩卖、赎身等中获取收益。雅典时期的纳税人数量非常少，只有最富有的雅典公民才缴纳固定的税。普通的，甚至是有技艺的职业都得不到雅典人的高度尊重。大部分公民是国家雇员或者通过其他方式获得公共救济金以维持生活，[①] 而奴隶则承

---

　　① 《雅典政制》记载："法律规定，财产少于3迈纳的人和不能做任何工作的重伤者由议事会对之进行仔细核查后发给每天两奥波尔的公共补助金。"

担大部分的体力劳动。① 正因为雅典的民主制是建立在奴隶制基础之上的，也就是雅典人的财政收入大部分来自自然资源和奴隶的劳动，而税收所占的比重则微不足道，因此，雅典人不会对税收的收入和支出情况给予特别重视。

税收法定原则从根本上要求由最广大劳动人民制定或者同意的法律来规定税收的开征。雅典时期最广大的劳动人民是奴隶，而奴隶在那时是没有法律主体资格的，因此，奴隶时代的雅典是不可能产生税收法定原则的。但雅典政治实践中，由最高立法机关或者立法机关的常设机关来控制政府财政收支的做法为后世的税收法定以及财政法定奠定了基础。

（二）罗马共和宪政时期税收法定原则的影子

罗马共和国家政治体制并非依据明确的宪法，更多的是根据惯例。在立法上，罗马只遵循新法否定旧法这一原则，而没有宪法与普通法的区分，类似于英国习惯法的传统。罗马共和时期虽然没有立法、司法、行政三权分立的概念，但是已经有了权利制衡和分权、平权的观念，这些都为税收法定原则的起源奠定了基础。②

罗马的官僚体制中存在元老院以及人民大会，而且理论上的最高权力机关是人民大会，这实际上已经具备了税收法定原则强调的由人民拥有最终征税权的典型特征，因此，罗马共和宪政时期的宪政实践为后世税收法定原则的诞生奠定了一定的基础。

（三）税收法定原则在英国的诞生

英国是税收法定原则的真正起源地，早在盎格鲁—撒克逊统治时期，国王进行统治的机构就包括贤人会议，它们协助国王作出决策、治理国家。在实践中逐渐形成了重要事项必须通过贤人会议讨论的惯例，据史书记载，诺森布里亚国王爱德温（617~633）曾经召集贤人会议讨论是否接受基督教的问题，取得大家一致同意后方才受洗。③ 重大的特殊性税收也属于重要事项，如征收丹麦金以求和于丹麦人，也要经过贤人会议同意。④ 英国之所以形成这种征税必须经过贤人会议同意的传统是因为直接对国王承担纳税义务的是大封建主，而不是社会最底层的纳税人，因此，封建主会强烈要求国王在向他们征税之前必须经过他们的同

---

① ［美］斯科特·戈登：《控制国家——西方宪政的历史》，应奇等译，江苏人民出版社 2001 年版，第 70 页。

② 陈可风：《罗马共和宪政研究》，法律出版社 2004 年版，第 10 页。

③ Bede II, 13; See D. Whitelock ed. English Historical Documents, v. 1, London: Eyre & Spottiswoode, 1953.

④ 马克垚：《英国封建社会研究》，北京大学出版社 1992 年版，第 9 页。

意，而国王为了减少封建主对纳税的抵抗情绪，从而顺利征税也愿意事先经过贤人会议的讨论和同意。英国特殊的封建制度导致了征税在英国的政治生活中具有特别重要的地位。

诺曼征服以后，贤人会议的制度仍然保留了下来，当时的史料称其为大会议。但是此时的会议又有所不同，因为在诺曼征服以后，英国采取了封臣制度，按理这种会议国王的全体封臣都应当出席，但实际情况并非如此。诺曼征服以后的直接封臣约 500 人，其中 170 人为大封建主，但出席大会议的从未超过 75 人，一般在 50 人左右。[①] 与大会议相对的还有一个规模较小的小会议，但是二者的区分不是很清楚，一般是由国王的亲信组成。《大宪章》第 12 条强调的便是向贵族征收盾牌钱和协助金需要征得大会议的同意。[②] 约翰王死后，亨利三世年幼，个别大贵族掌握国家大权，大会议停开。1127 年亨利三世亲政以后，也不愿意召开大会议，但是在需要征税时，还是勉强召开了大会议。大贵族对此不满，于 1234 年举旗反叛。王军虽然获胜，但被迫召开了大会议。在这次会议上，众多贵族依靠群体的力量，迫使亨利三世罢免了当政的亲信，允许贵族反对派进入小会议。[③] 从此会议的地位和作用开始逐渐上升，1236 年大会议制定了《默顿法规》，规定了立法、司法和维护土地所有权等事项，是继《大宪章》之后的又一成文法。1242 年，大会议否决了亨利三世为进行对法战争而开征新税的要求。为税收法定原则的创立奠定了更加坚实的基础，1244 年，亨利三世为了征税而再次召开大会议，贵族们拒绝出席，并推举一组法官起草政府改革文件，要求由他们选出的 4 名"自由维护人"参加小会议；不论国王是否同意，只要他们坚持，即可召开大会议；保证贵族的参政权。随着大会议政治职能的扩充以及贵族实力的增长，人们越来越多地称大会议为"议会"。[④]

13 世纪中叶以后，议会的成员逐渐由贵族扩充到平民的代表——乡村骑士和城市平民。其主要原因是随着经济的发展，乡村骑士和城市平民的财产逐渐增加，国王征税越来越需要他们的支持。例如，1221～1257 年，中央政府征收的 9 次骑士免役税只有 2.8 万英镑，而 1225 年一次征收的城市平民财产税就有 5.8 万英镑。城市平民经济实力的增长不仅赢得了国王的重视，也获得贵族的重视，他们能够逐渐进入议会也就不足为怪了。

乡村骑士和城市平民能够进入议会也和议会形成的传统有关。英国国王传统

---

①　B. Lyon. A Constitutional and Legal History of Medieval England, New York：1980，p. 143.

②　马克垚：《英国封建社会研究》，北京大学出版社 1992 年版，第 90 页。

③　R. Butt. A History of Parliament, The Middle Ages, London：Constable, 1989，p. 77.

④　阎照祥：《英国史》，人民出版社 2003 年版，第 86～87 页。

上只对自己的封臣征税，因此，要求参加贤人会议以及国王邀请参加贤人会议的往往局限于国王的封臣。这种做法也就暗含了这样一个基本的原则：向谁征税就征求谁的同意。这一原则的另外一种说法就是：无代表，不纳税。贤人会议中没有乡村骑士和城市平民的代表，因此，他们也就没有义务向国王纳税。国王为了能够直接向他们征税，也就不得不同意他们的代表进入议会。这不仅是理论上的推导，历史事实也是这样的。①

1258 年亨利三世为了让其儿子爱德华争取西西里王位，答应向罗马教廷交纳 14 万马克的贡礼。国王拿不出这么多钱，只好向贵族和骑士们征税。国王原本不想召开议会而直接依靠行政命令征税，但是，贵族们已经习惯了"无代表，不纳税"的做法，因此他们纠集军队迫使国王召开议会。这次议会通过的《牛津条例》重申了《大宪章》的基本原则，要求成立 15 人组成的大贵族委员会治理国家，议会每年召开 3 次，重大事项由议会解决，每郡选出 4 名骑士，监督地方官。《牛津条例》实际上已经在立法上确立了议会的地位以及"无代表，不纳税"的原则，也奠定了税收法定原则的雏形。但亨利三世于 1262 年下令取消《牛津条例》，引起贵族的反抗。1264 年 5 月，贵族军队擒获亨利三世及其王子爱德华。贵族成立 9 人委员会管理国家，由于地位不稳固，开始寻求平民支持。1265 年 1 月，贵族代表孟福尔在伦敦召开议会，本次议会除了贵族、骑士代表以外，每市还选出两名市民代表参加。基于此，有些学者把本次议会视为英国议会产生的标志。由于本次议会并非国王召集，因此合法性不足，很多贵族不服。1265 年 6 月，王子爱德华潜逃，纠集军队打败孟福尔，重新恢复王权。② 1272 年，亨利三世病逝，爱德华继位。

经历过国王与贵族斗争的风风雨雨以后，爱德华终于认识到议会的重要性，他在位 35 年，一共召开了 52 次议会，开会地点一般在威斯敏斯特。在这些议会中，以 1295 年秋季的议会最为完善，出席者达 400 名，包括 91 名宗教界人士、50 名伯爵和男爵，63 名骑士和 172 名城市代表，分别代表社会上最重要的三个阶层：教士、贵族和平民。本届议会被称为"模范议会"，也被视为英国议会的诞生。③ 英国议会的正式确立标志着税收法定原则的形成，以后再经过近 400 年

---

① 1254 年，亨利三世在欧洲大陆平定叛乱，急需军费。摄政的王后和康沃尔伯爵召开了议会，要求贵族以及普通教士、平民都纳税支援军费，出席议会的贵族同意纳税，但是，他们说，他们的承诺只能对自己负责，并不代表普通教士和平民。因此，向普通教士和平民征税仍然是"非法"的。为了避免抗税事件的发生，两位摄政通知各郡选派两名骑士代表参加议会。但是这种做法并没有成为惯例被一直遵守。

② B. Wilkinson. The Latter Middle Ages in England, 1216-1485, Longman, 1982, p. 79.

③ ［英］比几斯渴脱：《英国国会史》，［日］镰刀节堂译，（清）翰墨林编译印书局编译，中国政法大学出版社 2003 年版，第 9 页。

的斗争，英国最终在宪法性文件中明确表述和重申了税收法定原则。[①]

五、预算法定原则的起源

（一）预算的起源

预算的核心在于分配稀缺的资源，意味着在各种潜在的支出目标之间做出选择，它暗示着一种平衡以及某种做出决定的程序。[②] 根据英国百科全书的解释，"预算"一词来源于古老的诺曼底语，它的原意是皮包、袋子。据说，英国国库大臣经常提着一个装满钱或者收支账目的皮包，他向国会做年度财政收支报告时，也带着这皮包，并且"打开"它详细说明，所以后来把这个皮包叫做预算。[③] 根据布莱克法律词典的解释，预算就是一个组织对于特定时期（通常为一年）的估计收入和支出的报告。[④] 法国 1826 年 3 月 31 日的政令第 5 条是这样定义预算的：它是一个法案，通过这个法案对国家年度收入和国家年度开支或其他公用事业开支进行预先的安排。[⑤]

按照上述对预算含义的阐释，我国周代就形成了预算的萌芽。据《礼记》记载，九赋、九式分别是国家的经常收入和经常支出。[⑥] 九赋之外，还有两贡，即

---

① 阎照祥：《英国史》，人民出版社 2003 年版，第 87～89 页。

② Irene S. Rubin. The Politics of Public Budgeting, New Jersey: Chatham House Publishers, Inc., 1993, p. 2.

③ 刘剑文主编：《财税法教程》，法律出版社 2002 年版，第 54 页。

④ Bryan A. Garner, Black's Law Dictionary, West Group, 1999, p. 189.

⑤ ［法］莱昂·狄骥：《宪法学教程》，王文利等译，辽海出版社、春风文艺出版社 1999 年版，第414 页。

⑥ 《礼记·天官·冢宰》记载："以九赋敛财贿，以九式均节财用。"有学者还列出了九赋和九式分别所对应的收入和支出。

收入	支出	用途说明
邦中之赋	宾客之式	宴请宾客
四郊之赋	刍秣之式	饲养牛马与家畜的谷草
邦甸之赋	工事之式	制作物品
家削之赋	匪颁之式	分赐诸侯百官的物品
邦县之赋	币帛之式	赐劳宾客的礼物
邦都之赋	祭祀之式	祭祀天地、祖先、山川
关市之赋	差服之式	国王及家庭吃穿
山泽之赋	丧荒之式	丧礼与救荒
币余之赋	好用之式	国王需要的玩好珍品

张明编著：《政府预算与管理》，西南财经大学出版社 2002 年版，第 3 页。

邦国之贡和万民之贡，它们都是强制性的缴纳，是国家收入的组成部分，九赋和九式都有专门的来源和用途，体现了国家的集中分配关系，因此是我国预算制度的雏形。到了唐代，又有了进一步发展，《唐六典》记载："一年一造记账，三年一造手籍。县成于州，州成于省，户部总领焉。"到了宋代，我国还建立了审计制度，宋朝财政在许多方面都有粗略的年度计划，即"岁计"。[①] 我国虽有预算的雏形，但并无预算法定原则的雏形。探讨预算法定原则的起源还应当回到具有悠久税收法定原则传统的英国。

（二）预算制度与预算法定原则的形成

英国预算制度的起源与税收法定原则的起源几乎是同步的，因为后者旨在控制国王和政府的财政收入，而前者旨在控制国王和政府的财政支出。13 世纪的"大咨政会"就确立了一个控制君主支出的原则，即议会有权限制或者取消下列支出授权：王室成员的奢侈、投君主所好的过分慷慨以及由于过分野心而导致的对外战争。由于控制国王和政府财政收入的急迫性大于控制其财政支出的急迫性，因此，税收法定原则的发展速度要快于预算法定原则。但是议会也在不断寻求控制财政支出的方式，这些措施主要包括：①议会对于基金拨款的授权。②对君主议会外收入的拨款。③议会授权基金的使用必须依据拨款目的。④政府向议会汇报费用的支出方式。⑤议会对于浪费和未授权支出的讨论与批评。⑥对于蔑视拨款者和挥霍财力者予以制裁。[②]

政府向议会提交预算的做法可以追溯到 14 世纪后期。1380 年约翰·基尔德斯伯格爵士（Sir John Gildesburgh）作为议会的发言人，要求君主对其所需金额的用途作清楚的陈述。1688 年"光荣革命"以后，英国议会基本上控制了国家的财政收入权，同时也加大了对财政支出控制的力度。同年，英国议会规定皇室年奉由议会决定，国王的私人支出与政府的财政支出要区别开来。随后，国王的私人借款被议会控制，[③] 国王的"非议会收入"，如变卖王室地产的收入，没收财产的收入、卖官鬻爵的收入、专卖权和垄断权的出售收入、王室食物与重要产品的征发权的收入、战俘赎金、外国政府的贡纳、海外领地的售卖收入以及强制

---

① 刘剑文主编：《财税法教程》，法律出版社 2002 年版，第 54 页。
② 张馨、袁星侯、王玮：《部门预算改革研究》，经济科学出版社 2001 年版，第 21 页。
③ 1680 年，议会通过决议，规定从今以后，无论君主以关税、货物税的收入，还是以取自家庭财产的收入为担保，而进行借款，都被认为是在妨碍议会的活动，而必须对这些行为负责。Einzig Paul. The Control of the Purse: Progress and Decline of Parliament's Financial Control, London: Secker & Warburg, 1959, p. 98。

捐款等，都逐渐为议会控制。① 以后的历届议会还对国王的支出做了其他的修正，最终使得议会完全控制了国王的财政权。②

就政府开支而言，从 1690 年起，议会对政府的费用都指定了专门用途，不能随便挪用，而且还设立了第一个现代意义上的公共账户委员会（Public Accounts Committee）来审查政府的开支。到了安妮女王末期，财政部每年都要编制预算提交议会审查，并且成为惯例。③

1763 年，英国把国家财政收支计划说明专称"提出预算案"。④ 1780 年通过了《丹宁议案》（Dunning's Motion），规定除了君主私人金库和秘密服务钱款外，所有的公共账户包括王室年俸的支出账户，都要提交给公共账户委员会，成为英国宪法史上的重要转折点。⑤ 1782 年英国议会通过了《民用基本法》（The Civil Establishment Act）标志着英国拨款制度发生了巨大的转折。在此之前，民用拨款主要是政府的事，现在民用拨款也掌握在了议会的手中。1787 年，英国议会通过了《统一基金法》（The Consolidated Fund Act），建立了"统一基金"，政府的全部收入都纳入统一基金账户，所有的支出也通过统一基金账户支付。这一制度为英国确立预算法定原则奠定了坚实的基础。1822 年，英国财政大臣向国会提出了一个完整的预算报表，标志着现代预算制度在英国基本确立。⑥ 在预算制度形成的同时，英国通过《权利法案》、《丹宁议案》、《民用基本法》、《统一基金法》等法律逐渐确立了预算法定原则。1854 年，议会通过《公共收入统一基金支用法》，国内收入各部、关税部和邮局的所有年度收支预算，都被强制性地提交给议会。1866 年，又通过了《国库与审计部法》（The Exchequer and Audit Department Act），最终形成了这样一种财政格局：议会对于预算具有最高的权威，政府只负责足额高效地征集和使用税款，议会对财政收入和支出的整个过程拥有控制权，并且以对政府的独立审计来确保这一权利的实现，这样就以法令的形式完成了议会控制财政权制度的构建过程。⑦

除英国以外，其他国家的预算制度产生得比较晚，相应地，预算法定原则确立得也比较晚。美国联邦预算是在联邦政府成立以后的 132 年后建立的。1789

---

① 张馨、袁星侯、王玮：《部门预算改革研究》，经济科学出版社 2001 年版，第 30～33 页。

② Burkhead, Jesse. Government Budgeting, New York: John Wiley & Sons, Inc., 1956, p.3.

③ 蒋孟引主编：《英国史》，中国社会科学出版社 1988 年版，第 401 页。

④ 刘剑文主编：《财税法教程》，法律出版社 2002 年版，第 54 页。

⑤ 张馨、袁星侯、王玮：《部门预算改革研究》，经济科学出版社 2001 年版，第 47 页。

⑥ ［美］杰克·瑞宾、托马斯·D.林奇主编：《国家预算与财政管理》，丁学东等译，中国财政经济出版社 1990 年版，第 490 页。

⑦ 张馨、袁星侯、王玮：《部门预算改革研究》，经济科学出版社 2001 年版，第 60 页。

年，美国联邦政府成立财政部，亚历山大·汉密尔顿（Alexander Hamilton）任第一任部长，他曾向国会建议估算公共开支，但因党派意见分歧，联邦政府开支不大，加之关税充足，因而无须权衡收支。不过 1800 年还是规定，财政部要向国会报告其财政收支汇总情况。1865 年南北战争后，国会成立了拨款委员会，专门主管财政收支。但是现代意义上的预算制度却直到 20 世纪才在美国产生。1908 年纽约市推出了美国历史上第一份现代预算。在此期间，美国联邦政府开支上升，财政收支连续出现赤字，迫使联邦政府建立联邦预算制度。1910 年，塔夫脱（William Howard Taft）总统责成研究建立联邦预算制度。1912 年《经济和效率委员会的报告：国家预算的必要性》提出了构建联邦预算制度的整体设想。1921 年，国会通过了《预算和会计法》，成立国家预算局，授权总统向国会提交联邦预算，确立了国家预算制度，实现了预算法定原则。[①]

中国大约与美国同时开始建立现代预算制度，1898 年光绪皇帝下诏变法，经济方面的主要内容就是"改革财政，编制国家预算"。1908 年清政府颁布中国第一部预算条例——《清理财政章程》。1910 年起由清理财政局主持编制政府预算工作，开创了中国历史上第一次系统性的政府预算编制工作。[②] 但是这种预算编制主要是形式上的，预算法定原则在中国的真正确立仍然要经历一个漫长的历程。

（三）预算法定原则在宪法中的确立

英国实行不成文宪法，因此，在专门法律中确立预算法定原则也可以认为是在《宪法》中确立了预算法定原则。此外，其他国家也是在确立税收法定原则的同时或者随后就开始了确立预算法定原则的历程。1787 年的《美利坚合众国宪法》规定了税收法定原则和财政支出法定原则，[③] 为预算法定原则的确立奠定了基础。随着美国在 20 世纪初开始建立预算制度并通过国会 1921 年的《预算和会计法》，使得预算法定原则得以在美国确立。由于修改《宪法》非常困难，因此，美国并没有在《宪法》中明确规定预算法定原则。

法国早在 1789 年的《人权宣言》中就蕴含了预算法定原则的萌芽，但是没

---

① 张明编著：《政府预算与管理》，西南财经大学出版社 2002 年版，第 11～12 页；［美］杰克·瑞宾、托马斯·D. 林奇主编：《国家预算与财政管理》，丁学东等译，中国财政经济出版社 1990 年版，第 11～21、491～495 页。

② 张明编著：《政府预算与管理》，西南财经大学出版社 2002 年版，第 12 页。

③ 《美利坚合众国宪法》第 1 条第 9 款规定："除了依照法律的规定拨款以外，不得自国库中提出任何款项；一切公款收支的报告和账目，应经常公布。"

有提到预算，也没有规定预算法定。① 随后，法国逐渐在《宪法》中形成了预算法定原则。1791 年《宪法》第五编第 1 条，共和历 3 年《宪法》第 302 条，1848 年《宪法》第 17 条规定了任何公用开支在未经国民代表同意的情况下不能确立。1791 年《宪法》第三编第三章第一选集的第 1 条和第二章第三选集第 7 条确立了这样的原则，每年，经政府同意后，国民代表应该为刚开始的这一年确立一张可使用开支和可征收收入表。实际上就是指年度财政预算表。1791 年《宪法》第三编第二章第四选集第 7 条、第三章第一选集第 1 条第 4 点以及第五编中的第 3 条规定，国民代表有权对部长们所做的账目进行核查，并且有权要求部长们对账目进行汇报。② 1817 年规定立法机关有权分配政府经费，从而确立了预算制度，同时也实现了预算法定原则。③ 1911 年 7 月 13 日法国《财政法》第 140 条规定，议会不仅有权独享开支决定权，它还有权对已用的开支经费的使用情况进行核查，核查的方法就是审计。至此，确立了比较完善的预算制度和预算法定原则。④

　　随后，很多国家在《宪法》中明确规定了预算法定原则。1814 年的《荷兰王国宪法》第 105 条规定："国家财政收支预算由议会法令规定。"⑤ 1850 年的《普鲁士宪法》第 62 条规定："财政法案和国家预算应首先提交下院……。"德国 1919 年的《魏玛宪法》第 85 条规定："联邦之收支，应于每会计年度预先估计，并编入预算案。预算于会计年度之前，以法律定之。"1949 年的《德意志联邦共和国基本法》则用了一个专章的篇幅来规定财政事项，其中，预算制度占了一半的条款和篇幅。1919 年《芬兰共和国宪法》也明确规定了预算法定原则，其第六章专章规定了"公共财政"，其中有一半的条款和篇幅是与预算直接相关的。其第 66 条规定："每一财政年度的全部收支项目应列入年度预算，年度预算由议会通过后，按照颁布法律的方式予以颁布。"

---

　　① 《人权宣言》第 14 条规定："所有公民都有权亲身或由其代表来确定赋税的必要性，自由地加以认可，注意其用途，决定税额、税率、客体、征收方式和时期。"这里所讲的"注意其用途"实际上就蕴含了预算的意思，即税收的征收和使用都应当体现纳税人的意志。可以认为是预算法定原则的萌芽。

　　② ［法］莱昂·狄骥：《宪法学教程》，王文利等译，辽海出版社、春风文艺出版社 1999 年版，第 410~411 页。

　　③ 刘剑文主编：《财政税收法》（第 3 版），法律出版社 2004 年版，第 80 页。

　　④ ［法］莱昂·狄骥：《宪法学教程》，王文利等译，辽海出版社、春风文艺出版社 1999 年版，第 417~418 页。

　　⑤ 本部分的《宪法》条文参考萧榕主编：《世界著名法典选编·宪法卷》，中国民主法制出版社 1997 年版。

第四章　财政立宪的经济基础

财政立宪制度自7世纪在盎格鲁—撒克逊时代出现雏形以来，经过一千多年的发展才最终在英国确立下来，随后又经过近三百年的发展才最终得以完善。英国确立财政立宪制度以后，美国、法国、日本等国家也先后确立了财政立宪制度。在财政立宪制度确立的过程中，经济因素起到了决定性的作用，它导致了财政立宪制度的出现，推动了财政立宪制度的确立并最终促使财政立宪制度不断走向完善。在影响财政立宪制度的经济因素中，私有财产权的确立及其导致的纳税人为自身利益进行斗争的现象以及税收国家的产生处于核心地位，而生产力水平的提高则为财政立宪制度的运行及其完善提供了物质支持。

一、私有财产权的确立

纳税人的私有财产权是财政立宪保护的对象，它一方面为税收的出现奠定了基础，另一方面则提出了由财政立宪制度予以保护的要求。同时，私有财产权本身也是推动财政立宪制度建立的强大动力。私有财产权与财政立宪具有一种内在的逻辑联系和亲和性。私有财产权是财政立宪的逻辑前提和历史前提，财政立宪是私有财产权发展和完善的标志与必然结果。

（一）私有财产权是财政立宪保护的对象

财政立宪，特别是其中的税收法定原则的核心在于保护纳税人的私有财产权，因此，私有财产权的确立是财政立宪的前提性条件。财政立宪的历史也表明，凡是私有财产权较早确立并受到普遍重视的国家，财政立宪实现得就比较早，相应的制度也比较完善。

在存在私有财产权的社会，私有财产权的实现需要相应制度的保障，需要享受国家所提供的公共产品。私有财产权在享受这些利益的同时，也应当承担相应的义务。私有财产权承担义务的方式有很多，如征税、征收、征用等，但最基本的方式是征税。因此，税收一开始便是以私有财产权承担义务的形式而出现的，也可以认为是以侵犯私有财产权的面貌出现的。为了使私有财产权仅承担适当的义务而免遭税收的任意和无限制的侵犯，私有财产权的主体便尝试运用各种制度来约束征税权，这些制度最终形成了税收法定原则。为了确保私有财产权所承担的税收真正用来为私有财产权服务，私有财产权的主体也试图运用一些制度来约束用税权，这些制度最终形成了预算法定原则。可见，财政立宪的核心在于保护私有财产权，没有私有财产权的存在，就不需要财政立宪制度对征税权和用税权的控制。① 通过考察典型国家确立财政立宪制度的历史，可以验证上述观点。

税收法定原则之所以最先在英国出现，其中最根本的原因是私有财产权的确立及其保护。盎格鲁—撒克逊时期就确立了等级严密的私有财产权制度，国王征税原则上仅向与自己直接具有领主关系的封建主征收，封建主下面的更小的封建主属于其直接领主的管辖范围，因此，封建主为了实现自己的私有财产权便有强大的动力来争取对国王征税的控制权，而国王在统治的过程中必须依赖这些封建主，国王也不敢得罪所有的封建主，当然，更根本的原因是国王也不敢触动社会所赖以存在的私有财产权制度，因此，也愿意在征税之前征求他们的同意。由此，在英国逐渐形成了贤人会议审议征税法案的权力。就国王的征税权被控制这一点来讲，已经具备了税收法定原则的影子，可以认为是税收法定原则的雏形。

法国较早出现财政立宪的雏形也得益于私有财产权的确立。公元5世纪罗马帝国在高卢统治的崩溃以及日耳曼人诸王国的建立，标志着高卢地区进入了封建社会。法国封建经济的初级阶段是领主制经济。这一制度有两个基本特征：一是封建等级土地所有制，上级封建主把土地分封给下级封建主，下级封建主再把土地分封给自己的下级封建主，封建主之间的身份等级以及权利义务都凝结在这些分封的土地之上；二是土地占有权与政治统治权相结合，公权与私权合一，封建主在占有土地的同时享有对土地上农民的行政管理权和司法审判权。② 这种分封制有一个原则，即"我的附庸的附庸不是我的附庸"，即每一级封建主只能对自己的直接下级封臣享有权利，而无权对自己的封臣的封臣直接享有权利。由于很多封建主并不只有一个领主，因此，在封建主之间造成了"一团乱麻般的权利和义务"。③

这种私有财产权制度以及混乱的权利义务关系，一方面容易导致各封建主之间为争权夺利而混战，另一方面则导致了国王权力较弱，原始社会时期的很多民主制度得以保存和发展下来。例如，加佩王朝时期（10世纪末至11世纪初），国王不过是"同等者中的第一个"（拉丁文为"Primus inter pares"）。早期的国王在采取

---

① 当然，从权力制约的角度来讲，即使不存在私有财产权，国家权力也需要一定的制约与平衡，也有可能建立财政立宪制度来实现权力的制衡，但这种财政立宪制度纯粹是一种国家治理措施，与本书所论述的财政立宪不是一个概念。

② 沈炼之主编：《法国通史简编》，人民出版社1990年版，第52、57页。

③ 《马克思恩格斯全集》第21卷，人民出版社1965年版，第453页。

重大措施之前，需要召开封建主代表大会进行讨论，这种代表大会被称为"库里亚"大会。库里亚大会不仅有权决定国家的一切重大政治措施，包括征税，而且还有权罢免国王和选举新的国王。11世纪，城市兴起，城市组织由居民自己建立，他们通过向领主缴纳贡金的方式从领主那里获得了特许状，可以行使自治权。当然，实际掌握城市权力的人都是有地位和富裕的人。① 由此可见，法国财政立宪制度萌芽的出现在很大程度上是得益于法国所确立的私有财产权制度——分封制。

美国财政立宪制度的形成在很大程度上也可以归结于人们对于私有财产权的追逐及其保护。据考古证据、地图和传说，至少在1000年以前北欧海盗就曾到过北美大陆，虽然美洲具有丰富的资源，但是这些资源如同埋在三英里深的大西洋底差不多，派不了什么用处。② 因此，并没有人妄想在北美创建殖民地。400多年后，欧洲人重新发现了这块土地并在此定居。其根本原因在于巨大的经济利润促使欧洲人在北美进行探险和拓荒。这里的经济利润一方面来自西欧崛起的国家企图打破意大利与东方进行的具有巨大利润的香料贸易上所处的垄断地位，另一方面就是发现印第安人手中有大量金银以及北美大陆有丰富的矿藏。③

首批移民定居的地方，经济发展前景暗淡，说明他们移居这里有与经济无关的原因。但是后来的移民在决定是否移居这里时需要考虑这里是否有吸引人的环境。他们也有可能考虑与经济无关的一些条件，但是经济因素是至关重要的。后来的很多移民都是有计划迁来的，这是他们出于经济原因才移居美洲的初步证据。大多数移民是在他们预计从美洲得到的经济报酬能够补偿他们的迁移费用时才移居美洲的。④

在北美创建殖民地的人都是经过英国税收法定原则长期熏陶的，他们在北美定居以后，就很自然地采纳由全体纳税人决定公共机构的组建及其财政收支的制度。同时，北美殖民地一开始所进行的就是一种商品经济，而商品经济要求自由、平等和等价交换，人与人之间并没有一种隶属关系，只存在契约关系，因此，人们自然会建立一个由纳税人说了算的自治公共组织。当时，各殖民地所创建的市（city）、镇（town）、县（county）基本上都是自治的。当地居民定期集会讨论公共事务，市民大会或镇民大会是当地的最高权力机关，有权制定法律、分配土地、征收税收等。⑤

---

① 马啸原：《西方政治制度史》，高等教育出版社2000年版，第61～64页。
② ［美］杰拉尔德·冈德森：《美国经济史新编》，杨宇光等译，商务印书馆1994年版，第42页。
③ ［美］杰里米·阿塔克、彼得·帕塞尔：《新美国经济史：从殖民地时期到1940年》（第2版），罗涛等译，中国社会科学出版社2000年版，第35～36页。
④ ［美］杰拉尔德·冈德森：《美国经济史新编》，杨宇光等译，商务印书馆1994年版，第50页。
⑤ 马啸原：《西方政治制度史》，高等教育出版社2000年版，第159页。

（二）私有财产权为财政立宪提供了动力

私有财产权作为财政立宪保护的对象，具有强大的动力寻求财政立宪的保护，因此，私有财产权是财政立宪最主要的动力。财政立宪的实现需要相关主体艰苦而漫长的斗争，而私有财产权则是推动相关主体进行斗争的动力。对此，马克思早就指出："人们奋斗所争取的一切，都与他们的利益有关。"[①] 相关主体为财政立宪的实现而进行的"奋斗"，其背后的"利益"就是私有财产权。

税收法定原则强调纳税人的代表应当在税法的制定过程中享有发言权，而承担纳税义务的主体为具有较多资产的资产阶级和平民。[②] 英国议员的选举权和被选举权被局限在有产者的范围内，也就是贵族、地主、资本家以及城市有产市民。议会在 1406 年颁布了第一个《选举法》，其中并没有明确规定选民的财产资格，但实际上是有财产限制的。1429 年的《选举法》则明确规定了郡选民的财产资格：凡年收入达 40 先令的土地持有人拥有选举权。1432 年《选举法》规定选举人必须在参选郡中居住或者拥有地产。1445 年的《选举法》规定，各郡竞选议员的社会地位必须在骑士以上，当选骑士应当有 20 英镑以上的年收入。[③] 英国《选举法》对选民财产资格的限制直到 1918 年的《人民代表选举法》才取消。这种对选民财产资格的限制，当然可以解释为资产阶级垄断统治权，排斥社会底层民众的政治权利，体现了资本主义选举制度和民主制度的虚伪性，但是从积极方面来看，把选民限制在有产者，也就是纳税人的范围内，使得选民以及议员对于征税问题异常敏感，使得议员更有积极性去争夺对征税权的控制，选民也更有动力去支持议员和议会争夺征税权的斗争。而这一切都在无形中推动财政立宪制度的不断发展并最终在英国确立。

北美殖民地时期各州的立法机构基本上为两院制，上议院通常被称为参事会或者管理委员会，由 12 至 18 人组成，其中自治殖民地由选民选举产生，业主殖民地和英王直属殖民地则由业主或者英王直接任命。下议院议员由全民选举产生，人数为 50 至 100 人。人民行使选举权受到财产资格的限制。在南部，以拥有农场或者市镇地产作为享有选举权的条件，如弗吉尼亚的选民得有 50 英亩未开发或者 25 英亩已开发的土地，佐治亚的选民应当在所居住的地区拥有 50 英亩地产；在北部，以拥有一定的动产或者不动产作为享有选举权的条件，如马萨诸塞和康涅狄克的选民应当拥有每年收益为 40 先令的土地或者拥有其他价值 40 英

[①] 《马克思恩格斯全集》第 1 卷，人民出版社 1956 年版，第 82 页。

[②] 这里并不否认创造社会财富的主体是社会底层劳动者，但是在商品经济时代，他们的劳动成果在第一次社会产品分配的过程中就被剥削到封建主和资本家手中，因此，在纳税过程中（属于社会产品的第二次分配），他们反而并不承担主要的纳税义务。

[③] 阎照祥：《英国史》，人民出版社 2003 年版，第 104～105 页。

镑的财产，宾夕法尼亚的选民必须拥有 50 英亩土地或价值 50 英镑的任何财产。① 而担任公职的条件则比行使选举权的条件更高，如南卡罗来纳议员须拥有 500 英亩土地和 10 名奴隶或拥有价值 1000 英镑的动产和不动产，新泽西的议员须拥有 100 英亩土地。

上述财产资格限制反映了税收对于选举制度的影响。之所以要求选民具有一定的财产是因为政府是纳税人的政府，政府的主要财政收入来自纳税人，因此，只有纳税人才有权决定政府的组成以及政府的大政方针，该权利就是选举权。对选民的财产限制虽然是对下层劳动人民选举权的剥夺和限制，但是它从另外一个方面充分反映了纳税人主权以及政府是纳税人的政府的理念。另一方面，上述财产资格的具体条件也反映了经济发展状况和经济制度对于选举制度的影响。南方盛行以奴隶制为主的种植园经济，有产者和无产者以及奴隶区分的标志就是是否拥有土地以及拥有土地的数量。纳税人是拥有一定数量土地的奴隶主。北部奴隶较少，工商业和渔业比较发达，有产者即纳税人不仅体现为土地所有者，而且体现为拥有大量动产的商人。因此，南部的选民资格为土地（不动产）一个条件，而北部的选民资格则为不动产或者动产两个可选择的条件。

作为全部由纳税人代表所组成的下议院，既有动力，也有能力在政治制度中确立财政立宪制度。财政立宪制度的实质在于保护纳税人权利，控制政府征税权，因此，纳税人有动力争取这一制度的实现。纳税人都是有产者，纳税人代表都是大有产者，因此，纳税人代表也有能力争取这一制度的实现。北美经济的发展在很大程度上推动了议会权力的增长。在英王直属的殖民地中，掌握行政大权的是英王直接任命的总督，他代表的是英王的利益，而殖民地的议会，特别是下议院代表的是殖民地纳税人的利益，因此，二者的冲突与夺权具有和英国税收法定原则确立过程中议会与国王斗争的性质。以纽约为例，总督在行政管理方面所需要的款项都由议会拨给，但是款项拨出以后，则由司库官保管，按总督意图进行开支，议会无权检查其用途。如果议会对于税款的使用没有监督权，实际上就在一定程度上架空了税收法定原则，使得税收法定原则成为一个尴尬地为政府筹钱的工具。纽约议会为了防止总督滥用税款，于 1692 年成立一个委员会来调查总督的账目。总督当然不愿意接受议会的监督，经过反复斗争，直到 1694 年，总督才退步，议会争取到监督行政部门使用税款的权力。②

私有财产权同样为预算法定原则的实现提供了基本的动力。在本质上，预算法定原则的实现是相关主体经济利益斗争的结果。预算法定最本质的要求在于财

---

① ［美］迦纳：《政治科学与政府》（第 7 版），孙寒冰译，上海商务印书馆 1946 年版，第 876 页。
② 李昌道：《美国宪法史稿》，法律出版社 1986 年版，第 13 页。

政收入和财政支出应当由纳税人代表来决定，体现纳税人意志，而不能由其他主体来决定。因此，预算法定原则内在地包含了不同主体的经济利益，其中最基本的主体就是纳税人与国王。封建社会早期，国王的收入和支出是不受纳税人控制的，即使是国王从纳税人手中获得的税收，在征收之前或许会征求纳税人的同意，但一旦进入国王的口袋，就没有人能够干涉国王的开支。而国王之所以是国王，国王之所以有这么大的权力，在很大程度上正是依靠国王所支配的巨大财力。凡是国王能够支配巨大财力的时候，也正是国王的权力最强大的时候。[①] 纳税人与国王争夺对财政收入和支出的控制权，无异于争夺对国王经济命脉的控制权，因此，预算权力往往被称为"控制钱袋子的权力"（power of purse）。[②] 在这一权力争夺的背后显然是各方的经济利益。

在英国，这种权力争夺表现在以议会为代表的社会各阶层经济利益与国王经济利益的斗争。议会在争取税收法定原则实现的同时也在努力争取预算法定原则的实现，即一方面实现对国家财政收入的控制，一方面实现对国家财政支出的控制。国家的财政收入，一部分来自国王财产以及国王特权的收入，一部分来自纳税人所缴纳的税款。随着国家财政需求的不断增加，随着商品经济的发展，税收占财政收入的比重越来越大。而税收的多少实际上就是纳税人与国家之间对于纳税人所获得的经济利益如何进行分配的问题。是否征税，如何征税，征多少税等问题直接涉及纳税人与国家的切身经济利益。因此，国家的财政收入权控制在谁的手里就是决定纳税人和国家经济命运的关键问题。在这一问题上，无论是纳税人还是作为国家代表的国王都不会"手下留情"，只要有可能，他们都会努力争取对财政收入权的控制。由于税收直接来源于纳税人，因此，纳税人对征税权的争夺也最为激烈，纳税人最先争取到的权力也正是对征税权的控制。财政支出权虽然不如财政收入权显得那么重要，但实际上，如果不能控制财政支出权，就无法真正控制财政收入权。因为国王可以通过借款的方式来预先支配财政收入，而这些借款最终还是要由纳税人的税款来偿还的，实际上就相当于国王未经纳税人同意就预先支配了纳税人的税款，这显然是违反税收法定原则的。[③] 因此，纳税

---

① 英国历史上的亨利七世、亨利八世、伊丽莎白等君主，法国历史上的路易十四等君主都是因为掌握了巨大的财源才导致王权空前强大。

② Dennis S. Ippolito. The Budget and National Politics, San Francisco：W. H. Freeman and Company, 1978, p. 2.

③ 英国历史上的很多国王都欠下了大量债务，例如，亨利三世曾因为欠下巨额债务而不敢在公众面前露面，而爱德华三世曾被迫留在布鲁塞尔，作为他欠债的抵押品，而这些债务最终都需要由纳税人的税款来偿还。有时候，国王公然要求议会为国王的举债行为进行担保，例如亨利六世就是如此，在这种情况下，纳税人更逃脱不了为国王偿还债务的责任。

人越来越感到有必要控制国家的财政支出权。

随着民主意识的觉醒，纳税人越来越感觉到，既然税收来源于纳税人，纳税人有权决定税收的多少，那么，纳税人理所当然有权决定如何支配这些税收。对于国家财政收入中的非税收收入，纳税人也越来越感到自己同样有权对这些收入进行控制，因为这些收入从根本上来讲仍然是来源于纳税人的劳动。纳税人通过交换的方式，逐渐控制了国王的非税收收入。① 这样，国家的整个财政收支大权就都被纳税人的代表所控制，真正意义上的税收法定和预算法定也就实现了。

在法国，纳税人和国王的斗争最终引发了一场大革命。大革命直接把国王打倒了，纳税人很容易就控制了国家的征税权，实现了税收法定原则。同时，纳税人民主原则的确立也为预算法定原则的实现奠定了坚实的基础，一旦经济的发展使得预算制度的建立成为必要，预算法定原则就得以在民主制度以及税收法定原则的基础上顺利实现。

在美国，北美脱离英国成立独立国家以后，就把已经在各州的《宪法》中确立的税收法定原则和纳税人民主原则上升到整个国家的宪法原则的高度。同样，随着经济的发展使得预算制度的建立成为必要时，预算法定原则就得以在纳税人主权原则以及税收法定原则的基础上顺利实现。在确立预算制度之时，也体现了不同党派之间的经济利益争夺和政治利益斗争，当然，就他们都是纳税人利益的代表而言，他们之间的斗争不同于纳税人与国王之间的利益争夺与斗争。

在德国，纳税人同样与国王以及其他统治者就财政收支权进行了不懈的斗争，最终也在《宪法》的层面上确立了预算法定原则。

二、税收国家的形成

随着私有财产权的发展，税收在整个国家的财政收入中所占的比重也越来越大，最终成为国家财政收入的主要来源，税收国家由此形成。税收国家形成以后，税收成了私有财产权固定、大量和经常性负担，纳税人建立财政立宪制度的愿望越来越强烈。税收国家同时也表明了社会的主要财富都掌握在私人手中，国王及其所代表的国家越来越成为无产者。在私有财产代表着力量的社会中，税收国家表明纳税人的力量在增强，而国王的力量在减弱。税收国家的形成及其不断发展所导致的纳税人与国王的力量对比关系的变化最终导致了财政立宪制度在英国的确立。

---

① 这种交换的方式就是议会通过给王室一个固定数额的拨款来换取国王传统上所拥有的来源于王室财产和国王特权的财政收入。议会给王室的拨款最终也受到了议会的严格控制。

(一) 税收国家形成了财政立宪规制的对象

财政立宪所规制的基本对象是政府的财政权，而财政权的内容则是财政资金的收支。税收国家形成以后，税收构成了财政收入的绝大部分，所谓财政资金的收支主要就是税款的征收和使用，因此，财政立宪所规制的基本对象也可以认为是政府的征税权和用税权。

税收国家形成之前，税收在国家财政收入中并不占据主体地位，因此，纳税人通过控制征税权来约束国王及其政府的财政权效果并不是很好，如果想以税收作为筹码与国王交换相应的权利就更加困难了。但是在税收国家，这一切都改变了。纳税人控制了征税权和用税权，也就基本控制了国王及其政府的财政权，纳税人更容易把税收作为筹码与国王交换更多的权利。[1] 英国财政立宪确立的历史充分论证了这一论点。

中世纪以及更早的英国王室的收入一般遵循这样一个原则，即国王应该靠自己的收入过活（lives of his own），换句话说，国王应该主要依靠其封建权力的收入供应其一切开支（包括王室宫廷开支和军费开支），这些收入主要包括王田的收入，法庭罚金的收入，城市缴纳的费用，对下级封臣所征收的协助金、继承金以及空位时期主教座的收入等。[2] 但是，随着私有财产权的发展，国王自己的收入越来越不能满足国王的开支，这其中既有国王挥霍的因素，更重要的应该是国家机构的不断膨胀以及军费开支不断增加。例如，991 年，丹麦人侵入英格兰，国王战败，向丹麦人缴纳贡金换取和平，为了支付这笔贡金，英国开征了丹麦金。诺曼征服以后，英国本土贵族与欧洲大陆贵族为争夺王位和领地也是战争不断，这些都需要巨大的军费作保证。国王没有收入来支付军费时，只能向贵族以及其他社会阶层征税。而在商品经济已经有所发展的时代，要求他们纳税是需要给予回报的，而国王所能够给予的回报只有自由和权利，因此，每当国王急需用钱而向贵族和其他社会阶层征税时，他们都会以国王给予更多的自由和权利作为交换条件。[3] 例如，伦敦争取自治权，于 1191 年建立了公社，被国王给解散。后来，理查德一世和约翰王急需用钱，要求伦敦纳税，伦敦利用这一时机，要求

---

[1] 凯尔森认为："国家作为财产的主体就是国库。"（[奥] 凯尔森：《法与国家的一般理论》，沈宗灵译，中国大百科全书出版社 1996 年版，第 217 页）

[2] 马克垚：《英国封建社会研究》，北京大学出版社 1992 年版，第 75 页。

[3] 正如有学者所指出的："英国国王最初建立国会，主要是想从贵族和自由人那里取得税收，以满足战争和个人挥霍的需要；参与国会的贵族和自由民们，也正是想利用金钱换取国王的让权，保护自己的财产。"（刘守刚：《点校者序》，载 [英] 比几斯渴脱：《英国国会史》，[日] 镰刀节堂译，(清) 翰墨林编译印书局编译，中国政法大学出版社 2003 年版，第 6 页）

国王给予自治权。国王为了获得伦敦的税收支持，只好同意伦敦自治的要求。1254 年骑士进入议会也是利用国王急需用钱而和国王做的一笔用纳税换取权利的交易。1297 年，爱德华一世因对外战争而急需用钱而征税，议会利用这一机会又和国王进行了一次用纳税换取权利的交易，即要求国王承诺今后"未经王国普遍同意"不得征税。自 1337 年起，爱德华三世陷于长期英法战争，迫切需要巨额军费，议会又借机约束王权，在 1340 年的法案中规定："非经议会中高级教士、伯爵、男爵和平民的普通同意，国王不得征收任何赋税。"正是通过这样一次次与国王所进行的"交易"，国王获得了财政收入，而纳税人以及议会则获得了越来越多的权利，由此也推动了税收法定原则的不断发展。

其实，早在税收国家形成以前，纳税人向国王要求更多权利往往也是选择在国王最需要税收支持的情况下，此时，税收实际上成为特定时期国家财政收入的主要来源，因此，也可以把这种特定时期的国家视为税收国家，该时期税收的重要性也同样表明了税收国家中税收所一贯具有的重要意义。

（二）税收国家促成了纳税人阶层

只有在税收国家中，纳税人才能成长为一个庞大的社会阶层，才能有足够的力量和动力与议会一起结成对抗国王的联盟，才能最终迫使国王在不断让步的情况下建立财政立宪制度。英国确立财政立宪制度的历史充分说明了这一点。

在英国议会建立的初期，议会在与国王的较量中处于劣势。这种劣势表现在两个方面：第一，议会对国王的要求往往都予以同意，只不过要求国王承诺给予更多的权利，至于国王的承诺能否兑现，议会本身也是没有自信的。第二，在议会敢于否定国王的要求时，议会往往会被解散。

随着议会所代表群体经济力量的壮大，税收国家不断发展，纳税人阶层开始逐渐形成，议会所行使的权力也越来越大，使得议会敢于对国王说"不"。这种权力的增加主要体现在以下几个方面：首先，议会对于国王的请求行使否决权的次数越来越多，如 1339 年和 1344 年，议会两次否决了国王要求增税拨款的要求。其次，议会所争取到的权力越来越多。14 世纪以后，英国议会除了行使征税权以外，还逐渐掌握了财政监督权、司法请愿权、制定法律权、监督弹劾行政官员权等重要权力。1388 年，议会以叛逆罪将国王的几个近臣处死，所谓"杀鸡吓猴"，议会敢于处死国王的近臣，实际上是给国王一个下马威。另外，议会还于 1327 年和 1399 年两次废黜国君。第三，议会独立性不断增强，国王解散议会的次数越来越少，如 1330 年、1362 年和 1376 年的议会成文法都规定至少每年召开一次议会。而历史实践也是如此，1300～1340 年，一共召开 58 届议会，除了每年召开一次以外，还有几年每年召开议会3～4届。①

纳税人阶层的形成与不断发展壮大最终导致了"王在议会"的宪法原则的出现和发展。议会产生之初是与国王相对的一个机构，二者的利益常有冲突，随着议会所代表群体经济力量的增强，国王越来越认识到议会作用的不可或缺，因此，也逐渐开始与议会配合，尊重议会的立法，通过议会来提高自身统治的合法性。议会上下两院也愿意与国王建成三位一体的议会，以增强议会的地位。由此"王在议会"的宪法原则逐渐形成，明确通过立法表述这一原则的是1534年的《限制任教职者支付首年薪俸法案》，其中宣布，此案"由现届议会中的最高统治者国王、教俗两界贵族和平民共同行使权力制定"。② 这就相当于宣布国王和上下两院共同行使立法权，构成了合法的议会。

（三）税收国家所导致的财政危机为财政立宪的确立提供了机遇

历史上的国家动乱大多是由于财政危机所引起的，财政立宪作为纳税人控制国家的制度，难免会遭到当权者和守旧者的反对和压制，因此，确立财政立宪制度，革命或者变革往往在所难免。税收国家所导致的财政危机就为这样的革命或者变革提供了导火索。

1640年英国内战的爆发，根本原因在于国王不遵守通过赋予纳税人权利而换取议会同意纳税的"游戏规则"，妄想剥夺纳税人的同意权而任意征税，由此导致议会（实质是纳税人）和国王之间的内战。斯图亚特王朝的财政危机自第一代国王詹姆士一世继承王位以来就一直存在。议会不同意国王增加税收的要求，詹姆士一世就通过卖官鬻爵的方式来获取财政收入。③ 这些措施并不能从根本上解决财政问题，为了增加财政收入，詹姆士一世于1604年召开首届议会，讨论增加新税。议会仅满足其部分要求，同时向他提出了一份文件，规定议员的选举、言论自由和会议期间免遭逮捕的权利，并批评国王内外政策。詹姆士一世在担任苏格兰国王时就是一位专制君主，无法忍受英格兰议会的做法，于1611年解散议会。1614年新议会召开，继续批评政府，当年即被解散。1621年詹姆士一世再次召开议会要求高额拨款，议会仅以少量拨款应付并提出诸多条件，还弹劾了国王的宠臣。1625年老国王去世，查理一世继位，与议会的矛盾继续激化，多次解散议会。但为了获得议会拨款，又不得不多次召开议会。1628年的第三

---

① 阎照祥：《英国史》，人民出版社2003年版，第101～104页。

② G. Elton. The Tudor Constitution, Documents and Commentary, Cambridge University Press, 1960, p. 358.

③ L. Stone. The Crisis of the Aristocracy, 1558-1641, Oxford University Press, 1967, pp. 40-60.

届议会起草了著名的《权利请愿书》，其中援引大量史实说明英国人民自古以来就享有的各种权利，特别强调了未经议会同意，不得强迫人民同意的原则。查理一世为了换取议会拨款而忍痛签署这一文件，但并不准备实行，随即下令议会休会，次年又解散议会。此后，国王实行专卖制度，增加关税，^① 大大增加了王室收入，因此，11 年不曾召开议会。

1639 年苏格兰为了反对查理一世的宗教迫害而起义，查理一世为了筹集军费而召开议会。但议会不仅不同意拨款，而且批评国王的政策，反对重新对苏格兰开战。查理一世立即解散了议会，由于其存在仅 3 周，史称"短期议会"。^② 同年，新议会召开，"短期议会"的议员大部分重新当选，开始与国王进行更加激烈的斗争。该届议会一直保留到 1653 年，史称"长期议会"。

英国内战的爆发是英国国王与议会权力冲突达到顶点的必然结果，是确立财政立宪制度所必然要经历的革命，这场内战的爆发有很多原因，其中比较重要的有两点：

（1）此时统治英国的国王并非本国土生土长的国王，而是来自一个具有专制传统的国家的专制国王。詹姆士一世和查理一世均不熟悉英国的传统，而英国议会的权力和人民的权利往往都是依靠传统逐渐确立的。国王与议会之间正常的"游戏规则"被打破了，国王仅仅把议会当成一个征税工具，而英国议会长期以来已经形成了许多重要职权，现在被国王一笔勾销，议会当然无法认同国王的专制做法。二者产生矛盾和冲突并最终走向激化是必然的。

（2）税收国家的发展所形成的纳税人阶层迫切要求一个自由的经济、政治环境，而斯图亚特王朝的两位国王于此背道而驰。此时英国的资本主义已经有了相当程度的发展，资产阶级凭借其巨大的经济实力而发展为新贵族，实际上已经成为这个社会的统治力量。但国王却仍然信奉中世纪"君权神授"的思想，进行宗教迫害，卖官鬻爵，降低政府威信，漠视议会和议员权利，任意征税，实行专卖制度，发动战争，政府赤字累累。这一切都和资本主义发展所要求的宽容、自由、稳定、权利受到保障等目标背道而驰，资产阶级和贵族联合起来反对国王的倒行逆施已经成为历史的必然。

---

① 经济发展，特别是对外贸易的发展，使得国王的关税收入大幅度增加。亨利八世（1509～1547）统治初期，英国关税收入为 42643 英镑。伊丽莎白时代（1558～1603）就开始迅速增加，1595 年达到了 120593 英镑。到了 1660 年，则增加到了 400000 英镑。参见 F. C. Dietz. Exchequer in Elizabeth's Reign, pp. 81-87, Smith College Studies in History, Vol. 3, Jan, 1923；Gillespie, J. E. The Influence of Oversea Expansion to 1700, New York, 1974, p. 159.

② ［英］比几斯渴脱：《英国国会史》，［日］镰刀节堂译，（清）翰墨林编译印书局编译，中国政法大学出版社 2003 年版，第 69 页。

经过 9 年的内战，1649 年 1 月 30 日议会将查理一世推上了断头台。在护国政体时期，克伦威尔试图建立军事独裁政体，遭到议会的反对，克伦威尔则对议会进行了多次清洗，使其成为顺从的统治工具。[1] 克伦威尔死后，斯图亚特王朝复辟，但是议会的传统也开始恢复，1661 年 5 月召开了英国历史上最长的一次议会。复辟政府采取了一系列有利于资产阶级和新贵族利益的内外政策，国内局势相对稳定。但 1685 年詹姆士二世继位以后，开始专制主义统治，私自征税，引起资产阶级和新贵族的反对。1688 年 6 月 30 日，议会两党 6 位领袖和一名主教联名向荷兰执政威廉发出邀请，声称英国人民不满目前的政府，盼望他们前来保护他们的"宗教、自由和财产"。[2] 同年 11 月 5 日，威廉率军在英格兰登陆，詹姆士逃到法国，史称"光荣革命"。随后，1689 年国王批准了《权利法案》(The Bill of Rights)，议会明确取得了国家的基本统治权，其中最重要的就是征税权，即未经议会允许为国王征税视为非法。[3] 从此，征税权牢牢地掌握在了议会的手中，由此，税收法定原则最终得以在英国确立。

法国的财政危机同样为财政立宪制度在法国的实现提供了革命的导火索。法国财政危机的主要原因在于领地向国王提供的收入与国家需要应有的预算要求之间一直存在着差距。解决这一问题的根本方法是把封建制度改变为资产阶级民主制，由纳税人的代表组成议会决定国家的财政收入，而这正是旧制度及其代言人所不愿意看到的惊天动地的革命。为了挽救封建制度灭亡的命运，路易十六也积极进行了财政改革，但终以失败而告终。旧制度已经到了寿终正寝的时候，即使是贤明君主也无力回天。正如著名法国史专家雷吉娜·佩尔努所言："事实上，不发动一场像 1789 年这样规模的大革命，不足以清除由废弃了的陈规旧俗、不承担义务的特权、不公正的免税权、古老的习惯法和新兴的营私舞弊所造成的混乱，这种混乱即使是体现在捐税这个具体问题上也严重地影响着整个国家。"[4]

财政改革的失败使路易十六走投无路，只好向社会开征新税，而在社会革命一触即发的情况下，国王开征新税必须非常谨慎小心，必须事先征求纳税人的同意。路易十六被迫于 1789 年 5 月 1 日召开三级会议。[5] 此时的三级会议已经是在

---

① Turner. The Conflict of English Constitution in Nineteenth Century 1603-1689, Cambridge University Press, 1960, p. 189.

② B. William (ed). The Eighteenth Century Constitution, Documents and Commentary, Cambridge University Press, 1969, p. 8.

③ C. Stephenson and F. Marcham (ed). Sources of English Constitutional History, A Selections of Documents from A. D. 600 to the Present, New York: Harper, 1937, pp. 600-604.

④ ［法］雷吉娜·佩尔努：《法国资产阶级史》（下册），康新文等译，上海译文出版社 1991 年版，第 265 页。

⑤ ［法］米涅：《法国革命史》，北京编译社译，商务印书馆 1977 年版，第 19 页。

传统三级会议停开 175 年以后所召开的，第三等级的力量已经非常强大，他们占总人口的 98％ 以上。他们已经不愿意遵守（很可能也不知道）三级会议的传统，而是强烈要求将本次会议开成一个制宪会议，制定《宪法》，限制国王和大臣的权力，根据《宪法》定期召开国会，由国会制定法律和决定税收，实现税收法定和财政立宪。国王以及前两个等级最初不同意第三等级的要求，由此导致第三等级独立出来组织国民议会。随后，国王和前两个等级妥协，同意第三等级的要求，7 月 9 日，国民议会更名为制宪议会。准备启动君主立宪的进程。

然而，三级会议中的第三等级代表实际上是资产阶级的代表，而不是普通纳税人的代表，[①] 普通纳税人是背负社会最沉重压力的阶层，他们已经等不及制宪议会慢腾腾地改革，而是率先在巴黎夺取了政权。1789 年 7 月 14 日，巴黎市民攻下巴士底狱，标志着法国大革命的爆发。随后，制宪议会所通过的《人权与公民权利宣言》（简称《人权宣言》）提出了国家建立的目的是保障人权和公民的权利与利益，并庄严宣布了税收法定原则："所有公民都有权亲身或由其代表来确定赋税的必要性，自由地加以认可，注意其用途，决定税额、税率、客体、征收方式和时间。"这里不仅阐明了税收法定原则的内涵，而且明确规定了税收法定原则所包含的基本要素，是历史上第一次以成文法的形式明确表述税收法定原则。

随后革命的发展超出了大部分人的想象，资产阶级与社会底层纳税人由于自身的利益追求不同，导致法国进行了 80 多年的革命，才最终确立了资产阶级的共和政体。自 1789 年至今，法国已经颁布了 14 部《宪法》，其中既有君主立宪《宪法》，也有资产阶级帝国《宪法》，还有资产阶级共和《宪法》，但《人权宣言》所确立的基本原则，特别是税收法定原则在以后的《宪法》中都得到了确认。

三、生产力水平的提高

在私有财产权确立和税收国家形成过程中，处于更加基础性地位的因素是生产力水平的提高。生产力不发展到一定的水平，不可能产生私有财产，当然也就

---

① 在第三等级近 600 人的代表中，由 226 名律师、87 名法官、32 名检察官、10 名公证人、72 名地主、57 名贸易商和 116 名自由职业者，其中包括医生、收税人、赋税代理人等。最后还有 6 名"种田人"和 4 名小店主（2 名书商、1 名金银器商、1 名出版商）以及 3 名"神甫"。在巴黎，15 万名工人和手工业者联名签写了一份请愿书，事先对由第三等级作为国民代表问题提出了抗议："你们的代表不是我们的代表。"参见［法］雷吉娜·佩尔努：《法国资产阶级史》（下册），康新文等译，上海译文出版社 1991 年版，第 269 页。

不会有私有财产权的出现，更不会形成税收国家。

（一）生产力水平的提高推动了税收法定原则的发展

自税收法定原则出现雏形以来，生产力水平的提高也在不断推动税收法定原则的发展。因为雏形中的税收法定原则主要是统治阶级中的贵族对国王征税权的控制，而贵族以下的平民和底层民众则没有发言权，加在他们身上的税收负担也没有经过他们同意，而严格的税收法定原则强调的是所有纳税人，特别是真正承担纳税义务的社会底层纳税人有发言权，也就是"无代表，不纳税"。

在税收法定原则逐渐将更多的社会群体纳入具有发言权的主体范围的过程中，生产力水平的提高起到了决定性的作用，其作用主要表现在以下几个方面：

（1）生产力水平的提高提升了社会底层民众的经济和法律地位。以英国为例，在盎格鲁—撒克逊时期，社会人口的绝大部分属于底层奴隶，他们既没有人身自由，也没有经济自由。在法律上处于客体的地位，类似于牲畜等动产。这部分底层民众根本不享有法律上的权利，[①] 他们全部的劳动果实都属于自己的主人。税收法定原则根本无法让这些社会群体具有发言权。随着经济的发展，奴隶的主人逐渐发现给予奴隶一定的自由，并让他们缴纳一定的贡赋，能从他们身上获得更多的利益，因此，奴隶制度逐渐在英国消失，而代之以封建土地制。封建土地之下的社会底层民众虽然对封建主有一定的依附关系，但是他们已经取得了人身自由和经济自由，可以成为私有财产权的主体，享有法律上的权利，为税收法定原则将他们纳入具有发言权的群体范围奠定了基础。

（2）生产力水平的提高导致越来越多的社会阶层进入议会成为具有发言权的人。在英国封建社会早期，商品经济比较落后，商人阶层在经济上没有什么重要性，国王并没有将他们作为重要的征税对象，贵族仍然是主要的征税对象，因此，议会中只需要有贵族的代表参加即可。但是随着商品经济的发展，商人阶层开始形成并逐渐发展壮大，他们成为市民阶层的主要成员，他们形成了自己的组织，控制了自治市。他们所拥有的巨大财产及其所具有的纳税能力让国王和贵族们刮目相看，国王为了能从他们身上征到更多的税，而又不引起他们的反抗，便逐渐同意骑士、市民等阶层加入到议会中，从而大大扩展了税收法定原则中享有发言权群体的范围。在 13 世纪，虽然骑士和市民都争取进入了议会，享有了发言权，但这种权利是不稳定的，随时有可能被剥夺。而在 1311 年以后，随着平民经济力量的逐渐壮大，贵族为了提高议会的权威性有意吸收平民代表参加，而

---

① 虽然法律也会保护奴隶的利益，但这是为了奴隶主的个人利益或者整体利益，并不等于奴隶享有权利，正如我们的法律也会保护动物和植物，但是动物和植物本身并不享有权利一样。

国王为了加强王权的合法性基础，也乐意召集平民代表参加。从 1313 年到 1325 年，只有两届议会没有平民代表。平民代表参加议会逐渐成为惯例。①

（3）生产力水平的提高使得普通纳税人获得了征税权和财政监督权。从 1100 年到 1500 年的四个世纪中，英格兰农业技术并没有取得多大的进步。从 16 世纪开始，英国似乎进入了一个全新的飞速发展时期。以至于著名经济史学家约翰·克拉潘认为，"历史是一件无缝的天衣"这句话并不适应于 16 世纪的经济社会发展史，此时出现的是"一条接缝和一块新的材料"。② 从 16 世纪到 18 世纪，是英国从封建社会向资本主义社会过渡、从传统的农业社会向近代工业社会转变的时期，也是英国逐渐成为称霸世界的头号工业强国的时期。③ 伴随着经济的迅速发展，平民阶层特别是其中的资产阶级迅速崛起，他们越来越要求掌握国家的统治权，为资本主义的发展铺平道路。普通纳税人在税收法定原则中地位的增长主要表现在以下两个方面：①议会上下两院的形成，下院地位逐渐上升。根据税收法定原则的根本要求，承担主要纳税义务的平民纳税人应当在其中发挥主导作用，而承担较少纳税义务的世俗贵族以及基本上不承担纳税义务的宗教贵族应当发挥次要作用。历史的发展与理论的推导实质是一致的，贵族与平民利益的不同最终导致了他们于 1332 年分院议事，这可能是历史发展过程中出现的一个偶然现象，但由于其背后又隐藏着必然的规律，因此，贵族和平民分院议事的传统逐渐形成了。两院制初期，贵族院占据主导地位。但是在征税事项上，由于下院代表更广大纳税人的利益，更具有发言权，因此，逐渐取得了超过上院的地位。1380 年，上院同意给国王 16 万英镑的补助金，而下院认为数量过多，减去了 6 万英镑，而且规定了征税的种类和总额。从此，下院在征税事项上就拥有了更多的决定权。到 14 世纪 90 年代，议会通过的税案已经不再有"经上、下两院批准"的提法，而是改为"征得上院同意，由下院批准"。④ 这一制度变革最根本的原因在于经济利益方面，下院是真正纳税人的代表，纳税涉及其切身利益，因此，有动力获得征税决定权，而上院并非真正纳税人的代表，纳税并不涉及其切身利益，因此，对于是否掌握征税大权对其来讲意义不大，不如将主要精力放在

---

① May Mckisack. The Fourteenth Century 1307-1399，Oxford：The Clarendon Press，1959，p. 182.

② ［英］约翰·克拉潘：《简明不列颠经济史：从最早时期到一七五〇年》，范定九等译，上海译文出版社 1980 年版，第 257 页。

③ 关于这一时期的经济发展状况，历史学界以及经济史学界已经有了诸多研究成果，这里不再赘述。可以参见陈曦文、王乃耀主编：《英国社会转型时期经济发展研究》，首都师范大学出版社 2002 年版；［英］约翰·克拉潘：《简明不列颠经济史：从最早时期到一七五〇年》，范定九等译，上海译文出版社 1980 年版。

④ 阎照祥：《英国史》，人民出版社 2003 年版，第 101～102 页。

与贵族利益更相关的问题上。②议员个人获得了人身权保障。议会成立初期，议员的言论自由权和人身自由权往往都得不到保障，很多议员因为发表了反对国王的言论而被逮捕（主要是下院议员）。如 1397 年，议员托马斯·哈克塞因为在议会中提出一项批评国王及其廷臣的议案而被判以重罪，并被没收全部财产。随着议员经济地位的提升，他们越来越要求在议会中的言论自由权和人身自由权得到切实保障。亨利四世在 1401 年接受下院请求，恢复了哈克塞的名誉，退还了他的财产。到 15 世纪 30 年代，国王、社会公众以及法律都相信议员享有自由议事和在开会期间免遭逮捕的特权。具有标志性的事件为 1512 年，下院议员斯特罗德在议会中维护矿工利益遭到锡矿法庭逮捕，议会立即要求撤销判决，并郑重宣告："本届和未来议会中的任何议员，若因在议会发言而受审，所作判决概属无效。"① 1523 年，托马斯·莫尔德首次就职议长的演说就强调了言论自由。大约在 16 世纪中叶，基本确立了议员在议事期间以及会期前后各 40 天之内免遭法庭逮捕的特权。②

（二）预算法定原则的实现是现代市场经济发展的必然要求

随着生产力的发展，现代市场经济的发展及其所暴露出来的缺陷，使得预算成为弥补市场经济缺陷、实现政府调控经济发展职能的重要手段。

现代市场经济存在诸多缺陷，这些缺陷导致了"市场失灵"的存在。加尔布雷斯把市场失灵归结为三大问题：微观经济无效率、宏观经济不稳定性和社会不公平。③ 斯蒂格利茨在他的"市场缺陷清单"上，列举了公共物品、外部性和垄断等。④ 在存在市场失灵的领域，就需要政府运用宏观调控的手段予以弥补。在政府运用的宏观调控手段中，财政政策是最重要的手段之一。而预算制度的创建则是财政政策能够运用并发挥作用的基本前提。可以说，预算制度及其预算法定原则是伴随着政府需要运用财政政策来调控经济运行而产生的。如果没有市场经济发展的这种迫切需要，恐怕预算制度至今仍然不会产生。

历史上，预算法定原则几乎是与税收法定原则同时起源的，但是在税收法定原则确立以后很长一段时间，现代预算制度都没有建立。如果把 1689 年的《权

---

①　F. W. Maitland. The Constitutional History of England，Cambridge University Press，1926，pp. 241-242.

②　阎照祥：《英国史》，人民出版社 2003 年版，第 104、153 页。

③　［美］查尔斯·沃尔夫：《市场或政府——权衡两种不完善的选择/兰德公司的一项研究》，谢旭译，中国发展出版社 1994 年版，第 3 页。

④　［美］斯蒂格利茨等：《政府为什么干预经济 政府在市场经济中的角色》，郑秉文译，中国物资出版社 1998 年版，第 6~9 页。

利法案》视为税收法定原则确立的标志的话，现代预算制度直到 19 世纪 30 年代才开始建立，二者相差了近 150 年。奥地利在 1766 年就出现了国王收支年度陈述意义上的"政府预算"，但是严格意义上的政府预算，即行政当局负责准备财政计划和立法当局对其进行审批的政府预算制度，则是迟至一战后哈布斯堡王朝终结以后才出现的。① 美国在 1787 年的《宪法》中就确立了税收法定原则，但是直到 1921 年才通过《预算和会计法》确立了现代预算制度与预算法定原则。而美国之所以在 20 世纪 20 年代建立预算制度，一个重要的原因就是那时美国发生了巨额赤字，使得总统和国会认识到预算制度的重要性。② 英国之所以能够领先世界其他国家而建立了现代预算制度，根本原因就是英国最先进入市场经济，市场经济的缺陷最先暴露出来。③

除了弥补市场缺陷以外，政府为了履行自己的基本职能，也需要预算制度。预算实质是在经济上对政府活动的预先规划。预算决定了政府将履行哪些职能（也可以说它决定了政府将不履行哪些职能）以及在有限的资源内政府将分配多少资源用于这些职能的履行。④ 如果没有预算，一方面政府难以确定自己能够在总体上履行多大的职能，因为这取决于政府能够掌握多大的资源，即获得多少财政收入，另一方面，政府也难以合理确定每种具体职能将履行到什么程度，因为这取决于政府如何在各种职能中分配自己所能够掌握的资源。正因为预算具有这些重要的职能，在预算产生之前的政府往往难以科学、合理地履行自己的职能，而且往往产生赤字。⑤ 现代政府为了实现其职能主要是通过政府预算参与国民收入的分配和再分配，集中必要的资金，用以满足社会公共需要。⑥

---

① 张馨、袁星侯、王玮：《部门预算改革研究》，经济科学出版社 2001 年版，第 152 页。

② 1904 年，美国出现了 4250 万美元的财政赤字，随后的几年出现了更大的财政赤字，1919 年的财政赤字达到了令人吃惊的 250 亿美元。经过慎重考虑，国会在 1921 年通过了《预算和会计法》，设立预算局，建立现代预算制度。

③ 英国在 18 世纪 60 年代就开始了工业革命，市场经济得到了充分发展，同时市场经济的缺陷也逐渐暴露，并在 1825 年爆发了世界上第一次经济危机。

④ Dennis S. Ippolito. The Budget and National Politics, San Francisco: W. H. Freeman and Company, 1978, p. 12.

⑤ 有了预算同样会产生赤字，但是这是一种预先计划的赤字，是为了实现某些目标而采取的主动策略，而预算产生之前的赤字往往是没有预料到的、临时产生的，是被动的。

⑥ 陈工编著：《政府预算与管理》，清华大学出版社 2004 年版，第 8 页。

第五章　财政立宪的文化传统

文化作为人类社会所创造出来的精神财富对于人类的行为具有强大的影响力，财政立宪的确立离不开一定的文化基础。这里我们将宗教也放在广义文化的范畴内予以考察。宗教在财政立宪确立过程中起到了非常重要的作用，特别是在财政立宪最早确立的英国、法国与美国。在这里，宗教①无论是作为一种文化形态，还是作为一种社会组织，都已经深入到人们的思想意识和社会生活的方方面面，它构成了人们思想和生活的一个不可或缺的组成部分。离开了宗教，人们就无法进行正常的思考，更无法进行正常的生活。② 宗教是一个含义非常广泛的概念，其代表性事物也多种多样，这里不准备对宗教的方方面面进行全面考察，而仅仅选择几个具有代表性的宗教现象作为考察对象。除了宗教以外，西欧的一些独特文化也对财政立宪制度的形成起到了重要作用。

一、上帝与神法对财政立宪确立的影响

上帝与神法对财政立宪确立的主要影响在于制约了国王及其法律的最高权威性，为限制和控制国王财政权的财政立宪奠定了坚实的基础。

（一）"上帝"

这里之所以对上帝加了引号是想表明"上帝"这一称谓是非常复杂的，无论是历史上还是现实生活中都存在诸多争议。我们这里不去阐述"上帝"的所指和能指，而仅强调这一称谓在本书中所指的两个方面：实体性的上帝与观念性的上帝。对于认为上帝"存在"的人而言，这里的"上帝"就是实体性的，而对于认为上帝"不存在"的人而言，这里的"上帝"就是观念性的。

---

① 由于中世纪及以后在西欧和美国占据统治地位的宗教为基督教，因此，这里所讲的宗教主要指基督教。

② 西方有学者说，宗教是历史的钥匙。虽然这句话不一定适应于整个人类社会，但对于西欧及美国是适用的。西欧是基督教获得最充分发展的地区之一，它不仅是这块土地上居民的普遍信仰，而且其精神实力渗透到社会各个方面，取得"万流归宗"的地位，并一度主宰整个社会。

无论是实体性的还是观念性的，上帝都是一个最高的"在"，他是统治人类生活和思想的一个最高的"在"。一旦人们心中形成了这样一个最高的"在"的观点，其他一切事物都不过是在这个最高之下的"次高"，都应当受这样一个最高的"在"的统治。在人类社会中，唯一有资格与上帝争高下的就是人间的最高统治者——国王或者皇帝。从基督教产生的那天开始，宗教就开始与世俗最高权力争取最高权威者的地位。① 在基督教发展的初期，尚没有能力与世俗最高权威者一争高下，往往在世俗最高统治者的屠刀下败北。② 随着基督教被确立为国教并为广大人民所接受和信仰，上帝在人民以及统治者心目中的地位开始逐渐上升并最终达到了最高权威的地位。虽然上帝是看不见、摸不着的，但是上帝在人间的代理人——教皇是实实在在的，因此，上帝与国王的权力之争也就逐渐演变为教皇与国王的权力之争。

在中世纪宗教势力发展到鼎盛时期，教皇已经上升到国王之上，国王成了上帝在尘世间的统治者，而这种统治者的合法性是需要由上帝在人间的代表——教皇来确认的。后来，随着民族国家的不断发展，国王凭借军事势力逐渐获得了世俗事务的统治权，教皇仅保留了精神事务的统治权，但是，教皇，特别是上帝仍然是制约国王权力的一个非常重要的力量。西欧封建国家的国王始终没有获得天下唯我独尊的地位，始终没有发展为整个社会唯一的最高权威。

上帝的存在，降低了国王的神圣性和权威性，使得人们敢于与国王进行讨价还价，敢于以上帝的名义来反对国王，甚至废除国王。国王在不具备最高神圣性和权威性时，也只能以获得统治阶级的广大成员，甚至被统治阶级的广大成员承认的方式来提高自身统治的合法性。由此才会产生能够制约王权的议会并逐渐发展壮大，才会逐渐确立作为制约王权最重要手段之一的财政立宪。由上帝所带来的人们对于法律的神圣感也为西方法治的形成奠定了坚实的基础。而古代和近代中国之所以没有形成法治的传统，与中国自古以来就不存在一个类似西方的绝对唯一的"神"的观念，也不存在将法律神化（"法神授思想"以及"神圣的法的观念"）的传统有不可分割的联系。③

---

① 关于基督教的产生，有着不同的说法。恩格斯指出："基督教同任何大的革命运动一样，是群众创造的。它是在新宗派、新宗教、新先知数以百计地出现的时代，以一种我们完全不知道的方式在巴勒斯坦产生的。"《马克思恩格斯全集》第 21 卷，人民出版社 1965 年版，第 11 页。

② 基督教的早期传播史就是一部传教士不断被迫害的历史，基督教的传说创始人——耶稣及其门徒大多是在传教的过程中被统治者迫害致死。基督教传入罗马帝国初期，也经历了很长时期的地方性迫害以及全国性迫害。

③ 〔日〕大木雅夫：《东西方的法观念比较》，华夏等译，北京大学出版社 2004 年版，第 35～39、77 页。

就英国而言，基督教在公元 2 世纪就传到英格兰，到公元 6 世纪末，很多国王就已经开始皈依基督教。① 到公元 7 世纪末，英格兰的教会就实现了统一，为英格兰国家的形成奠定了基础。基督教之所以能够迅速为整个社会所接受，有其自身的优势，例如，其中的礼拜日休息的制度就是一个吸引普通民众加入的重要因素，普通民众整日辛勤劳作，一日不得闲，现在加入一个宗教组织就能够每 7 天休息 1 天，何乐而不为呢？而此时的国王为了增强自身实力，也学会借用宗教的力量来增加自身的合法性，王权一方面在支持宗教的发展，一方面也逐渐为宗教所制约。公元 11 世纪到 12 世纪，英国坎特伯雷大主教与王权的斗争充分表明了上帝在人们心目中具有至高无上的地位，一个没有足够实力的国王如果想挑战上帝的权威是注定要失败的。即使是进行英国宗教改革与罗马教廷决裂的亨利八世也不得不在 1543 年的《至尊法案》中将自己置于次于上帝的地位。②

就法国而言，法兰克人的第一位国王克洛维于 496 年就皈依了基督教，③751 年丕平篡夺王位，特邀教皇为其合法性进行辩护，被教皇说成是一个圣徒式的人物，而且是"蒙上帝之恩"而登上王位的。④ 800 年，教皇立奥三世将一顶金冠戴在法王查理的头上，说："上帝为查理皇帝加冕。"⑤ 可见上帝在当时已经成为合法性的终极源泉。自 11 世纪起，法国国王都必须到一个"加冕之都"——兰斯受冕登基，历代以来，共有不少于 24 个君王前来里姆斯大教堂加冕就位。而加冕的仪式就代表了国王的权力来自上帝的授予，国王在上帝之下已经是不言而喻了。⑥

就美国而言，1620 年移居北美的"五月花号"移民就有很多清教徒，他们是为了找到一块可以让他们更自由地信奉上帝的土地而来到北美的。他们所订立的著名的"五月花号公约"也是"以上帝之名立誓"的。创建宾夕法尼亚殖民地的威廉·佩恩是英国教友派教徒，他们相信，宗教的权威不在《圣经》，也不在教会，就在每个人心中，只要信仰上帝和基督，就能够进入"天堂"，因此，在

---

① D. Fisher. The Anglo-Saxon Ages, c440-1042, Longman, 1983, pp. 67-68.

② 阎照祥：《英国史》，人民出版社 2003 年版，第 147 页。

③ 孙义学主编：《世界中世纪史》，辽宁教育出版社 1985 年版，第 13 页。

④ Charles William Previte-Orton. The shorter Cambridge medieval history, Cambridge University Press, 1952, p. 298.

⑤ 孙义学主编：《世界中世纪史》，辽宁教育出版社 1985 年版，第 25 页。

⑥ 西方很多学者都指出，教会为国王敷圣油和加冕的宗教仪式，隐藏着一种神权政治的立宪主义。因为国王在从教会获得神圣性的同时，也受到教会的限制。中世纪的神权政治造成了一种社会舆论力量，一方面承认国王的神圣权力，另一方面不承认神圣权力包含着"被动服从"的原则。在近现代西方君主立宪政治思想中，仍然可以看到中世纪神权政治立宪主义的历史影子。参见安长春：《基督教笼罩下的西欧》，中央编译出版社 1995 年版，第 203 页。

上帝面前人人平等。[①] 这一思想对于确立纳税人平等、纳税人主权的思想具有重要作用，进而对于税收法定原则的确立也起到了不可低估的作用。北美《独立宣言》的重要理论基础就是上帝面前人人平等，上帝赋予了人类某些不可剥夺的基本权利。在制宪会议上，面对各州代表观点的严重分歧，会议主席华盛顿说："成功与否就靠上帝了。"在大会争论最激烈而眼看就要破产的时刻，年迈的富兰克林建议每天早晨开会之前都先进行祷告。[②] 在美国《宪法》诞生的关键时期，上帝起到了化解矛盾和分歧，整合众人智慧的巨大作用。虽然有人说美国《宪法》并非上帝赐予的无懈可击的完美之作，但是就当时各州代表在修改《宪法》问题上存在重大矛盾和分歧的情况下能够制定出这样一部虽然让所有人都不很满意，但最终仍能够顺利在制宪会议和后来的各州获得通过的《宪法》，我们仍然不得不惊叹上帝在其中所起的巨大作用，仍然可以将其定位于上帝所赐予的神圣之作。

（二）神法

神法是上帝为人类所制定的律法，它在人类所遵循的规则中具有最高的地位，任何人类制定的规则都不能违反神法，否则就是无效的。这种观念自古希腊时期就有所萌芽，到中世纪经过宗教神学家的发挥而成为占据统治地位的法哲学理论。自然法学兴起以后，自然法借助于神法而位于人定法之上，在法哲学和政治哲学领域逐渐形成了神法、自然法和人定法的等级顺序。神法的效力最高，自然法是神法的体现，人定法应当遵守神法和自然法。

神法和自然法高于人定法的观念逐渐转化为一种"高级法"的观念，即在人类一般法律之上有一个更高的法律规范，这个法律规范逐渐演化为宪法。宪法观念逐渐形成的时期也是税收法定原则逐渐形成的时期，税收法定原则本身位于一般法律之上，即税收立法不能违背税收法定原则，否则就是无效的。因此，税收法定原则本身就蕴含了一个"高级法"或者"宪法"的观念，税收法定原则的发展推动了宪法观念和宪政思想的产生与发展。

在中世纪，人定法主要就是指国王所颁布的法律，因此，所谓神法、自然法高于人定法，实质在于宗教的基本原则和戒律以及人类的一般理性高于国王的专断权力。而宗教的基本原则和戒律以及人类的一般理性是偏向于保护人民大众的利益的，因此，神法、自然法高于人定法的思想实质在于强调人民高于国王。这

---

① 李昌道：《美国宪法史稿》，法律出版社 1986 年版，第 7 页。
② ［美］马克斯·法仑德：《美国宪法的制订》，董成美译，中国人民大学出版社 1987 年版，第 43、59 页。

种思想实质与税收法定原则的实质是一致的，因为税收法定原则的实质也是强调在税收事项上，人民比国王拥有更大的决定权。

就英国而言，基督教因其与下层民众利益相吻合而得以在英国广泛传播，并逐渐发展为一种不可忽视的力量。而神法、自然法高于人定法的观念也逐渐从罗马作家那里传到英国并成为占据统治地位的思想。中世纪第一位系统阐述政治学的作家英国人索尔兹伯里的约翰在其《政治论》（Policraticus）中说，人们认识到："有些法的戒律具有永恒的必然性，它在所有民族中皆具有法律效力而绝对不能违背。"① 约翰的这一理论是专门用来规劝君主的，他区分了"用基于暴力的统治权来压迫人民"的"暴君"和"依照法律来行使统治权"的"君主"。他进一步认为，"君主"（rex）这个头衔本身就源于行正当之事，即依法行事。② 英国此时不仅已经有了这种高级法的观念，而且已经发展出了一系列的制度来实现这种观念，在这些制度中最重要的就是议会制度和税收法定原则。③

就法国而言，法兰克人一开始就皈依了正统的基督教。法兰克人之所以迅速皈依基督教，是因为他们看中了基督教的力量以及基督教对于法国统一的重要性。基督教由于法国统治者的支持而得以迅速在法国境内传播，并最终确立了统治地位。神法、自然法高于人定法的思想也随基督教传入法国。这些思想为法国三级会议的创立以及税收法定原则的萌芽都起到了重要的作用。法国大革命前夕的启蒙思想家所宣传的"天赋人权"思想就直接来源于神法、自然法高于人定法的思想。这种思想对于法国大革命的爆发以及随后税收法定原则的确立所起到的作用更是不容忽视的。

就美国而言，美国《宪法》的制定以及税收法定原则的确立，都在很大程度上得益于神法、自然法等"高级法"的观念。美国人对于《宪法》的尊崇几乎到了偶像崇拜的地步，这从根本上来讲也是源于基督教中神法、自然法高于人定法的思想。美国确立宪政以及税收法定原则的基础理论，如人民主权观、社会契约论④、统治者与被统治者订立契约的思想等都可以在西塞罗的思想中找到或清晰或含混的雏形。⑤ 换句话说，它们都起源于神法、自然法高于人定法的思想。

---

① Dickinson. The Statesman's Book of John of Salisbury, New York：Alfred A. Knopf, 1927, p. 33.

② John Maxcy Zane. The Story of Law, New York：Washburn, 1928, p. 214.

③ 美国著名宪法学家考文教授指出："我们在中世纪欧洲大陆看到的只是观念，而我们在同一时期的英国，发现的则不仅是观念，而且还有一套相应的制度。"（［美］爱德华·S. 考文：《美国宪法的"高级法"背景》，强世功译，三联书店 1996 年版，第 16 页）

④ 欧洲中世纪对社会契约论的贡献源于封建社会的分封制和采邑制的性质，它们是一种深层含义上的契约义务。

⑤ ［美］爱德华·S. 考文：《美国宪法的"高级法"背景》，强世功译，三联书店 1996 年版，第 9 页。

二、教会组织与民众的宗教思想对财政立宪确立的影响

教会作为一股强大的力量能够与国王及其官僚组织相抗衡，这为议会抗衡和制约国王权力奠定了坚实的基础。民众的宗教思想使得宪政、法治的观念很容易被纳税人所接受，为财政立宪的实现奠定了思想基础。

(一) 教会组织

英语教会一词起源于古希腊，愿意为"聚会"、"一种人民之聚合"，在古希腊主要指城邦公民的立法性议事聚会。基督教借用这个词，指基督徒的团体。教会是基督教的基本组织，最早出现于 1 世纪后期。开始是零散的地方性组织，后来逐渐发展成为基督教世界统一、多层次、具有严格隶属关系的强大组织。

教会的发展和壮大是广大信教群众联合起来抵抗强大统治者的需要，在其发展壮大以后，教会成为能够与世俗权威相抗衡的强大力量，便开始压迫下层信教群众，与世俗权威也开始了纷繁复杂的权力争斗。

教会作为一支不可忽视的力量，其存在对于西欧国王权力的膨胀是一个极大的限制。教会将人类事务的一般空间掌握在自己手中，而且这部分事务在理论上具有压倒另一部分事务的权力。[①] 在这种力量的对比和较量中，世俗权威在很长时间都没有占到上风，因此，国王的权威大大削弱，远没有发展成东方专制主义国家皇帝唯我独尊的统治权。国王权威的削弱为统治阶级以及社会其他阶层人民争取对国王的控制权，争取确立税收法定原则奠定了基本的政治制度基础。当教会也承担纳税义务时，教会往往会和其他纳税人联合起来共同对抗国王的专制征税权，并积极推动税收法定原则的确立。当教会不承担纳税义务时，其推动税收法定原则确立的积极性会相对小一些，但其强大的势力及其对信教群众所灌输的两个权威的思想仍然会积极推动人民群众为确立税收法定原则而斗争。同时，天主教会所宣传的"上帝的和平"以及"上帝的休战"也为结束封建战争，争取社会稳定奠定了坚实的基础。[②] 税收法定原则是在和平基础上对国王专制权力所做

---

① 最典型的理论学说就是中世纪著名的基督教神学家奥古斯丁所提出的"双城论"。他认为，人类的生活空间存在两个世界："上帝之城"（"天上之城"）与"世人之城"（"地上之城"）。上帝之城是天国，也就是基督教会，是精神世界；世人之城是世俗王国，是物质世界。世人之城应该为上帝之城服务，也就是说，世俗王国应当帮助、维护和服从教会。参见安长春：《基督教笼罩下的西欧》，中央编译出版社1995年版，第 92～93 页。

② 教会的理想是创造一个极有秩序的社会，从 11 世纪起就开始传道的运动，来限制、取缔和制止战争。参见［法］布瓦松纳：《中世纪欧洲生活和劳动 五至十五世纪》，潘源来译，商务印书馆 1985 年版，第 158 页。

的斗争，没有和平的前提，无法实现税收法定，有的只是革命与动乱。

就英国而言，教会与王权的斗争和合作表现得特别明显，11 世纪后期至 13 世纪，教会与王权时断时续的斗争充分表明了教会已经成为一支不可忽视的力量。① 英国教会由于没有绝对的免税特权，因此，教会从一开始就积极争取税收法定原则的确立。1215 年《大宪章》的签署，教会在其中也起到了积极的推动作用，其根本原因就在于教会的财产权利受到了国王的侵犯。此后，在议会与国王的多次较量和冲突中，都有教会的身影，而教会也往往是站在议会这一边。直到 1689 年《权利法案》正式确立税收法定原则，教会在这一过程中都起到了积极的推动作用。

就法国而言，法国能够在 6 世纪后期一跃而成为西欧强大的日耳曼国家，与正统基督教的支持是分不开的。教会曾经大力促进法兰克统治的稳定和扩展。在法兰克王国内，教会成了政府的支柱。② 教会的财产在法国享受免税待遇，③ 7 世纪初，法兰克的全体主教都可以参与制定国家法律，随后，国王还强制居民向教会缴纳什一税，教会的权力越来越大。④ 教会由于享有巨大的特权，因此，其争取税收法定原则的积极性与英国教会相比就小得多了。但它仍然在一定程度上限制了国王专制权力的极度膨胀，为人民推翻专制君主制、确立财政立宪制度留下了理论、思想和权力上的空间。教会与国王的抗衡在一定程度上也催生了纳税人代表会议。1302 年，腓力四世与教皇决裂，迫切需要社会各阶层，特别是市民阶层的支持，因此，在这一年他召开了法国历史上首次三级会议，讨论他与教皇的关系问题。以后，三级会议不断召开，所讨论的主要议题就是财政和税收问题。国王为了开征新税，弥补财政赤字，需要社会各阶层，特别是拥有巨大经济实力的市民阶层的支持。等级会议在同意国王征收新税的同时，也学会与国王进行"交易"，它们也迫使国王在立法、行政、司法等方面向它们做出让步。⑤

就美国而言，因其实行国家与教会相分离的制度，⑥ 因此，教会在国家政治

---

① 蒋孟引主编：《英国史》，中国社会科学出版社 1988 年版，第 89～94 页。

② ［美］汤普逊：《中世纪经济社会史》（上册），耿淡如译，商务印书馆 1961 年版，第 252～254 页。

③ 7 世纪，法国墨洛温王朝时期，国王的一个赐予特权的文件中这样写道："凡国家应征收的该教堂领地居民一切赋税，为了我的灵魂得救，我已赐予该教堂，由教堂人员永远自行处理以适合于该教堂最大的利益。"参见周一良、吴于廑主编，郭守田分册主编：《世界通史资料选辑》（中古部分），商务印书馆 1964 年版，第 29～30 页。

④ 安长春：《基督教笼罩下的西欧》，中央编译出版社 1995 年版，第 100～101 页。

⑤ 马啸原：《西方政治制度史》，高等教育出版社 2000 年版，第 67 页。

⑥ 1786 年的《弗吉尼亚宗教自由法令》开启了国家和法律以认可"宗教自由"的名义获得不受宗教任何支配的自由，而把宗教自由列入法律保护下的政治自由或个人自由。参见黄稻主编：《社会主义法治意识》，人民出版社 1995 年版，第 123 页。

制度的确立方面所起到的直接影响比较小，但是并不能忽视教会的力量与作用。在美国不存在类似英国和法国国王的机构，但是存在着一个宗主国——英国。英国在北美的任意征税是北美确立税收法定原则的主要障碍，而在北美反对英国的斗争中，教会起到了重要的组织和动员作用。另外，基督教思想对于美国政治制度的建立所起到的潜移默化作用也是不容忽视的。

（二）民众的宗教思想

宗教是属于群众的运动，广大信教群众在其中起到了重要的作用。广大信教群众的宗教意识是宗教现象的重要组成部分。在各种宗教中，基督教的信仰人数是最多的，因此，研究基督教的影响不能不考察为数众多的普通信教群众的主观状态。

从历史研究来看，保存下来的资料大多是关于基督教上层教士以及宗教学者的思想观点，对于普通信教群众的思想观点保存下来的比较少，这给我们研究普通信众的宗教思想造成了巨大的障碍。历史唯物主义有一条基本原理，一种思想意识形态被社会所接受的程度取决于这种社会对这一思想意识形态的需要程度。因此，从基督教被群众所接受的程度以及基督教的基本特点可以大体推论出当时信教群众的需要，也就可以大体推断出其宗教思想。

基督教最初是从犹太教的一个教派——艾赛尼派，也称为虔诚派——分离出来的，参与这个教派的主体是农民与牧民，也就是社会底层民众。他们与其他派别的最大区别在于采取离群索居的形式，采取原始的共产制度，互助互济。在思想信仰上逐渐把犹太民族的神——耶和华发展为全人类的神——上帝。这种共产制度对穷人很具吸引力，而这种能够拯救全人类的神对犹太以外的民族也具有很大的吸引力。世界性、简易性和群众性是犹太教的一个派别能够逐渐为更多民族所接受并发展成为世界第一大宗教的重要原因。[①]

生活于罗马帝国统治下的底层民众无法摆脱人身和物质上受剥削和奴役的状态，迫切需要从精神上得到安慰，而基督教所宣扬的耶稣基督即将降临，建立幸福的"千年王国"的教义对于他们是令人鼓舞的福音。[②] 可见在基督教发展的初期，民众对基督教的基本态度是欢迎的，在他们心中，基督教可以在物质上救济自己，可以在精神上给自己一些安慰。对此，恩格斯早就指出："基督教是被压

---

① 安长春：《基督教笼罩下的西欧》，中央编译出版社1995年版，第12～14页。

② 恩格斯认为："他们既然对物质上的解放感到绝望，就去追寻精神上的解放来代替，就去追寻思想上的安慰，以摆脱完全的绝望处境。"（《马克思恩格斯全集》第19卷，人民出版社1963年版，第334页）

迫者的运动：它最初是奴隶和被释放的奴隶、穷人和无权者、被罗马征服或驱散的人们的宗教。"[①]

从总体上看，基督教在普通信教群众的心目中是一个能够给自己带来经济和精神上利益的组织，而基督教也的确在社会生活、经济生活以及政治生活中给人们带来了诸多利益。[②] 基督教所宣扬的基本教义，对普通信教群众具有潜移默化的作用，并逐渐成为他们深信不疑的教条。这一切可以从历史上的八次十字军东征[③]以及国王一次次向教皇屈服的历史史实[④]中得到证明。基督教所宣扬的上帝、神法、天上之城的观念以及教皇、教会等组织给普通信教群众这样一个信念：国王不是最高的，在国王之上还有上帝；国王不能为所欲为，国王同样应当遵守上帝之法以及体现上帝之法和人类一般理性的自然法。在这种思想观念之下的信教群众会自然而然地接受这样的观念：国王征税应当获得纳税人的同意，纳税人代表的立法高于国王的意志。再加上税收法定原则本身又有利于普通信教群众，因此，当社会其他阶层为确立税收法定原则而斗争时，普通信教群众都会积极站在他们这一边而反对国王也就不难理解了。如果是在具有浓厚封建礼教传统的中国出现豪门贵族联合起来限制国王权力的行为，普通民众是支持他们还是支持国王，恐怕就难说了。

三、封君、贵族与王权文化对财政立宪的影响

封君与封臣文化造成了一种特殊的封建契约制度，这种制度开创了税收法定原则以及宪政和民主的传统。贵族与骑士文化形成了一种统治阶级内部的制衡文化，为议会和国王之间制衡关系的形成奠定了基础。王权与涂油礼文化则充分形成了国王在上帝之下、在上帝法之下的文化氛围，为民主、宪政、法治的形成奠

---

① 《马克思恩格斯全集》第22卷，人民出版社1965年版，第525页。

② 关于基督教在中世纪给人们带来的利益，杨昌栋先生于1928年完成的博士论文有深刻的研究，参见杨昌栋：《基督教在中古欧洲的贡献》，社会科学文献出版社2000年版。

③ 十字军东征自1095年开始，至1291年结束，共进行了八次，都是在教皇讨伐异教的号召下所进行的。其中虽然夹杂着经济利益以及其他利益的驱动，但是信教群众的宗教狂热仍然是十字军东征的主要动因。参见杨真：《基督教史纲》（上册），三联书店1979年版，第218～234页。

④ 1075年，教皇与德国皇帝亨利四世发生权力之争，教皇宣布将亨利四世逐出教会，废除其皇帝职位。1077年1月，亨利四世不顾帝王之尊，带领妻室扈从，面见教皇请求赦免。亨利四世披着毡毯、赤脚在雪地上站了三天，才最终获得教皇的接见。教皇接受了他的悔罪书以后才撤销了对他的处罚。1205年，英国国王约翰与教皇在坎特伯雷大主教的人选问题上发生矛盾，在双方进行多次较量以后，1212年教皇英诺森三世宣布废黜英国约翰。约翰迫于各种压力，向教皇屈服，接受了教皇任命的人选，承认英王为教皇的臣属，每年向教廷交纳1000镑贡金。这位教皇在位期间，还曾废掉两个德意志皇帝。

定了基础。妇女与婚姻文化中所体现出来的宽容和交往也对财政立宪产生了一定的推动作用。

（一）封君与封臣文化

西欧中世纪形成了一种特殊的封建制度，这一制度的核心就是封君与封臣关系。封君与封臣互享权利、互负义务，封臣的核心义务是忠诚于封君，而封君的核心义务是保护封臣。具体来说，这种忠诚义务包括服军役的义务、帮助的义务和劝告的义务；保护义务包括分封土地的义务（维护其生存能力的义务）以及保护人身财产安全的义务。

与这种奇特的封建制度相适应的是一套奇特的封建文化，例如，在缔结这种封君封臣关系时，需要经过一套独特的仪式，包括合掌礼、亲吻礼和宣誓礼。前两者又被称为臣服礼，是封臣对于封君所承担的礼节。行臣服礼时，封臣要脱帽、下跪、解下所佩戴的武器，把双手放到封君合拢的手掌中，面对封君说："阁下，我是您的人了。"这一仪式的核心在于将自己的双手交给他人，置于他人的手掌之中，表明自己愿意将自己的一切都置于封君的控制之中，任凭其处置。[①]

封君封臣关系在英格兰、法国的大部分地区、德国的部分地区普遍存在，并逐渐形成了一种文化传统，这种文化传统的核心是契约精神，即把封君和封臣之间的这种关系视为一种契约关系，正是这样一种契约将整个社会的每一个主体联系起来，使得每个人都能够在金字塔式的社会结构中为自己找到一个相对确切的位置。这种契约精神以及封君封臣关系中的劝告义务对于财政立宪的确立起到了潜移默化的作用。

财政立宪的核心实质也是一种契约精神，它最初所强调的是纳税人与国王之间的一种契约，国王为国民提供基本的公共产品（例如保护国民的基本权利），国民同意向国王纳税。财政立宪很容易在一个具有浓厚契约精神的社会中产生和发展，但却难以在一个以命令服从为特征的东方封建社会中产生和发展。封君封臣关系中的劝告义务是指封臣对于封君的重要举措有给予劝告和提供参考意见的义务，最初这是一种义务，但逐渐演化成了封臣的一种权利和封君的一种义务，即封君的重大决策应当经过封臣的同意，这与英国的"贤人会议"和议会制度，与法国的三级会议制度在基本原理上是相通的。如果说封君封臣中的劝告义务孕育了英国的议会制度和法国的三级会议制度有些夸张的话，那么，说封君封臣中的劝告义务进一步促进了英国议会制度和法国三级会议制度的产生和发展并不言

[①] 黄春高：《西欧封建社会》，中国青年出版社1999年版，第26页。

过其实。

封君封臣文化传统对于社会契约论、天赋人权等理论的提出也具有重要的渊源意义，因其核心思想具有相通之处：都强调权利义务的互享性，都强调在二者之上有一种具有更高效力的契约，这种契约关系是上帝赋予的，其中所保障的基本权利是"天赋"的。而法国正是在社会契约论、天赋人权等启蒙思想的武装下，推翻了打破这种封君封臣关系的专制王权，实现了宪政基础上的税收法定原则。英国依靠这种没有中断的封君封臣文化而走上了君主立宪的道路，也确立了税收法定原则。北美虽然没有实行这种封君封臣制度，但是大量的西欧移民将这种文化传统和契约精神带到了北美殖民地，使得北美殖民地在最初创建之时就已经深深刻上了平等、自由和民主的烙印，社会契约、天赋人权等思想一经在欧洲大陆产生就迅速传播到了北美大陆并成为占统治地位的思想。税收法定原则就是从英国传到北美的文化传统的重要组成部分，它最终成了北美脱离英国的理论武器。

（二）贵族与骑士文化

各国封建社会大多存在贵族，但西欧的贵族制度与贵族文化仍然是西欧的一大特色。早期的贵族注重谱系和血统，而晚期的贵族则更注重财富和权势。贵族积极参与国家的政治生活并在其中起主导作用，国家的一切主要官职基本上都被贵族所垄断。在军事生活方面，贵族是典型的嗜血者，他们热爱战争，酷爱打斗，冲锋陷阵、视死如归是他们所尊崇的英雄主义。只要有战争，他们都是积极的参与者，甚至国王自己都亲自上阵，在没有战争的时期，他们则通过比武的方式来展现自己的英雄气概。他们在衣、食、住、行等方面都与众不同，致使他们在整个社会阶层中能够始终处于令人尊敬和向往的地位，成为贵族或者像贵族那样生活是很多人梦寐以求的。

如果说贵族算不上西欧所特有的，那么，骑士就当之无愧是西欧所特有的社会群体。骑士的生活方式、行为方式、婚姻爱情、性格特点以及精神面貌等已经形成了一种独特的骑士文化。这种文化是在西欧特殊的社会历史条件下所形成的一种具有浓厚地方特色的文化。这种文化的精神内涵包括忠诚、勇敢、正义、力量、风度等，简单地说，就是一种英雄主义。骑士是为了当时的军事战争需要而培养出来的一种职业战斗人员。一个人要经过从小就开始的严格培养和锻炼以及各种崇高精神的熏陶才能最终成长为一名骑士。骑士在社会中的数量很少，册封骑士的仪式也非常隆重，往往由国王亲自册封，而骑士们为了对得起自己的头衔也充分展现了忠诚、勇敢、正义、力量、风度等精神风貌，因此，骑士头衔在整个社会中是一个巨大的荣誉，甚至国王都把成为真正的骑士作为自己的梦想。骑士一般被认为属于小贵族，但在骑士发展的鼎盛时期，成为贵族必须先成为骑士，致使骑士和贵族的界限并不是很清晰。

西欧典型的贵族文化与骑士文化对于税收法定原则的形成也起到了重要作用。贵族与骑士在社会中的显赫地位使得他们能够在国家的政治生活中发挥举足轻重的作用，这种地位使得他们能够左右国王的重大决策，成为能够与国王相抗衡的重要力量。正因为他们的存在，西欧的封建王权才没有发展到东方专制王权的程度，使得西欧的封建制度保留了更多的民主成分。特别是在英国，国王始终没有取得相对贵族的绝对优势，这为英国采取相对和平的方式进入近代宪政国家和民主国家奠定了坚实的基础。而法国强大的路易十四取得了压倒贵族的绝对优势地位，使得贵族无法发挥牵制国王的作用，最终导致法国只能以革命的方式进入近代宪政国家和民主国家。在贵族和骑士能够与国王相抗衡的英国，当国王的任意征税权落到贵族和骑士的头上时，他们就会联合起来领导社会各阶层反对国王的任意征税权，并迫使国王逐步确立财政立宪制度。

（三）王权与涂油礼文化

大约在公元 7 世纪左右，随着宗教在社会经济生活中的影响日益增加，在西班牙西哥特王国中开始出现一种特殊的宗教仪式——涂油礼。这是基督教的教皇和大主教为国王登基而举行的仪式，这种仪式起源于古代的希伯来王国。其基本的内容就是用圣油涂抹在国王光光的前额、前胸、后背以及身体的其他部位。这种圣油是通过植物油和一些香料合成的，其中的重要成分之一是橄榄油，这种油在地中海周围非常普遍。涂油礼仅能在国王登基的时候采用，其他地方王侯虽然在实力上可能超过国王，虽然有时也进行一些诸如接受手杖、加冕等仪式，但唯独不敢举行涂油礼。[①] 经过一定历史时期的积淀，涂油礼就成为国王登基时所独享的仪式。

这种仪式所蕴含的意义是：王权是神授的，是经过教皇或者教会之手从上帝那里获得的。这种仪式一方面加强了王权的神圣性，有利于王权的稳固，特别是在地方王侯的实力很大的情况下，借助于教会的力量增强其神圣性是国王最明智的选择。另一方面，也为教会限制国王权力奠定了基础，既然国王的权力是来自上帝的，而教会是上帝在人间的代理人，因此，国王必须尊重教会，就神圣性而言，王权应当在教会之下。因此，这种仪式实质是一把双刃剑，它在巩固王权的同时也限制了王权。

正因为国王的权力是来自上帝的，是受到限制的，因此，上帝的法律应当具有高于国王立法的效力，而直接来自上帝之法的自然法同样应当具有高于国王立

---

① 孟广林：《英国封建王权论稿——从诺曼征服到大宪章》，人民出版社 2002 年版，第 65 页。

法的效力。这样，通过具有更高法律效力的自然法和宪法来限制国王权力的思想就能够很自然地形成。这种思想与具有深厚历史传统的税收法定原则结合在一起就产生了现代宪政思想，而宪政思想的产生又进一步促进了财政立宪的确立。

国王的权力受限制的思想传统在英国一直保持下来，中间没有间断，由此也使英国通过渐进式变革的方式进入了君主立宪的近代国家。而法国在路易十四时期由于王权的强大而中断了这种国王权力受限制的传统，致使王权在经历了鼎盛时期以后被革命群众所推翻，最终通过暴力革命的方式实现了民主立宪。北美殖民地由于根本就不存在国王，而且最高权力受到制约的思想一直没有中断，因此，其在殖民地时期实际上就已经开始了宪政建设的试验，他们脱离英国成立独立的国家不过是把地方性的宪政建设变成一个全国性的宪政建设而已。

（四）妇女与婚姻文化

妇女在中世纪的欧洲也曾经发挥了巨大的作用。就社会经济地位而言，欧洲中世纪的妇女高于东方封建制度下的妇女。她们的地位虽然没有达到与男人相等，但是就整体而言，她们在社会中也享有较高的地位，妇女在社会中并不是一个被歧视的群体。特别是具有较高地位的贵族妇女，她们都是社会所崇拜的对象。对贵妇人的崇拜最典型的就是骑士，能够得到贵妇人的青睐是骑士们的莫大荣誉，骑士对贵妇人的爱情主要是一种精神上、想象中的，而不是现实中的。

妇女也经常参与政治，很多贵妇人可以达到左右政权的程度。在英国早期，妇女继承王位受到限制和歧视，[①] 但后来逐渐为英国所接受，而且认为妇女执政有很多优于男人之处。[②] 能够接受妇女执政的传统几乎可以被认为是英国所独有的，封建时代绝大多数国家都无法接受妇女执政，妇女作为国家元首即使在今天也被认为是一件少有的政治事件。

妇女和婚姻在中世纪的欧洲往往被作为一种政治交易的手段，因此，欧洲王室之间通婚现象特别普遍，几乎可以认为欧洲各国王室之间都是亲戚。这种交叉亲戚关系一方面加强了各国的联系，稳固了各国的关系，另一方面也容易导致各国的矛盾，特别是在继承王位和领地方面。

---

① 例如，1120 年，英国王储落海丧生。国王亨利一世将王位传给公主玛蒂尔达，遭到大贵族的反对。虽然在国王的压力下，大贵族暂时接受了公主继承王位，但一旦国王驾崩，他们立即改变主意拥戴亨利一世的外孙上台，而反对妇女执政。

② 1553 年，英国国王爱德华七世去世，他的姐姐玛丽被拥戴为国王，成为英国历史上的第一位女王。1588 年，玛丽病逝，将王位传给自己的妹妹伊丽莎白。伊丽莎白在位 45 年，成为英国历史上最伟大的君主之一。从此改变了妇女执政在英国人心目中的地位，在此以后，英国历史上还有四位女王。当今英国女王是伊丽莎白二世，也被认为是一位受人尊重的君主。

妇女广泛参与社会的政治经济生活，使得欧洲社会保持着一种比较开放和宽容的态度。妇女执政时期往往是比较宽容的和平发展时期，既有利于社会经济的发展，也有利于税收法定原则、议会制度等政治民主制度的发展。欧洲王室之间错综复杂的婚姻关系，有利于王室之间统治经验的交流，有利于税收法定原则等先进思想的传播。

四、庄园与城市文化对财政立宪的影响

欧洲独特的庄园与农民文化为封建制度的建立以及君主和各级领主之间的契约关系奠定了基础，城市与市民文化是新兴资本主义自由、平等精神的体现，它们所带来的政治交易文化为财政立宪的实现奠定了基础。

（一）庄园与农民文化

从 12 世纪到 15 世纪，欧洲城市人口从来没有超过总人口的 10%，[①] 剩下的绝大多数人口都属于农村人口，因此，研究欧洲中世纪的政治、经济以及文化史从来都不能忽视农村。农村里最典型的经济社会形态就是庄园。农村的文化传统就体现在每一个庄园之中。至于什么是庄园，[②] 学术界尚没有一个统一的定义，从基本特征来看，庄园是一块封地，其中的领主享有广泛的经济、行政和司法权力。英国学者多从经济方面来理解庄园，如梅特兰（Maitland）、维诺格拉道夫（Vinogradoff）等学者认为庄园必须符合诸如地理、社会和政治的一些典型特征。例如，庄园耕地分为领主自营地、自由份地、农奴份地，而且必须有庄园法庭。蒂托（JZTitow）认为，庄园必须包括领主自营地、佃户份地、依附农民和领主司法权这四项内容。[③] 当然，非常典型的庄园数量很少，但从整体上看，庄园大多具备这些特征。

大领主的庄园一般都错综复杂，很多地方一个村庄隶属于两三个不同的领主。庄园管辖下的土地一般分为三个部分：领主保有地、佃农份地以及公地。领主保有地是领主保留的专用土地；佃农份地是佃农所使用的土地，[④] 需要向领主负担劳役和赋税；公地则是耕地周围的所有人都有权使用的天然土地。领主对于庄园内的人和事享有领主审判权，其中所形成的法律规范构成了庄园法。这些法

---

① ［比］亨利·皮朗：《中世纪欧洲经济社会史》，乐文译，上海人民出版社 2001 年版，第 56 页。
② "庄园"在拉丁语中为 cour，在德语中为 hof，在英语中为 manor。
③ 黄春高：《西欧封建社会》，中国青年出版社 1999 年版，第 211 页。
④ "佃农份地"在拉丁语中为 mancus（manse，mas），在德语中为 hufe，在英语中为 virgate 或 yardland。

律规范最主要的都是一些惯例，这些惯例决定了庄园中每个主体的权利和义务。

从 12 世纪开始，出现了一些"客籍民"（hôtes），他们是离开原来土地到外面寻找新土地的拓荒者。由于客籍民的拓荒活动，出现了一些新市镇，而这些新市镇为了不断发展也开始主动招募客籍民。很多地方甚至采取张贴广告的方式来介绍新市镇的资源和发展前景，从而吸引更多的客籍民来这里生活。① 这些新市镇逐渐发展为农村中的新兴城市，而客籍民则逐渐发展为城市市民。

农村的制度及其传统使得农民并不直接与国王打交道，而是通过农民的领主。在这种制度之下，国王施加给社会底层民众的负担都要通过各级封建领主，而这种施加在表面看来是直接施加给各级封建领主的，因此，封建领主为了自身的利益就会与国王进行讨价还价，就会为了自己庄园农民的利益（实质是为自己的利益）而与国王进行斗争。这就是为什么在英国总是贵族等封建领主站在推动税收法定原则确立的最前线，发动和领导社会民众的是他们，直接与国王进行冲突和斗争的也是他们。法国的宗教贵族和世俗贵族大多享受免税待遇，国王的负担是直接施加在普通社会民众的身上的，因此，法国的贵族总是与国王站在一起，而推动和确立税收法定原则的重担就落在了社会底层民众的身上。北美南部实行奴隶制，盛行庄园制，奴隶主和庄园主有足够的动力去推动税收法定原则的确立，北美北部地区工商业发达，农村中的农民是一个个独立的经济实体，国家的各项负担也是直接落在他们的头上，因此，他们也有足够的积极性去推动税收法定原则的确立。

（二）城市与市民文化

西方经济史学家往往认为中世纪的城市在封建社会中具有特殊的重要地位，它们是封建海洋中的资本主义岛屿。② 中世纪城市大约在 10 世纪以后获得兴起，从整体而言，城市兴起的方式主要包括以下四种：①依托罗马旧城而兴起。②依托城堡、教堂、修道院等中心因素而兴起。③依托十字路口、水路码头、交易中心等交通要道而兴起。④有规划的城市兴起。③ 其中最重要的因素则是工商业的发达所导致的有规划的城市兴起。④ 根据 1000 年左右的税收记录，可以推知当

---

① ［比］亨利·皮朗：《中世纪欧洲经济社会史》，乐文译，上海人民出版社 2001 年版，第 67 页。

② M. M. Postan. The Medieval Economy and Society: an economic history of Britain in the Middle Ages, Harmondsworth: Penguin, 1975, p.239.

③ 黄春高：《西欧封建社会》，中国青年出版社 1999 年版，第 211 页。

④ 很多学者认为，近代城市出现的经济原因不仅必须归结为商业扩展和商人阶层的兴起，而且必须归诸于农业扩展和工匠、手艺人及其他工业生产者阶层的兴起。Lewis Mumford. The City in History: Its Origins, Its Transformations, and Its Prospects, New York: Harcourt, Brace & World, 1961, p.253.

时到伦敦交易的商人来自卢昂、弗兰德斯、诺曼底、法兰西岛以及德意志帝国。[1] 欧洲大陆也开始出现大型的集市，最繁忙的集市大多集中在由意大利和普罗凡斯通往法兰德斯海岸的贸易大道靠近中点的地方。在集市中最著名的属香槟集市，它被人们饶有风趣地称为"欧洲的货币市场"，汇票等信用凭证的雏形就是在这里形成的。[2]

城市中的居民主要由这样几类人组成：商人、手工业者、农民和封建领主。[3] 他们在组建城市的过程中，一开始就是带着一种自由的精神，为自由而不懈奋斗。他们所进行的是一种等价交换的经济活动，他们为了争取自由也通过一种等价交换的"政治交易"活动来实现，即通过向封建领主和国王缴纳一定的税款而享有城市自治权和其他自由权。[4] 大体来讲，城市所享有的自治权和自由权包括如下几个方面：①人身自由，即自由城市的市民为自由人，受普通法的保护。②土地自由，即城市土地的领有者仅向原领主缴纳货币地租，不服劳役，也无其他义务。③司法自治，城市有独立的城市法庭，其主持者由市民选举产生，市民不受郡法庭、百户法庭以及庄园法庭管辖。④财政自由，即城市每年缴纳一定的款项给领主，领主则不能在城市征税，城市享有自由征税权并有权支配这些财政收入。⑤自由贸易权，即自由城市可以定期举办市场或者集市贸易，市民经常免交市场税。[5]

城市以及市民一开始就是在争取自治和自由的斗争中发展起来的，因此，其为自由而战的历史传统是根深蒂固的。税收法定原则所保护的是财产自由和经营自由，因此，城市及其市民自其产生以来就一直是税收法定原则的坚定拥护者，

① B. Reynolds. An Introduction to the History of English Medieval Town, Oxford，1977，p. 34.

② ［比］亨利·皮朗：《中世纪欧洲经济社会史》，乐文译，上海人民出版社 2001 年版，第 92～96 页。

③ 例如，伯里圣埃蒙兹原来是一个修道院，根据《英国土地志》的记载，这里有"面包师、酿酒师、裁缝、洗衣妇、鞋匠、法衣匠、厨师、搬运夫及其代理人等"，所有这些人每天都在等待圣者、院长及修士的需要。参见 E. Lipson. The Economic History of England, v. 1, London：Adam and Charles Black，1929，p. 190.

④ 英国大多数重要城市都是直属于国王的，因此，英国城市争取自治的斗争对象主要是国王。记载城市自治权利内容的是国王所颁发的特权证书。英国最早的特权证书是亨利一世时赐予的，保存至今的亨利二世所颁的特权证书还有 50 个左右。理查王和约翰王为了得到急需的金钱曾经大量颁布这种特权证书。用金钱换取自由的"权钱交易"的色彩非常明显。属于教会贵族的城市，争取自治权相对困难一些。例如，圣奥尔朋斯、圣埃德蒙兹等城市经过好几个世纪的斗争，直到 16 世纪中叶才从国王手中获得特权证书。参见 E. Lipson. The Economic History of England, v. 1, London：Adam and Charles Black，1929，pp. 207-210. 而法国则在路易六世（1108～1137）时期最终颁发了一份承认公社权威的特许状。参见［美］哈罗德·J·伯尔曼：《法律与革命——西方法律传统的形成》，贺卫方等译，中国大百科全书出版社 1993 年版，第 443 页。

⑤ 马克垚：《英国封建社会研究》，北京大学出版社 1992 年版，第 252 页。

英国和法国历来所爆发的支持税收法定原则的革命和运动，城市市民都是站在最前列的拥护者。

北美殖民地的城镇一开始就是建立在自由、自治基础之上的。它们所面对的统治者是远在英国的英国国王及其在北美所任命的总督，而北美殖民地人民一开始就坚定地进行了反对英国国王及其总督任意征税权的斗争。从 1630 年开始，弗吉尼亚议会每年定期召开一次，并制定出许多法律。在这些法律当中，有一项就是禁止英王任命的殖民地总督在没有殖民地议会批准的情况下对弗吉尼亚殖民地、对其土地或商品征收任何赋税。①

---

① 赵晓兰：《美国的诞生》，复旦大学出版社 2001 年版，第 5 页。

第六章　财政立宪的基本要素

财政立宪是在民主、宪政和法治的背景下，在《宪法》中确立财政收入法定和财政支出法定原则，并建立相关的保障制度，以确保纳税人及其代表控制国家的财政收入和财政支出的制度建设。财政立宪首先是一项制度建设，它由一系列基本的制度和原则所组成；其次，财政立宪体现的是主体之间的关系，它由一系列主体之间的制衡关系所组成；再次，财政立宪是在一定的环境下存在和运作的，它是一个大系统中的有机组成部分。财政立宪的基本要素是财政立宪存在与运作所不可缺少的组成部分，其中包括制度性要素、主体性要素和环境性要素。前两者主要体现为内部要素，后者主要体现为外部要素。

一、财政立宪制度性要素

财政立宪在制度上体现为两大核心支柱：税收法定原则和预算法定原则。①税收法定原则，基本含义是税收的开征应当通过法律明确规定，没有法律依据不能开征新税。税收作为一种"法定之债"，其是否存在有一些基本的构成要件，这些要件被称为税收要素。因此，税收法定原则也可以表述为税收要素必须而且只能由法律明确规定。从更深层次的含义来讲，税收法定原则就是税收要素必须而且只能由纳税人及其代表来决定，即"无代表，不纳税"。由于现代国家均为税收国家，税收占据了财政收入的绝大部分。因此，税收法定原则在一定程度上体现了财政收入法定原则。

预算法定原则，基本含义是国家的年度财政收支，特别是财政支出必须由议会（国会，或者其他纳税人代表机关，下同）所通过的预算予以明确规定，没有具有法律效力的预算作为依据，不能进行任何财政支出。预算法定原则的实质在于国家的财政支出应当由纳税人及其代表来决定。虽然预算是对国家的年度财政

---

① 税收法定原则和预算法定原则虽然属于理念和原则层面的东西，但是，一旦《宪法》和法律明确规定了这些原则，它们就成了一种宪法制度和法律制度。严格来讲，这里应当使用税收法定制度和预算法定制度，但是为了论述的统一和方便，这里仍然使用税收法定原则和预算法定原则的表述。

收入和支出所进行的预先估算，但是，预算本身并不能作为开征新税的依据，也不能决定财政收入的多少，它所控制的主要是财政支出的数量及用途，因此，预算法定原则在一定程度上可以认为是财政支出法定原则。

财政立宪的实质在于在《宪法》的层面上确立财政法定原则。完整的财政活动包括财政收入和财政支出两个部分，[①] 因此，财政法定原则可以具体化为财政收入法定原则和财政支出法定原则。现代税收国家的财政收入主要体现为税收，因此，财政收入法定原则主要体现为税收法定原则，而财政支出法定原则实质就是预算法定原则。因此，税收法定原则和预算法定原则就是财政立宪的两大基本制度要素。

（一）税收法定原则

关于税收法定原则的内容，学界通常一般认为包括三个具体原则：税收要素法定原则、税收要素明确原则以及征税合法性原则。[②] 也有学者把第三项原则界定为依法稽征原则，具体含义是基本相当的。[③] 本书所论述的基本要素与基本内容并不是完全一致的，基本要素强调最基本的组成元件，基本内容强调最基本的组成部分。前者强调微观的元素，后者强调宏观的部件。如果把税收法定原则比喻为一个苹果的话，前者强调的是苹果中所含的各种营养元素，例如，三大营养元素（蛋白质、脂肪、碳水化合物）、矿物质（钙、铁、磷等）和维生素（维生素 B_1、维生素 B_2、维生素 E、胡萝卜素等）等，而后者强调的是苹果的组成部分，如果皮、果肉、种子等。本书将税收法定原则分解为三大基本要素：性质明确的税收、议会制定的合宪法律以及税收要素确定。

1. 性质明确的税收

税收法定原则的第一个要素就是"税收"，这是税收法定原则的出发点和针对的对象。如果不能确定税收的含义和范围，那么，所谓税收法定原则就是一纸空文。但是，从历史发展的角度来看，似乎并没有随着税收法定原则的确立而形成一个明确的税收定义。税收的含义和范围是历史形成的，它更多的是以一种传统和惯例的形式而存在于人们的头脑中，而不是以明确定义的方式而存在的。

就现代各国《宪法》中所确立的税收法定原则而言，尚没有在《宪法》中明

---

①　虽然学界一般把财政活动划分为财政收入活动、财政管理活动和财政支出活动。但是严格来讲，财政管理活动是分散在财政收入活动和财政支出活动中的，因为无论是收入活动还是支出活动，都涉及管理的问题，而纯粹的对财政收支进行管理的预算活动在本书中被列为更高层次的预算法定原则的内容，因此，这里把财政活动划分为财政收入活动和财政支出活动两大类。

②　刘剑文主编：《财税法学》，高等教育出版社 2004 年版，第 331～332 页。

③　张守文：《论税收法定主义》，载《法学研究》1996 年第 6 期。

确规定税收的含义。但并不等于税收法定原则在各国《宪法》中是一个空洞的原则，现代各国一般有三种方法来解决这一问题。[1]

(1) 通过效力层次仅次于《宪法》的税收基本法来对税收的含义予以界定。如《德国税收通则法》(Reichsabgabenordnung) 第 3 条规定："称租税者，谓公法团体，为收入之目的，对所有该当于规定给付义务之法律构成要件之人，所课征之金钱给付，而非对特定给付之特定相对给付者；收入得为附随目的。"[2]

(2) 通过排除的方法来限定税收的范围，即虽然没有明确规定税收是什么，但明确规定了哪些不属于税收。如《约旦哈西姆王国宪法》(1952 年) 第 111 条规定："税捐不包括国库根据政府部门为公众提供服务而征收的各种费用，也不包括国有产业上缴国库的收益。"这里通过把行政规费和国有企业上缴利润排除在税收的范围之外，一方面表明这些财政收入不受税收法定原则的约束，[3] 另一方面也在某种程度上从反面阐明了税收的一些基本特征，如具有对价性质的负担（如行政规费）不属于税收，依据所有权取得的收入（如国有企业上缴利润）不属于税收。

(3) 通过把与税收相类似的财政收入均纳入税收法定原则之中来确保税收法定原则的实施。立法机关或行政机关搁置或架空税收法定原则的主要方法是通过征收费或其他财政收入的形式来规避税收法定原则，这些财政收入形式往往仅在名称上不同于税，但实质就是一种税，但由于其采用了不同于税的名称，因此，就可以规避税收法定原则的约束。针对这种情况，有些国家的《宪法》在确定税收法定原则的同时，还相应确定了行政收费和其他财政收入法定的原则。这样，立法机关与行政机关就无法规避税收法定原则的适用了。如《巴林国宪法》(1973 年) 第 88 条规定："未经法律规定，不得开征任何新税、修改或取消旧税。除非法律有规定，任何人不得全部或部分免除纳税。除非法律有规定者外，不得要求任何人额外纳税、付费或强行摊派。法律规定征收捐税、费用及其他公共基金的规则以及税款、基金支出的程序。"

综观上述三种方法，可见第三种方法是最实用的，也是最能实现税收法定原则最初的宗旨的。无论国家运用什么方式和名义，只要国家"不支付对价"（或者"无偿"）地"剥夺"人民的"财产"，就应当受到法定原则的约束，无论是税收法定原则还是其他的法定原则。通过法律明确规定税收是什么实际上是无济于

---

① 翟继光：《税收法定原则比较研究——税收立宪的角度》，载《杭州师范学院学报》（社会科学版）2005 年第 2 期。

② 《德国租税通则》，陈敏译，台湾"财政部"财税人员训练所 1985 年版，第 3 页。

③ 但并不表明它们不受法定原则的约束，如果《宪法》或其他的基本法确立了行政规费法定或国有企业上缴利润法定原则，那么，它们同样要受法定原则约束，这里只是强调它们不受税收法定原则约束。

事的，① 正如《德国税收通则法》的规定一样，它无法防止政府以征收非税收的名义开征新税。对于人民而言，无论是征收什么，只要是无偿地从自己手中取走了本来属于自己的财产，就应当受税收法定原则的约束。

2. 议会制定的合宪法律

税收法定原则中的"法"显然是指最高立法机关所通过的狭义的法律，如果把行政机关所制定的规范性文件也纳入"法"的范畴，那么，税收法定原则就失去了其应有的控制政府征税权的功能。②

从历史来看，税收法定原则在英国一直就是指议会拥有征税权，而这里的"法"就是专指议会、后来是专指下院所通过的规范性文件。

从各国《宪法》的现实规定来看，其中所规定的税收法定原则一般也是指狭义的法律，但关于狭义法律的表述方式有所不同，归纳起来主要有以下几种方式：

（1）仅仅指明"法律"，但其具体含义必须根据《宪法》上下文以及联系《宪法》全文的表达方式来确定。如《日本国宪法》（1947 年）第 84 条规定："新课租税，或变更现行租税，必须有法律或法律规定的条件为依据。"这里的法律是狭义的还是广义的，仅仅从这一条的文字表述中很难得出结论，必须从日本《宪法》的上下文和整体联系中才能得出结论。通过综合考察日本《宪法》有关法律一词的用法及有关条款的规定，可以认为，这里的"法律"指的是由日本国会通过的狭义法律。③ 大多数规定税收法定原则的国家采用的是这种方式。

（2）通过明确指出立法的主体来界定税收法定原则中"法"的含义，明确了立法主体，显然也就明确了"法"的具体含义。如《瓦努阿图宪法》（1979 年）第 23 条规定："任何税收、税收的变动或公共基金的开支，必须依照或符合议会

---

① 笔者也曾经煞费苦心地从多种角度给税收下过定义：从经济角度把税收界定为：国家（政府）以其政治权力为依托而强制、固定、无偿获取的不具备惩罚性的财政收入；从法律角度把税收界定为：国家根据法律所明确规定的税收要素和征收程序而向国民所取得的财政收入；从《宪法》角度把税收界定为：国家基于《宪法》的规定，并依据符合《宪法》理念的法律的规定而向国民征收的财政收入；从经济、法律和《宪法》三个角度把税收界定为：国家基于《宪法》的规定，并依据符合《宪法》理念的法律所明确规定的税收要素和征收程序，以其政治权力为依托而强制、固定、无偿获取的不具备惩罚性的财政收入。这种界定，就认识税收的本质而言是有益的，但是在解决这里所论述的防止税收法定原则被搁置或者架空的问题时，并不能起到真正的约束作用。参见翟继光：《论我国税法的核心范畴与基本范畴》，载韦苏文、陆桂生主编：《世纪论坛》，中国社会出版社 2003 年版，第 77～86 页。

② "《宪法》并不是政府的法令，政府如果没有《宪法》就成了一种无权的权力了。"（［美］潘恩：《潘恩选集》，马清槐译，商务印书馆 1981 年版，第 250 页）

③ 《日本国宪法》第 41 条规定："国会是最高国家权力机关，是国家唯一立法机关。"在《日本国宪法》中，只有国会才有权制定法律，其他机关无权制定法律。日本学者一般也认为国会是唯一立法机关。参见［日］新井隆一：《租税法之基础理论》，林燧生译，台湾"财政部"财税人员训练所 1984 年版，第 4 页。

通过的有关法律。"

（3）间接规定税收法定原则，即通过把征税和减免税等税收事项纳入议会或国会的职权范围内来达到税收法定之目的。如《乌兹别克斯坦共和国宪法》（1992年）第123条规定："税收确定权属于乌兹别克斯坦共和国议会。"

为了防止立法机关背离纳税人利益而通过损害纳税人利益的税法，现代各国宪法对于税收法定原则中"法"的"品质"还进行了诸多限制，以确保立法机关的立法符合最基本的民主、宪政和法治精神下的公平、正义理念，也就是确保为"良法"。归纳起来，主要有以下五点限制：

第一，税收立法必须满足公平原则。其中，有些国家仅仅指明了税收公平原则，但没有指明税收公平的标准，如《克罗地亚共和国宪法》（1990年）第51条规定："税收制度建立在公平和公正的基础上。"有的则明确规定了公平的具体标准，即纳税能力标准或同等牺牲标准和累进制原则，如《意大利共和国宪法》（1948年）第53条规定："所有人均须根据其纳税能力，负担公共开支。税收制度应按累进税率原则制订。"《玻利维亚共和国宪法》（1967年）第27条规定："税收和负担的设立、分配和取消具有普遍性，应按照纳税人作出同等牺牲的原则，酌情按比例制或累进制确定。"

第二，税收立法必须满足现代社会税法所应遵循的其他基本原则，包括税收效率原则、社会正义原则、财政需要原则、禁止溯及既往原则和最低生活费不课税原则等。如《科威特国宪法》（1962年）第24条规定："社会正义是税收和公共捐款的基础。"第48条规定："依照法律纳税和交付公共捐款是一项义务，为使维持最低的生活水平，法律规定收入微少的人免除纳税义务。"《厄瓜多尔共和国宪法》（1984年）第53条规定："不得发布有损于纳税人的有追溯效力的税收法。"关于这些原则规定最全面的当数《秘鲁共和国宪法》（1979年），其第77条规定："所有人都有缴纳应缴税捐和平均承受法律为支持公共产品事业而规定的负担的义务。"第139条规定："税捐的设立、修改或取消，免税和其他税收方面好处的给予只能根据专门法律进行。征收税捐须遵循合法、一致、公平、公开、强制、准确和经济的原则。在税收方面不设查抄税，也没有个人特权。"这两条《宪法》条文基本上概括了税法的所有基本原则，是世界各国《宪法》中有关税法基本原则立法的最完善的代表。

第三，规定基本税收制度来约束法律。有些国家对具体税收制度的宗旨和原则也做了详细的规定，这可以看做是对税收法定原则中"法"的严格要求。如《葡萄牙共和国宪法》（1982年）第107条规定："一、个人所得税旨在缩小不平等，应在考虑以家庭为单位的需要和收入的基础上，实行完全的累进税率。二、企业主要根据其实际收入纳税。三、遗产税和遗赠税实行累进税率，以利于公民间的平等。四、消费税旨在使消费结构适应经济发展和社会公平的变化着的需要，对奢侈消费应征收重税。"

第四，对税法有效期的限定。有些国家甚至对"税法"的有效期也作了规定，可以看做是对税收法定原则中的"法"进一步予以限定的特殊形式。如《比利时王国宪法》（1831 年）第 111 条规定："国家税须每年投票通过。规定国家税的法律，如不展期，其有效期仅为一年。"《卢森堡大公国宪法》（1956 年）第 100 条规定："有关征收国税问题，每年进行一次表决。为征税而制定的法律，有效期为一年，但经表决延长生效者除外。"

第五，一项法律只准开征一项税收，不准一项法律开征多项税收，即"一税一法"。例如，《组织澳大利亚联邦法》（1900 年）第 55 条规定："除征收关税或消费税的法律外，各种征税法律应限于一种赋税项目。"

3. 税收要素确定

税收法定原则并不是指所有税收事项均应由法律予以规定，而只是强调最基本的税收事项应当由法律予以规定。最基本的税收事项就是税收要素，各国《宪法》的规定有所不同，大体可以分为以下几种类型：

（1）将税收要素笼统地规定为征收税款。如《巴基斯坦伊斯兰共和国宪法》（1973 年）第 77 条规定："非由议会法令规定或根据议会法令授权，不得为联邦用途而征收捐税。"多数国家采用这一方式。

（2）将税收要素界定为税收的种类、税率、税收优惠等。如《大韩民国宪法》（1987 年）第 59 条规定："税收的种类和税率，由法律规定。"

（3）将税收要素界定为开征新税、修改和取消旧税。如《黎巴嫩共和国宪法》（1947 年）第 81 条规定："征收捐税只能根据黎巴嫩全国各地都适用的统一法律，在黎巴嫩共和国境内进行。"第 82 条规定："非根据法律，不得修改或取消任何税收。"

（4）将税收要素界定为开征新税、修改和取消旧税、减免税和超额纳税。如《科威特国宪法》（1962 年）第 134 条规定："非有法律规定，一般不得征收新税，修改或废除旧税。非有法律规定，任何人不得全部免除或部分免除应缴的该项税款。除法律另有规定者外，不得要求任何人支付其他税款、费用或承受其他负担。"

（5）将税收要素界定为实体和程序两个部分。如《巴林国宪法》（1973 年）第 88 条规定："未经法律规定，不得开征任何新税、修改或取消旧税。除非法律有规定，任何人不得全部或部分免除纳税。除非法律有规定者外，不得要求任何人额外纳税、付费或强行摊派。法律规定征收捐税、费用及其他公共基金的规则以及税款、基金支出的程序。"

（6）在将基本税收事项予以法定的同时，还授予行政机关一定限度的变更权。如《土耳其共和国宪法》（1982 年）第 73 条规定："税、捐、费及其他财政负担的课征、变更或废止均由法律规定。得授权内阁根据法律规定的上限和下限，变更有关税、捐、费和其他财政负担的减免率和例外照顾率。"

（7）在对基本税收事项予以法定的同时，还强调其他金钱给付性负担法定。如《爱沙尼亚宪法》第 113 条规定："国税、义务性纳金、关税、强制保险的罚金和支付款项均由法律规定。"

除了对"定"的对象的限制外，还有对"定"的程度的限制，即是否可以授权行政机关通过行政法规来规范税收事项。世界各国对于税收法定原则的表述使用了各种不同的方式，这种不同的方式在某种侧面上反映其对于税收法定原则"定"的程度的界定。综观世界各国《宪法》对税收法定原则的表述，可以归纳出以下几种不同的界定程度：

第一，强调基本税收事项必须由法律予以规定，即规定基本税收事项的载体必须是法律，而不能是其他的规范性文件。这是对税收法定原则最严格的限定。如《巴林国宪法》第 88 条规定："未经法律规定，不得开征任何新税、修改或取消旧税。除非法律有规定，任何人不得全部或部分免除纳税。除非法律有规定者外，不得要求任何人额外纳税、付费或强行摊派。法律规定征收捐税、费用及其他公共基金的规则以及税款、基金支出的程序。"多数在《宪法》中规定税收法定原则的国家采取这种严格的税收法定原则，但《宪法》没有规定并不表明这些国家的行政机关并不享有任何税收立法权，实际上，由于税收立法的复杂性、技术性和变动性，任何国家的税收立法权都不可能由立法机关独享。

第二，强调基本税收事项必须由法律予以规定，但可以授权最高行政机关在法律规定的限度内进行有限的税收立法。如《土耳其共和国宪法》第 73 条规定："税、捐、费及其他财政负担的课征、变更或废止均由法律规定。得授权内阁根据法律规定的上限和下限，变更有关税、捐、费和其他财政负担的减免率和例外照顾率。"

第三，强调基本税收事项必须由法律予以规定或授权。如《巴基斯坦伊斯兰共和国宪法》（1973 年）第 77 条规定："非由议会法令规定或根据议会法令授权，不得为联邦用途而征收捐税。"很多国家采用这种方式。

第四，强调基本税收事项必须依据法律或法律规定的条件。如《日本国宪法》第 84 条规定："新课租税，或变更现行租税，必须有法律或法律规定的条件为依据。"

第五，明确规定某些事项不得授权立法。如《希腊共和国宪法》（1975 年）第 78 条规定："有关征税对象、税率、减免税和给予补贴，均须立法权力机关规定，不得委托授权。"

《宪法》通过对"税收"、"法"和"定"三个基本要素的界定，就形成了一个完整的财政立宪制度下的税收法定原则。

（二）预算法定原则

根据上文对于税收法定原则基本要素的界定与分析，预算法定原则实际上也是由三个基本要素所组成："涵盖全部财政收支的预算"、"受《宪法》约束的一年期法案"和"预算外开支由法律确定"。

1. 涵盖全部财政收支的预算

关于预算的含义，主要是学者研究的课题，各国《宪法》以及基本法并没有给预算下一个严格的定义。世界各国《宪法》主要是通过对预算范围的规定来对预算进行界定的。预算作为纳税人及其代表控制政府财政收支的主要制度，理应包括全部公共性的财政收支项目，这一点基本为世界各国《宪法》所肯定。例如，《芬兰共和国宪法》（1919 年）第 66 条规定："每一财政年度的全部收支项目应列入年度预算……"第 68 条规定："偿付公债本息及其他应由国家财政负担的支出，以及依照现行条例的规定必须当年支付的支出，应全部列入年度预算。预算还必须包括应急拨款，以备虽未列入预算，但根据法律或者命令必须支付的特殊项目的支出，以及政府为应付无法预见的意外支出的需要。"《葡萄牙共和国宪法》第 108 条规定："国家预算包括：①国家收支项目。②社会保障预算。"《西班牙宪法》（1978 年）第 134 条规定："国家总预算为年度预算，它包括国家公共部门之全部支出和收入；预算中应列出国家税赋之财政收入总额。"

2. 受《宪法》约束的一年期法案

预算法定原则中的"法"实际上是指立法机关通过的具有法律效力的预算案。因此，对于"法"的界定，实际上就是对预算案的界定。与税收法定原则对"法"具有诸多限制一样，预算法定原则对"法"也有诸多限制。这些限制的主要目的是为了真正实现预算的功能，防止政府架空议会，使得预算变成"走过场"，同时也防止议会背离纳税人的整体利益。概括起来，世界各国《宪法》对预算案的要求主要有以下几个方面：

（1）采取法律的形式。预算虽然不是法律，但是，它实际上是议会所通过的最重要的文件之一，在某种程度上，它比某些法律还重要，因此，为了确保预算的严肃性，确保预算的严格执行，世界各国《宪法》均强调采取颁布法律的形式颁布预算，以确保其具有与法律同等的效力。例如，《芬兰共和国宪法》第 66 条规定："年度预算由议会通过后，按照颁布法律的方式予以颁布。"《荷兰王国宪法》（1814 年）第 105 条规定："国家财政收支预算由议会法令制定。"

（2）预算编制权属于政府。虽然议会是纳税人的代表，但议会并不能等同于纳税人。议会也有可能背离纳税人利益，因此，需要另一个代表纳税人利益的主体——政府来制衡议会。在预算法定原则领域，政府牵制议会的重要制度就是预算的编制权属于政府，议会无权自己编制预算、自己批准预算。为了真正贯彻这一制度，《宪法》还需要规定议会无权增加预算数额及其项目，否则，就相当于为议会自己编制预算、自己批准预算留下了一个口子。很多国家的《宪法》规定了这一制度，例如，《大韩民国宪法》第 57 条规定："不经政府同意，国会无权增加政府提出的支出预算各项的金额或设置新费目。"《西班牙宪法》第 134 条第 1 款规定："国家总预算由政府制定，由总议会审议、修订和批准。"第 6 款规定："一切导致增加拨款或减少预算收入的建议或修正案，均须取得政府同意方得研讨。"《阿拉伯叙利亚共和国宪法》（1973 年）第 79 条规定："议会在审议预算时无权增加预算的收入和支出。"

（3）预算案不能成为征税依据。议会通过的预算案虽然也是法律，但它是一种特殊的法律，即对未来财政收支进行预先估计的法律，而其核心目的并不在于对未来的财政收入进行控制，因为是否征税，如何征税应当遵循税收法定原则，这是宪法和税法以及未来年度的经济发展状况所决定的问题。预算案的本质功能在于控制财政支出，因此，预算案本身不能开征新税。预算法定原则做出这一限定，主要有三方面原因：一是由于预算大多由政府提出，议会所进行的审查往往是形式的，如果允许预算案规定税收事项就很容易将税收法定原则搁置和架空；二是由于预算案是对政府将来财政支出的预计与估测，如果预算案可以规定税收事项，政府财政支出就容易膨胀，税收法定就无法制约预算，反而被预算所制约；三是由于预算案基本是每年都要制定，如果预算案可以规定税收事项，那么，税收的固定性和稳定性就难以保证，税收法定也就成了形式上的原则。很多国家的《宪法》明确规定了这一原则，例如《科威特国宪法》第 143 条规定："预算法不得包括规定新税、增加现有税额、修改现行法律或者不颁布《宪法》规定应该颁布一项特别法律的任何条款。"《意大利共和国宪法》第 81 条规定："批准预算的法律，不得规定新的税收和新的支出。"

（4）不得剥夺人民依法享有的权利。预算案虽然是为了控制未来的财政支出，但是，如果某些财政支出是为了确保人民的基本权利，那么，预算案不能停止这些款项的支付。例如，《芬兰共和国宪法》第 70 条规定："人民依法有权向国会索取或领受款项不受预算的限制。"

（5）预算案的效力期限为一年。世界各国一般以一年作为一个财政年度，预算作为对未来年度财政收支的预算，为了确保其准确性以及纳税人代表能够真正控制国家的财政收支，以一个财政年度作为预算案的效力期限是比较合适的。①
世界各国《宪法》均明确规定或者实质上确立了年度财政预算制度，例如，《大
韩民国宪法》第 54 条规定："政府必须编制每会计年度的预算案……"《西班牙
宪法》第 134 条规定："国家总预算为年度预算……"

（6）预算案必须遵循收支平衡原则。预算法定原则除了实现由纳税人控制国
家的财政收支以外，另外一个重要功能是防止国家出现财政危机，为此，《宪法》
应当确立预算收支平衡原则。例如《芬兰共和国宪法》第 68 条规定："预算必须
指出抵偿各项支出的经费来源。"《德意志联邦共和国基本法》（1949 年）第 110
条规定："预算收支必须平衡。"

（7）预算案不得成为非法定支出的依据。预算案所关注的是国家的公共财政
支出，非公共财政支出，必须有相应法律的规定才能进入预算，也就是说，预算
本身并不能成为某项支出的法律依据，例如，《希腊共和国宪法》第 80 条规定：
"除组织法或其他专门法律有规定者外，薪金、津贴、补助费或补偿费均不得列
入国家预算或准许授予。"

（8）预算编制应遵循相关的技术要求。预算的编制是一件非常复杂的事情，
预算案本身也非常庞杂，无论是篇幅还是结构。如果预算不按照一定的技术标准
进行编制，纳税人代表根本无法看懂预算，更不用说审议了。因此，各国《宪
法》和《预算法》一般均规定预算的编制应当遵循明确性原则。当然，在明确的
同时，还应当遵循详细性原则，否则，一个看不出具体的支出项目的框架式的预
算根本无法进行实质性的审议，即使通过了，也无法真正约束政府的财政支出
权。对此，有些国家的《宪法》进行了明确规定，例如，《葡萄牙共和国宪法》
第 108 条第 5 款规定："预算须依照各项基础分类与职能分类详细、明确地说明
开支情况，以防止出现秘密基金和秘密拨款。"另外，有些国家的《宪法》对于
预算的表决方式也进行了规定，目的还是为了确保预算真正起到相应的约束作
用。如《阿拉伯叙利亚共和国宪法》第 75 条规定："预算应逐章进行表决。"第
78 条规定："除非依照法律的规定，不得改变预算各章的编排。"

最后需要提及一点的是，与税收和预算相关的法案一般被称为财政法案，而
在采取两院制的国家，财政法案与其他法案相比往往有特别的立法程序。这里的
特别之处就是，财政法案一般只能由下议院（包括类似下议院设置的其他议院，
如众议院等，下同）提出，而且下议院对财政法案拥有最终的决定权，即上议院

---

① 当然，议会以半年、季或者月为单位审议并通过预算案更有利于议会控制国家的财政支出，但是
从效率原则出发，这种制度设计并不可行。各国议会每年一般只开一次会，预算案以一年为效力期限与此
也有关系。

（包括类似上议院设置的其他议院，如参议院等，下同）对财政法案的修改必须经过下议院同意，即使上议院反对，只要下议院通过了，财政法案照样可以成为法律。这一制度起源于英国，因为英国的上议院是贵族院，并不实际承担税负，而财政法案是与财政收支相关的法案，应当由与此具有直接利害关系的下议院（又称平民院，代表纳税人利益）行使最终的决定权。这一制度在 1911 年的《英国国会法》中予以确立，其第 1 条规定："凡下议院通过之财政案，于闭会一个月前，提交上议院，而该院于一个月内不加修正并未通过者，除下议院另有规定外，应径行呈请国王核准。虽未经上议院通过，仍应认为国会之法令。"在英国的影响下，原英国殖民地的国家大多采取两院制，而且一般也认为财政法案只能由下议院提出。至于上议院是否有修改权，不同国家有不同的规定。印度采取和英国一样的制度，即上议院没有修改权。《印度宪法》（1979 年）第 109 条规定了财政法案的特别程序："第一款　财政法案不得由联邦院提出。第二款　财政法案经人民院通过后，应送联邦院征求意见，联邦院应于接获该法案十四日内将该法案连同其意见，送回人民院，人民院可以接受或拒绝联邦院的全部意见或任一部分意见。第三款　若人民院接受联邦院所提部分意见，则该财政法案应视为共经两院通过，并附有联邦院提出书面为人民院接受之修正案。第四款　若人民院拒绝接受联邦院的全部意见，则该财政法案应视为按人民院通过的条文，不附加联邦院任何修正案而为两院通过。第五款　人民院通过后送交联邦院征求意见的财政法案如未于上述十四日的期限内退还人民院，则该法案应自上述期限届满之日起，视为按人民院通过之条文为两院通过。"美国的上议院即参议院却拥有修改权，原因在于参议院实质上也是纳税人的代表。《美利坚合众国宪法》（1787年）第 1 条第 7 款规定："有关征税的所有法案应在众议院中提出；但参议院得以处理其他法案的方式，以修正案提出建议或表示同意。"

3. 预算外开支由法律确定

预算法定原则中"定"的基本含义是不得在预算之外进行任何开支，也不得变更预算所规定的用途。如《芬兰共和国宪法》第 70 条规定："除预算本身有明文规定者外，列入预算的拨款不得超支，也不得转入下一财政年度，凡议会通过的专项拨款不得挪作他用。"

预算毕竟只是一个预先的估算，很可能与社会发展的客观状况不相符合，因此，预算法定也有诸多例外，其中最主要的包括以下三种情况：超预算、预先开支和预算效力延长。

对于超预算的问题，各国宪法均持谨慎态度，一般需要重新进行一次类似通过预算案的程序进行补充预算的审议。即使如此，对于超预算也有诸多限制，例如《德意志联邦共和国基本法》第 112 条规定："超出预算拨款的支出和预算外支出须经联邦财政部长的同意。只有在不可预见的和不得不需要的情况下才能同意。细则由联邦立法规定。"

关于预先开支的原则，世界各国《宪法》的规定一般有两种方式，第一种方式是必要的支出可以预先进行，所谓必要，主要是指即使预算通过了，也必须进行的支出。如《澳大利亚联邦组织法》第83条规定："联邦国库的款项，不得在法律所定预算之外支出。但在议会第一次会议的一个月内，总督得行政会议同意后，得在国库支取必要的款项，以维持移交于联邦的各部，及拨充议会第一次选举的费用。"《德意志联邦共和国基本法》第111条规定："如果在会计年度终了时，法律还没有确定下年度的预算，联邦政府可以在这种法律开始实施前支付一切必要的费用：①维持法定的机构和实行法律授权的措施。②履行联邦应付的法定的、契约的和条约的义务。③继续进行建筑工程，采办和其他公共设施，或继续为这些目的而拨出补助费，但适当的数额必须在上一年度的预算中已经拨付。"

第二种方式是规定按照上一年度的预算执行必要的支出，如《大韩民国宪法》第54条规定："新会计年度开始但仍未议决预算案时，政府一直到国会议决预算案，为如下目的的经费，可准用前年度的预算来执行。①根据宪法、法律的规定设置的机关或其设施的维持和运营。②法律上履行支出义务。③继续以预算承认的事业。"

关于预算效力的延长，既可以认为是预算法定原则例外的第三种情形，也可以认为是预先开支的一个特殊情形。对于上一年度的预算而言，是效力延长，对于新预算而言，则是预先开支。有些国家的《宪法》明确规定了预算效力延长的制度，如《西班牙宪法》第134条规定："如预算法在有关经济年度第一天之前未被批准，则上一年度预算自动延长，直至新预算通过。"《希腊共和国宪法》第79条规定："如由于议会任期已满，无法批准预算或通过上款规定的专门法律，经内阁要求，得以法令宣布刚结束或行将结束的财政年度预算的有效性延长四个月。"

为了确保预算能够真正得以执行，《宪法》还必须规定一些事后监督制度，这些监督制度包括决算制度以及审计监督制度。决算是与预算相对的一项制度，是对预算年度的真实财政收支状况的统计，正是因为其不可或缺，因此，一般认为，广义的预算制度本身就包含决算制度。世界各国预算制度均包括决算制度，一般也会在《宪法》中予以明确规定，如《德意志联邦共和国基本法》第114条规定："联邦财政部长代表联邦政府，每年向联邦议院和联邦参议院提交上一会计年度全部收支以及财产和债务的账目以便批准。"

审计监督是对整个预算年度财政收支状况的检查和审核，目的是确保各项财政收入和支出都严格依法进行，因此，审计监督是纳税人及其代表控制政府财政收支的重要手段。世界各国《宪法》几乎都规定了严格的审计监督制度，例如，《芬兰共和国宪法》第 71 条规定："设立审计署负责审核国库的账目和资产负债表，包括账目的数字是否正确，收支是否合法，以及是否符合预算的规定等。议会应于每届常会开会时任命五名国家审计委员，代表议会监督预算的执行，并审核财政状况及其管理。国家审计委员接受议会的指示，有权要求有关当局提供任何必要的资料和文件。"

广大纳税人是监督政府财政收支是否合法的最权威的主体，也是成本最小的主体，因此，预算法定原则应当充分动员广大纳税人进行预算监督。为了实现这一目的，对于政府的财政收支报告和账目进行公开是前提性的条件。例如《美利坚合众国宪法》第 1 条第 9 款规定："一切公款收支的报告和账目，应经常公布。"

二、财政立宪主体性要素

从主体的角度而言，财政立宪体现为三方主体之间的相互关系及其制度设计。财政立宪所解决的根本问题是如何有效为纳税人提供公共物品。公共物品为所有纳税人所必需，但是单个的纳税人往往没有能力提供公共物品，市场机制又不能提供足量的公共物品，因此，提供公共物品的重担就落到公共权力机构——政府的身上。政府作为一个为纳税人提供公共物品的机构，为了使其能够真正履行提供公共物品的职责，必须赋予其一定的权利和权力，而一旦拥有权利和权力，政府往往变成一个压迫和剥削纳税人的主体，即产生了政府定位及其职责的"异化"。[①] 为了控制政府的异化，就需要设计一种制度来确保政府一方面不会任意向纳税人征税，另一方面能够按照有利于纳税人的原则来提供公共物品。这种制度就是财政立宪，或者称为财政宪法。

由此可见，在财政立宪的制度设计中，基本主体是三个：纳税人、议会和政府。纳税人是财政立宪制度所保护的核心，是财政立宪制度的出发点和归宿。议会是纳税人的代表机关，代表纳税人行使对政府的控制权。政府是财政立宪所控制的对象，同时也是在一定程度上代表纳税人制衡议会的主体。

（一）纳税人

纳税人在不同层面的含义是不同的，在税法层面，纳税人就是具体承担纳税义务的人。在不实行个人所得税以及个人所得税纳税人数量较少的国家，纳税人

---

① 恩格斯在 1891 年就提出了工人阶级要防止自己的"国家和国家机关由社会公仆变为社会主人"的问题。《马克思恩格斯选集》第 2 卷，人民出版社 1972 年版，第 335 页。

的总数量是比较少的。很多公民因其没有直接负担纳税义务而被排除在纳税人的范围之外。但是在财政立宪的层面,纳税人实际上指的是广义的与政府相对的承担税收负担的群体。就一国政府所辖的全体国民而言,单独就某个个人来考察,可能并没有实际承担纳税义务,例如,刚出生的婴儿、一辈子都依靠社会救助生存的残疾人等,他们可能并没有给这个社会做过一分钱的贡献,① 因此,可能不属于纳税人的范畴,但是就国民整体而言,他们就是纳税人,就是政府所应当为之提供公共物品的对象。就公共物品的本质而言,它本身就不应当区分国民中哪些人纳税了,哪些人没有纳税,而是应当就国民整体征税,为国民整体提供公共物品。

纳税人在财政立宪中的地位可以概括为一句话:纳税人是财政立宪制度所保护的核心,是财政立宪制度的出发点和归宿。财政立宪制度是为了解决给纳税人提供公共物品的难题而设计出来的。② 无疑,纳税人是核心。由于在这一制度中,纳税人将诸多权力授予了政府,纳税人本身反而成为"弱者",成为需要保护的群体。就历史考察而言,财政立宪一直就是纳税人与君主及其政府不断进行斗争的胜利品,因此,纳税人是财政立宪制度"保护"的核心。财政立宪制度以纳税人的利益和需要为出发点,其本身是否完善,是否实现了其存在的价值,应当以其是否维护了纳税人的利益,是否满足了纳税人的需要为标准,因此,纳税人是财政立宪制度的出发点和归宿。

在财政立宪制度中,纳税人主要通过选举议会代表以及国家元首的方式来间接影响政府的财政收入和财政支出,通过舆论、新闻媒体、利益集团也可以对政府的财政收入和财政支出施加影响。但是,总体来讲,纳税人的这种影响或者说对于财政收入和财政支出的决定权都是间接的,无论是个体的纳税人,还是纳税人整体一般都不具有直接决定政府财政收入和财政支出的权力。

为了使纳税人能够真正控制政府的财政收支,公开政府财政收支状况是一个基本前提。"阳光是最好的防腐剂",公开是最佳的监督手段。

不同的纳税人群体对于政府财政收支的态度并不完全一致,由于富人承担较重的纳税义务,而穷人往往享受较多的政府补贴,因此,富人往往倾向于降低税

---

① 这里用了"可能",是指在某些人看来可能没有做过任何贡献,但事实并非如此。他们的存在本身就代表了这个社会是一个尊老爱幼,充满温暖的大家庭,就像情人节送给情人的玫瑰花一样,就使用价值而言,并没有什么价值,或者几乎没有什么价值,但是其所蕴含的东西很有价值,而且越多越代表"爱"之深,因此,才有人愿意送九十九朵玫瑰。

② 这里用了"设计"一词,但并不表明财政立宪制度是人为设计的制度,它既有人为设计的成分,也有社会自然演化的成分,如果运用一点拟人化的手法,自然演化也可以说成大自然设计的产物。这里的设计包含人为设计和大自然设计两个意思。

率，减少社会保障方面的财政支出，而穷人则倾向于提高税率，增加社会保障开支。同样一个征税法案或者预算法案，可能会遭到一部分纳税人的反对和一部分纳税人的支持。但是财政立宪制度提供了一些基本的原则和制度，这些原则和制度确保了虽然不同群体的纳税人之间存在利益和观点上的差异，但不至于侵犯任何群体的基本权利。例如，税率不能太高，否则就侵犯了富人的财产权，对于基本的生存资料不能征税，否则就侵犯了穷人的生存权。财政立宪对于税收立法和预算法案的通过所设计的一系列制度也保证了不同群体的纳税人必须通过协商、妥协而得到一个令大多数人满意的结果而且不至于损害少数人的利益。

（二）议会

议会在财政立宪中扮演着非常重要的角色，它代表着纳税人对政府的财政收支行为进行控制。财政立宪从表面来看，就是议会对政府的财政控制，政府的财政收支大权都掌握在议会的手中。议会在财政立宪中是以控制者的身份出现的。

议会的基本职能是立法，因此，其控制政府财政权也是通过立法的形式来实现的。议会对于政府财政收入权的控制主要是通过税收立法来实现的，而对政府财政支出权的控制主要是通过审议预算来实现的。财政立宪的两大支柱：税收法定原则与预算法定原则所强调的就是税收和预算都应当由议会来决定。

议会权力的来源是纳税人，议会行为的合法性基础也是纳税人。议会所行使的一切权力都只不过是在代表纳税人来行使本来应当属于纳税人的权力。议会的行为必须在整体上代表纳税人的利益，否则，纳税人就可以通过选举权的行使来更换议会中的代表，直到议会代表纳税人的利益为止。

由于议会在《宪法》和法律中都是一个独立的主体，其所行使的权力在法律上也被视为它本身所享有的权力，因此，议会也有可能背离纳税人的整体利益。为了防止议会通过损害纳税人利益的法律，财政立宪也设计了一些制度来约束议会，例如，《宪法》直接规定税法的一些基本原则和基本制度、将预算的编制权授予政府以及议会立法不得侵犯纳税人基本权等。[①]

（三）政府

政府在财政立宪制度中是一个被控制的对象。政府首先被假定为一个非常有可能任意剥夺纳税人的财产权、任意挥霍浪费国家财政收入的主体。之所以如此，是因为政府是作为历史上国王的代表和执行者而出现的，政府的行为就是国

---

① 人们普遍认为，最有效的法治意味着不仅行政机构的权力，而且立法机构的权力，都要受到《宪法》和法律的限制。参见［英］W. 詹宁斯：《法与宪法》，龚祥瑞等译，三联书店1997年版，第42页。

王的行为，而国王往往会做出任意剥夺纳税人的财产权、任意挥霍浪费国家财政收入的行为。现代社会中的政府虽然已经不是国王的代表和执行者，而变成了纳税人的政府以及纳税人的"仆人"，但是由于政府手中握有巨大的权力，而"一切有权力的人都容易滥用权力，这是万古不易的一条经验。有权力的人们使用权力一直到遇有界限的地方才休止"。① 在现代宪政制度的设计中，政府往往被认为是最危险的部门。因此，政府仍然被作为财政立宪所控制的对象。②

财政立宪控制政府财政收支权的主要手段就是税收法定原则和预算法定原则，没有法律依据政府不能征税、不能开支。而法律是代表纳税人的议会所制定的，这样，政府的财政收支大权就牢牢掌握在议会的手中了，同时也就间接掌握在了纳税人手中。

政府并不总是纳税人的对立面，政府的基本职能是为纳税人提供公共物品，政府的主要领导人是纳税人直接或者间接选举产生的，因此，在宪政制度约束下，政府在整体上也是代表纳税人利益的。现代财政立宪制度在控制政府的同时，也是对政府财政收支行为的一种保障，因为政府征税和进行财政支出都有了法律甚至是宪法的依据，纳税人必须服从。同时，现代财政立宪制度也赋予了政府一些自由裁量权以及监督和制衡议会的权力。例如，在政府预算案被议会否决的情况下，政府可以解散议会，重新选举，以求广大纳税人的支持，另外，无论是征税还是财政支出，主动权都在政府，议会不能主动征税，也不能主动进行财政支出。

三、财政立宪环境性要素

财政立宪作为一种制度，必须有一定的环境才能继续存在并保持良好的运作。财政立宪所赖以存在的外部条件就是其环境要素。从经济方面来讲，税收必须在国家的财政收入中占据主导地位，财政立宪才有实现与存在的必要性与可能性。从政治方面来讲，民主、宪政必须成为国家基本的政治制度，财政立宪才有实现与存在的基础。从文化传统方面来讲，税收文化、民主文化、宪政文化和法治文化传统必须成为占据主导地位的文化氛围，财政立宪才能扎根于社会文化的

---

① ［法］孟德斯鸠：《论法的精神》（上），张雁深译，商务印书馆1961年版，第154页。

② "政府所拥有的一切权力，既然只是为社会谋福利，因而不应该是专断的和凭一时高兴的，而是应该根据既定的和公布的法律来行使；这样，一方面使人民可以知道他们的责任并在法律范围内得到安全和保障，另一方面，也是统治者被限制在他们的适当范围之内，不致为他们所拥有的权力所诱惑，利用它们本来不熟悉的或不愿承认的手段来行使权力，以达到上述目的。"（［英］洛克：《政府论》（下篇），叶启芳等译，商务印书馆1964年版，第86页）

土壤之中。

（一）税收国家

在财政学上，一般把税收收入占国家财政收入一半以上的国家称为税收国家。① 财政立宪的核心是税收立宪，它们都是以税收的存在及其在整个国家财政中占据主导地位为前提的。税收国家还有两个相对应的称谓：夜警国家与无产国家。税收国家是随着产业资本主义制度的确立而逐渐形成的。产业资本主义制度下的经济是自由主义的社会经济。这一时代占据主导地位的财政思想是亚当·斯密的自由主义思想。国家不干预经济，只是负担国防、维持治安以及其他基本的公共事业任务，这时的国家被形象地称为"夜警国家"。国家在原则上拒绝自己拥有财产、资本并取得收入。因为把财产以及资本放在私人手中，委托私人对财富进行经营管理更为有利。这样，国家就应该是无产国家，越是廉价的国家，越是理想的国家。总之，这个时代的国家对于市场经济不过是寄食性存在的，这种寄食办法，除了依靠税收手段获得财政收入外，别无他法。②

税收的前提是纳税人私人财产权，税收的本质是国家无偿地从纳税人手中取走财产作为满足公共需要的对价。这样就产生了需要财政立宪来解决的核心问题：如何确保国家合理地从纳税人手中取走财产并按照纳税人的意志来支配这些财产。

如果没有税收国家的存在，财政立宪是没有必要的，既不可能产生，也不可能存在。③ 税收国家的两大核心要素是：私人财产权的确立以及税收在财政收入中占据主导地位。就第一个要素而言，如果不存在私人财产权，一切生产资料都属于国家，人们不过是在为国家打工，人们除了能够获得工资以外，没有任何属于自己的东西，一切利润都属于国家。在这种制度下，根本不需要税收，即使存在税收，一方面也仅仅是在非常有限的意义上调节着人们的收入，另一方面，这里的税收不过是一种个人、企业与国家之间对利润进行分配的手段，而不是我们通常意义上的无偿取得纳税人财产的税收。既然一切生产资料都是属于国家的，那么，国家当然有权决定征收多少"利润"（表面上可能采取税收的形式），以及如何支配这些利润。④ 人们是否有发言权，那要看这个国家所代表的是谁的利

---

① ［日］北野弘久：《税法学原论》（第4版），陈刚等译，中国检察出版社2001年版，第2页。
② ［日］井手文雄：《日本现代财政学》，陈秉良译，中国财经经济出版社1990年版，第49~50页。
③ 这句论述似乎存在矛盾，既然连"产生"都不可能，何来"存在"？其实不然，这里所强调的是，没有税收国家的前提条件，财政立宪制度不可能自发产生，即使人为引进这一制度，也不可能真正运作下去，也就是不能"存在"。
④ 直至今天，人们还是习惯于将国有企业上缴的税收和利润混在一起，称为"利税"。

益，如果代表的是广大人民的利益，人民对于国家如何征收利润，如何分配利润就拥有发言权，但这里的发言权的基础绝对不是因为人民是纳税人，而是因为国家是人民的。如果这个国家所代表的是个别人或者少数人的利益，那么，人民就没有任何发言权了。在第一种情况下，国家是人民的，没有必要运用财政立宪制度来控制国家；① 在第二种情况下，既然财产是国家的，而国家又不属于人民，人民根本没有权力对国家的收入和支出指手画脚，财政立宪制度也就无从建立。

就第二个要素而言，如果国家的主要财政收入不是税收，而是国家所拥有的财产。虽然纳税人对于税收部分有发言权，但是要想对国家的整个财政收入和支出进行控制，一方面难度比较大，另一方面，也不能仅仅靠纳税人的身份来控制国家的其他财政收支，而必须引入其他身份，例如公民身份，或者国家本身就是属于人民的，例如人民民主专政国家。

（二）民主宪政

财政立宪是民主宪政制度下的一个具体制度，离开了民主宪政的大环境，财政立宪制度不可能单独存在。

从历史发展的角度来看，财政立宪，特别是其中的税收法定原则是近代民主、宪政制度的开端，从税收法定原则的确立到其他一系列民主、宪政原则的逐步确立，最终才演化成了现代的民主宪政制度。而民主宪政制度的最终确立反过来又促使了预算法定原则的确立，并最终实现了财政立宪。

财政立宪的实质是让纳税人来控制国家的财政收支，也就是在财政领域实现民主。如果国家的基本政治制度没有实现民主，那么，在国家政治生活的核心领域——财政领域根本不可能实现民主化，即使表面上采取了一些与民主国家相同或者类似的制度，这些制度也不可能如同在民主国家那样真正发挥作用。至于什么是民主，恐怕不是本书所能解决的问题，但从财政立宪所体现的民主精神来看，民主的实质并不深奥，无非就是让生活在社会中的每一个人都能有机会来影响社会的基本制度和基本生活，或者说就是让每个人来决定涉及自己利益的重要事项。② 民主的深奥和复杂在于具体的制度设计，即如何设计一套制度来确保实现民主的实质，这是困扰世界各国的难题。

财政立宪所依赖的基本制度设计是宪政，财政立宪实质就是财政领域的宪政

---

① 即使需要控制国家，也可能是其他的制度，而不会是财政立宪制度。

② "代议制政府就是，全体人民或者一大部分人民通过由他们定期选出的代表行使最后的控制权，这种权力在每一种政体中都必定存在于某一个地方，他们必须完全握有这个最后的权力。无论什么时候只要他们高兴，他们就是支配政府一切行动的主人。"（［英］密尔：《代议制政府》，汪瑄译，商务印书馆1982年版，第68页）

制度。如果没有一个宪政的背景，单独一个财政领域是无法实现宪政的，即使具有了某些宪政制度下财政立宪的具体制度，那也不是真正的财政立宪，只能是一些有形式而无实质的制度。至于什么是宪政，恐怕也不是本书所能解决的问题，但是从财政立宪所体现的宪政精神来看，宪政的实质也不深奥，无非就是通过一个具有最高效力的规则来控制政府权力、保护人民权利，或者说，就是确保政府为人民服务的一套制度设计。宪政的难题也在于落实，设计一套《宪法》规则容易，真正实现宪政所欲达到的目的却并不容易，有《宪法》而无宪政的国家从古至今都不在少数。

（三）纳税人意识

财政立宪所保护的是每一个纳税人的利益，财政立宪的实现和运作也需要每一个纳税人的积极参与，因此，整个社会的文化氛围以及纳税人本身的素质对于实现财政立宪也是至关重要的。由于整个社会的文化氛围是通过每一个纳税人的行为体现出来的，而一个人的行为又是由其主观意志所控制的，因此，本书将社会的文化氛围以及纳税人的素质概括为纳税人意识，可能不一定全面，但基本概括了其核心部分。

财政立宪并不是一个简单的制度设计问题，它是整个社会参与的系统工程，它的形成往往需要经过一个漫长的过程，在这个过程中，民主、宪政、法治的文化氛围与传统是至关重要的，这些文化氛围与传统最终都可以通过纳税人意识体现出来。这里所谓的纳税人意识并不是指纳税人的意识，而是指社会中的每一个人对于"纳税人"这样一个概念的认识。财政立宪制度下的纳税人概念首先蕴含了一种民主的含义，即国家是为纳税人而存在的，是为了给纳税人提供公共物品而存在的，因此，国家应当为纳税人服务，纳税人是国家的主人，国家的一切重要事项都应当由纳税人决定。其次，纳税人概念蕴含了一种宪政的含义，纳税人所承担的纳税义务是由法律明确规定的，其最终依据是《宪法》，纳税人对政府财政收支的控制权也是以《宪法》作为最终依据的，宪政的精神实质——控制政府权力、保护纳税人权利已经在社会生活中扎根。再次，纳税人概念蕴含了一种法治的含义，纳税人的基本权利和义务、国家的基本权利和义务都是通过宪政制度下的法律具体确定的，法律成为统治整个社会的基本行为规则，法律的原则和制度能够具体落实到现实生活中，法律能够为每一个人所尊敬甚至崇拜。

如果社会中的每一个人或者绝大多数人都树立了这种纳税人意识，那么，财政立宪制度就很容易在这个社会得以实现。社会中的每一个人都会积极参与到财政立宪制度的运作过程中，分别在自己的岗位上发挥应有的作用。一旦有人背离这一制度，整个社会都会反对和谴责这种行为，相应的财政立宪制度也很容易惩罚背离这一制度的人和行为。如果社会中的人普遍缺乏这种纳税人意识，或者所拥有的纳税人意识是片面、残缺的，那么，这个社会很难自发地建立财政立宪制度，即使从外面引入了财政立宪制度，这一制度也难以在这个社会中生根发芽，最终可能沦为一种摆设。

第七章 财政立宪的基本路径

财政立宪之所以能够按照某种特定的方式实现，其背后必然有某种因素起着重要的推动作用，这种因素在推动财政立宪实现的过程中必然采取了某种特定的方式、策略和途径，对于这些方式、策略和途径加以概括和抽象就得到了财政立宪的基本路径。研究财政立宪的基本路径实质是研究财政立宪的基本要素在一定的时空环境下，在政治、经济、文化等条件的综合作用下具备了哪些基本的功能，这些基本的要素又是采取什么方式、策略和途径（即财政立宪的基本模式）将财政立宪从理论变为现实的。前面我们已经研究了财政立宪的基本要素，财政立宪的经济、政治和文化基础，本章重点研究财政立宪基本要素的功能、构造以及财政立宪实现的基本模式。

一、财政立宪基本要素的功能

财政立宪具备制度性、主体性和环境性三方面的要素，每种要素既然能够成为要素，其自身必然具备某些基本的功能，三种要素之间的结构和联系也具有不可忽视的功能，这些功能结合在一起，就能构筑起一个完整的财政立宪制度。

（一）财政立宪制度性要素的功能

财政立宪制度性要素的基本功能是构建财政立宪的制度性框架。财政立宪从静态的角度体现为一系列的制度，这些制度就是由财政立宪的制度性要素所构成的。

1. 税收法定原则的功能

税收法定原则在财政立宪中的作用是构筑财政立宪的第一个支柱：财政收入法定，由议会来控制政府的财政收入，最终实现由纳税人控制国家财政收入的目的。

税收法定原则是财政立宪的启动性要素，它是财政立宪所必须确立的第一个制度性要素，没有这样一个要素，就不可能确立财政立宪制度。从历史发展来看，正是税收法定原则的起源、发展和确立才揭开了财政立宪的历程，同时也揭开了近代民主、宪政的历程。从财政立宪两大制度性要素的关系来看，税收法定原则具有先导性和基础性，只有首先确立了税收法定原则，才有可能实现预算法定原则，无论从理论推导还是实践发展来看，都是如此。

税收法定原则是实现由议会控制政府财政收入并最终实现由纳税人控制国家财政收入目的的基本制度。这一制度通过税收要素法定、税收要素明确和征税程序合法三项具体原则以及通过对"税收"、"法"和"定"三个基本要素的界定，确保了征收的开征、减免和废除牢牢掌握在议会的手中，而且议会的权力本身也是受到其他宪法原则以及法律原则限定的，例如，不能将法定事项授权行政机关，不能侵犯纳税人的基本人权，不能通过违反税收公平、社会正义以及其他基本原则的税法，不能通过违反宪法规定的基本税收制度的税法等，这些限制确保了议会始终代表纳税人的利益，即使在议会偶尔偏离纳税人利益的时候，也不至于通过侵犯纳税人基本权的税法，纳税人仍然可以在下一轮选举中通过选出真正代表自己利益的议员来修改那些并不代表自己利益的税法。

2. 预算法定原则的功能

预算法定原则在财政立宪中的作用是构筑财政立宪的第二个支柱：财政支出法定，由议会来控制政府的财政支出，最终实现由纳税人控制国家财政支出的目的。

预算法定原则是财政立宪的完成性要素，它是财政立宪所必须确立的第二个制度性要素，没有这样一个要素，也不可能确立财政立宪制度。从历史发展的角度来看，预算法定原则是在税收法定原则确立以后，在民主、宪政制度基本形成以后所确立的，它的意义在于完成议会对财政收支整个过程的控制，实现纳税人对国家财政收支整个过程的控制。在民主、宪政制度下，在税收国家中，纳税人对国家的财政收支应该享有最终的决定权，只有税收法定原则，并不能实现这一目标，只有同时确立预算法定原则，才能真正实现这一目的，才能完成财政立宪的整个过程。

从财政立宪两大制度性要素的关系来看，预算法定原则具有延伸性和扩充性。税收法定原则的主要功能在于控制政府的财政收入，虽然有可能在征税法案中规定用途，但征税法案本身无法控制这些财政收入的用途，而预算法定原则实现了这一目标，延伸了税收法定原则作用的范围和领域。同时，预算是对整个财政收入和支出的预先估算，在一定程度上对财政收入也有一定的控制作用，特别是对税收法定原则无法覆盖的非税收收入具有较强的控制力，因此，预算法定原则也具有一种扩充性。但预算法定原则无法代替税收法定原则，因为它无法开征新税，也没有创造其他财政收入的功能，对于财政收入而言，它仅具有预先估计收入并根据收入的多少来规划支出的作用，既无法增加收入，也不能减少收入。

预算法定原则的实现使得议会并最终使得纳税人完全控制了国家的财政收入和财政支出。与税收法定原则相比，预算法定原则在现代社会具有更加现实的意义。因为税法一旦通过往往就是持续生效的，即只要没有被修改和废除，该税法就是一直生效的。议会并没有机会经常对税法进行修改，纳税人也没有机会经常就税法问题展开讨论并对国家立法发挥影响。但预算是一年一度的，议会每年都有机会对国家的整个财政收支状况进行一次全面的审查，同时，纳税人也就有了一次针对预算案进行讨论并对议会和政府施加影响以体现自己意志的机会。预算法定原则拉近了纳税人与国家财政收支的距离，对于培养和提高纳税人意识、确保财政立宪良性运行具有更加直接的作用和意义。

（二）财政立宪主体性要素的功能

财政立宪主体性要素的基本功能是构建财政立宪的动态运行框架，即作为财政立宪的基本主体，通过自身的活动及其相互关系推动财政立宪的整个运行过程。财政立宪从动态角度体现为一系列的活动与运动过程，而这些则是由财政立宪的主体性要素来完成的。

1. 纳税人

纳税人在财政立宪中的基本功能是推动财政立宪制度的建立及其良性运行。财政立宪从根本上来讲是为纳税人存在的，是为了满足纳税人的基本需要：适量从纳税人身上征税，合理为纳税人利益开支。纳税人具有最大的积极性来建立财政立宪制度，并确保这一制度良性运行。从根本上来讲，财政立宪的一切制度性设计及其运作过程都是纳税人智慧的产物，没有纳税人的利益需要及由此带来的积极行动，是不可能产生财政立宪制度，也不可能逐渐完善并在全球普遍建立的。

从纳税人与议会的关系来讲，议会是纳税人"设计"出来代表自己利益的一个机构，这一机构一方面能够最大限度地代表纳税人利益，另一方面能够像"一个人"那样形成统一意志，做出决定并采取相应行动。议会的合法性源泉和力量源泉是纳税人，正是由于纳税人的支持，才导致议会站在推动建立财政立宪制度以及确保财政立宪制度良性运行的第一线。表面看来是议会在斗争，是议会取得了胜利，实质上是纳税人在斗争，是纳税人取得了胜利。

从纳税人与政府的关系来讲，政府曾经是纳税人的对立物，正是纳税人与政府及其背后所代表的君主或其他统治者的斗争才最终导致了财政立宪制度的建立。在民主、宪政制度建立以后，政府实际上也是纳税人"设计"的一个执行纳税人意志、为纳税人提供公共物品的机构，因其掌握巨大权力，容易背离纳税人建立政府的初衷，必须运用适当的制度予以控制，财政立宪制度就是纳税人设计出来控制政府，防止其背离纳税人建立政府初衷的重要制度。

2. 议会

从财政立宪制度设计及其实际运作的表面来看，议会是积极的推动者和控制者。财政立宪制度之所以会产生，主要是议会不懈斗争的结果。在财政立宪制度建立以后，议会也是推动财政立宪制度运行所不可或缺的重要力量。

如果把财政立宪制度比喻为一辆汽车的话，议会就是一架发动机和方向盘。[①] 汽车运转靠发动机来推动，靠方向盘来控制方向。财政立宪的两大基本制度：税收法定原则和预算法定原则，实质就是指税收和预算由议会来确定。没有议会就没有税收、没有预算，显然也就不会有财政立宪制度的存在和运行。

议会在产生之初，曾经是部分纳税人的代表，而且是实质上并不承受税负的纳税人的代表，但是随着议会的代表性越来越广泛，最终发展成为广大纳税人的真正代表，而这时也正是税收法定原则确立的时期。议会是集中和反映纳税人意志最主要的场所，有了议会的存在，纳税人才能形成自己的意志并通过立法的形式表现出来。

在议会与政府的关系中，议会以控制者的身份出现。政府的一切重大决策都必须经过议会同意或者依据议会制定的法律。议会是否能够真正担当起控制者的重任，往往决定了财政立宪制度能否得以运转以及运转的基本状况如何。

议会在财政立宪环境要素的形成中也扮演了重要角色。税收国家的形成并不仅仅是一种经济现象和经济发展的结果，它首先是一种政治现象，它的存在是以国家的基本制度中确立私有产权为基础的。[②] 而私有产权的确立往往是通过议会所制定的法律来实现的。民主宪政制度的形成更是离不开议会，在某种意义上，议会就是民主宪政的代表和标志。对纳税人意识的形成，议会也是一个非常关键的主体，议会与纳税人之间的关系，议会在整个社会中所扮演的角色及其所起的作用是培养纳税人意识的重要因素。在一定程度上，议会在社会中的作用与社会主体纳税人意识的强弱是成正比的。

3. 政府

政府在财政立宪中是以被控制者的身份出现的，如果说财政立宪在产生之初主要目的是控制君主，那么，在进入近代民主宪政国家以后，财政立宪的主要控制目标就是政府了。

政府存在的必要性已经无须赘述，但政府也是一个非常危险的主体，如果不加控制，政府很可能就会像脱缰的野马，不仅不会让主人走得更快，还有可能伤

---

① 与此相对应，可以把纳税人比喻为汽油，把政府比喻为汽车的其他部件。

② 当然，它并不反对国家中存在国有产权，但是必须有私有产权。

害主人。由此，才有诸如财政立宪制度建立的必要。因此，政府在财政立宪中的功能主要是一个被动的角色，即正因为有政府的存在，才需要财政立宪，否则，财政立宪就没有存在的必要。

当然，政府的功能也并非完全是被动的，因为现代社会中的政府与议会一样都是代表纳税人利益的机构，同样是为纳税人服务的。因此，现代政府在财政立宪中也具有了积极的功能。首先，政府是财政立宪制度运作的启动者，征税法案、预算案都是由政府制定和提出的，原则上，议会不能主动提出征税法案和预算案，作为单个的或者少数纳税人往往也不能提出征税法案和预算案。其次，政府是财政立宪制度运行状况的实际执行者和体现者，财政立宪制度是否有效，效果到底如何，归根结底是看政府的整个财政收支行为的状况，如果政府的财政行为严格依法进行、始终将纳税人利益放在第一位，那么，财政立宪制度就是成功的，否则就是失败的。

（三）财政立宪环境性要素的功能

财政立宪环境性要素的基本功能在于为财政立宪的存在与运作提供基本的外部条件。没有这些环境性要素的存在，财政立宪不可能存在，也不可能运行。

1. 税收国家

税收国家为财政立宪提供了基本的经济环境，只有在这样一个经济环境下，税收才能成为纳税人的主要经济负担，成为纳税人向国家支付公共物品"对价"的主要形式。[①] 也只有如此，纳税人才有积极性去争取和"设计"一个财政立宪的制度来控制政府，确保政府能够适当从纳税人身上征税，合理为纳税人利益用税。

税收国家从某种意义上也为民主宪政和纳税人意识的产生和形成提供了基本的经济环境。正是税收国家的形成才最终促使了议会在国家政治结构中的地位越来越重要并最终成为最高立法机关，由此揭开了近代民主宪政国家的序幕。同时，只有在税收国家中，才有纳税人意识生存的环境，才有可能产生并逐渐培养国民的纳税人意识。

税收国家在一定意义上促成了近代纳税人、议会和政府的产生。只有在税收国家的环境下，纳税人才是一个非常重要的身份，也才是一个人人都非常有可能

①　"对价"（consideration）原本是英美合同法上的效力原则，其本意是"为换取另一个人做某事的允诺，某人付出的不一定是金钱的代价"，合同无对价无效。从法律关系看，对价是一种等价有偿的允诺关系，某人允诺是为了换取另外一个人对允诺的承诺。参见韩志红：《经济法调整机制研究》，中国检察出版社 2005 年版，第 47 页。

成为的身份。如果没有税收国家，社会生活中的基本主体可能就是臣民、国民、农民、工人、老百姓等一系列身份，但不会是或者大多数人不会是纳税人。没有纳税人，议会就不是纳税人的代表，可能是国民代表、公民代表、农民代表、工人代表或资本家代表。同样，政府也不会是为纳税人服务的，而是为国民、农民、工人、资本家或者老百姓服务的。纳税人、议会与政府的三方结构及其相互关系也就不会是以税收作为联结纽带。议会代表纳税人或者政府为纳税人服务的理论基础也就不会是与税收相关的理论与学说。

税收国家也为财政立宪制度性要素的形成提供了前提条件。无论是税收法定原则，还是预算法定原则，它们所针对的都是税收，或者主要是税收。而税收大量存在并且成为占据重要地位的事物只有在税收国家中才能实现。因此，没有税收国家，也就不会有税收法定原则和预算法定原则的产生，即使作为一种制度规定了下来，实际上也无法真正存在或者发挥作用。

2. 民主宪政

民主宪政为财政立宪的存在与运作提供了一个基本的制度性框架。从制度的角度来看，财政立宪是民主宪政的组成部分之一，只有存在民主宪政制度，财政立宪才有可能存在，否则，整个国家不可能只在财政领域实现民主宪政，而在其他领域没有实现，这样的财政立宪是无法运作的，也是不可能真正发挥作用的，极有可能流于形式。

民主宪政虽然是与税收法定原则同时起源，同时发展的，但是民主宪政的确立对于税收法定原则的最终确立及其良性运作起到了决定性的作用。对于预算法定原则而言，民主宪政则是其前提条件，没有民主宪政制度的建立，预算法定原则根本无法确立。

民主宪政为纳税人、议会以及政府的位置和功能奠定了基础。没有民主宪政制度的建立，纳税人不可能成为国家的主人，代表纳税人利益的议会不可能存在，即使存在议会，那也不会是纳税人的代言人，而很可能是独裁者的附庸与点缀。政府更不可能是为纳税人服务的，纳税人只能是政府压迫和剥削的对象，根本不可能成为控制政府的主人。

民主宪政虽然不是税收国家产生的前提，但是它对税收国家的良性发展具有重要作用。民主宪政制度下的税收国家更容易形成一种和谐的纳税人与国家关系，更容易防止税收国家陷入财政危机之中。民主宪政对于纳税人意识的形成同样具有重要作用，当然，这一作用的发挥应当以税收国家的存在为前提。民主宪政思想是纳税人意识的一个组成部分，现实生活中民主宪政制度的存在及其良性运作是培养纳税人意识的最好教材。

3. 纳税人意识

纳税人意识的基本功能是形成财政立宪产生与运行的主观意识与主观动力。最初推动税收法定原则建立的人大都是具备纳税人意识的人，而维护税收法定原则并确保这一原则得以顺利运行更需要成千上万具有浓厚纳税人意识的人。具备纳税人意识的人在主观上就有进行财政立宪的需要，也具备积极投身于财政立宪制度建立和完善的运动中的主观动力。

纳税人意识在很大程度上决定了纳税人的行为，缺少纳税人意识的人在现代社会不可能成为一个合格的纳税人。没有纳税人意识的支撑，纳税人、议会、政府的三方关系就不可能搭建起来，纳税人没有动力，也没有能力通过议会来控制政府的财政收支活动。

纳税人意识推动了税收法定原则的确立，也在预算法定原则确立的过程中发挥了重要作用。纳税人意识与税收国家虽然没有直接的因果关系，但是二者也是互相促进的。在税收国家没有建立之前，其实已经在某些社会主体的头脑中产生了纳税人意识，正是这些微弱的纳税人意识才推动了税收法定原则的产生，同时也促使税收国家的形成。在税收国家形成以后，纳税人意识则为税收国家的良性运行提供了重要保证。纳税人意识也是民主宪政制度以及税收国家中合格公民所必须具备的素质，因为只有具备了纳税人意识才能真正理解和领悟民主宪政国家存在的根基，才能积极参与到民主宪政国家的建设过程中。

二、财政立宪基本要素的构造

财政立宪的各要素之间不是互相孤立的，而是以某种联系结合在一起的，这种各要素之间的联系及其结合方式就是财政立宪基本要素的构造。就单个税收要素来看，其作用与功能可能是有限的，但是如果在各要素之间建立某种联系并形成一种特定的结构，那么，财政立宪的各要素就有可能产生出单个要素所不具有的功能与作用。

（一）财政立宪制度性要素之间的构造

税收法定原则和预算法定原则具有一种协调合作，相互补充、相互制约，平面与立体相结合，静态与动态相结合的构造关系。

税收法定原则主管财政收入领域，预算法定原则主管财政支出领域，二者只有结合在一起才能构成一个完整的控制财政收支活动的体系。缺少任何一个原则都无法实现财政立宪的整个过程。因此，二者之间是一种协调合作的关系。

税收法定原则的基本功能是确保国家适当征税，这里的"适当"既包括需要征得纳税人同意以及符合纳税人实际需要的含义，也包括符合经济发展客观现实的含义，税收法定原则容易实现征得纳税人同意以及符合纳税人实际需要的目标，但是很难实现符合经济发展客观现实的目的，而预算法定原则可以弥补税收法定原则的这一不足，它可以通过预先的科学规划保证征税的数量符合客观经济发展现实的目的，由此可见，税收法定原则功能的充分发挥需要预算法定原则来补充。同样，预算法定原则功能的充分发挥也需要税收法定原则来补充，预算所遵循的一个基本原则是收支平衡原则（财政稳健原则），而收支平衡的基础在于"以收定支"，而收入有多少在很大程度上是由税收法定原则来决定的。① 因此，税收法定原则与预算法定原则之间具有一种互补关系。同时，这种互补关系也就是一种互相制约的关系。没有另一方功能的充分发挥，任何一方的功能都无法充分发挥。例如，没有预算法定原则所确立的预算案，税收法定原则往往难以决定是否征税以及征多少税，而没有税收法定原则所确立的基本税收制度，预算法定原则也难以决定可以获得多少财政收入，应当安排多少财政支出。

从静态的单一过程来讲，应该先由税收法定原则决定财政收入，再由预算法定原则决定财政开支。从动态的连续过程来讲，一方面税收法定原则是预算法定原则的先决条件，另一方面预算法定原则也是税收法定原则的先决条件。预算法定原则要根据税收法定原则所确立的税收制度来估计财政收入并合理安排财政支出，同样，税收法定原则也要根据以往预算法定原则所确立的预算案来调整税收制度，调整、废除某些旧税或者开征某些新税。税收法定原则与预算法定原则之间既具有平面结构（它们在时间上的先后关系，在功能上的协调合作关系），也具有立体结构（它们在功能上的互相补充、互相制约关系以及动态中的互为先后、互相决定的关系）。

（二）财政立宪主体性要素之间的构造

议会和纳税人之间的基本关系为代表和被代表，同时也附带具有一种领导和被领导的关系。在财政立宪的框架内，议会是以纳税人代表的身份出现的，议会权力的基础也是其纳税人代表的身份。作为纳税人的代表，议会显然要代表纳税人的利益，倾听和反映纳税人的呼声，时刻为纳税人谋利。由于议会是纳税人意志的集中体现者，因此，它又不可避免地带有一种领导者的职责，即领导和指挥纳税人为自己的权益而斗争。在很多情况下，议会本身的行为又在影响着纳税人，纳税人的想法和意志往往在一定程度上被议会的想法和意志所左右。

纳税人和政府的关系在财政立宪实现前后是不同的：财政立宪实现之前，政

---

① 客观经济发展状况也在一定程度上决定了收入的多少。

府并不代表纳税人利益，而是代表统治者治理纳税人；财政立宪实现之后，政府也代表纳税人利益，也是为纳税人服务的。在财政立宪实现之前，从整体上来讲，纳税人和政府的关系是对立的，虽然政府也有可能代表纳税人利益，但那是在纳税人利益与统治阶级的利益相一致的前提条件下的个别现象。纳税人通过与政府的斗争而争取到越来越多的权利，财政立宪就是纳税人通过斗争争取到的控制政府财政收支的基本制度。在财政立宪实现之后，政府也是纳税人的代表。但是，与议会所不同的是，政府掌握巨大权力，具有背离纳税人利益并且侵犯纳税人利益的现实可能性，因此，政府又是纳税人监督的对象。可以说，政府是在纳税人的监督之下为纳税人服务的主体，一旦纳税人的监督不到位，政府就可能成为"咬人的狼"。

议会与政府是监督与被监督、控制与被控制的关系。从总体上来讲，议会处于监督者和控制者的地位，政府处于被监督者和被控制者的地位。主要原因在于政府掌握巨大权力，与其说议会监督和控制的是政府，不如说议会监督和控制的是权力。也就是说，权力在谁手中，谁就是被监督者和被控制者。但是，监督权和控制权本身也是一种权力，也是需要监督和控制的，这样就产生了一个"谁来监督监督者"或者"谁是最后的监督者"的难题。财政立宪解决这一难题的方法是：一方面由纳税人来监督议会，通过罢免代表和选举新代表的程序来监督议会，另一方面，通过一定的制度设计，让被监督者来牵制和监督监督者，即让政府反过来监督和控制议会。所以，议会和政府之间的监督与被监督、控制与被控制的关系并不是单向的，而是双向的，是互相的，当然，主要的还是议会对政府的监督与控制。

（三）财政立宪环境性要素之间的构造

税收国家催生了民主宪政，为民主宪政的产生奠定了经济基础；民主宪政促进了税收国家的发展，为税收国家的和谐稳定奠定了制度基础。税收国家是纳税人为政府开支提供基本来源的国家，这种制度和现象促使纳税人为自己的权利进行斗争，从而催生了民主宪政。民主宪政产生以后，税收国家变成了纳税人的国家，纳税人更乐意承担纳税义务，政府与纳税人建立了一种和谐的税收征纳关系和公共物品提供关系，税收国家也更加和谐稳定。

税收国家催生了纳税人意识，为纳税人意识的培养奠定了经济基础；纳税人意识反过来又促进了税收国家的发展。在税收国家产生之前，纳税人意识就已经有了萌芽，但由于税收并未在社会生活中占据重要地位，拥有纳税人意识的人毕竟是极少数，而且这种纳税人意识也是非常粗浅的。在税收国家产生以后，大部分社会主体都直接感受到了什么是纳税人，更容易产生和接受纳税人意识，随着拥有纳税人意识的社会主体数量的增加，纳税人意识也以更加快的速度向整个社会普及，同时，其内容也在不断发展更新，更加契合现代民主宪政社会的要求。拥有纳税人意识的纳税人更加懂得珍惜自己的权利，同时也更加愿意自觉履行纳税义务，政府与纳税人之间的关系开始朝和谐稳定的方向发展。

民主宪政与纳税人意识同样是相辅相成、互相促进的关系。在民主宪政确立之前，纳税人意识就已经存在，但拥有纳税人意识的社会主体数量非常少，而且其内容也并不完全契合民主宪政的要求。在民主宪政确立以后，拥有纳税人意识的人可以自由传播纳税人意识，甚至国家主动提倡和培养国民的纳税人意识，纳税人意识逐渐在社会中普及，同时，其内容也在不断更新完善，以更加符合民主宪政的要求。民主宪政确立之前的纳税人意识虽然弱小，但正是这些弱小的纳税人意识推动了有识之士为建立民主宪政而不懈努力，所谓"星星之火，可以燎原"，正是这些微弱的纳税人意识不断发展壮大，并最终建立起了强大的民主宪政国家。在民主宪政确立以后，普及纳税人意识也有利于巩固民主宪政，确保民主宪政能够在社会生活中良性运行。

（四）财政立宪各要素之间的整体构造

财政立宪的制度性要素、主体性要素和环境性要素分别从不同的角度和层面推动和支撑着财政立宪的产生及其运作过程。它们之间也存在错综复杂的联系及结构。

制度性要素是一个框架，它为主体性要素的活动提供了一个规则体系，同时也构成了环境性要素中的一个子系统。纳税人、议会、政府等财政立宪的主体进行任何活动都需要一定的规则和原则，这些规则和原则是由税收法定原则、预算法定原则等财政立宪的制度性要素来提供的。这些主体只有按照这些规则行事，才是遵守财政立宪的游戏规则，才是在积极推动和支持财政立宪，否则就是在破坏财政立宪。同时，一个真正有效的财政立宪制度也能够约束财政立宪的各主体按照这些规则行事，否则，它们将受到财政立宪制度的制裁或者承担其他不利后果。纳税人、议会和政府并不仅仅参与财政立宪活动，它们还参与各种各样的活动，形成各种各样的关系，但是，只有他们按照财政立宪制度的要求活动，才是财政立宪的主体，否则就可能是其他活动或者关系的主体。

制度性要素是财政立宪环境性要素中的一个子系统，即在税收国家、民主宪政和纳税人意识等环境下形成的整个社会制度中的一个有机组成部分。无论是税收法定原则，还是预算法定原则，都离不开这些环境性要素，都无法脱离这些环境性要素而单独存在。同时，它们与这些环境性要素也是互相促进的：环境性要素有利于促进制度性要素的产生和发挥作用，制度性要素也有利于环境性要素的进一步巩固和完善。同时，制度性要素也是环境性要素的内在构成成分和基本要求。没有这些制度性要素，就不是真正的税收国家、民主宪政和纳税人意识，现代的税收国家、民主宪政和纳税人意识本身就应当包含税收法定原则和预算法定原则。反过来，真正的税收法定原则和预算法定原则又必定包含了税收国家、民主宪政和纳税人意识等基本要素。制度性要素和环境性要素可谓你中有我，我中有你，相辅相成，形影不离。

主体性要素构成了财政立宪制度性要素和环境性要素所依附的活动主体。没有主体性要素，制度性要素和环境性要素都变成了死的摆设，无法运动起来。制度性要素和环境性要素说到底都是为了主体性要素而设，让主体在一定的环境下、按照一定的制度活动，这样的活动就是财政立宪。主体性要素显然具有主动性的一面，而制度性要素和环境性要素具有被动的一面，但是这仅仅是表面的关系，二者的实际关系要复杂得多。[①] 首先，制度和环境都是为主体而设，也受到主体的影响，主体可以改变这些制度和环境，而且这些制度和环境在最初也是由主体所形成的。其次，制度与环境约束了主体的活动，主体是受到制度与环境影响下成长的，是制度和环境的产物，主体就是活的制度和环境。制度、环境与主体可谓互相影响、互相依赖，互相决定和被决定。

三、财政立宪实现的基本模式

世界各国实现财政立宪制度的道路各不相同，这些不同的道路反映了各国历史与现实的不同，研究这些道路的不同特点及其形成的原因对于后发国家建立财政立宪制度具有重要参考价值。

从现实来看，每个国家实现财政立宪的方式都是不同的，因此，有多少个国家实现了财政立宪就有多少种财政立宪实现的模式。但是这些不同的实现方式总有一些相同或者类似的特点，将实现方式大体相同的国家归纳概括为一个种类，并从理论上进行抽象就形成了财政立宪实现的基本模式。

根据实现财政立宪的动力源泉主要来自国外还是国内，财政立宪可以分为自发型、压迫型和促进型三种模式。自发型的动力源泉主要来自国内，压迫型和促进型的动力源泉主要来自国外，但是，压迫型是在国外直接或者间接侵略之下完成的财政立宪，而促进型则是在国外制度与文化的熏陶下完成的财政立宪。根据实现财政立宪的具体途径是武装革命还是和平变革，将财政立宪分为革命型财政

---

① "人创造环境，同样环境也创造人。"《马克思恩格斯选集》第 1 卷，人民出版社 1972 年版，第 43 页。

立宪和变革型财政立宪。两种分类标准相结合，从理论上来讲，应当有六种财政立宪的基本模式。但是目前尚未发现压迫变革型的财政立宪，① 因此，现实的财政立宪只有五种基本模式。

（一）自发变革型财政立宪

自发变革型的财政立宪是在没有外来压力的情况下，主要通过国内因素所提供的动力通过和平变革的方式而逐渐实现财政立宪的类型。这一类型的代表国家是英国。

自发变革型财政立宪的基本特征是：①动力主要来源于国内因素。②主要通过和平变革的方式来实现。作为世界上最先实现财政立宪的国家，其财政立宪实现的动力只能来自国内，因为国外并没有现成的理论和实践可供借鉴。至于英国为什么能通过和平变革的方式来实现财政立宪，主要是因为英国在长期的实践中形成了税收法定原则的传统，而传统的力量在英国是相当强大的，以至于国王都不敢轻易否定这一传统。这一传统随着资本主义的发展而逐渐强大并最终被确立为基本的宪法原则，实现了财政立宪的第一步。在实现了宪政的基础上，英国很容易就通过变革的方式确立预算法定原则，最终实现财政立宪。

自发变革型财政立宪由于没有现成的理论和经验可供借鉴，因此，往往需要经过漫长的时期才能最终确立财政立宪。这种模式下的财政立宪主要是人类漫长实践经验和理论探索逐渐积累的成果，它所凝聚的是实践与时间，所体现的主要是人类的实践智慧而不是理性智慧。

通过自发变革的方式实现财政立宪必须具备以下三个基本条件：

（1）具备税收法定原则的萌芽与传统。没有税收法定原则的萌芽，就无法通过逐渐变革的方式确立这一原则，从而也就无法实现财政立宪。有了这一原则的萌芽还必须不断被加强、不断被尊重而成为传统，如果这种萌芽被某种强大的力量所扼杀，无法通过积累而形成传统也不可能通过变革的方式实现财政立宪。至于税收法定原则的萌芽是否在任何国家都存在，目前尚无定论，但从现有的考古资料以及理论推导来看，这个可能性比较大，所不同的，只是这一萌芽在少数国家没有被扼杀而存在了下来并逐渐形成传统，而在其他大多数国家都没有存在下来，更没有形成传统。

（2）经济的发展导致税收国家的产生。在税收法定原则传统逐渐形成的基础上，经济发展导致税收在国家财政收入中占据主导地位的税收国家的出现是一个重要条件。这一条件使得税收法定原则的确立越来越具有必要性和紧迫性，因为

---

① 一般来讲，在国外的侵略之下通过和平变革的方式实现财政立宪的难度比较大。

税收已经成为对私人财产权进行剥夺的经常性方式，纳税人越来越感觉到税收法定原则必须上升到宪政的层面，而不能仅仅停留在传统的层面。如果没有税收国家的出现，税收只是临时性地对纳税人财产的剥夺，而且数额相对较小，纳税人往往没有足够的动力去推动税收法定原则在宪政上的实现。

（3）阻碍税收法定原则确立的力量相对较弱。具备了财政立宪的前提条件和经济条件以后，财政立宪在政治上的条件就是阻碍税收法定原则确立的力量相对推动税收法定原则确立的力量而言比较弱，而且这一阻碍的力量在整体上具备妥协的性格。具备了上述两个条件的社会一定会实现税收法定原则，关键问题是如何实现，如果阻碍的力量比较强大，不通过武装革命的方式就无法推翻阻碍的力量，那么，通过和平变革的方式实现财政立宪的可能性就比较小，或者就需要经过更长的时间。如果阻碍的力量不是很强大，而且具备妥协的性格，那么，推动的力量就很容易通过协商的方式与阻碍的力量达成妥协，逐渐确立税收法定原则。

从财政立宪的制度性要素而言，自发变革型财政立宪必须首先确立税收法定原则，随后才能确立预算法定原则。两个原则的实现具有相对较长的时间差，但预算法定原则始终在不断探索过程中。

从财政立宪的主体性要素而言，在自发变革型财政立宪中，议会代表纳税人的利益与君主及其政府进行斗争，逐渐确立税收法定原则和预算法定原则。前一阶段，议会与君主的利益冲突较多，而后一阶段，议会与政府的利益冲突较多。

从财政立宪的环境性要素而言，在自发变革型财政立宪中，税收国家的出现与税收法定原则的确立大体在同一时期，而且都经过了一个漫长的发展时期。预算法定原则则是在税收国家出现以后经过较长时期的发展才逐渐确立的。民主宪政是与税收法定原则同时起源、同时发展的，民主宪政的确立与税收法定原则的确立也大体是在同一时期，但预算法定原则的实现则是在民主宪政制度确立以后。纳税人意识是与税收法定原则同时培养和形成的，预算法定原则则是在纳税人意识形成以后确立的，同时也促进了纳税人意识的进一步发展。

（二）自发革命型财政立宪

自发革命型财政立宪是在没有外来压力的情况下，主要依靠国内的动力，通过武装革命的方式实现的财政立宪。这种模式的代表国家是法国。

法国是一个比较特殊的国家，它所发生的历史事件往往是欧洲大陆最具典型意义的，对此，恩格斯在《路易·波拿巴的雾月十八日》一书第三版序言中曾经说："法国是这样一个国家，在那里历史上的阶级斗争，比起其他各国来每一次都达到更加彻底的结局；因而阶级斗争借以进行、阶级斗争的结果借以表现出来的变换不已的政治形式，在那里也表现得最为鲜明。法国在中世纪是封建制度的中心，从文艺复兴时代起是统一的等级君主制的典型国家，它在大革命时期粉碎了封建制度，建立了纯粹的资产阶级统治，这种统治所具有的典型性是欧洲其他国家所没有的。"①

自发革命型财政立宪的基本特征是：①没有外来压力，革命的动力主要来自国内。②通过武装革命的方式实现财政立宪。由于国外已经有了财政立宪的成功经验和理论，因此，这里的"自发"并不是强调不受外界影响，而是强调不是在外界的压力下进行的，是本国人民自发进行的革命。毫无疑问，国外财政立宪的成功经验和理论对其革命的发生起到了指导和激发的作用。至于为什么和平变革的模式变成了武装革命的模式，这是各国历史和现实条件不同所致，其他国家没有英国那样的条件，只能走武装革命的道路。

自发革命型财政立宪由于是通过武装革命的方式来实现的，因此，其实现的速度相对较快，但是社会变动性较大，革命的破坏性也比较大，甚至可能走过头。

自发革命型财政立宪实现的基本条件主要有以下三个：

(1) 具备税收法定原则的萌芽与传统，但被迫中断。与自发变革型财政立宪相似，自发革命型财政立宪模式的国家也具备税收法定原则的萌芽和传统，如果这一传统一直发展下去也可能走上和平变革的道路，但是阻碍这一原则发展的力量突然变得异常强大导致这一传统被迫中断，社会矛盾被强大的力量所压制。

(2) 经济的发展导致税收国家的产生。这一条件与自发变革型财政立宪的条件是相同的，也是其他财政立宪模式所必须具备的条件之一。

(3) 阻碍税收法定原则确立的力量相对强大。这一条件是与自发变革型财政立宪所不同的。阻碍税收法定原则确立的力量比较强大，导致税收法定原则的传统被迫中断，社会矛盾由于没有一个发泄口而不断积累。等到这个社会感觉到这个矛盾已经发展到了不得不解决的时候，革命也就到了一触即发的时刻。由于传统已经中断，被压迫者的怒火已经难以抑制，统治者试图延续传统并逐渐进行改革的想法已经成为幻想，财政立宪必然是通过武装革命的形式而实现。

从财政立宪的制度性要素而言，自发革命型财政立宪可以同时实现税收法定原则和预算法定原则，而且是在非常短的时间内在制度上确立的，但是这两个原则要真正发挥作用仍需要一段时间的积累。

从财政立宪的主体性要素而言，在自发革命型财政立宪中，纳税人起到了直接的推动作用，他们直接参与革命，由其代表所组成的议会也在很大程度上直接受纳税人的左右和控制。作为与纳税人利益相对立的君主往往被作为革命的对象

---

① 《马克思恩格斯选集》第1卷，人民出版社1972年版，第601～602页。

而被推翻，代表其利益的政府也不复存在，新政府往往是由纳税人及其议会所决定的，代表的也是纳税人的利益，并不存在政府与纳税人利益的对立。但由于必须授予政府巨大的权力，因此，政府仍被视为假想的敌人而成为财政立宪所控制的对象。一旦革命取得胜利，确立财政立宪的阻力自然非常小。

从财政立宪的环境性要素而言，在自发革命型财政立宪中，税收国家往往在革命之前就已经形成，而且往往进入了财政危机之中。革命后建立的国家仍然属于税收国家，财政立宪具有必要性和紧迫性。民主宪政的传统曾经存在过，但是在反对力量的强大压力下被迫中止了，同时，国外民主宪政的思想和制度已经深入纳税人心中，一旦革命取得成功，纳税人就会毫不犹豫地建立民主宪政的国家。纳税人意识曾经有过顺利发展的一段时期，但也被反对力量的强大压力所压制。在国外民主宪政思想的影响下，纳税人意识并没有泯灭，在部分纳税人身上反而愈加强烈，在革命胜利以后，新政权会大力提倡和培养纳税人意识，以实现和巩固财政立宪。

（三）压迫革命型财政立宪

压迫革命型财政立宪是在外来力量的压迫下，通过武装革命的方式推翻外来压迫并实现财政立宪的模式。这一模式的代表国家是美国。

压迫革命型财政立宪的特征是：①存在外来力量的压迫。②通过革命的方式推翻外来压迫并实现财政立宪。这里外来的力量往往具有双重性质，一方面是压迫和剥削，一方面是先进文化和制度的输入。被压迫者在遭受压迫和剥削的同时也获得了先进的思想、文化、制度和理念。外来力量往往是不愿自动放弃压迫的，因此，被压迫者只能通过武装革命的方式推翻外来力量的统治，建立一个民族独立国家。先进的思想和制度往往会被运用到新国家的建设过程中，从而实现财政立宪。

压迫革命型财政立宪往往需要经过长期的革命斗争才能赶走外来压力，在建设独立国家的过程中，各种先进的思想、观念和制度往往可以顺利被领导人所接受和采纳，同时，新国家的制度中人为设计的痕迹比较明显，新制度体现的更多的是人类的理性与智慧。

压迫革命型财政立宪的实现必须具备以下几个基本条件：

（1）存在代表先进文化的外来压迫。没有外来力量的压迫就不会产生压迫型的财政立宪，如果外来力量代表着野蛮的落后文化，那么，这种压迫也不会产生财政立宪的结果。外来力量必须在压迫和剥削的同时向被压迫者传播先进的（其中就包括财政立宪的）思想、文化、观念和制度。

（2）压迫者与被压迫者的矛盾激化到一定程度并且被压迫者集聚了足够的力

量。并非"哪里有压迫，哪里就有反抗"，压迫者与被压迫者有可能在一段时间内和平共处，因为反抗是要付出成本的，只有当被压迫者认为反抗所带来的收益大于反抗的成本时，被压迫者才会选择反抗。从另一个角度来看，就是压迫者与被压迫者的矛盾必须激化到一定程度才会导致革命的爆发。革命是否能够取得胜利取决于压迫者和被压迫者的力量对比，只有被压迫者集聚了足够的力量才能取得革命的胜利。

（3）经济的发展与制度的选择导致税收国家的产生。革命胜利以后的社会必须是以税收作为财政收入的主要形式才有进行财政立宪的必要性和紧迫性。如果这一社会以其他形式的收入，如国有企业利润、国有财产收益等，作为财政收入的主要形式，那么，就没有进行财政立宪的必要性和紧迫性。

（4）财政立宪的观念和思想为新国家的建设者所接受。革命的领导者以及新国家的建设者往往都是先进文化的代表者，他们是否接受财政立宪的观念和思想是能否在革命后建立的国家中实现财政立宪的关键环节。

从财政立宪的制度性要素来看，压迫革命型财政立宪往往具备悠久的税收法定原则的传统或者已经深受这一思想的影响，从而能够在革命成功以后立即确立税收法定原则，从理论上讲，在这一模式下，可以同时确立预算法定原则，但现实中是否同时确立则要看国内是否有实行预算制度的必要。

从财政立宪的主体性要素来看，在压迫革命型财政立宪中，纳税人直接推动了革命的发生、胜利以及财政立宪的实现。处于纳税人对立面的压迫者及其代理人被推翻，新建立的议会和政府都是代表纳税人利益的，政府由于掌握巨大权力，仍然被视为假想的敌人而成为财政立宪制度所控制的对象。议会与政府之间的分歧和矛盾往往是部分纳税人之间的分歧与矛盾的反映或者是不同党派之间分歧和矛盾的结果。

从财政立宪的环境性要素来看，在压迫革命型财政立宪中，税收国家在革命之前就已经形成，革命胜利以后继续作为税收国家而存在。在这些国家，革命之前就已经有了悠久的民主宪政传统或者已经深受这一思想影响，但压迫者拒不接受，革命之后所建立的国家很容易继续民主宪政的传统。纳税人意识如同民主宪政的思想一样具有悠久的历史，这种思想推动着纳税人积极投入革命之中，并在革命胜利以后促使本国迅速确立财政立宪制度。

（四）促进变革型财政立宪

促进变革型财政立宪是在外来先进思想、文化、理念和制度的推动下，本国通过渐进式和平变革的方式实现财政立宪的模式。这一模式的代表国家是日本。将来绝大多数国家，包括中国将通过这一模式实现本国的财政立宪。

促进变革型财政立宪由于是在外来先进思想、文化、理念和制度的影响下所进行的变革,因此,其实现财政立宪的时间往往比较晚,可以直接借鉴先进国家的成熟经验。由于其是通过渐进式和平变革方式实现的财政立宪,对社会所造成的破坏比较小,能够实现制度建设与经济发展的双丰收。

促进变革型财政立宪的实现必须具备以下几个基本条件:

(1)已经存在比较成熟的财政立宪的理论、制度与实践。促进变革型财政立宪不是通过自身实践经验的积累而实现财政立宪的,它是在其他国家成熟的财政立宪制度与理论的影响和指导之下实现的财政立宪。这种成熟的财政立宪制度、理论,特别是取得了巨大效应的实践是吸引和指导其他国家走上财政立宪道路的重要前提条件。

(2)经济发展导致税收国家的出现。事物发展的关键是内因,本国经济发展及其所采取的社会制度导致税收国家产生是最重要的促进因素。税收国家与财政立宪往往是相伴而生的,税收国家的产生必然呼唤财政立宪的实现。

(3)国内已经有了民主、宪政的制度或者传统。财政立宪毕竟是在民主、宪政的大环境下的具体制度,如果国内尚未建立民主、宪政制度,或者没有这一传统,那么,国内领导层是不会主动采取财政立宪制度的,也就不可能通过和平变革的方式来实现,或许可能通过革命的方式来实现。

从财政立宪的制度性要素来看,促进变革型财政立宪往往是同时确立税收法定原则和预算法定原则的。自发变革型财政立宪在宪法或者宪法性文件中规定税收法定原则或者预算法定原则之时,就是他们的财政立宪实现之时。而促进变革型财政立宪在宪法中规定税收法定原则和预算法定原则往往是他们的财政立宪刚刚开始试点之时,要经过较长时间的实践积累才能最终实现财政立宪。

从财政立宪的主体性要素来看,纳税人虽然也在这一过程中起到了积极的推动作用,但是这种作用是通过处于统治地位的阶层来实现的,往往也是通过对议会和政府的改革而慢慢实现的。在改革中处于积极主动地位的往往是政府而非议会,是政府主动运用财政立宪的制度来约束自己,而不是纳税人及其议会通过与政府的斗争而确立财政立宪。

从财政立宪的环境性要素来看,税收国家在进行变革之前就已经形成,民主宪政的思想和观念以及纳税人意识已经传入本国并拥有了较多的支持者,特别是被统治阶层所接受。社会民众虽然并未普遍确立纳税人意识,但拥有纳税人意识的社会民众已经占据绝大多数。

(五)促进革命型财政立宪

促进革命型财政立宪是在外来先进思想、文化、理念和制度的推动下,本国通过武装革命的方式实现财政立宪的模式。这一模式的代表国家是德国。将来某些国家也可能通过这一模式实现财政立宪。

促进革命型财政立宪是在先进的、革命的力量与落后的、保守的力量矛盾冲突发展到一定程度后而导致的结果。先进的力量已经接受了财政立宪的先进思想和理念，而且已经看到了财政立宪制度在国外的运行状况及其所发挥的作用，但是居于统治地位的保守力量拒不接受这些先进的思想和理念，并且拼命压制先进的力量。促进革命型财政立宪由于是通过革命的方式实现财政立宪的，破坏性相对较大，革命后的重建工作也比较漫长，但是就财政立宪制度建立的过程本身来讲，相对比较迅速，但这一制度能够真正运转，仍然需要较长时间。

促进革命型财政立宪的实现必须具备以下几个基本条件：

（1）已经存在比较成熟的财政立宪的理论、制度与实践。这一条件与促进变革型财政立宪的第一个条件是相同的。但是，在这一类型中，外来因素的作用显得更加重要，因为这种先进的思想并不为国内的统治阶层所接受，甚至被他们所压制。因此，这种理论、制度与实践必须更加具有吸引力和说服力才能促使国内的先进力量冒着被压制的风险接受、宣传并坚持财政立宪的思想。

（2）经济发展导致税收国家的出现。在非税收国家，进行财政立宪的意义并不是很大，纳税人往往也没有足够的动力去争取实现财政立宪。一旦进入了税收国家，纳税人要求财政立宪的积极性就立即高涨起来了，因为这牵涉到他们的切身利益。

（3）国内先进力量已经接受了民主、宪政的思想，但统治阶层拒不接受。先进力量往往是被压迫的阶层，他们承担沉重的税收负担，具有进行财政立宪的最高的积极性。国外民主、新政思想很容易被他们所接受、宣传和支持，因为这些思想都是符合他们利益的。民主、宪政的思想显然是不符合那些准备继续进行专制统治的阶层的利益的，如果他们拒不接受，那么，通过和平变革的方式进入财政立宪状态已经不可能了。

（4）先进力量与保守力量的矛盾冲突发展到不可缓和的程度。先进力量总是从小变大、从弱变强的，随着先进力量的发展壮大，保守力量对其压制也会越来越严厉，二者的矛盾和冲突发展到不可缓和的程度时，革命的时机就成熟了。此时，先进力量必须具有足够的实力与统治阶层斗争，否则，革命难以取得胜利，财政立宪也就难以实现。

从财政立宪的制度性要素来看，促进革命型财政立宪可以同时实现税收法定原则和预算法定原则入宪，但同样存在制定相应的宪法容易，真正实现财政立宪难的问题。税收法定原则和预算法定原则入宪以后往往要经过较长时期的制度建设和意识培养，才能逐渐确立财政立宪。

从财政立宪的主体性要素来看，纳税人在其中起到了积极主动的作用，而且直接参与了革命以及革命胜利以后新制度的建设过程，议会和政府都是在纳税人的直接推动下而建立的，更容易受到纳税人意志的左右。政府同样是因为拥有巨大的权力而被视为假想的敌人成为财政立宪控制的对象。政府同样是代表纳税人利益的，因此，政府受到财政立宪的控制并不违背政府的意志。

从财政立宪的环境性要素来看，税收国家在革命发生之前就已经形成，民主宪政的思想以及纳税人意识在革命之前就已经广为传播并且为先进分子所坚持和信仰，而统治阶层拒绝接受民主宪政的思想，他们本身也不具备纳税人意识。社会底层民众往往只有朦胧的或者简单的民主宪政思想和纳税人意识，往往需要较长时间的培养才能具备成熟的民主宪政思想和纳税人意识。

第八章　我国财政立宪的现实基础考察

财政立宪是历史，也是现代各国正在进行的实践。具有五千年文明史的中国在经历了一个世纪的屈辱历史和坎坷经历以后，同样走上了财政立宪的历程。研究财政立宪的历史，研究他国财政立宪的实现基础与实现机制，根本目的是为本国财政立宪的路径选择提供一个参照和借鉴，以推动本国财政立宪的历史进程。财政立宪并不是可以任意创建的，财政立宪的实现需要一定的基础。因此，在探讨中国财政立宪的路径选择时，必须首先明确中国财政立宪的现实基础如何。

一、我国财政立宪的历史演进

我国自晚清就已经开始了财政立宪的尝试，而且相关制度建设也越来越完善，但大多是掩人耳目的政治作秀，并没有真正落实到现实生活中。新中国成立后，由于在很长时间内并不属于税收国家，因此财政立宪的紧迫性并不是很强，相应的制度建设也比较落后。

在中国的大门被外国侵略者打开之前，中国并无财政立宪，就萌芽而言，应该有一些诸如民主思想、宪政思想、纳税人思想的萌芽，但即使有，也仅仅是以萌芽状态而存在，始终没有发展出类似税收法定原则之类的思想或者制度。因此，我们重点探讨晚清以来，西方财政立宪思想传入中国以后，中国的财政立宪历程。

（一）晚清及北洋政府时期的财政立宪

1840 年的鸦片战争打开了中国的大门，外国侵略者的经济、政治势力逐渐渗入中国。外国侵略在给中国带来灾难的同时，也惊醒了部分中国人，擦亮了他们的眼睛，他们开始学习西方的先进文化和制度，并力图在中国实现。这其中也有财政立宪的思想和制度。

中国近代立宪始于清末立宪运动，1908 年 8 月 27 日清政府颁布的《钦定宪法大纲》是近代中国宪政史上第一个宪法性文件，从此揭开了中国近代宪政改革的序幕。作为中国近代第一个宪法性文件的《钦定宪法大纲》中就有财政条款，由此，《钦定宪法大纲》也就同时揭开了中国财政立宪实践的序幕。自此以后，中国各个时期的《宪法》和宪法性文件几乎均有关于财政和税收的条款，可以说，中国财政立宪的历史是和中国宪政改革的历史同步发展的。

这一时期的财政立宪明显是在西方财政立宪思想和制度的影响下进行的，其基本特点可以概括为渐进性、借鉴性和口号性。财政立宪作为一种全新的制度和思想不可能在中国一步实现，只能逐渐为国民和统治者所接受，最初的制度制定必然是相当粗糙和不完善的，但其完善的速度是非常迅速的，在短时间内几乎将西方最完备的财政立宪制度全部借鉴过来。作为促进变革型财政立宪，最容易出现的问题就是在《宪法》条文中"写"财政立宪易，在现实生活中"行"财政立宪难。此时的中国也不例外，特别是在立宪者本身就不想真正实行财政立宪时，很容易流于口号。

1. 《钦定宪法大纲》（1908 年）中的财政立宪

《钦定宪法大纲》（以下简称《宪法大纲》）首先确定了私人财产权，即"臣民之财产及居住，无故不加侵扰"，这是税收存在的前提条件，如果仍然认为皇帝有权任意剥夺人民的财产，那么，也就无所谓税收的存在了。其次，《宪法大纲》规定了臣民依法纳税的义务，即"臣民按照法律所定，有纳税、当兵之义务"，这一规定实际上暗含了税收法定原则，因为臣民纳税义务的前提是"按照法律所定"，如果没有"法律"，则臣民就没有纳税义务。正是为了避免这一条款对清朝现行税收的冲击，《宪法大纲》又规定了一个补充条款："臣民现完之赋税，非经新定法律更改，悉仍照旧输纳。"这一条款保证了清朝现行税收不致因为没有法律依据而全部停征。但这一条款实际上再次强调了前一条款具有确立税收法定原则的作用，因为，新的法律有权更改现行赋税，而且一旦更改，臣民就必须依据新法履行纳税义务，也就是强调税收法定原则。由此可见，《宪法大纲》虽然仅仅规定了短短的三条，实际上已经明确体现了税收法定原则的基本要求，可谓中国《宪法》条文中税收法定原则之最初的形式。同时，《宪法大纲》也有预算法定原则的影子，其中规定："在议院闭会时，遇有紧急之事，得发代法律之诏令，并得以诏令筹措必需之财用。唯至次年会期，须交议院协议。""皇室经费，应由君上制定常额，自国库提支，议院不得置议。"这里虽然并没有明确规定财政收支由议院批准，但已经蕴含了这方面的意思，可谓预算法定原则的影子。

《宪法大纲》的缺陷已经不需要一一列举，其中所规定的税收法定原则和预算法定原则，一方面含糊其辞，另一方面，只要没有新法，清朝现行税收体制将不受任何影响，而且皇帝拥有很大的财政收支权。当时虽然已经开始设立具有议会性质的机构，但并未从根本上动摇皇帝至高无上的地位，也没有最高立法权，这与税收法定原则所强调的控制皇帝及其政府征税权的宗旨是根本相悖的。

2.《十九信条》（1911 年）中的财政立宪

《宪法大纲》并没有达到欺骗人民的目的，清王朝又抛出了《十九信条》，对皇帝的权力做了重大限制，对财政立宪制度做出了更加明确的规定。

在税收法定原则方面，《十九信条》没有做出什么新规定，但在预算法定原则方面，则有了重大突破，其第 14 条规定："本年度预算，未经国会议决者，不得照前年度预算开支。又预算案内，不得有既定之岁出，预算案外，不得为非常财政之处分。"第 15 条规定："皇室经费之制定及增减，由国会议决。"上述两条的规定不仅不逊于英国 1689 年的《权利法案》，而且比后者更加严格，更加具体。这两条规定不仅真正体现了预算法定原则的要求：预算由议会决定，而且规定了比较严格的预算法定制度：①财政开支必须在本年度的预算通过以后进行，不能依照以前年度的预算执行。②预算案应当包括一切财政开支。③预算案不得规定固定的财政支出项目。仅从法律条文来看，这一宪法性文件确立了非常严格的君主立宪制下的预算法定原则。

财政立宪制度是由一系列要素所构成的，缺少其中任何一个要素都不可能实现真正的财政立宪。《十九信条》时期的中国根本不具备财政立宪所要求的主体性要素和环境性要素，就制度性要素而言，可谓勉强具备，但财政立宪制度性要素中所讲的要素是在现实生活中真正发生作用的制度，即"活"的制度，并不仅仅指宪法性文件的文字如何表述。《十九信条》不过是从国外，特别是日本和英国，搬来了一些漂亮的条款，由于其并没有真正落实，也不可能真正落实，因此，只能算做文本中的财政立宪。

3.《中华民国临时约法》（1912 年）中的财政立宪

《十九信条》并未挽救清王朝灭亡的命运，资产阶级民主革命终于取得了第一步的胜利，推翻了封建皇帝，制定了中国历史上又一部近代意义上的宪法性文件——《中华民国临时约法》。

《中华民国临时约法》（以下简称《临时约法》）由于是仓促起草和通过的，因此其中关于财政立宪制度的规定并不是很完善，就文字表述而言，基本上还停留在清末财政立宪的水平上。其第 6 条规定"人民有保有财产及营业之自由"，确立了财政立宪的前提：人民的私有财产权与营业自由权。第 13 条规定："人民依法律有纳税之义务。"间接规定了税收法定原则，但以强调义务为主。第 19 条规定："参议院之职权如左……三、议决全国之税法……"这一规定在一定程度上对税收法定原则进行了补充规定，但并不完善，并没有强调征税权的"法律保留"或"议会保留"原则。同时，《临时约法》也简单规定了预算法定原则。由此，可以认为《临时约法》基本上确立了财政立宪制度。

由于《临时约法》并非在深厚的社会基础上所确立的制度，而只是一批资产阶级先进分子一相情愿的空想，而且其根本目的也不在于建设国家，而在于约束即将登上临时大总统位子的袁世凯，因此，这些规定根本无法在国家的政治实践中执行。就当时中国的国情而言，也并不具备财政立宪的主体性要素和环境性要素，这些规定不过是镜中花、水中月而已。

4.《中华民国约法》(1914 年) 中的财政立宪

袁世凯上台以后，很快利用自己的职权摆脱了《中华民国临时约法》的束缚，制定了新的《中华民国约法》。但就法律条款来看，《中华民国约法》比《中华民国临时约法》有了很大进步，可谓第一次在宪法性文件中确立了比较完善的财政立宪制度。

《中华民国约法》第 5 条规定："人民于法律范围内，有保有财产及营业之自由"。这一条款不仅规定了人民的私有财产权和营业自由权，而且增加了一个限制——"于法律范围内"，而这一限制实际上是相当现代的思想，即财产所有权受法律及社会公共利益所限制。第 11 条规定："人民依法律所定，有纳税之义务。"这一条款与《中华民国临时约法》第 13 条的规定虽然只多了一个标点符号和两个字，但是，其中所蕴含的税收法定原则的意味要浓得多。而第 50 条的规定则完全是一个现代的税收法定原则的条款："新课租税及变更税率，以法律定之。"当然，那时的中国显然还不具备严格遵循税收法定原则的现实条件，因此，第 50 条的第 2 款又和清末的《宪法大纲》一样，来了一个"救命"条款："现行租税，未经法律变更者，仍旧征收。"但无论怎样讲，单从法律条文看，我们仍然不得不承认这是相当完善的税收法定原则。当然，这并不是中国人自己设计的，而是从邻国日本借鉴（严格说是抄袭）过来的。①

同时，《中华民国约法》还规定了完善的预算法定原则和预算制度，第 31 条规定："立法院之职权如左……二、议决预算；三、议决或承诺关于公债募集及国库负担之条件……"第 51 条规定："国家岁出岁入，每年度依立法院所议决之预算行之。"上述两条规定就确立了预算法定原则。同时，该《约法》还规定了比较完善的预算制度，例如，固定支出制度、预备费制度、紧急预算制度、预支制度、审计决算制度等。同时，对于国会的预算权也进行了一定的限制，其第 54 条规定："下列各项支出，非经大总统之同意，不得废除或裁减之：一、法律上属于国家之义务者；二、法律之规定所必需者；三、履行条约所必需者；四、陆海军编制所必需者。"

---

① 《大日本帝国宪法》(1889) 第 21 条规定："日本臣民依法律规定有纳税之义务。"第 62 条规定："新课租税及变更税率应以法律规定之。"第 63 条规定："现行租税，未经法律重新改定者，仍依旧征收。"如果不考虑翻译中的误差的话，可以认为，《中华民国约法》直接抄袭了《大日本帝国宪法》。

如果说制定《中华民国临时约法》的人在主观上是想让这些制度落实到现实生活中的话，那么，制定《中华民国约法》的人在主观上不过是想用这些制度来掩盖自己的专制统治，来做表面文章，再加上当时的中国并不具备实行财政立宪的主体性要素和环境性要素，这些规定不过是文字游戏而已。

5.《中华民国宪法》（1923 年）中的财政立宪

1923 年通过的《中华民国宪法》是中国历史上的第一部《宪法》，单就文字表述来看，也是一部相当具有现代色彩的《宪法》。与前几部宪法性文件相比，这部《宪法》显然也有了重大突破。

（1）它用两个条款确立了税收国家的前提：私有财产权以及职业自由权。第 9 条规定："中华民国人民有选择住居及职业之自由，非依法律，不受限制。"第 13 条规定："中华民国人民之财产所有权，不受侵犯。但公益上必要之处分，依法律之所定。"这两条不仅规定了人民的职业自由权和财产所有权，而且规定了法律可以对其自由行使进行限制，但必须遵循法定原则。税收实际上就是对人民财产所有权和职业自由权的一种限制，因此，应当遵循法定原则，这就为税收法定原则以及其他财政收入法定原则奠定了基础。

（2）规定了人民的纳税义务，但同样强调了"依法"。第 19 条规定："中华民国人民依法律有纳租税之义务。"人民有依法纳税义务构成了税收国家存在的前提。

（3）明确规定了税收法定原则。第 109 条规定："新课租税及变更税率，以法律定之。"

（4）明确规定了预算法定原则和预算制度。第 112 条规定："国家岁出岁入，每年由政府编成预算案，于国会开会后十五日内，先提出于众议院。参议院对于众议院议决之预算案，修正或否决时，须求众议院之同意。如不得同意，原议决案即成为预算。"

（5）规定了非常具有现代性的固定预算、预备预算以及对国会预算权的限制。第 113 条规定："政府因特别事业，得于预算案内预定年限，设继续费。"这里所规定的实际上就是预算中的跨年度固定支出款项。第 114 条规定："政府为备预算不足或预算所未及，得于预算案内设预备费。预备费之支出，须于次会期请求众议院追认。"这里所规定的实际上就是现代预算制度中的预备费以及预算的调整。第 115 条规定："下列各款支出，非经政府同意，国会不得废除或削减之：一、法律上属于国家之义务者；二、履行条约所必需者；三、法律之规定所必需者；四、继续费。"第 116 条规定："国会对于预算案，不得为岁出之增加。"这两条实际上是运用政府的力量限制国会的预算权，防止国会变成无人监督的"利维坦"，侵害纳税人利益。第 117 条规定："会计年度开始，预算未成立时，政府每月依前年度预算十二分之一施行。"这一条规定了现代预算制度中的预先开支制度。另外，针对当时国内军阀混战的现实状态，这部宪法还规定了军费开支的限额，可谓具有独创性。第 32 条规定："国家军备费，不得逾岁入四分之一。但对外战争时，不在此限。国军之额数，由国会议定之。"

综上可以看出，1923 年的《中华民国宪法》是一部相当现代的《宪法》，单就财政立宪制度而言，即使放在今天也是各国《宪法》中规定财政立宪制度比较完善的代表之一。由于这部《宪法》是军阀头子曹锟通过贿赂和威胁的方式通过的，因此，又被称为"曹锟宪法"和"贿选宪法"，其目的不过是以漂亮的语言来掩盖其军阀专制的本质。因此，其并非是通过民主立宪程序通过的真正能够实施的宪法。但其本身也从一个侧面反映了财政立宪的要求已经深入上层人士的人心，为了掩盖其实质而不得不借用当时流行的制度和观念来"装扮"《宪法》。

（二）国民党政府时期的财政立宪

1928 年 6 月，国民党在形式上统一了全国，开始了国民党政府时期。这一时期通过了两部宪法性文件和一部《宪法》。此时的财政立宪在形式上而言比前一时期有所倒退，但更注重结合中国国情，从落实情况而言，也有所进步。其根本原因在于中国已经初步具备财政立宪的社会基础，统治者已经不能仅仅把《宪法》当成掩人耳目的口号，一旦写入《宪法》，多少还是要执行一些的，因此，统治者不能简单将西方完善的财政立宪制度直接搬过来，而必须结合中国国情进行改造，结合中国国情规定一些有可能实现的制度。

1. 《中华民国训政时期约法》（1931 年）中的财政立宪

《中华民国训政时期约法》的名称来自孙中山的建国三部曲：军政、训政和宪政。因此，从指导思想来看，这部宪法性文件并不是《宪法》，这一时期也没有实行"宪政"，这是政府对人民进行"训导"的时期，因此，此时并不需要财政立宪，既然不需要，也就不可能对政府的财政权进行限制。但从政府行使财政权的方式来看，在形式上仍然必须遵守财政立宪的一些基本制度。

（1）它规定了私人财产权制度。第 16 条规定："人民之财产，非依法律不得查封或没收。"第 17 条规定："人民财产所有权之行使，在不妨害公共利益之范围内，受法律之保障。"

（2）规定了人民依法纳税的义务。第 25 条规定："人民依法律有纳税之义务。"

（3）规定了预算制度。第 70 条规定："国家之岁入、岁出由国民政府编定预算、决算公布之。"由于此时立法权由政府行使，① 因此，并没有一个议会来控制政府的预算，也就没有预算法定原则存在的必要。但如果把政府视为立法者的话，这样政府自己编制预算、自己通过预算的制度也可以视为一种形式上的预算法定原则。

值得一提的是，该法第 61 条规定："中央与地方课税之划分以法律定之。"这是联邦制国家或者地方自治国家财政立宪制度中必有的制度之一，即对中央、地方课税权的划分。

2.《中华民国宪法草案》（1936 年）中的财政立宪

《中华民国宪法草案》是国民政府制定颁布的由"训政"到"宪政"的一部过渡性《宪法》草案，由于是 1936 年 5 月 5 日颁布实施的，也称"五五宪草"。

与前几部《宪法》相比，这部《宪法》草案同样规定了人民的财产权，而且更加完善。第 17 条规定："人民之财产，非依法律，不得征用、征收、查封，或没收。"

这部《宪法》草案为了保证税收法定原则能够真正落实，规定了财政收入法定原则。第 129 条规定："左列各款事项，在中央应经立法院之议决，其依法律得以省区或县市单行规章为之者，应经各该法定机关之议决：一 税赋、捐款、罚金、罚锾或其他有强制性收入之设定及其征收率之变更；二 募集公债、处分公有财产或缔结增加公库负担之契约；……"这一条款在规定税收法定原则的同时，也确认了地方规章具有开征地方税的资格，即"税收地方法规主义"。

在预算法定原则方面，这部《宪法》草案并不是很完善，只是在立法院的职权中规定了通过预算案的权力。

3.《中华民国宪法》（1946 年）中的财政立宪

这是国民党政府统治时期所颁布的第一部正式成文《宪法》。这部《宪法》对于财政立宪制度的规定与"五五宪草"相比更加完善，但是与北洋政府时期所颁布的几部宪法相比则相形见绌。

与"五五宪草"相比，这部《宪法》增加了对立法院预算权的限制，第 70 条规定："立法院对于行政院所提预算案，不得为增加支出之提议。"第 57 条规定："行政院对于立法院决议之法律案、预算案、条约案，如认为有窒碍难行时，得经总统之核可，于该决议案送达行政院十日内，移请立法院复议。复议时，如经出席立法委员三分之二维持原案，行政院院长应即接受该决议或辞职。"

比较有特色的是，这部《宪法》明确划分了中央和地方的财权，这是联邦制

---

① 《中华民国训政时期约法》第 32 条规定："行政、立法、司法、考试、监察五种治权由国民政府行使之。"

国家或者实行地方自治国家财政立宪的重要内容。第 107 条规定："左列事项，由中央立法并执行之……六、中央财政与国税……"第 109 条规定："左列事项，由省立法并执行之，或交由县执行之……七、省财政及省税……"第 110 条规定："左列事项，由县立法并执行之……六、县财政及县税……"

（三）新民主主义革命时期工农革命政权的财政立宪

新民主主义革命时期的工农革命政权处于革命和战争状态，而宪政属于和平时期的社会制度，因此，这一时期的工农革命政权不可能实行宪政，更不可能实行财政立宪。但是，作为一种政权的存在，特别是在相对和平的时期，它就要有一个合法性基础，这个合法性基础就是《宪法》。在当时的民主宪政思想已经深入人心的情况下，工农革命政权同样需要运用《宪法》和宪政来确立自己的合法性基础。财政立宪的基本思想在这一时期的立法中得到了体现。

这一时期的宪法性文件在财政立宪方面，主要规定了两方面内容：

（1）对于人民的财产权和营业自由权进行了《宪法》上的确认和保护，例如，《陕甘宁边区抗战时期施政纲领》（1939）第 18 条规定："确定私人财产所有权，保护边区人民由土地改革所得之利益。"第 22 条规定："保护商人自由营业，发展边区商业。"《陕甘宁边区施政纲领》（1941）第 6 条规定："保证一切抗日人民（地主、资本家、农民、工人等）的人权，政权，财权及言论、出版、集会、结社、信仰、居住、迁徙之自由权。"

（2）规定了基本的累进制的税收制度，例如，《中华苏维埃共和国宪法大纲》（1934）第 7 条规定："中华苏维埃政权……宣布取消一切反革命统治时代的苛捐杂税，征收统一的累进税……"《陕甘宁边区抗战时期施政纲领》（1939）第 21 条规定："实行统一累进税，废除苛捐杂税。"《陕甘宁边区施政纲领》（1941）第 13 条规定："实行合理的税收制度，居民中除极贫者应予免税外，均须按照财产等第或所得多寡，实施程度不同的累进税制，使大多数人民均能负担抗日经费。"

（四）新中国的财政立宪

新中国的财政立宪制度仅从形式上来看，不如前几个时期。但此时的财政立宪制度设计更加符合中国国情，简单搬用的现象基本没有，创造发挥的成分比较多，而且呈现出明显的不断完善的趋势。另外，从落实情况而言，纳税人权利保护状况显然是前几个时期所不能比的，它使人民真正当家做了主人，特别是在改革开放以后，财政立宪所体现的纳税人主权的思想已经得到了充分体现。

1.《中国人民政治协商会议共同纲领》（1949 年）中的财政立宪

《中国人民政治协商会议共同纲领》（以下简称《共同纲领》）是新中国建立

之初的指导性宪法性文件，其中涉及了部分财政立宪的内容，但并没有确立真正意义上的财政立宪制度。

（1）《共同纲领》在确立国家所有权的基础上，确立了人民的私人财产权。第3条规定："保护国家的公共财产和合作社的财产，保护工人、农民、小资产阶级和民族资产阶级的经济利益及其私有财产……"这就为税收的存在奠定了经济基础。

（2）《共同纲领》规定了人民的纳税义务，但没有强调"依法"，也没有在其他条款中确立税收法定原则。第8条规定："中华人民共利国国民均有……缴纳赋税的义务。"

（3）《共同纲领》规定了国家的基本财政制度，包括预算制度和基本的税收制度，但没有确立预算法定原则。第40条规定："关于财政：建立国家预算决算制度，划分中央和地方的财政范围，厉行精简节约，逐步平衡行政收支，积累国家生产资金。国家的税收政策，应以保障革命战争的供给、照顾生产的恢复和发展及国家建设的需要为原则，简化税制，实行合理负担。"

《中华人民共和国中央人民政府组织法》（1949）在一定程度上弥补了《共同纲领》没有确立预算法定原则的缺陷。其第7条规定："中央人民政府委员会，依据中国人民政治协商会议全体会议制定的共同纲领，行使下列的职权……六、批准或修改国家的预算和决算。"

2. 《中华人民共和国宪法》中的财政立宪

1954年9月21日第一届全国人大通过了新中国第一部成文《宪法》——《中华人民共和国宪法》（以下简称1954年《宪法》），这部《宪法》确立了四种所有制形式：国家所有制、合作社所有制、个体劳动者所有制以及资本家所有制，但是以前两者为主。

1954年《宪法》首先确立了公民私有财产的合法地位，第11条规定："国家保护公民的合法收入、储蓄、房屋和各种生活资料的所有权。"第12条规定："国家依照法律保护公民的私有财产的继承权。"其次，规定了公民依法纳税的义务，但是这里的"法律"并不限于全国人大及其常委会制定的狭义法律，另外，也没有其他条款明确规定税收法定原则。第102条规定："中华人民共和国公民有依照法律纳税的义务。"再次，基本确立了预算法定原则，但是并没有规定更详细的预算制度。第27条规定："全国人民代表大会行使下列职权……（十）审查和批准国家的预算和决算……"

1975年1月17日第四届全国人大一次会议通过了修改后的《中华人民共和国宪法》（以下简称1975年《宪法》），这部《宪法》只规定了两种所有制形式：社会主义全民所有制与社会主义劳动群众集体所有制。这部《宪法》规定了有限的私有财产所有权及生产经营权。第7条规定："在保证人民公社集体经济的发展和占绝对优势的条件下，人民公社社员可以经营少量的自留地和家庭副业，牧区社员可以有少量的自留畜。"第 9 条规定："国家保护公民的劳动收入、储蓄、房屋和各种生活资料的所有权。"这部《宪法》没有规定人民的纳税义务。其根本原因在于一切生产资料及其经营都控制在国家或者集体手中，人民根本没有财产可被征税。[①] 另外，从理论上讲，一切生产资料和自然资源属于国家，并最终属于人民，因此，国家没有必要向人民征税就直接拥有为人民提供公共物品的资源。在预算制度方面，该《宪法》在全国人大的职权中规定了"批准……国家的预算和决算"，在国务院的职权中规定了"制定和执行……国家预算"。基本上确立了预算法定原则的雏形，但并不完善。

1978 年 3 月 5 日第五届全国人大一次会议通过了第三部《中华人民共和国宪法》（以下简称 1978 年《宪法》），这部《宪法》同样只规定了两种所有制形式：社会主义全民所有制与社会主义劳动群众集体所有制，但是允许不剥削他人的个体经济的存在。这部《宪法》如同 1975 年《宪法》规定了公民享有生活资料的所有权，但也没有规定公民的纳税义务。在预算制度方面，和 1975 年《宪法》的规定基本相同。

1982 年 12 月 4 日第五届全国人大五次会议通过了第四部《中华人民共和国宪法》，即现行《宪法》。这部《宪法》在强调社会主义公有制的基础地位的同时，确立了城乡劳动者个体经济的合法地位，并鼓励其发展。在公民私人财产权保护方面，该部《宪法》第 13 条规定："国家保护公民的合法的收入、储蓄、房屋和其他合法财产的所有权。国家依照法律规定保护公民的私有财产的继承权。"不再强调是"生活资料"，公民个人拥有的合法生产资料同样受《宪法》和法律保护。第 56 条明确规定了公民的纳税义务："中华人民共和国公民有依照法律纳税的义务。"这一条款中的"依照法律"为税收法定原则的确立奠定了基础，但这部《宪法》没有明确规定税收法定原则。在预算制度方面，这部《宪法》比前几部《宪法》有所完善。在第 62 条全国人民代表大会的职权中规定了"审查和批准国家的预算和预算执行情况的报告"，在第 67 条全国人民代表大会常务委员会的职权中规定了"在全国人民代表大会闭会期间，审查和批准……国家预算在执行过程中所必须作的部分调整方案"，在第 89 条国务院的职权中规定了"编制和执行……国家预算"。该部《宪法》基本确立了预算法定原则。

1988 年通过的《宪法（修正案）》第 1 条确立了"私营经济"的合法地位，第 2 条允许"土地的使用权"可以依照法律的规定转让。1993 年通过的《宪法

---

① 人民中的每个人只有生活资料的财产所有权，而且是低水平的生活资料，因此，公民没有可以承担纳税义务的财产。

（修正案）》第 6 条确立了家庭联产承包责任制的合法地位，第 7 条确立了社会主义市场经济的合法地位。1999 年通过的《宪法（修正案）》第 13 条确定了"实行依法治国，建设社会主义法治国家"的奋斗目标，第 15 条规定了以"家庭承包经营为基础、统分结合的双层经营体制"，第 16 条再次确认了"个体经济、私营经济等非公有制经济"的合法地位，并鼓励其发展。2004 年通过的《宪法（修正案）》第 21 条规定："国家保护个体经济、私营经济等非公有制经济的合法的权利和利益。国家鼓励、支持和引导非公有制经济的发展，并对非公有制经济依法实行监督和管理。"进一步完善了对非公有制经济的政策。第 22 条规定："公民的合法的私有财产不受侵犯。国家依照法律规定保护公民的私有财产权和继承权。"在《宪法》中第一次出现了"私有财产权"的概念并确认其合法地位。第 24 条规定："国家尊重和保障人权。"第一次在《宪法》中提出了"人权"概念并对其进行保护。

二、我国财政立宪的经济基础

财政立宪所应当具备的经济基础包括私有财产权的确立、税收国家的形成以及生产力水平发展到一定程度，我国目前已经具备了进行财政立宪的经济基础。

（一）私有财产权的确立

财政立宪的前提是税收的存在，而税收存在的前提则是私有财产权的确立。私有财产权是与国家财产权以及集体财产权相对应的。[①] 在国家财产权下，国家拥有财产的所有权，并具体体现为占有、使用、收益和处分的权利。在集体财产权和私人财产权下，分别由集体和私人拥有财产的所有权。私人财产权最终体现为公民个人财产权，特别是对于生产资料的所有权。

从严格意义上来讲，任何社会都离不开私人财产权，因为任何社会中的人要生存下去，都必须拥有基本生活资料的所有权，生活资料也是一种财产。但是，在公民仅仅拥有生活资料所有权的社会中，没有税收存在的必要和可能。因为，公民仅仅拥有生活资料的所有权，而生活资料又会不断消耗并趋于消失。因此需要一种分配制度来给每个公民不断地分配生活资料，这样才能保证每个公民的生活资料能够维持基本生活。这种分配制度可以是按劳分配，也可以是按需分配，或者其他分配方式。但不论是哪种分配方式，每个公民仅有够自己消费的财产，

---

① 私有财产权并不等于私有制。无论是公有制还是私有制，都可以存在私有财产权和国家、集体财产权。

基本没有或者很少有剩余，即使有剩余，在一个不允许公民拥有生产资料所有权，也就是不允许公民把生活资料转化为生产资料的社会中，公民拥有剩余财产实际上并无用处。而税收是把公民超过自己生存需要的财产的一定份额交给国家，作为国家提供公共物品的对价。公民没有超过自己生存需要的财产，征收税收就没有可能。即使公民拥有略微超过自己生存需要的财产，国家只需要调整分配制度即可，没有必要对这些公民征税，即使征税，此时的税收实质上是分配制度的变形，而并不是本书所述意义上的税收。

新中国成立以后消灭了资本主义成分并基本上消除了个体经济以后，我国就不存在本书所述意义上的税收了。因为此时国家和集体拥有整个社会的绝大部分财产，剩下的一些财产就是人民的生活资料了。人民手中已经没有剩余的财产可以用来承担纳税义务了，同时，国家也没有必要向人民征税，国家掌握了几乎全部生产资料，[①] 整个社会的剩余劳动成果都进入了国库之中，国家有足够的财力为社会和人民提供公共物品。

改革开放以后，我国逐渐恢复了个体经济及私营经济，允许人民拥有私有财产，并在宪法和法律上确立了私有财产权的合法地位。虽然直到 2004 年通过《宪法（修正案）》，《宪法》才明确提出"私有财产权"的概念并确认其合法地位，但实际上，改革开放以后，我国就已经在事实上承认了人民的私有财产权，这里的私有财产，不仅包括生活资料，而且包括生产资料，而且主要是生产资料。

时至今日，我国已经不存在对私有财产权的顾忌，人们可以大胆谈论私有财产权，国家也在鼓励私有财产权的发展。[②] 据全国首次经济普查所公布的数据，2004 年底，我国拥有注册登记的私营企业 198.2 万个，占企业法人总数的 61%，2004 年末，全国第二、三产业 325.0 万个企业法人单位的实收资本[③]总额为 18.2 万亿元。在全部企业法人单位的实收资本总额中，由国家投入的资本 8.7 万亿元，占 48.1%；集体投入的资本 1.4 万亿元，占 7.9%；个人投入的资本 5.1 万亿元，占 28.0%；港、澳、台投入的资本 1.3 万亿元，占 7.3%；外商投入的资本 1.6 万亿元，占 8.7%。[④] 无论从企业数量，还是从资本总量，私人所

①　集体所掌握的生产资料最终也是由国家所掌握的。

②　2005 年 2 月 24 日国务院发布了《关于鼓励支持和引导个体私营等非公有制经济发展的若干意见》，这是新中国成立以来首部以促进非公有制经济发展为主题的中央政府文件，因文件内容共 36 条，这份文件通常被简称为"非公 36 条"。其中规定了大量鼓励和支持非公有制经济发展的政策，可以代表目前政府对非公有制经济的基本态度。

③　实收资本是指企业投资者实际投入的资本（或股本），包括货币、实物、无形资产等各种形式的投入。实收资本按投资主体可分为国家资本、集体资本、个人资本、港、澳、台资本和外商资本等。

④　国务院第一次全国经济普查领导小组办公室 2005 年 12 月 6 日发布的《第一次全国经济普查主要数据公报（第一号）》。

拥有的资本已经在我国占据非常大的比例，与国家和集体所掌握的资本基本相当。如此巨大的私有财产的存在为我国财政立宪的实现奠定了坚实的经济基础。

（二）税收国家的形成

财政立宪的第二个经济基础就是税收必须在国家的财政收入中占据主要地位，也就是税收国家的形成。这里的税收必须是实质上的税收，即私有财产权所支付的享受国家所提供的公共物品的对价，而不能是形式上的税收，即采取税收的名称，而实际上属于国有企业上缴利润或者收入分配制度的变形。

新中国成立以后，税收就一直存在，而且数量还不算少。但同样叫税收，其实质内涵是大不相同的。例如，1950 年 1 月 30 日政务院所颁布的《全国税政实施要则》中就规定了个人所得税，但实际上由于我国个人基本上不拥有生产资料的财产所有权，因此，没有财产可以承担个人所得税，事实上也一直没有开征。即使开征了，当时的个人所得税也只能是一种调节收入分配的手段，即分配制度的变形，而不可能是实质意义上的税收。同样，我国在相当长的一段时间内对国有企业所征收的各种税收，也不是实质意义上的税收，而是企业上缴利润的一种形式。1983 年 2 月 28 日，国务院批转了《财政部关于国营企业利改税试行办法（草案）的报告》，拉开了第一步利改税的序幕，单从名称上即可看出，我国此时针对国有企业的税收和利润没有太大差别。

时至今日，我国无论在形式上，还是在实质上都已经变成了税收国家。从形式上来看，2005 年，我国财政收入总额为 31627.98 亿元（不含债务收入，下同），税收收入总额为 30866.95 亿元，占财政收入总额的 97.59％。2004 年这一比例为 97.58％，2003 年为 94.35％，2002 年为 89.86％，2001 年为 92.63％。[①] 已经达到了税收占财政收入绝大部分的标准。从实质上来看，我国的税收在本质上也符合税收的本质：私有财产权所支付的享受国家所提供的公共物品的对价。对于非国有企业和集体企业以及不含有任何国有资本和集体资本的企业和个人而言，它们所缴纳的税收显然是私有财产权所支付的享受国家所提供的公共物品的对价，但是对于国有企业、集体企业以及含有国有资本和集体资本的企业（以下简称"公有资本企业"）而言，其所缴纳的税收是否符合这一标准呢？答案也是肯定的。

---

① 相关数据来自国家税务总局发布的 1994 年至 2004 年全国税收收入统计数据（http://www.chinatax.gov.cn/shouru2004.htm）以及《关于 2001 年中央和地方预算执行情况及 2002 年中央和地方预算草案的报告》、《关于 2002 年中央和地方预算执行情况及 2003 年中央和地方预算草案的报告》、《关于 2003 年中央和地方预算执行情况及 2004 年中央和地方预算草案的报告》、《2004 年中央和地方预算执行情况及 2005 年中央和地方预算草案的报告》、《关于 2005 年中央和地方预算执行情况与 2006 年中央和地方预算草案的报告》。

首先，公有资本企业与私人资本企业都是在市场中进行营业和竞争的平等市场主体，它们同等地享受着国家所提供的公共产品，也按照相同的标准在缴纳税款，没有理由认为二者所缴纳的"税收"的本质是不同的。其次，从法律资格来讲，公有资本企业都是独立经营、独立核算、独立承担责任的企业法人，国家和集体仅仅拥有出资人的权利，在实行股份制的企业中，仅仅享有股东的权利，并不直接拥有企业财产的所有权，企业法人拥有自己财产的所有权。在产权清晰的法律制度中，国家作为出资人的职责与作为公共物品提供者的职责是严格区分的，同样，公有资本企业对作为出资人的国家以及对作为公共物品提供者的国家所承担的义务也是不同的。对于前者，公有资本企业应当向其分配企业的税后利润；对于后者，公有资本企业应当与其他企业一样向其缴纳税款。公有资本企业的税收和上缴利润是严格区分的，在公有资本企业向作为公共物品提供者的国家缴纳税款的时候，公有资本企业与作为公共物品提供者的国家之间没有任何特殊关系，与私人资本企业与国家的关系是相同的，也就是说，这里的公有资本企业在法律上也是一种"私有财产"，即公有资本企业法人自身所拥有的财产，因此，公有资本企业所缴纳的税收在本质上也是私有财产权所支付的享受国家所提供的公共物品的对价。就目前的中国而言，虽然尚未完全实现作为投资者的国家与作为公共物品提供者的国家职能相分离，但是正在朝这个方向努力，而且已经取得了实质性的进展。[①]

（三）生产力水平的提高

财政立宪是否可以在任何时代都能够实现呢？答案是否定的。财政立宪作为一种制度和社会治理模式必须建立在一定的生产力水平之上。首先，只有生产力发展到一定水平，税收才有可能成为国家财政收入的主要形式。近代社会之前，各国税收都不是财政收入的主要形式，这并不是偶然现象，而是一种必然现象。其次，财政立宪的环境要素——民主宪政的实现需要一定的经济实力作为支撑，只有生产力发展到一定水平，才有可能提供实行财政立宪的经济实力。再次，只有生产力发展到一定水平，人类才能通过自己的聪明才智和实践积累逐渐"发

---

① 近些年来，中央文件不断强调转变政府职能，让政府的两个职能分开。例如，2003年10月14日中国共产党第十六届中央委员会第三次全体会议通过的《关于完善社会主义市场经济体制若干问题的决定》明确提出："坚持政府公共管理职能和国有资产出资人职能分开。国有资产管理机构对授权监管的国有资本依法履行出资人职责，维护所有者权益，维护企业作为市场主体依法享有的各项权利，督促企业实现国有资本保值增值，防止国有资产流失。"2003年3月根据第十届全国人大一次会议批准的国务院机构改革方案，国务院批准成立了国有资产监督管理委员会，履行国有资本的出资人职责，从组织机构上实现了政府社会公共管理职能与国有资产出资人职能的分离。

明"财政立宪制度。

那么，什么样的生产力水平是财政立宪所必须具备的最低限度的生产力水平呢？这个问题恐怕难以像自然科学的问题那样可以通过实验来回答，甚至可能根本就无法准确回答。一个可能的方式就是研究一下英国在确立财政立宪制度之时的生产力水平，这个生产力水平虽然不一定就是财政立宪所必须具备的最低限度的生产力水平，但是可以很有把握地下这样一个结论：只要达到了这个生产力水平，就有可能实现财政立宪。就本章所探讨的问题而言，只要比较中国当前的生产力水平与英国确立财政立宪之时的生产力水平就可以回答中国当前财政立宪的经济基础问题。

为了比较目前的中国与英国确立财政立宪时期的生产力水平，本书选取了以下几个指标：人均国内生产总值、每公顷粮食产量、人均拥有粮食产量、人均拥有肉类产量、人均拥有钢产量、人均拥有发电量。在中国年代的选择上，本书选择了2002～2004年三年的数据（见表7-1），基本上可以代表当前中国的生产力水平。

表7-1 2002～2004年我国生产力水平几项主要指标

项目/年份	2002	2003	2004
人均国内生产总值（元）	8214	9101	10502
每公顷粮食产量（吨）	4.39	4.33	4.62
人均拥有粮食（千克）	355.86	333.27	361.16
人均拥有肉类（千克）	51.30	53.55	55.85
人均拥有粗钢产量（千克）	141.34	172.05	209.86
人均拥有钢材产量（千克）	149.61	186.64	228.66
人均拥有发电量（千瓦·小时）	1287	1478	1682

注：以上数据根据国家统计局发布的《中华人民共和国2002年国民经济和社会发展统计公报》、《中华人民共和国2003年国民经济和社会发展统计公报》以及《中华人民共和国2004年国民经济和社会发展统计公报》所公布的数据计算而来。

以每公顷耕地的粮食产量来考察，英国13～14世纪每公顷耕地的粮食产量约0.53吨。到16世纪，每公顷产量达到0.83吨。到18世纪下半期，每公顷产量达到1.11吨。[1] 到19世纪末20世纪初，每公顷产量达到2.25吨。[2]

---

[1] 魏宏运、李金铮：《从11村个体农民生产消费看近代中国农村变迁》，载《中国经济史研究》2004年第3期。

[2] 宋圭武：《中国为什么没有产生资本主义——李约瑟问题的一种新解释》，http://www.snzg.net/shownews.asp? newsid＝9562（最后访问时间2007年12月25日）。

根据联合国粮农组织国际粮农统计数据库①的检索结果，英国从 1970～2000 年的单位面积谷物（Cereals，Total）产量的数据如下：

年　份	1970	1975	1980	1985	1990	1995	2000
单位产量（顿/公顷）	3.57	3.81	4.94	5.59	6.17	6.87	7.16

根据这一数据库，执行相同的查询，中国在 2004 年每公顷的谷物产量为 5.14 吨，2003 年每公顷的谷物产量为 4.88 吨，2002 年每公顷的谷物产量为 4.89 吨。由此可见，目前中国的单位面积粮食产量基本上处于英国 20 世纪 80 年代初的水平。

以人均拥有当年粮食产量来考察，英国 1970 年人均拥有粮食 239 千克，1980 年人均拥有 346 千克，1985 年人均拥有 396 千克，1990 年人均拥有 390 千克。② 中国目前人均拥有当年粮食产量为 350 千克左右，大约相当于英国 20 世纪 80 年代初的水平。

以人均拥有肉类的数量来考察，1970 年英国人均拥有当年肉类产量 48 千克，1980 年人均拥有 54 千克，1985 年人均拥有 58 千克，1990 年人均拥有 58 千克。中国当前人均拥有肉类产量在 55 千克左右，大约相当于英国 20 世纪 80 年代初的水平。

以人均拥有钢产量来考察，英国 1980 年人均拥有 200 千克，1985 年人均拥有 331 千克，1990 年人均拥有 286 千克。③ 我国目前人均拥有粗钢产量在 200 千克左右，人均拥有钢材产量 220 千克左右，大约相当于英国 20 世纪 80 年代初的水平。

以人均拥有发电量来考察，英国 1980 年人均拥有 5038 千瓦·小时，1985 年人均拥有 5181 千瓦·小时，1990 年人均拥有 5542 千瓦·小时。我国目前人均拥有发电量在 1700 千瓦·小时左右，远低于英国 20 世纪 80 年代的水平，但这与两国发电资源的差异有关。

以能源使用效率（GDP/能源消费）为标准（单位为：煤源/千克标准油），

---

①　该数据库网址为 http：//faostat. fao. org（最后访问时间 2007 年 12 月 25 日）。

②　除特别注明以外，本部分有关英国的数据都是通过国家统计局网站（http：//www. stats. gov. cn）公布的英国相关年度数据计算而来的（最后访问时间为 2007 年 12 月 28 日）。

③　1984 年英国钢产量达到历史最高点 1895 万吨，以后逐年降低，1989 年降低到 1646 万吨，20 世纪 90 年代初有所回升，维持在 1720 万吨左右。就世界范围而言，全球钢产量也是在 1985 年前后达到最高点，以后钢铁产量总体上呈现下降的趋势。

英国在 1970 年的效率为 596，在 1975 年的效率为 1160，中国在 2000 年的效率为 945。[①] 大约相当于英国 20 世纪 70 年代中期的水平。

根据麦迪森教授的研究，以人均国民生产总值来考察，以 1990 年国际美元、按购买力平价计算的人均 GDP 来考察，英国在 1700 年为 1250，在 1820 年为 1707，在 1870 年为 3191，在 1900 年为 4593，在 1950 年为 6907。中国在 2001 年为 3175。由此可见，中国在 2001 年的人均国内生产总值大约相当于英国在 19 世纪 70 年代的水平。[②]

据《中国现代化报告 2005》的研究结果，2001 年中国与美国等 7 个国家的综合年代差在 100 年左右。这一报告主要采用人均 GDP、农业劳动人口占总人口的比重、农业增加值占 GDP 的比例等三个指标来比较中国与发达国家的差距，其中，人均 GDP 与一国的生产力水平直接相关，根据其研究结果，2001 年，按照当年的购买力评价，我国人均 GDP 为 3580 美元，这个数据英国早在 1881 年就实现，荷兰是 1897 年，美国是 1892 年。[③]

综合以上考察指标，中国当前的生产力大约相当于英国 20 世纪初的生产力水平，某些指标已经达到英国 20 世纪 80 年代的生产力水平，即使作保守的估计，中国当前的生产力水平也已经超过了英国 19 世纪 80 年代的水平。从整体来讲，中国当前已经具备进行财政立宪的生产力条件。

三、我国财政立宪的政治基础

财政立宪的政治基础包括民主、宪政、法治的建立以及纳税人阶层的壮大，我国已经基本上具备了财政立宪的政治基础。

（一）民主发展状况

财政立宪的实质在于控制政府的财政权，保护人民的财产权，而其方法在于让人民对政府的财政收支活动拥有最终的决定权。因此，财政立宪本质上是一种民主制度，它也必须在民主制度的基础上（或者民主的传统上）才能存在和发展。我国民主的发展状况是决定财政立宪能否以及何时在我国实现的一个重要

---

　　① 数据来源：Word Bank. 2003 World Development Indicators；中国现代化战略研究课题组、中国科学院中国现代化研究中心：《中国现代化报告 2005——经济现代化研究》，北京大学出版社 2005 年版，第 14 页。

　　② ［英］安格斯·麦迪森：《世界经济千年史》，伍晓鹰等译，北京大学出版社 2003 年版，第 54 页。

　　③ 中国现代化战略研究课题组、中国科学院中国现代化研究中心：《中国现代化报告 2005——经济现代化研究》，北京大学出版社 2005 年版，第 153 页。

因素。

民主最本质的含义在于人民对于公共事务拥有最终决定权和发言权。[①] 以此标准来衡量我国民主发展状况，可以认为我国在基本制度上属于民主制度，而且是非常典型的民主制度，但是在民主的行使方式和落实方面与民主制度的要求仍存在较大差距。

就我国《宪法》所确立的基本制度而言，属于民主制度当无可非议。《宪法》第1条规定了我国的基本制度："中华人民共和国是工人阶级领导的、以工农联盟为基础的人民民主专政的社会主义国家。"第2条明确规定了人民当家做主的权力："中华人民共和国的一切权力属于人民。人民行使国家权力的机关是全国人民代表大会和地方各级人民代表大会。人民依照法律规定，通过各种途径和形式，管理国家事务，管理经济和文化事业，管理社会事务。"

作为执政党的中国共产党也是将民主制度作为执政的基础以及努力的方向。《中国共产党章程》在"总纲"中明确规定："坚持社会主义道路、坚持人民民主专政、坚持中国共产党的领导、坚持马克思列宁主义毛泽东思想这四项基本原则，是我们的立国之本。""中国共产党领导人民发展社会主义民主政治，建设社会主义政治文明。""坚持人民代表大会制度""积极支持人民当家做主，切实保障人民管理国家事务和社会事务、管理经济和文化事业的权利。广开言路，建立健全民主决策、民主监督的制度和程序。"

我国宪法、法律以及中共党章所规定的这些制度是否在现实中真正贯彻实施了，目前还难以下一个非常准确的结论。从整体上来讲，大部分制度都基本落实了，党和国家也在民主制度的道路上不断前进并取得了很多实质性的成就，从以下几方面具有代表性的现象能够看出我国民主发展的大体状况：

（1）人民的知情权和监督权逐渐得到落实。2004年6月23日李金华审计长在十届人大常委会十次会议上做2003年度审计工作报告，随后该报告全文发表，引起强烈反响，被认为刮起了一场审计风暴，人大的地位再次得到提升，人民的知情权、发言权和监督权得到进一步体现。[②] 2004年4月继国务院批准中石油总经理马富才引咎辞职后，北京市和吉林省也分别批准在密云县迎春灯会特大伤亡事故、吉林市中百商厦特大火灾事故中分别负有重要领导责任的密云县县长张

---

① "人民需要共和国，为的是教育群众走向民主，需要的不仅仅是民主形式的代表机关，而且要建立由群众自己从下面来管理国家的制度，让群众来实际地参加各方面的生活，让群众在管理国家中起积极的作用。"《列宁全集》第24卷，人民出版社1957年版，第153~154页。

② 该事件被人民网联合新华网、中国网等13家新闻网站共同推出的"中国网络媒体2004年度新闻风云榜"评为2004年度国内十大新闻之一，同时也被新华社评为2004年度十大国内新闻之一，被中央电视台联合全国31家省级电视台评为2004中国电视国内十大新闻之一。

文、吉林市市长刚占标引咎辞职，据相关新闻媒体的民意调查，他们的辞职在很大程度上是迫于舆论的压力，是因为无法给人民一个交代。引咎辞职制度的引入表明了中国的官员不仅要对上负责，更要对下负责。[1] 2004 年 9 月，河南省举行了新闻发布会，如实公布了本省艾滋病的感染者为 2.5 万人，现症病人为 1.18 万人。政府越来越多地将可能具有"负面效应"的信息公之于众。目前，国务院新闻办公室、国务院各部门和省级政府三个层次的新闻发布体制已基本建立，62 个国务院部门建立了新闻发布制度和设立了 75 位发言人，全国有 23 个省（自治区、直辖市）建立了新闻发布制度，有 20 个已设立了省级政府发言人。2004 年，国务院 44 个部门举办了约 270 场新闻发布会，28 个省（自治区、直辖市）举办了 460 多场新闻发布会，极大地增强了政府工作的透明度和政务信息的公开，公民的知情权、监督权和参与公共事务的权利保障得到了加强。[2] 2005 年 4 月 26 日，中共中央办公厅、国务院办公厅联合印发《关于进一步推行政务公开的意见》，各地区各部门全面推行政务公开工作。人民的知情权、发言权和监督权进一步得到落实。

（2）国家机关注重倾听人民意见。2005 年 7 月 10 日，全国人大常委会办公厅正式通过网络、报刊等媒体向全社会全文公布《物权法》草案。截至 7 月 26 日，全国人大常委会法制工作委员会共收到各地人民群众意见 6515 条。《物权法》从 1998 年开始起草，到 2002 年 12 月第一次提请审议，2004 年 10 月的第二次审议以及 2005 年的第三次审议，使得草案基本完备。公开法律草案，征求公众意见，让公众参与立法，有益于法律执行，有益于科学决策，有益于普法，有益于人民民主意识的培养，更有益于促进民主法制进程。[3] 2005 年 9 月 27 日，广受社会关注的个人所得税工薪所得减除费用标准听证会在北京举行。这次听证会由全国人大法律委员会、财政经济委员会和全国人大常委会法制工作委员会共同组织举行，是全国人大及其常委会历史上的第一次立法听证会。

（3）领导人深入群众，降低"官架子"。2004 年国庆节期间，中共中央总书记胡锦涛在北京乡村和街道进行走访，在与基层干部进行座谈的过程中，总书记起身向在座的基层干部深深鞠了一躬。2005 年 5 月 18 日至 9 月底，全国公安机关开展"开门大接访"活动，集中处理群众信访问题。一些地方政法委书记和公、检、法、司"四长"联合接访，在人民群众中产生了良好反响，涉法涉诉信访大幅增长的势头得到控制。这些都表明我国的领导人逐渐放下"官架子"，拉

---

① 连玉明、武建忠主编：《中国国情报告（2005）》，中国时代经济出版社 2005 年版，第 47 页。
② 国务院新闻办公室 2005 年 4 月发布的《2004 年中国人权事业的进展》。
③ 该事件被《人民日报》评为 2005 年党建十件大事之一。

近了与普通民众的距离。

（4）人民直接参与国家的管理，官员公开选拔的范围越来越广。从 2005 年 5 月 1 日起，《全国人民代表大会常务委员会关于完善人民陪审员制度的决定》开始实施，我国在司法审判中全面实施人民陪审员制度，2.7 万名人民陪审员正式上岗，与法官同权审案，标志着中国特色的陪审制度走向完善。2003 年下半年以来，江苏省共有 4 名副厅级干部、49 名处级干部和 242 名科级干部通过公推公选、多轮票决的方式走上领导岗位。① 2004 年浙江省进行了第 7 次公开选拔党政领导干部，包括 12 个副厅级领导、2 个副厅级职位、5 名副市长和 5 名县级党政正职。② 另外，也出现了独立候选人直接参选胜出的事例。③

（5）人大加强监督力度。1998 年 4 月，武汉市政府《关于再就业工程实施情况的报告》被市十届人大常委会第三次会议否决，该事件震惊全国。④ 2004 年 6 月，山西省人大常委会对本省一位常务副省长进行了述职评议，被视为"山西政治生活中的一件大事"。⑤

（6）农村基层民主建设进入新阶段。1991 年吉林省梨树县双河乡平安村村委会换届选举首次实行"海选"，被认为是中国基层民主建设的里程碑。吉林省九届人大常委会以此实践为基础，制定了《吉林省村民委员会选举办法》。2004 年，国务院发出了《关于健全和完善村务公开和民主管理制度的意见》，健全、完善了村务公开和民主管理制度，促进了基层群众民主权利的保障。各地普遍建立了以《村民自治章程》和《村规民约》为主要内容的民主管理制度，以村民大会和村民代表会议为主要形式的民主决策制度以及以村务公开和民主评议为主要内容的民主监督制度，使村民自治的法治化管理水平明显提高。开展了"民主法治示范村"创建活动，目前全国已有 10％左右的村跨入"民主法治示范村"行列。⑥

当然，中国民主的进程目前仍停留在初级阶段，在现实民主政治生活中还存在很多不符合民主原则的制度和行为。有些制度的落实仅仅是在形式上，在实质上还没有达到我国《宪法》、法律和中共党章的要求，具体来讲，主要表现在以下几个方面：

---

① http://news. xinhuanet. com/newscenter/2004-09/01/content ＿ 1935001. htm（最后访问时间 2007 年 1 月 1 日）。

② 连玉明、武建忠主编：《中国国情报告（2005）》，中国时代经济出版社 2005 年版，第 189 页。

③ 《中国青年报》2003 年 5 月 21 日。

④ 李龙主编：《政治文明与依法治国》，浙江大学出版社 2004 年版，第 208 页。

⑤ 《中国青年报》2004 年 6 月 8 日。

⑥ 国务院新闻办公室 2005 年 4 月发布的《2004 年中国人权事业的进展》。

（1）从制度层面来讲，我国的人民代表大会制度允许各级政府领导人成为各级人大代表，这样就存在自己监督自己的问题。例如，1998年初选出的九届全国人大代表共2979名，其中，工人农民占18.9%，知识分子占21.08%，干部占33.17%。[1] 而在第十届全国人民代表大会代表中，工人、农民代表仅占总数的18.4%。[2] 全国人大的基本职能之一就是监督各级政府是否真正履行了宪法和法律赋予的职责，在大量被监督者加入了监督者的群体以后，监督者在多大程度上还能够发挥监督职能就不能不打一个问号。全国人大的主要领导大部分来自前任政府官员，使得人大成为继政协之后的第二个"养老机构"也不利于人大职能的发挥。[3]

（2）很多具体措施趋于形式化，实际效果并不明显。例如，早在1999年，杭州市就设立了"12345"市长公开电话，提出"不让群众失望、不让'公仆'推卸责任、不让'中心'低效运转"的"三不原则"，并相继开通了电子邮箱、手机短信等服务，但效果并不尽如人意。[4] 因此，我们还不能排除很多体现民主制度的举措实质是"形象工程"。

（3）很多制度在试点阶段难度较大。例如，2004年6月山西省人大常委会首次评议省政府高官——常务副省长之时，主持人宣布评议开始后，20多分钟内没人发言，因为评议的对象是掌握实权的重量级人物。后来，一位常委在发言中过多地讲述该副省长对发言人所在单位工作的支持，并恳请副省长在今后工作中进一步支持，致使身边的人员对他讲："您不是省长管辖下的官员。"[5] 1998年4月，武汉市政府《关于再就业工程实施情况的报告》被市十届人大常委会第三次会议否决，但否决以后是否有法律责任？法律责任如何承担？这些问题都没有答案。[6] 可见，真正实现人大监督政府的目标还有很长一段路要走。

（4）政府及官员信息公开制度尚待完善。在国外，政府高级雇员作为公众人物是"透明"的，任何媒体都可以直接把镜头对准他，包括其亲属子女在内。我国在这方面仍存在较大差距，2004年初，关于哈尔滨宝马轿车撞人一案在网上炒得很热，据说点击率超过了"非典"，并引起了中央领导的重视，针对有关网

---

[1] 这里采用的数据出自国务院新闻办公室2000年2月发布的《中国人权发展50年》。

[2] 这里采用的数据出自国务院新闻办公室2005年10月发布的《中国的民主政治建设》。

[3] 九届全国人大常委会委员长、副委员长、秘书长一共19人，有8个前政府官员。全国人大9个专门委员会，9个主任委员全部曾任党和政府官员，副主任委员也基本如此。参见胡鞍钢：《人民代表大会常委会面临重大改革》，载《21世纪环球报道》2003年1月21日。

[4] 连玉明、武建忠主编：《中国国情报告2005》，中国时代经济出版社2005年版，第124页。

[5] http://www.e-cpcs.org/oldweb/jqhd_d.asp?id=1469（最后访问时间2006年1月1日）。

[6] 《监督法（草案）》在2002年8月底就曾提请全国人大常委会审议，但很多制度无法规定，这一法律迟迟无法出台。

上说肇事者是该省政协副主席儿媳妇的传言，黑龙江省政协副主席韩桂芝主动约见记者辟谣。高官出面为自己辟谣，在新中国历史上尚属首次。《新京报》发文认为，关键是有关政府和官员的信息不透明。应该给官员建立一个公共档案。这是公民对国家机关及其官员进行监督的基础。2004 年 11 月，舆论对于"深圳电影事件"[①] 的追问再次显示了采取这一措施的迫切性。[②]

（二）宪政发展状况

宪政最本质的特征在于运用具有最高权威性的宪法来控制政府权力、保护公民权利。运用这一标准来判断我国的宪政建设，可以认为，宪政已经被确立为我国政治文明发展的方向，《宪法》已经开始逐渐发展为具有最高权威性的规则，控制政府权力、保护公民权利的定位已经开始在我国《宪法》和宪政实践中体现出来。

1. 宪政已经被确立为我国政治文明发展的方向

宪政首要的形式特征是《宪法》具有最高的权威性，这一点已经被我国的《宪法》、法律以及执政党的纲领所确认。

我国《宪法》在序言中庄严宣布："本宪法以法律的形式确认了中国各族人民奋斗的成果，规定了国家的根本制度和根本任务，是国家的根本法，具有最高的法律效力。全国各族人民、一切国家机关和武装力量、各政党和各社会团体、各企业、事业组织，都必须以宪法为根本的活动准则，并且负有维护宪法尊严、保证宪法实施的职责。"我国的其他法律都是以《宪法》作为立法依据的，都是不能违反《宪法》的，因此，在法律的层面也确立了《宪法》的最高权威性。作为执政党的中国共产党也一直是把《宪法》尊为具有最高法律地位的行为准则。《中国共产党章程》在"总纲"部分明确规定："党必须在宪法和法律的范围内活动。"中国共产党也非常重视《宪法》的作用，2002 年 12 月 26 日，中共中央政治局进行了首次集体学习，主题就是学习《宪法》。

2. 《宪法》已经开始逐渐发展为具有最高权威性的规则

《宪法》具有最高权威性规则的基本体现是违宪审查制度，目前，我国尚未建立真正的违宪审查制度，但是对于违宪法律法规的审查已经有了一些具体的制度，例如，我国专门审查全国各地方法规是否违宪的法规审查备案室已经成立，隶属于全国人大常委会法制工作委员会。成立专门的机构来审查地方法规是否违

---

① 深圳市有关部门下文组织学生观看电影《时差七小时》，该片女主角暨该片所依据的小说作者是深圳市委副书记的女儿。相关评论和报道请参见 http://www.people.com.cn/GB/guandian/1033/2975439.html（最后访问时间 2007 年 1 月 1 日）。

② 连玉明、武建忠主编：《中国国情报告 2005》，中国时代经济出版社 2005 年版，第 223 页。

宪，这在全国人大常委会的历史上还是首次。

在现实生活中，也已经出现行政法规被视为违宪并被依法修改的案例。2003年初的孙志刚案出现以后，三位法学博士以公民的身份上书全国人大，要求对《城市流浪人员收容遣送办法》（以下简称《办法》）进行违宪审查，使违宪审查问题首次进入公众的视野，并最终导致了这一《办法》的废止，它让国民看到了违宪审查的威力以及我国建立完善的违宪审查制度的曙光。①

3. 《宪法》初步具备控制政府权力、保护人民权利的功能

我国现行《宪法》在制定之初实际上就初步具备了控制政府权力、保护人民权利的功能，其第二章就明确规定了公民的基本权利，其中所规定的人民代表大会制度所体现的基本精神就是控制政府权力，保护人民权利。随后，我国所通过的《宪法（修正案）》不断完善了对人民权利的保护制度。1988年、1993年以及1999年的三次修宪表面看来侧重经济制度的改革，但实质上解决的是人民的财产权问题：私有财产权、自由经济权等。2004年的第四次修宪明确将保护公民的私有财产权写入宪法，明确将尊重和保护人权写入了《宪法》。充分表明了我国《宪法》的基本功能已经定位于控制政府权力、保护公民权利。而在现实生活中，人们求助于《宪法》保护往往是在政府权力侵犯了人民权利之时，例如2003年的孙志刚案。

在宪政建设取得进展之时，我们还必须清醒地认识到，我国的宪政建设只是刚刚起步，还有漫长的道路需要走。违背《宪法》的规则和行为还大量存在，《宪法》的最高权威性更多地停留在理论上，《宪法》尚未具备完全控制政府权力的能力，《宪法》保护公民权利的力度尚有待提升。

首先，违背《宪法》的规则和行为还大量存在。就法律制度而言，在法律条文的表述中明显违反《宪法》条款的并不多，但是违背《宪法》精神和原则的法律制度就大量存在了。在现实生活中，各级人大违反《宪法》的事例时有发生，各级政府违反《宪法》的事例也是层出不穷。

其次，《宪法》的最高权威性更多地停留在理论上。在理论上和各种法律、文件中，《宪法》具备最高权威性已经没有疑问，但是在实质层面上，一部声称依据《宪法》制定的法律有可能在某些条款中违背《宪法》精神或原则，某些政府机关口头上声称尊重《宪法》，但是一到具体行为中，就把《宪法》丢到九霄云外了。②

---

① 连玉明、武建忠主编：《中国国情报告2005》，中国时代经济出版社2005年版，第49页。

② 1981年《中共中央关于建国以来若干历史问题的决议》在分析文革产生的原因时，强调其中一个重要原因是：虽然制定了《宪法》和法律，但宪法和法律没有应有的权威。同样，苏联《宪法》虽然规定劳动人民通过苏维埃代表大会行使管理国家的权利，但并为建立必要的制度来保证人民有效的监督国家机关和领导人，人民群众当家做主的权利实际上并没有兑现。参见张伟垣等主编：《苏联兴亡和社会主义前景》，新华出版社1999年版，第101页。

第三，《宪法》尚未具备完全控制政府权力的能力。《宪法》控制政府权力必须以《宪法》具有最高权威性为前提，现实生活中的政府既可以制定违背《宪法》精神和原则的规章制度，也可以表面宣称尊重《宪法》，而实际行动中背离《宪法》。因此，妄想完全或者主要依赖《宪法》来控制政府权力在目前的中国尚难以实现。作为执政党的中国共产党在控制政府权力方面仍然发挥着不可替代的作用。

第四，《宪法》保护公民权利的力度尚有待提升。《宪法》虽然明确规定了人民的各种权利，但这些权利尚无法全部在现实生活中得以实现，有些权利无法实现是因为我国的经济发展水平所限，但更多的是《宪法》无法在司法中直接适用，无法成为公民权利主张的直接依据，致使《宪法》权利往往成为"写在纸上的权利"。

（三）法治发展状况

法治作为人类社会的一种治国理想和追求，古今中外的学者对之进行了无数的探讨与争鸣，形成了众多理论与学说，但却难以达成一个统一的、公认的法治概念。难怪有学者认为，法治是"一个无比重要的、但未被定义、也不是随便就能定义的概念"。[1] 在西方，法治是与亚里士多德的名字联系在一起的，他对法治的解释可称得上古代西方对法治最经典的语义解释。他认为："法治应当包含两重含义：已成立的法律获得普遍的服从，而大家所服从的法律又应该是制定得良好的。"[2]

就中国目前的法治建设而言，法治已经成为我国政治文明建设的目标之一，社会各界都在大力加强法治建设，法律的权威性和遵从度都在大幅度提升，立法的水平及法律的优良性也在不断提高。

1. 法治是我国政治文明建设的目标之一

法治是我国现代化建设的目标之一，我国正在建设法治国家，这一点已经成为社会的共识，已经被《宪法》以及党的纲领性文件所确定。党的十五大确立了依法治国、建设社会主义法治国家的基本方略。1999 年通过的《宪法（修正案）》第 13 条将"实行依法治国，建设社会主义法治国家"写入了《宪法》。《中国共产党章程》在"总纲"部分明确规定："健全社会主义法制，依法治国，建设社会主义法治国家，巩固人民民主专政。"党的十六大把发展社会主义民主政治，建设社会主义政治文明，作为全面建设小康社会的重要目标之一，并明确提出"加强对执法活动的监督，推进依法行政"。

---

① ［英］戴维·M. 沃克：《牛津法律大辞典》，邓正来等译，光明日报出版社 1988 年版，第 790 页。
② ［古希腊］亚里士多德：《政治学》，吴寿彭译，商务印书馆 1965 年版，第 167 页。

2. 社会各界在大力加强法治建设

作为执政党的中国共产党对于法治建设非常重视，除了党的章程和重要决议等文件不断重申建设法治国家的目标以外，党中央也加强了自身对于法治建设的学习。2003 年 9 月 29 日，中共中央政治局举办的第八次集体学习，主题是"坚持依法治国、建设社会主义政治文明"。2004 年 4 月 26 日，中共中央政治局举办的第十二次集体学习，主题是"法治建设与完善社会主义市场经济体制"。

依法行政是法治建设的重要组成部分，我国已经取得了明显进展。继国务院于 1999 年和 2001 年先后出台两份有关依法行政的决定以后，2004 年 3 月 22 日国务院颁布了《全面推进依法行政实施纲要》（以下简称《纲要》），再次提升了全社会的法治意识，为法治在我国社会生活中生根发芽奠定了坚实的基础。《纲要》确立了建设法治政府的目标，明确规定了今后十年全面推进依法行政的指导思想和具体目标、基本原则和要求、主要任务和措施，是进一步推进我国社会主义政治文明建设的重要政策文件。《纲要》明确规定了全面推进依法行政的目标：全面推进依法行政，经过十年左右坚持不懈的努力，基本实现建设法治政府的目标。

地方各级政府也在积极按照建设法治国家的要求，努力把日常工作纳入法治轨道。例如，2004 年 9 月，浙江省委、省政府做出决定：凡省级领导下访去基层，必须聘请律师为随行顾问，以及时就地解决涉法信访问题。这一决定解决了领导下访"拍胸脯表态、拍屁股走人"的问题，对于依法行政、建设法治国家具有现实意义。

3. 法律的权威性和遵从度大幅度提升

经过近些年的法治建设，法律在人们心目中的地位已经得到了大幅度的提升，遇到纠纷找法律，规则发生冲突以法律作为最终依据已经逐渐成为广大公民的自觉行动。

《行政许可法》自 2004 年 7 月 1 日实施以来，从中央到地方都在认真清理和废除违法的行政许可，很多地方和部门近一半的行政许可项目被废除，2002～2004 年，国务院分三批宣布取消和调整行政审批项目 1806 项。到 2004 年底，国务院部门的审批事项已减少 50.1%，[①]"公章旅行"的现象基本上已经成为历史。

4. 立法的水平及法律的优良性不断提高

立法水平的高低在很大程度上体现在立法者的自身素质。2003 年 3 月 15 日，十届全国人大一次会议选出了 159 名常委会委员。令人瞩目的是，一批年轻

---

① 数据摘自国务院新闻办公室 2005 年 10 月发布的《中国的民主政治建设》。

的专业人士被选进常委会，使全国人大常委会的人员结构发生了重大变化。他们原来的身份大多是政府官员、学界精英，共同特点是年富力强、学识精深。一批具有专业背景的年轻委员进入人大常委会，为人大常委会注入了青春活力，对提高全国人大的立法质量和监督水平起到了促进作用。伴随着民主政治的前进步伐，各级人大代表参政议政的能力和素质水平日益提高。在十届全国人大代表中有九成受过高等教育，拥有硕士或博士学位的不在少数。越来越多的代表不仅把人大代表的称号当做一种荣誉，更是为民代言，行使当家做主权利的代表。①

立法水平的优良性在很大程度上体现在立法过程中听取和吸纳民众意见的程度。最近几年，全国人大及其常委会立法越来越注重听取普通民众的意见。2005年7月10日，全国人大常委会办公厅正式通过网络、报刊等媒体向全社会全文公布物权法草案。2005年9月27日，全国人大常委会举办了全国人大及其常委会立法史上的首次立法听证会——个人所得税工薪所得减除费用标准立法听证会。地方人大在此之前已经尝试举办立法听证会。2003年8月20日，新疆维吾尔自治区人大召开首次立法听证会，就《新疆实施〈消费者权益保护法〉办法（草案）》广泛听取来自普通民众的声音。2004年9月初，北京市人大法制委员会围绕《北京市实施〈中华人民共和国道路交通安全法〉办法（征求意见稿）》中人们关注的问题，举行了北京市首次立法听证会。

在看到我国法治建设的成就的同时，也应当关注我国法治建设现状与目标之间的差距以及进一步推进我国法治建设的艰巨任务。

（1）法治的第一要义就是法律（这里的法律泛指各种法律形式，包括《宪法》，下同）具有最高的权威性，任何问题的解决，最终依据都是法律。但是在我国目前状况下，法律在很多情况下，特别是在重大、特殊问题面前，仍显得软弱无力，党中央和国务院不得不担当起这一重任。例如，2005年末的松花江污染事件，法律并未在此事件中扮演重要的角色。

（2）"潜规则"的大量存在导致法律在社会生活中的规范作用大为降低。除了道德对法律的补充以外，潜规则也在大量补充法律，甚至替代法律。在法律没有明确规定的领域，潜规则大量存在，而这些潜规则往往是违反法律的原则和精神的。即使在法律有明确规定的领域，潜规则仍然可以起到修改法律的作用。大学法学院的毕业生最能深切地体会到现实中的法律既不像书本中写的那样，也不像法律条文所表述的那样。

（3）法治在某些领域被形式化。当法治变成一种口号和一种运动时，人们就不再把法治当成一回事了。自从中央提出"依法治国"的目标以来，很多地方领

---

① 《追寻人民民主的足迹：人大50年十大标志性事件》，载《中国青年报》2004年9月15日。

导将其变成了一种口号到处套用，"依法治省"、"依法治市"、"依法治县"、"依法治校"、"依法治厂"……几乎什么都可以"依法"来"治"。当"依法治国"逐渐演变为"依法治家"时，法治就被当成了一句笑话，没有人会太认真。

（4）法治的第二个要义——良法之治在我国尚有漫长的道路要走。虽然近些年来的立法质量有了大幅度提高，但是，我们不得不承认大量的法律仍然处于"笨法"、"无用法"，甚至"恶法"的状态之中。就财税立法领域而言，《农业税条例》直到 2006 年 1 月 1 日才予以废止，在此之前，《农业税条例》实际上扮演了很长一段时间的"笨法"、"无用法"和"恶法"的"罪名"。我国开征的 20 多种税，只有 2 种有法律（指狭义的法律）依据，其余均是行政法规，而且是"暂行"的。仅就形式而言，这些法律也不能算做"良法"。

（四）社会阶层发展状况

财政立宪的最终实现需要依靠社会阶层的政治博弈，特别是纳税人阶层的兴起与强大。因此，考察中国社会阶层发展状况将直接决定着财政立宪的实现方式与实现时间。

中国当前的社会阶层显然已经不是解放初期的工人阶级、农民阶级和知识分子阶层的简单结构，而是逐渐朝着多阶层的社会结构发展。中国社科院在 2001 年底完成的"当代中国社会阶层研究"课题，专家们通过大量翔实的调查数据，对当代中国社会阶层进行了分析，划分出了"十大阶层"：国家与社会管理阶层、经理阶层、产业工人阶层、农业劳动者阶层、私营企业主阶层、专业技术人员阶层、办事人员阶层、个体工商户阶层、商业服务人员阶层和城市无业、失业和半失业阶层。该报告还指出，与发达国家相比，现代化社会阶层结构的基本构成部分在中国已经具备。凡是现代化国家所具备的社会阶层，都已经在中国出现。今后，中国社会阶层结构在构成成分上不会有大的变化，可能变化的主要是各个阶层的规模，其中专业技术人员阶层、商业服务人员阶层、经理阶层和私营企业主阶层会大大扩张。[①]

有学者根据相关研究成果，对中国社会阶层结构的演化趋势做出八个方面的判断：劳动分工与职业将成为判别阶层的主要标准；社会分化将产生更大的社会差别；两极分化的社会已经来临；社会阶层的轮廓已经浮现；通过正当职业途径进入富裕阶层的人会越来越多；社会阶层结构的弹性空间不断加大；贫困者阶层

---

① 《江南时报》2001 年 12 月 14 日第 3 版；陆学艺主编：《当代中国社会阶层研究报告》，社会科学文献出版社 2002 年版；http://www.people.com.cn/GB/kejiao/20011214/626580.html（最后访问时间 2008 年 1 月 1 日）。

将得到社会更多的关注与保护；非政府组织将成为调节各阶层利益关系的重要纽带；社会阶层结构的动荡源高度集中和明晰。[①]

《经济观察报》发表文章认为，中国社会逐渐成为一个公众社会，利益主体越来越多元，由利益的分化带来的社会矛盾和社会冲突也正在成为社会生活中一个正常的组成部分。中国逐渐进入了一个为利益而进行博弈的时代。[②] 例如，自1998年以后，农民的抗争进入"有组织抗争"或"依法抗争"的阶段，出现了一种旨在宣誓和确立农民这一社会群体抽象的"合法权益"或"公民权利"的政治性抗争。[③]

通过上述学者的研究结果，可以看出我国目前已经具备多元的社会阶层，多元社会阶层之间也开始为了各自的不同利益而进行博弈，政治博弈的游戏规则正在中国逐渐产生。同时还应当看到，我国社会阶层的分化及其政治博弈仅处于初级发展的阶段，与发达国家相比还存在很大差距。

（1）发达国家的历史经验表明，一个稳定的社会结构应该是中间大、两头小的"橄榄球"模式，而我国正相反，中间阶层比较小，而两头的阶层，即国家与社会管理阶层与产业工人阶层、农业劳动者阶层，特别是后者数量比较大。[④] 这种模式是非常不稳定的，容易发生社会动乱。

（2）政治博弈的规则尚未正式形成，利益表达机制尚不健全。每个社会阶层的利益都需要表达，如果没有一个正常的规则和机制可以表达，就有可能采取非正常的、甚至是非法的方式来表达。例如，我国尚未建立罢工制度，普通工人的利益缺乏表达渠道，很多地方的工人只能采取集体上访、围堵政府机关或者非法游行示威的方式。我国纳税人利益表达机制不健全，导致很多地方发生集体抗税事件。

（3）纳税人阶层尚未形成。纳税人阶层主要指社会的中间阶层，即中产阶级，他们是主要的纳税人群体，承担主要的纳税义务。我国目前的中间阶层尚未自觉把自己作为纳税人阶层来看待，处于社会底层的农民、工人阶层由于承担较少的直接税纳税义务，很多人并没有意识到自己也是纳税人。致使我国具有自我觉悟的纳税人阶层的人数非常少，难以为财政立宪目标的实现而进行政治博弈。

---

① 朱力：《中国社会阶层结构演化的趋势》，载《社会科学研究》2005年第5期。

② 孙立平：《中国进入利益博弈时代》，载《经济观察报》2005年6月29日。

③ 连玉明、武建忠主编：《中国国情报告2005》，中国时代经济出版社2005年版，第161页。

④ 由周晓虹主编、社会科学文献出版社出版的《中国中产阶层调查》认为中国中产阶层在社会中所占的比例为11.9%。http://www.china.com.cn/chinese/kuaixun/958361.htm（最后访问时间2011年3月15日）。

四、我国财政立宪的文化基础

财政立宪最终要靠"人"来实现，特别是要靠"纳税人"来实现。因此，人的主观状态和精神面貌如何将直接决定着这里的"人"是否有能力完成财政立宪。[①] 人的主观状态和精神风貌体现为一个社会的文化。财政立宪的实现必须具备三个方面的文化基础：民主意识、法治意识和纳税人意识。

（一）民主意识与民主文化

一个社会的民主状况在很大程度上是由这个社会中的每个人的民主意识所决定的。只有具备较高的民主意识才能组成一个民主的社会，而一个民主的社会必定要求其成员具备较高的民主意识。

历史上的中国是民主意识比较匮乏的国家，新中国成立以后，国民的民主意识有所提高，但是，集权主义、官本位、权力本位等思想与实践再次削弱了国民的民主意识。就目前的中国而言，应当说民主意识已经逐渐进入大多数国民的脑海中，在少数人的头脑中已经生根发芽。在发达地区、在城市，民主的氛围相对比较浓，国民的民主意识比较强，而在落后地区、在农村，民主的氛围相对比较淡，国民的民主意识也比较弱。

至于我国国民民主意识的整体水平如何，目前尚难以给出准确的答案。新浪读书网所做的关于中国人素质的一项调查可以从一个侧面反映一些问题。该项调查显示，关于中国人最欠缺的素质是什么，18.04％的人认为是人权意识，15.40％的人认为是公民意识，14.88％的人认为是法治精神，13.53％的人认为是独立人格，8.78％的人认为是主体意识，7.06％的人认为是民主精神。[②] 从上述调查结果可以看出，民主意识已经不是中国人最缺乏的素质，但也是中国人比较缺乏的素质。

从我国文化发展的整体来看，民主文化占据了主流，但是非民主文化，如官本位（权力本位）文化、封建主义文化等仍然占据一定的比例（估计在20％左右）。

（二）法治意识与法治文化

法治意识、法律文化与法治建设同样具有非常密切的关系，二者是相辅相成

---

① 人的状况本身也反映了人所处社会的基本状况，"个人是什么样的，这取决于他们进行生产的物质条件。"（《马克思恩格斯选集》第1卷，人民出版社1972年版，第25页）

② 截至2006年3月18日21：00，共有2531人参与投票。http：//book.sina.com.cn/nzt/1099449981_suzhiweiji/index.shtml（最后访问时间2006年3月18日）。

的。广义的法治意识包括宪法意识在内，而且首要的是宪法意识和宪政意识。[①]

中国是个受封建意识影响比较严重的国家，其国民的宪法意识几乎是空白。戊戌变法只提出了"伸民权、争民主、开议院、定宪法"的主张，就被封建专制血腥镇压了。辛亥革命时，中国民族资产阶级的先驱者孙中山领导制定了《中华民国临时约法》，这是中国宪政史上仅有的一部资产阶级性质的宪法性文件，但未等实施即被窃国大盗袁世凯所抛弃，孙中山又为"护法"而奋斗，虽经1917~1918年和1921~1922年两次震惊中外的"护法"战争，但终无所获。孙中山临终时才深悟"欲达此目的，必须唤起民众"。所谓唤起民众就是要唤起民众以民主为核心的宪法意识。"护法"战争的失败在于仅有"宪法"而无民众的宪法意识。[②]

当前的中国显然已经不是20世纪20年代的状态了，《宪法》和法律在国民心目中已经占据了一定的位置。受过九年义务教育的人基本上都具备了一定的宪法意识和法律意识，也具有初步的宪政意识和法治意识。但是具备较高宪政意识和法治意识的人相对比较少，估计不会超过总人口数的1%。当然，建设宪政国家和法治社会并不需要每个人都具备较高的宪政意识和法治意识，但是应当有较大比例（如20%）的国民具备较高的宪政意识和法治意识，其余国民也应当具备基本的宪政意识和法治意识。

目前尚没有数据显示我国国民的宪政意识和法治意识的水平到底如何，但是有一点是可以确定的，即我国国民的宪政意识和法治意识的水平应当低于民主意识的水平，因为不具备民主意识的人是不可能具备宪政意识和法治意识的。

从我国文化发展的整体水平而言，法治文化仅能占据微弱的主流，宣扬或者暗示着道德胜过法律、潜规则胜过法律、权力胜过法律的文化仍然占据着非常大的比例，几乎与法治文化不相上下。

（三）纳税人意识与纳税人文化

纳税人意识的强弱直接决定着纳税人推动财政立宪动力的大小。没有较大比例的拥有较强纳税人意识的国民的推动，财政立宪不可能自动实现。

纳税人意识的内涵非常丰富，但首要的一点就是必须知道自己是纳税人。目前尚没有权威的数据表明到底有多大比例的国民知道自己是纳税人。但是我们可

[①] 法治意识可以界定为人们对法治及法治现象的认知、理想、心理、评价、观念的总和。参见黄稻主编：《社会主义法治意识》，人民出版社1995年版，第330页。

[②] 苏一星：《培养国民宪法意识是推进社会主义宪政建设的前提和基础》，载《人大研究》2005年第2期。

以从以下几个方面做一个粗略的估计：①凡是直接缴纳过税收的人都知道自己是纳税人。②凡是被代扣代缴税款的人也应该知道自己是纳税人。③受过大学教育的人大多数都知道自己是纳税人。④广大农民由于要缴纳农业税，大部分也知道自己是纳税人。由此可以认为在正常的成年公民中，大部分人（估计70％）知道自己是纳税人。但是需要指出的是，仅仅因为缴纳农业税而知道自己是纳税人的农民纳税人意识非常弱，甚至没有我们所讲的纳税人意识。因为在很多农民的观念中，农业税和以前的地租并没有什么区别，农民是因为"种地"即使用了国家或者集体的土地才需要纳税的，而不是因为农民有了"收入"才需要纳税。如果把这些农民排除在外，在正常的成年公民中知道自己是纳税人的比例就要大幅度降低了，估计不会超过50％。

知道自己是纳税人仅仅是具备纳税人意识的前提条件，除此以外，更重要的是要能够理解纳税人的地位、纳税人与国家或者政府的基本关系：纳税人向国家缴税、国家给纳税人提供公共物品，纳税人是国家服务的对象，纳税人是社会和国家的核心。以此标准来衡量，中国当前具有纳税人意识的国民应该不会超过10％。

建设财政立宪国家需要有较大比例（例如30％）的人拥有较高的纳税人意识，其他的人也应当具备基本的纳税人意识。

从我国文化发展的整体状况来看，纳税人文化尚难占据主导地位，与纳税人文化相对的——政府文化仍然占据主导地位。政府文化的基本特点是宣扬政府的主导地位，宣扬政府为纳税人服务但却不强调这是政府的义务与职责，强调政府的"慈父精神"与对纳税人的"恩惠"但却不强调政府是靠纳税人"养活"的另一面。相反，纳税人文化的基本特点是宣扬纳税人的主导地位，政府被定位于纳税人的服务者，即纳税人的"公仆"，宣扬纳税人缴纳了税款就应当享受政府的服务，不是政府"养活"纳税人而是纳税人"养活"政府，政府为纳税人服务是天经地义的，并不是什么值得大加赞扬的高尚行为，而是政府分内应尽的职责。

第九章　我国财政立宪的路径选择

我国已经基本具备了财政立宪的经济、政治和文化基础，但仍需要进一步巩固这些基础，并且改革那些与财政立宪的思想、观念不相符合的部分。财政立宪并不是仅在《宪法》中增加几项条文就能解决的问题，而必须改造整个财税法律体系，使其符合财政立宪的要求。财政立宪的制度标志是在宪法中增加财政法定的条款，同时，财政立宪的真正实现必须依赖一系列完善的保障机制。

一、奠定财政立宪的社会基础

财政立宪应当具备一定的经济、政治和文化基础，我国目前已经基本具备，但具备了这些基础未必会导致财政立宪，其中所蕴涵的与财政立宪的思想和精神相背离的东西还很多，进一步改革和完善我国财政立宪的社会基础无疑是推进财政立宪的首要举措。

（一）大力提高生产力，促进税收国家发展

1. 完善私有财产权的法律保障

私有财产权是税收国家的基础，同时也是财政立宪的基础。只有具备完善的保障私有财产权的法律制度才能为财政立宪奠定坚实的经济基础。目前我国已经具备了比较完善的保障私有财产权的法律制度，已经在宪法、刑法、行政法、民商法和经济法等领域建立了保障私有财产权的法律制度，在司法领域也建立了比较完善的行政诉讼、刑事诉讼以及民事诉讼的保障制度。[①] 将来的任务主要集中在以下两个方面：

（1）拓展私有财产权的范围。不能将私有财产权局限在传统的财产权的范围内，而应当根据时代的发展以及我国的具体国情，不断拓展私有财产权的范围。农民的土地使用权（承包经营权）、国有土地使用权、公民的投资收益权、无形财产权以及在名誉、荣誉、身份等人身权中所包含的财产权部分都应当列入私有

---

① 尹忠显：《中国的私有财产权司法保护》，载《山东审判》2004 年第 3 期。

财产权的范围予以保护。①

(2) 国家侵犯私有财产权必须有法律依据。私有财产权的主体负有社会责任，出于公共利益可以予以限制和剥夺是现代宪法所确立的一项基本原则。② 但是，国家在限制和剥夺私有财产权之时，必须有法律依据，以防止国家以公共利益为借口而任意侵犯私有财产权，从而导致一切保护私有财产权的法律制度付诸东流。国家侵犯私有财产权最典型的方式包括征税、征收和征用，这些方式都必须依据法律进行，这也是现代宪法在确立私有财产权负有社会责任的同时所确立的基本原则。③ 目前，我国在农民私有财产权保护方面存在的问题比较严重，需要加强对农民私有财产权的保护。④

2. 促进税收国家的发展

税收国家是财政立宪的生存环境，健康、稳定、繁荣的税收国家的存在可以为财政立宪奠定坚实的经济基础。目前我国已经形成了税收国家，初步具备了进行财政立宪的经济基础。但我国的税收国家建设只是刚起步，离健康、稳定、繁荣的税收国家的目标还有不小的距离。促进我国税收国家的发展应当重点从以下三个方面入手：

(1) 促进税收收入的良性增长。税收收入随着经济的发展而增长，是一种自然的现象，良性的税收收入的增长与经济发展具有一种内在的、稳定的联系。最近几年，我国税收收入每年都大幅度增长，而且大大超过经济发展速度。⑤ 其中有加强执法、减少偷漏税行为的功劳，但是，长期高速增长就无法仅用这一原因

---

① 这里并非主张将社会全部财产都变成私有财产，而是强调应当注重保护公民的各种财产权，并大胆地将这些权利界定为我国《宪法》所保护的私有财产权。

② "即使信奉财产权的强概念及其不可剥夺性的制度，也会出现必须限制财产权的情形，因为市场失灵会阻碍社会福利目标的实现。"（［美］路易斯·亨金：《宪政与权利》，郑戈译，生活·新知·读书三联书店1996年版，第155页）

③ 最早确立这一原则的当属1919年德国的《魏玛宪法》，其第153条第1款规定："所有权，受宪法之保障。其内容及限制，以法律规定之。"第2款规定："公用征收，仅限于裨益公共福利及有法律根据时，始得行之。公用征收，除联邦法律有特别规定外，应予相当赔偿。"第3款规定："所有权负有义务，对其行使应当同时有益于公共福利。"

④ 2004年审计署审计抽查186个项目，有25个项目违规征地28.7万亩，有9个项目拖欠征地补偿款和农民工工资3.71亿元。一些工程向农民支付的土地补偿、安置补助、地上附着物和青苗补偿费用等，明显低于规定的标准。一些地方在工程建设中还违规让农民无偿投劳以抵顶地方政府应配套资金。例如，淮河干流陈族湾大港口圩区治理工程概算总投资2.13亿元，中央与省级资金全部到位，而市县配套的1070万元，全部让农民无偿出工抵顶。参见《关于2004年度中央预算执行和其他财政收支的审计工作报告》。

⑤ 例如，2005年我国的经济增长率为9.2%，2005年税收收入总额为30866亿元（不含关税和农业税收），比上年增长20%。2006年我国的经济增长率为10.7%，2006年税收收入总额为37636亿元（不含关税、契税和耕地占用税），比上年增长20%。2007年我国的经济增长率约为11%，2007年税收收入总额49442亿元（不含关税、契税和耕地占用税），比上年增长31.4%。

来解释。我国每年从上到下所下达的税收指标和税收任务起到了非常重要的作用。有了这些任务和指标，税收无论是高速增长还是与经济发展同水平增长都无法判断其增长是否属于良性增长。实现税收良性增长的途径只有一个，即依法征税，既不多征，也不少征，既不提前征，也不推迟征。①

（2）推进税费改革，完善财政收入形式。具有税收本质特征的各种财政收入都应当还原其税收的本来面目，而不能采取其他财政收入形式来获取实质上属于税收的财政收入。税收的开征需要遵循严格的法定原则，即使在尚未完全确立这一原则的我国，开征税收也是比较谨慎的事情，而征"费"就容易多了，各级政府都有权力开征，由此导致"费挤税"、国家任意侵犯纳税人的私有财产权等恶果。近些年来，我国在税费改革方面已经取得了实质性的进展，但仍然需要进一步推进，以完善财政收入形式。

（3）将大量预算外资金纳入预算管理。税收国家是与预算制度紧密联系在一起的，没有预算制度，税收国家就会像没有罗盘的轮船，迷失前进的方向。预算可以规划国家提供公共物品的水平，从而确保国家不在需要之外额外加重纳税人的负担。预算这一功能的实现必须以国家的全部财政收支都纳入预算管理为前提。我国目前仍然有大量的财政收支没有纳入预算管理，迫切需要进一步加强预算外资金的管理，并尽快将其纳入预算统一管理。

3. 大力提高生产力水平

生产力是衡量经济发展的一个重要指标，生产力不达到一定水平，就不会有私有财产，就不会有税收国家，更不可能实现财政立宪。因此，生产力水平是一

---

① 2003年审计署审计调查17个省（区、市）35个地（市）的税收征管质量，重点抽查了788户企业，发现少征税款问题比较突出。这些企业2002年少缴税款133亿元，2003年1～9月少缴税款118亿元。影响税收征管质量的主要问题是：（1）人为调节税收进度。一些税务部门在完成税收计划的情况下，有税不征、违规缓征，甚至违规退库或利用税款过渡户人为调节收入。调查的788户企业中有近一半的企业存在这类问题，由此造成2002年底和2003年9月底分别少征税款106亿元和102亿元。例如，唐山市国税局2002年11月以来，在企业完全具备纳税能力的情况下，违规批准13家钢铁企业延期纳税10.63亿元，用于扶持地方钢铁企业扩大生产规模。（2）有些税务机关征管不力，造成税收流失。有些税务机关对企业纳税申报审核不严，擅自扩大优惠政策执行范围，违规批准减免税，导致税收流失27.6亿元，涉及企业169户，占调查企业户数的21％。审计还发现，个别税务机关严重失职渎职，造成国家税款大量流失。例如，河南省许昌市地税部门对货运专用发票管理失控，向无货物运输业务的企业无限量发售专用发票，致使这些企业以收取手续费为目的，大量违规代开、虚开货运发票，受票企业用虚假的货运发票抵扣增值税，侵蚀国家税款。审计抽查6户企业，2001～2002年共代开、虚开货运发票1万多本，金额19.17亿元，从中收取手续费513万元。若这些发票全部抵扣，将造成1亿多元的增值税流失。此案经审计发现后，河南省政府和国家有关部门进一步组织查处，已移送涉嫌犯罪案件62起，抓获犯罪嫌疑人39人，追缴入库税款8 687万元。当地税务机关73名责任人受到处分，2人被移送司法机关处理。参见《关于2003年度中央预算执行和其他财政收支的审计工作报告》。

个更加具有根本性的财政立宪的经济基础。①

　　虽然我国目前的生产力水平与发达国家相比比较落后，即使认为我国的生产力水平比发达国家落后 100 年甚至 150 年，我国的生产力水平也已经远远高于 1689 年英国颁布《权利法案》时的生产力水平。因此，就财政立宪所应当具备的最基本的生产力水平而言，我国已经达到甚至超过了，完全有能力维持财政立宪的经济成本。当然，我国的生产力水平超过 1689 年英国的生产力水平并不一定代表我国就一定能够像英国那样确立税收法定原则和预算法定原则。我国尚未实现财政立宪主要不是生产力水平的约束，而是其他相关因素的制约，但为了消除这些制约因素，大力提高生产力水平是最根本的途径。例如，私有财产权的保护、税收国家的完善、社会中间层的壮大、国民素质的提高等，无不有赖于生产力水平的大幅度提高。② 因此，大力提高生产力水平是推进我国财政立宪进程最根本的措施。③

（二）壮大纳税人阶层，推进民主、宪政和法治建设

1. 壮大纳税人阶层，完善社会阶层结构

　　社会中间阶层也可以称为中产阶级，是保持社会稳定、促进社会和谐发展的核心力量，这已经为世界各国的历史发展经验所证实。④ 在税收国家中，社会中间阶层是主要的纳税人群体，也是最有积极性和经济能力为纳税人权利而斗争的群体，因此，社会中间阶层也可以认为是纳税人阶层。财政立宪的实现在很大程度上有赖于纳税人阶层力量的壮大。

　　我国目前纳税人阶层的数量相对比较少，在社会中所占的地位也不是很重要。但是这一阶层所具有的保持社会稳定、促进社会和谐发展的特点已经明显地体现出来，同时，这一阶层也开始积极维护纳税人合法权益。就目前中国而言，壮大纳税人阶层最基本的措施是将大量的低收入群体变为高收入群体，即将大量的低收入城市市民变成高收入城市市民，将大量低收入农民变成高收入农民或市

---

　　① "贫穷是或可能是民主发展的最主要障碍。民主的前途有赖于经济发展的前途。"（《马克思恩格斯选集》第 4 卷，人民出版社 1972 年版，第 320～321 页）

　　② "只有通过大工业所达到的生产力的大大提高，才有可能把劳动无例外地分配于一切社会成员，从而把每个人的劳动时间大大缩短，使一切个人都有足够的时间来参加社会的理论的和实际的公共事务。"（《马克思恩格斯选集》第 3 卷，第 525 页）

　　③ 当然，提高生产力本身也并非包治百病的良药，美国学者丹尼尔指出，现代社会由经济技术体系、政治体系与文化体系三个特殊领域组成，各有自己的模式和轴心原则，它们之间不存在简单的决定性关系。参见［美］丹尼尔·贝尔：《资本主义文化矛盾》，张国清译，三联书店 1989 年版，第 41～42、56～59 页。

　　④ 这一道理在中国可谓源远流长，春秋初期的管仲就曾说过："仓廪实而知礼节，衣食足而知荣辱。"这里所讲的道理与本书的结论实质是一致的。

民，变成农民企业家，同时，精简社会管理者阶层，从中分离出一批人员使其变成社会服务者阶层，从而进入社会中间阶层。当然，这些目标的实现都需要我国生产力水平的大幅度提高，需要我国完善私有财产权保护的法律制度。

2. 推进民主建设

财政立宪本质上是一种民主的制度，民主是财政立宪得以生存的大环境，大力推进民主制度建设可以为财政立宪奠定坚实的政治基础。

就我国民主建设的现状而言，显然已经远远超过 1689 年英国产生《权利法案》时的水平，完全有能力为财政立宪奠定最基本的民主基础。但是，同时也应当看到，我国的民主建设停留在制度和理论层面的居多，真正落实到现实政治生活中的还不是很多，民主建设的滞后同样会制约其他对于财政立宪而言是非常重要的因素的发展，如私有财产权的保护、社会中间阶层的壮大、纳税人意识的培养等都与民主建设密切相关。因此，我国的财政立宪仍然需要大力推进社会主义民主建设，从而为财政立宪奠定更加坚实的政治基础。

推进我国的民主建设应当着重从以下三个方面入手：

（1）加快公共信息公开的步伐，切实保障纳税人的言论自由权。在财政立宪制度下，民主的一个典型表现就是纳税人可以自由谈论国家的财政活动，而达到这一目标离不开两个基本条件的保障：一是公共信息公开，一是言论自由。缺少公共信息的公开，纳税人就没有可以谈论的对象；没有言论自由，纳税人就不敢开口讲话。民主制度所强调的纳税人主权、纳税人的监督权等，离开了纳税人自由谈论国家财政活动的保障都只能是一句空话。[①] 就我国目前的现状而言，纳税人的言论自由权基本得到了保障，因言论而获罪的现象已经很少（危害国家安全和公共安全的煽动性言论除外），但是在为纳税人行使言论自由权提供条件方面还存在一定的差距，例如，新闻媒体很少关注普通纳税人、特别是弱势群体的声音，而在现代信息社会，所谓言论自由权主要是在新闻媒体、网络等能够影响社会大众的载体上发表言论的权利，在自己家里讲话的权利对于民主建设并无太大促进作用。[②] 在公共信息公开方面，我国与发达国家也存在较大差距，这其中有技术和经济落后方面的原因，也有民主制度不健全方面的原因。国家对于纳税人

---

① 美国第三任总统托马斯·杰弗逊说："民众是统治者的唯一的检察官⋯⋯要想少让人们评头论足，就应该通过公开报刊的渠道向他们提供有关他们的事务的全部信息，而且尽量使这些报刊深入民众中去。民众的观念是我们的政府的基础，我们的唯一目标就是保持这一权利。"参见李良栋：《社会主义政治文明论》，江苏人民出版社 2004 年版，第 395 页。

② 我国大部分媒体是政府或者类似政府的事业单位主办的，受政府控制较严。而美国几乎所有的电台、电视台和报纸都为私人公司所拥有，国有媒体非常少。参见［美］施密特、谢利、巴迪斯：《美国政府与政治》，梅然译，北京大学出版社 2005 年版，第 152 页。

仍有一种"不放心"的心态，导致很多在国家看来有可能产生负面影响的公共信息被列入保密的范围。①

（2）推行官员体制改革，实行选举与公开选拔相结合的制度，废除官员终身制。民主制度的一个根本特征是主要官员由纳税人选举产生，向纳税人负责。只有向纳税人负责的官员才会为纳税人服务，才会"眼睛朝下看"。我国政治体制中的官僚问题、腐败问题在很大程度上是由于官员选拔和任命机制所造成的。上级任命的官员显然只会对上级负责，而不会视自己为纳税人的"公仆"。我国目前只有各级政府的极少数官员是由人大及其常委会选举产生的，其他绝大部分官员都不是选举产生的，也不是公开选拔的。这是制约我国民主建设的一大障碍。推进我国的民主建设必须从官员体制上入手，各级政府的主要领导人都应当通过选举产生，有条件的地方还应当采取由纳税人直接选举产生的制度，尽量减少上级直接任命官员的比例，大部分官员应当通过公开选拔的方式竞争上岗，而且应当实行官员能上能下的制度。② 美国总统都能上能下，而且下台后要和普通人一样生活，而我国的中高级领导干部基本上都是能上不能下的，退休前"退居二线"，退休后由国家"养活"几乎成了我国领导干部的惯例。这种变相的领导终身制实际上是封建君主制度的残余，在本质上是与民主制度的精神背道而驰的。

（3）转变政府职能，大力发展社会管理组织。民主制度的另外一个基本特征是"小政府、大社会"，即政府只履行最基本的以及社会无法完成的公共职责，而大部分的社会管理职能都交由社会承担。在这些社会管理组织中，普通纳税人都是可以加入的，从而在最大程度上实现了纳税人的自我管理与自我服务。③ 民主社会是自治的社会，也是自由的社会。自治和自由的实现要求转变政府职能，分散政府权力，大力发展社会管理组织（如社会中介组织、社会团体、利益集团等），让尽可能多的纳税人加入到自我管理、自我服务的行列。我国目前在转变政府职能方面已经取得不少成绩，但离我们自己设定的目标以及完善的民主制度的要求还有很大差距。今后应当坚持不懈地推进政府职能转变，重点改革那些形式上转制，但实质上仍履行政府职能的企事业单位，同时大力发展社会管理组

---

① 例如，我国之所以在 2004 年和 2005 年掀起"审计风暴"，根本原因在于我国长期实行审计报告保密制度，如果我国早就公开审计报告，不仅不会产生"风暴"，恐怕就连"大风"都刮不起。

② 马克思一再强调，对官员"随时可以撤换"才能够使他们"处于切实的监督之下"。参见《马克思恩格斯选集》第 2 卷，人民出版社 1995 年版，第 438 页。

③ "在有关政治的理论研究和经验研究中，参与都是一个核心概念。它在对于民主的分析中具有特别重要的作用。"（［英］戴维·米勒、韦农·波格丹诺编：《布莱克维尔政治学百科全书》，中国政法大学出版社 1992 年版，第 563 页）"每个公民不仅对该最终的主权行使有发言权，而且，至少是有时被要求实际上参加政府，亲自担任某种地方或一般的公共职务。"（［英］密尔：《代议制政府》，汪瑄译，商务印书馆 1982 年版，第 43 页）

织，避免留下权力的"真空"以及社会服务领域的"真空"。

3. 推进宪政和法治建设

财政立宪属于宪政的一个组成部分，在本质上属于法治财政。财政立宪既属于宪政建设的一个部分，它本身也需要宪政建设作为基础。因为宪政建设是一个长期的系统工程，它包括很多方面、很多领域的宪政建设，也包括很长时期的若干阶段的发展。如果没有其他方面宪政建设的推进与协助，财政立宪"单枪匹马"地进行恐怕难以成功。从广义来讲，宪政建设也属于法治建设的一个组成部分，财政立宪的基本内容是税收法定和预算法定入宪，其基本要求就是税收法治、预算法治，或者概括为财政法治。财政立宪同样为法治建设的一个组成部分，同时他也需要其他领域的法治建设的配套与协助。

就中国目前宪政和法治建设的水平与 1689 年英国产生《权利法案》时的水平相比，中国显然更高一些，因此我们完全有可能在当前中国宪政和法治的基础之上实现财政立宪。但问题同样是，中国当前的宪政和法治水平并不能保障财政立宪必然实现，也不能保证财政立宪可以自然而然地实现。宪政和法治建设的水平越高，实现财政立宪的可能性就越大，阻力就越小，因此，我们应当继续大力推进宪政和法治建设，为财政立宪的实现奠定更加坚实的法治基础。

从另一方面来看，宪政和法治建设目前也遇到了一些困难，进入了一个攻坚阶段，而财政立宪正好可以作为一个突破口进一步推进我国的宪政和法治建设。因此，宪政和法治的整体推进与财政立宪的个别突破，二者具有一种相辅相成、互相促进的关系。除了大力推进财政立宪以外，加强我国的宪政和法治建设还应当从以下三个方面入手：

（1）完善宪法保障机制。世界各国，特别是后发国家在建设宪政国家的过程中都曾遇到的一个问题就是"有宪法而无宪治"，即立《宪法》容易，行《宪法》困难。我国同样存在这样一个问题，仅就《宪法》条文而言，我国《宪法》已经比较完善，但宪政建设的水平并没有达到《宪法》规定的水平，《宪法》的规定没有完全落实到现实生活中。其中比较重要的一个因素就是《宪法》保障机制的不健全，国家机关、社会组织违反了《宪法》以后没有一个完善的纠正机制，甚至没有一个主体去判断某种行为是否违宪。因此，推进我国宪政和法治建设的一个重要措施就是完善《宪法》保障机制。当然，这种保障机制的缺乏和我国《宪法》所提的要求过高也不无关系，我国《宪法》所规定的某些制度和原则在当前的中国还很难实行，即使建立了《宪法》保障机制又能怎样？也不可能把不能实现的制度和原则在中国实现。因此，我们在设计《宪法》保障制度时应当充分估量我国《宪法》的规定与我国现实的差距，否则，《宪法》保障制度本身可能也无法实施，而又需要新的制度予以保障，从而陷入恶性循环。就我国现状而言，设计一种"软"宪法保障机制比较切合实际，即根据我国的现实国情对于某些行为进行违宪审查和处理，而对另外一些目前还难以做到的行为不做违宪审查。可以考虑将目前设置在全国人大常委会法制工作委员会中的违宪审查机构独立出来，在全国人大之下设立一个违宪审查委员会，负责审查地方法规、行政规章、地方政府规章及其以下的规范性文件的合宪性，对行政法规进行有限度的审查，对于法律，目前尚不宜予以审查。

（2）大力加强立法的民主化和科学化。立法既是一个表达民意的机制，也是一个严谨的社会治理过程，因此，既需要体现人民的意愿，也需要发挥专家的作用。由于我国的人民代表大会制度还不是非常完善，因此，在立法的过程中注意倾听普通民众的意见，可以在一定程度上弥补我国人民代表大会制度的缺陷，进一步提高法律的民主成分，更好地体现人民的意志。民主本身并不一定能够保证法律真正体现最广大人民的最大利益，要实现这一目标还要充分发挥专家的作用。目前我国的立法已经开始朝着上述两个方面进行努力，但力度还比较小，特别是前者，今后在立法过程中，应当建立完善的民意表达机制，使得普通民众的声音和愿望能够顺利传达到立法者那里，经过立法者的归纳、总结和消化，使之进入法律的条文之中。[①]立法者在发挥专家作用之时，应特别注意发挥众多专家的作用，整个法律草案或者其中的个别章节和条款可以考虑采取多方设计、竞争入选的方式来起草，在竞争的过程中又可以充分发挥普通民众的力量，使得法律在起草阶段就已经具备了充足的民主性和科学性。

（3）完善法律实施机制，确保法律的顺利实施。法律的实施一方面需要强制力作保障，另一方面也需要充分发挥利益引导机制。符合纳税人利益的法律，不需要任何强制力就会被纳税人自觉遵守。因此，立法者应当确保制定出既符合纳税人整体利益，也符合法律所规范的当事人个人利益的法律。在良法的前提之下，执法者应当严格执法，司法者应当严格司法，严防执法腐败和司法腐败。执法和司法过程应当公开，应当接受广大纳税人的监督。纳税人监督的渠道应当畅通，特别是公益性质的监督（即当事人以外的第三人的监督），更应当予以鼓励和保护。应当增强人大以及人大代表的监督职能，[②]同时，对人大的执法和司法

---

①　对此很多学者都提出了建设性的建议，参见姚中秋：《权力的现状》，北京大学出版社 2005 年版，第 16～28 页。

②　美国国会议员在监督政府机关方面有较大权力，美国学者莫里斯·菲奥里纳说："一些贫困和有怨言的选民被某个讨厌的官僚机构的触须缠住了，他们请求圣乔治议员和这个怪物战斗……在与这个官僚机构打交道时，这位国会议员不仅仅是 435 票中的一票。相反，他是一个无党派的强权人物，他的电话会迫使某机构不能等闲视之，他是无法左右的。得到帮助的选民相信，他的议员会独自将事情搞定。"参见 Morris P. Fiorina. Congress：Keystone of the Washington Establishment, New Haven, Conn. ：Yale University Press, 1977, pp. 44，47。

监督应当予以规范，不能演变为更高层次的监督腐败。

（三）繁荣民主、法治与纳税人文化，提升国民素质

与经济基础和政治基础相比，文化基础相当于财政立宪的"软环境"和"软件"，它们虽然也具有一定的物质表现形式，但从总体来讲，表现为无形的、精神方面的状态，特别是集中体现在人的思想意识方面。作为行为主体的人，如果没有民主意识、法治意识和纳税人意识，就不可能做出民主、法治及纳税人的行为，当然也就不会有民主、法治和税收国家的存在。因此，繁荣民主、法治与纳税人文化，提升国民的素质对于财政立宪而言是一个不可或缺，在某种意义上也是更为重要的方面。

1. 发展民主文化、提高民主意识

民主文化弘扬的是一种民主的制度、民主的理念和民主的精神，与民主文化相对应的是官文化，官文化宣扬的是官本位、权力至上、精英统治的思想。民主意识是人对于民主制度的主观反应。拥有民主意识的人不一定总能做出民主行为，但没有民主意识的人是一定不会自觉做出民主行为的。因此，发展民主文化、提高民主意识是建设社会主义民主、实现财政立宪的重要基础性环节。民主文化已经在中国当前的文化中居于主导地位，但优势不明显，纳税人已经具备了一定的民主意识，但仍有较多纳税人缺乏民主意识。发展民主文化、提高民主意识除了应当加强处于基础地位的民主制度建设以外，重点应从以下两个方面入手：

（1）支持宣扬民主制度、民主理念和民主精神的文化产业的发展。国家应当特别鼓励那些能够将民主制度、民主理念和民主精神普及到普通民众头脑中的文化产业的发展，同时应当引导整个文化产业发展的方向以及主旋律。对于正面宣扬官本位、权力本位、封建主义、集权主义的文化产业应当予以一定的限制，鼓励从反面揭露官本位、权力本位、封建主义、集权主义思想危害的文化产业。

（2）在九年义务教育中普及民主教育。对青少年普及民主思想的教育可以迅速提高下一代国民的民主意识，这也是很多发达国家的成功经验。目前我国的九年义务教育中已经有了相关的课程和教育，主要是放在"社会"课程中，但是力度不够。建议开设一门单独的以培养现代社会合格公民为目标的民主法治课，类似于现在九年义务教育中的健康教育课和国防教育课。[①] 民主法治课应当以民主、宪政、法治以及纳税人思想、观念和精神的教育为主，让我国公民从小就学会"当家做主"的真正含义。

---

① 就重要性而言，当前民主法治课的意义已经大于国防教育课。

2. 弘扬法治文化、增强法治意识

法治文化弘扬法律的统治，弘扬"有法可依、有法必依、执法必严、违法必究"的精神。与法治文化相对的是人治文化或者德治文化，人治文化弘扬道德的统治，弘扬圣人明君、社会精英的统治。① 法治文化目前还没有在中国当前的文化中占据主导地位，这一状况是与民主文化的地位相联系的，非民主文化均不是法治文化，而民主文化也不全是法治文化，德治文化所占的比例也不小，因此，总体来讲，法治文化、人治文化以及其他文化基本形成了三足鼎立的局面。② 相比而言，人治文化的比例可能要大于法治文化的比例，这与我国几千年的封建传统以及新中国成立后一段时期的集权传统是密切相关的。与拥有民主意识的纳税人相比，拥有法治意识的纳税人所占比例更小，拥有宪政意识的纳税人所占比例就更小了。

弘扬法治文化、增强法治意识的基本措施与发展民主文化、提高民主意识的基本措施是相同的。首先，必须加强法治建设，只有法治建设搞好了，作为法治建设主观反映的法治文化以及法治意识才能提高，当然，法治文化以及法治意识也是法治建设的组成部分，法治建设的提高也有赖于它们的提高。其次，应当支持宣扬法治的文化产业的发展。人治与德治也并非是不好的东西，法治之下同样需要有道德的人，因此，应当把人治和德治纳入法治的轨道，作为法治的补充，作为法治之下的人治和德治。再次，在九年义务教育中普及法治教育，从小培养公民的法治意识。③

3. 建设纳税人文化、培养纳税人意识

纳税人文化强调纳税人的地位，强调纳税人的主动性，站在纳税人的立场上来阐述政府与纳税人的关系。与纳税人文化相对的是政府文化，政府文化则强调政府的地位，强调政府的主动性，站在政府的立场上来阐述政府与纳税人的关系。纳税人文化弘扬纳税人养活政府的理念，而政府文化则弘扬政府养活纳税人的理念。纳税人意识实际上就是纳税人对于纳税人的地位，纳税人与政府的关系的认知与主观心理状态的总和。只有具备纳税人意识的纳税人才是税收国家的合

---

① "法律不只是一系列的规则和制度，而且是人们心中的信仰。""没有信仰的法律将退化为僵死的信条。""法律必须被信仰，否则它将形同虚设。"（［美］哈罗德·J. 伯尔曼：《法律与宗教》，梁治平译，三联书店1991年版，第28页）

② "我国政治生活中，长期存在的权力高度集中、党政不分、崇尚人治三者之间具有依次制约、相互作用的内在关系，是一种三位一体的连续性现象。"（萧超然等：《毛泽东政治发展学说概要》，北京大学出版社1993年版，第340页）

③ 我国自1986年开始"一五"普法，至今已经完成了"四五"普法教育活动，对于提高全体国民的法治意识起到了重要作用。

格纳税人，才能为财政立宪的实现而进行斗争。

纳税人文化在我国文化中所占据的地位很小，因为只有民主文化和法治文化才有可能产生纳税人文化，而民主文化和法治文化中也包含一定的政府文化在内。同样，拥有纳税人意识的纳税人所占比例也非常小，因为只有具备民主意识和法治意识的纳税人才会具备纳税人意识。建设纳税人文化、培养纳税人意识首先应当大力推进税收国家建设，让税收深入纳税人的日常生活之中，让纳税人接触税收、了解税收，进而理解税收。其次，应当加大宣传的力度，鼓励普及纳税人理念的文化产业的发展。再次，应当在九年义务教育中普及纳税人理念的教育，从小培养具备纳税人意识的纳税人。

二、完善财税立法体系

财政立宪虽然就本身而言是一个宪法层面的问题，但实质上而言却主要是一个立法层面的问题。离开了财税立法的完善，财政立宪不过是一个空洞的文字游戏而已。财政立宪的实现可以采取自上而下的方式，即先"立宪"再"行宪"，也可以采取自下而上的方式，即先满足财政立宪的要求，然后再立宪。就我国以及绝大多数发展中国家而言，与其先在《宪法》中戴上一个"高帽子"，在一段时期内造成《宪法》与现实的脱节，不如先按照财政立宪的要求完成各种基础性的立法工作，然后水到渠成地修改《宪法》，完成财政立宪。

就我国财税立法的现状而言，为了满足财政立宪的要求，必须从以下三个方面入手：提升财税法效力级次、完善财税法律体系、科学设计财税制度。

（一）提升财税法效力级次

我国财税立法与财政立宪在形式方面所存在的最大的差距就是财税法的效力级次太低。我国目前财税法的主要表现形式是行政法规、部门规章以及其他规范性文件，法律的数量非常少，具有统领性的基本法律根本就没有。财政立宪的基本要求是基本的财税制度都应当由法律来规定，行政法规和部门规章只能在法律授权范围内对其他财税制度作补充性规定，而效力层次更低的其他规范性文件只能就上述法律文件实施过程中的技术性和操作性问题作出补充性规定，不允许影响纳税人的实体权利义务。

1. 基本财税制度应当由法律规定

基本财税制度由法律规定是财政立宪中税收法定原则与预算法定原则的基本要求，其主要目的是实现纳税人控制政府的财政收支权。这是财政立宪所内含的民主、法治本质的典型表现。世界各国财政立宪无不首先强调基本的财税制度应当由法律规定。我国虽然没有实现财政立宪，但是实际上已经在相关的《宪法》和法律条款中体现了这一原则并且也在实际上朝着这一目标前进。

至于哪些制度属于基本的财税制度，这既是一个理论探讨的问题，也是一个立法实践的问题。从理论上讲，凡是对于纳税人控制政府征税权具有必要性的制度都应当属于基本的财税制度。从各国立法实践来看，基本财政制度的范围有大有小，但也有一些共同性的制度，这些共同性的制度就是各国公认的基本财政制度。概括来讲，各国公认的基本财政制度就是征税制度和预算制度，即税收的开征和国家的预算应当由法律来规定。

就我国的立法实践来看，国家预算由法律规定基本实现了，但是税收的开征由法律规定基本上没有实现。因此，实现基本财税制度由法律规定的目标重点是实现税收的开征由法律规定，即实现税收法定原则。从形式上来讲，也就是将我国目前大量的税收暂行条例上升为法律，实现基本税收要素由法律规定，行政法规只能在法律授权下进行补充性规定。

2. 影响纳税人实体权利义务的制度应当由法规和规章规定

基本的财税制度由法律规定，非基本的财税制度，特别是能够影响纳税人实体权利义务的制度应当由效力层次较高的行政法规和部门规章来规定。这既是法治的一般原则，也是财政立宪在更低层次的具体要求。财政立宪的实质要求是财税法治，法治的一般原则都应当在财税领域得以贯彻。

我国虽然没有实现财政立宪，但在《宪法》以及相关的法律中也体现了这一原则。① 各国财政立宪虽然没有明确规定这一原则，但从其立法目的和授权立法的谨慎性来看，完全可以推导出这样一个原则。另外，从各国财政立宪的实践来看，也无疑是遵循这一原则的。

影响纳税人实体权利义务主要体现在征税领域，一般表现为加重或者减轻纳税人的税收负担。行政法规和部门规章一般可以在法律授权范围内对纳税人的税收负担进行增减，但不得突破法律的授权，也不得违反《宪法》、法律所确定的征税的一般原则。不影响纳税人实体权利义务的财税制度可以由规章以下的规范性文件予以规定，这些制度主要是技术性和操作性的，一般仅仅影响在程序方面增加或者减少纳税人的负担，但这种程序上的影响不能达到影响纳税人实体权利义务的程度。② 一旦达到了影响纳税人实体权利义务的程度，就都应当由行政法

---

① 如《行政处罚法》、《行政许可法》中的相关规定。

② 例如，税务机关规定一项非常复杂的退税程序，导致纳税人的退税请求权实质上无法实现，这种程序性的负担就在实质上影响了纳税人的实体权利义务，应当由行政法规和部门规章来规定。在我国当前的个人所得税领域，个人捐赠的退税程序就存在这样一个问题，导致很多纳税人无法实际享有捐赠的退税请求权。

规和部门规章予以规范。

我国目前存在的大量规章以下的规范性文件大多都在影响纳税人的实体权利义务，清理这些规范性文件的任务量非常巨大，这也是我国财政立宪以及财税法治在具体操作层面上的难点之一。

（二）完善财税法律体系

无论是财政立宪，还是财税法治，都必须建立在一个完善的法律体系的基础之上。在一个残缺不全的法律体系中，连"有法可依"都做不到，如何能够实现"法治"？因此，为财政立宪奠定基础的第二个方面的工作就是完善财税法律体系。就我国财税法律体系的现状而言，应当着重从以下三个方面入手：制定《税收基本法》统领税法，在条件成熟时制定《财政基本法》统领财政法，制定缺位的单行财税法。

1. 制定《税收基本法》统领税法

税法担任着为国家的整个财政收入筹集绝大部分资金的重任，同时也背负着侵犯纳税人财产权的"罪名"，为了既能够确保国家的财政收入，又能够确保纳税人的权利不受非法侵犯，税法必然是一个庞大的法律体系。[①] 在这样一个庞大的法律体系面前，如果没有一部统领性的法律，要想做到整个税法体系的统一与完善是非常困难的，特别是在具有大陆法系传统的国家，几乎是不可能做到的。因此，在税法体系中设置一部具有统领性的《税收基本法》是绝大多数具有大陆法系传统的发达国家的做法。

我国税法体系同样存在很多缺陷，这些缺陷的存在在很大程度上是由于缺乏一部具有统领性的基本法而导致的。因此，制定《税收基本法》既是我国财税法学界以及财税经济学界大部分学者的呼声，也是我国最高立法机关的现实选择。[②]

《税收基本法》作为统领性质的法律，应当规定税法的一些基本原则和基本制度方面的问题以及单行税种法和税收征管法所无法解决和不宜规定的事项。《税收基本法》本身不宜直接规定具体的税收制度，因此，也不能作为征税的直接依据。在法律效力上，《税收基本法》与其他单行税种法以及税收征管法的效力是一样的，它们的区别只是分工的不同，大体上可以视为一般法和特别法的关系，其他单行税种法和税收征管法有特别规定的，优先适用，其他单行税种法和税收征管法没有规定，或者规定不明确的，适用《税收基本法》的规定。

---

① 以完善而著称的美国税法典——《国内收入法典》（Internal Revenue Code）充分体现了这一点。

② 目前，《税收基本法》的起草工作已经开展。

2. 制定《财政基本法》统领财政法

财政法是一个包括税法在内的统领财政收入、财政支出以及财政管理、财政监督的一个更加庞大的体系。对于这样一个庞大的法律体系，同样需要一部具有统领性的法律——《财政基本法》。[①]

财政立宪、财税法治的实现，一方面需要各种单行财政法的规范，另一方面也需要一部统领性的基本法的规范。因为财政事项包罗万象，某些基本事项适宜制定一部单行法律，如具体的税种法、预算法、国库法等；某些基本事项则不适宜或者在当前的情况下不适宜制定一部单行法律，如我国的财政收支划分问题。如果没有《财政基本法》，对于这些问题的解决，只能采取由效力层次较低的行政法规来规范或者规定在相关的法律中，前一种方式不符合财政立宪的要求，而后一种方式则不符合法律体系化的要求，有时也会强其所难，无法真正发挥作用。[②]

《财政基本法》的出现可以很好地解决这种两难境地，一方面给各种单行财政法留下了足够的空间，另一方面起到了"拾遗补缺"的作用，满足了财政立宪和财税法治的要求。就发达国家的立法经验来看，具有大陆法系传统的国家，在制定《税收基本法》的同时，往往也制定了《财政基本法》。在一个同样强调法律体系化的中国，显然也有必要制定《财政基本法》。

《财政基本法》在财政法体系中的定位类似于《税收基本法》在税法体系中的定位，即它并不是一部在效力方面高于其他财政法的法律，它们的效力是相同的，同样只是分工不同。单行财政法有特殊规定的，优先适用，单行财政法没有规定或规定不明确的，适用《财政基本法》。

3. 制定缺位的单行财税法

制定了两部具有统领性的基本法以后，就需要针对财税领域的具体事项开展"查漏补缺"的工作，抓紧制定那些急需的而且立法经验已经比较成熟的单行财税法。

在有了《财政基本法》和《税收基本法》以后，并不需要对所有的基本财政事项都制定单行法律，对于那些由行政法规规范的、立法经验已经成熟的基本财

---

① 当然，制定《财政基本法》是在条件成熟时的选择，关于《财政基本法》与《税收基本法》的关系，可以采取前者取代后者的方式，也可以采取二者并存的方式，即税收事项由《税收基本法》规范，除此以外的财政事项由《财政基本法》规范。

② 例如，我国的《预算法》就有"小财政"之称，在某些方面承担了部分财政基本法的任务，但实施效果较差。在税法领域也存在这个问题，《税收征收管理法》也在某些方面承担了部分税收基本法的任务，但事实效果同样较差。而且，上述两部法律也不能解决根本问题，因为有些问题根本无法在这两部法律中予以规定。

政事项可以上升为法律，对于那些由行政法规或者部门规章规范的、立法经验尚不成熟的基本财政事项，可以在《财政基本法》或者《税收基本法》中作原则规定，再由行政法规或者部门规章作具体规定，待立法经验成熟以后再上升为法律。上述两种做法都是符合财政立宪和财税法治的基本要求的。

（三）科学设计财税制度

财政立宪在内容方面要求有一个科学设计的财税制度，这里的"科学设计"主要是指财税制度符合纳税人的根本利益、符合客观经济发展的要求，能够最大限度地满足最广大纳税人的根本利益。

当前中国的财税法，不仅在形式方面存在上述缺陷，在内容方面也存在很多不科学的地方，需要着重从以下两个方面进行完善：

1. 合理配置财权

财权主要指国家所享有的财政权力，当然，也可以把纳税人所享有的财政权利纳入财权的范畴予以分析。就国家所享有的财权而言，目前存在的最大的问题就是权力配置不合理，既包括立法机关与行政机关财权配置的不合理，也包括中央政府与地方政府财权配置的不合理。

按照财政立宪的要求，财权，特别是其中的财政立法权，应当集中在立法机关，而不应当集中在行政机关，至于中央政府与地方政府在财权方面如何分配，财政立宪本身无法解决，这是需要由国家的政治体制、国家的结构、国家的传统等特殊国情来决定的。但从最根本的原则上来讲，财政立宪要求财权的分配既不能由中央说了算，也不能由地方说了算，应由纳税人说了算。

至于从经济、政治的角度来分析如何分配财权才是合理的，才是适合我国国情的，那是经济学和政治学所要回答的问题，财政立宪所能做到的只是集中纳税人的意志，按照符合大多数纳税人的最大利益的原则来配置财权。

2. 完善具体财税制度

具体的财税制度是构建财税法体系大厦的微观部件，对于整个财税法体系作用的发挥，对于财政立宪功能的实现都具有不可替代的重要意义。所谓"千里之堤，溃于蚁穴"，一个具体制度出了问题，有可能影响整个财税体制的运作，影响整个财政立宪制度功能的发挥。因此，财政立宪要求每一个具体的财税制度都是最完善的。

当然，完美主义的要求即使在发达国家也无法做到，具体财税制度的完善也总是相对的。根据财政立宪的要求，至于如何完善具体的财税制度，这既是一个科学的问题，也是一个民主的问题，需要专家和纳税人双方共同来回答。在完善具体财税制度的过程中，专家的主要作用是"充实纳税人的头脑"、"擦亮纳税人的眼睛"，即为纳税人出谋划策、提供可选择的方案并充分论证其利弊，而纳税人的主要作用则是选择专家的观点和方案。为了充分发挥专家和纳税人的作用，一方面需要提高专家在立法中的地位，鼓励学术研究的"百花齐放、百家争鸣"；另一方面则需要广开言路，实现立法的透明化，充分听取纳税人的意见。

三、财政法定原则入宪

在完成了各种基础性的工作以后，就需要在《宪法》中规定财政立宪的相关制度，从而在形式上确立财政立宪。财政立宪的实质在于财税法治，因此，财政立宪也可以称为财政法定入宪。财政法定入宪最核心的内容就是税收法定原则入宪和预算法定原则入宪。

（一）税收法定原则入宪

在探讨税收法定原则入宪之前首先需要分析我国现行宪法条款与财政立宪所要求的税收法定原则之间的差距，然后再针对这种差距涉及具体的条款，同时，所谓"牵一发而动全身"，税收法定原则入宪并不是简单的一个条款所能解决的问题，与之相关的相关条款都要进行相应的修改与完善。

1. 现行《宪法》条款与税收法定原则的差距

我国现行《宪法》与税收法定原则相关的条款只有一条，即第 56 条："中华人民共和国公民有依照法律纳税的义务。"有学者认为这一条款已经确立了我国的税收法定原则，有学者认为没有确立。

仅仅从第 56 条的文字表述来看，难以确定其是否表达了税收法定原则，必须综观整个《宪法》条文的文字表述才能得出结论。判断我国是否确立税收法定原则的关键是第 56 条中所使用的"法律"一词的含义，如果是指狭义的法律，即由全国人大及其常委会所制定的规范性法律文件，那么，就可以说我国初步确立了税收法定原则；如果是泛指一切具有法律效力的规范性文件，那么，就不能下这一结论。

我国《宪法》在多处使用了"法律"一词，在有的地方比较明显的是指狭义的法律，不包括行政法规在内，如《宪法》第 5 条："一切法律、行政法规和地方性法规都不得同《宪法》相抵触。"但有些地方所使用的法律则不宜作狭义的解释，如《宪法》第 5 条还规定："一切国家机关和武装力量、各政党和各社会团体、各企业事业组织都必须遵守《宪法》和法律。一切违反《宪法》和法律的行为，必须予以追究。"这样的例子在我国《宪法》中是不胜枚举的，因此，不能肯定第 56 条的法律就是指狭义的法律。

其次，我们再考察一下和第 56 条比较相似的同样是规定公民基本义务的第 53 条和第 55 条。第 53 条规定："中华人民共和国公民必须遵守《宪法》和法律，保守国家秘密，爱护公共财产，遵守劳动纪律，遵守公共秩序，尊重社会公德。"这里的法律显然只能作广义解释。第 55 条规定："依照法律服兵役和参加民兵组织是中华人民共和国公民的光荣义务。"这一条在条文表述方式上和第 56 条是十分相似的，因此，如果第 56 条的法律是指狭义的法律，那么这里的法律也应该是指狭义的法律。现行《宪法》是 1982 年 12 月 4 日通过的，我国第一部《兵役法》是 1984 年 5 月 31 日通过的，如果按照狭义的解释，我国公民从 1982 年 12 月到 1984 年 5 月是没有服兵役义务的。考虑到这里的时间间隔比较短，可以大体认为我国公民服兵役的义务是有法律依据的，但我国至今尚没有一部有关民兵工作的法律，我国目前调整民兵工作的最高法律文件是 1990 年 12 月 24 日国务院和中央军委发布的《民兵工作条例》，如果将《宪法》第 55 条的法律作狭义解释，我国公民就没有参加民兵组织的义务，因为没有相关的法律依据。可见这里的法律仍不能作狭义解释。

再从我国税收立法的现状来看，我国目前所开征的 20 多个税种有法律依据的仅有两个，[①] 即使再加上《税收征收管理法》，我国税法领域也只有三部法律。现实告诉我们，我国没有实行税收法定原则，如果把《宪法》第 56 条作狭义解释，那么只能得出我国现实的税收立法绝大多数都是违宪的，而且也是违反《立法法》的。[②] 这种解释恐怕是不能令大多数学者、国家立法机关以及广大纳税人所接受的。

根据以上分析，可以认为，我国《宪法》尚没有确立税收法定原则。承认这一点不是为了贬低我国的《宪法》，而是为了真正看清我国《宪法》所存在的不足与缺陷，并努力加以完善，从而推动我国财政立宪的进程。

即使将来我们实现了税收法定原则，我们完全可以把《宪法》第 56 条中的"法律"解释为狭义的"法律"，[③] 以此作为我国《宪法》中税收法定原则的依据。即使如此，这一条款的规定离财政立宪的要求还是有相当大的距离。

---

① 即《个人所得税法》和《企业所得税法》。《农业税条例》已经于 2006 年 1 月 1 日废止。《外商投资企业和外国企业所得税法》已经于 2008 年 1 月 1 日废止。

② 《立法法》第 8 条强调的基本事项（包括税收）：如果要由国务院通过行政法予以规范，则必须有全国人大及其常委会的授权，如果说 1984 年国务院开展的税制改革还有全国人大常委会的授权的话，那么，1994 年的税制改革以及随后的大量立法均没有全国人大及其常委会的明确授权。

③ 国外《宪法》的发展史表明，随着社会的发展，完全可以通过改变《宪法》文字的含义的方式来发展《宪法》，美国《宪法》在这一点上最为典型，200 多年过去了，《宪法》没有进行大幅度的修改，但依然能够适应现代社会发展的需要，很重要的一点就是不断对《宪法》进行"重新解释"。

首先，任何一个确立财政立宪制度的国家，无不在规定纳税人依照法律有纳税义务以外，运用相当多的条款来规定税收法定原则。国外宪政实践表明，没有宪法的明确规定，仅仅依靠推论的和暗示的原则来控制政府的征税权是行不通的。其次，财政立宪中的税收法定原则强调税收要素法定和税收要素明确，发达国家的财政立宪制度也是通过严格界定"税收"、"法"和"定"三个基本要素来规定税收法定原则的，仅仅依靠我国《宪法》第56条的规定根本解决不了问题。再次，根据我国修宪的传统，只有通过修宪的方式明确增加的条款才被人们认为我国《宪法》新增加了某项规定，否则，《宪法》不会"自动"给自己增添新东西。① 最后，既然我国已经把财税法治确立为我国发展的方向，而且已经在事实上开始朝着税收法定原则的要求在完善财税法律制度，没有必要"隐瞒"或者"含蓄表达"自己的目标与成就，通过修宪的方式在《宪法》中明确规定税收法定原则将是大势所趋。

2. 《宪法》中税收法定原则条款的设计

我国《宪法》最终如何规定税收法定原则是纳税人选择的结果，作为财政立宪的研究者应当发挥专家的作用，提出供纳税人选择的方案。

根据前文对于财政立宪基本要素，特别是制度性要素的分析，结合我国《宪法》、《立法法》、《税收征收管理法》的相关规定以及我国税收立法的现状，在《宪法》中设计如下税收法定原则条款是比较适当的：

税收立法应当遵循公平、正义以及人权保障的原则。税收的开征与废止必须有法律依据。

纳税人、税基、税率、税收减免等基本的税收制度应当由全国人民代表大会及其常务委员会通过法律规定，不得授权其他机关规定。非基本的税收制度，全国人民代表大会及其常务委员会可以授权国务院制定行政法规。

税收以外的其他财政收入，依照相应法律法规的规定执行。任何机关不得以征收费或者其他财政收入的名义开征新税。

上述条款设计，一方面借鉴和吸收了其他国家成功的财政立宪经验，满足了税收法定原则的基本要素，确立了比较完善的税收法定原则；另一方面也符合我国《宪法》的基本原则以及《立法法》和《税收征收管理法》所确立的基本制度。

---

① 例如，在我国《宪法》没有明确规定"私有财产权"和"人权"时，绝大多数人都认为我国《宪法》缺少对私有财产权和人权的保护，只有通过修宪明确出现了这两个术语，人们才"放心"。其实，我国《宪法》早就明确规定了对私有财产权的保护以及对人权的保护，虽然《宪法》中没有出现这两个术语。

"税收立法应当遵循公平、正义以及人权保障的原则。"这一条款对全国人大及其常委会的立法进行了规范。作为纳税人代表的全国人大及其常委会显然会代表纳税人的整体利益，但也并非在任何时候都能做到这一点，因此，需要运用《宪法》中所确立的一些基本原则以及各国通行的税收立法所遵循的基本原则来约束我国的最高立法机关。

"税收的开征与废止必须有法律依据。"这一条款明确表述了税收法定原则的基本要求，弥补了《宪法》第56条规定的缺陷，与世界其他国家对于税收法定原则的规定基本相当。

"纳税人、税基、税率、税收减免等基本的税收制度应当由全国人民代表大会及其常务委员会通过法律规定，不得授权其他机关规定。"这一条款中指明了立法权主体以及禁止授权的规定，再次强调了基本税收制度应当由狭义的法律规定，避免了我国《宪法》中"法律"一词含义的不明确。另外，这一条款通过列举四种基本税收制度，避免了《立法法》所规定的"基本制度"含义不明确的缺陷。①

"非基本的税收制度，全国人民代表大会及其常务委员会可以授权国务院制定行政法规。"这一规定既是各国财政立宪制度的通例，也符合我国的现实国情。

"税收以外的其他财政收入，依照相应法律法规的规定执行。"这一条款在强调本条仅仅规范税收事项的同时，也在侧面强调了其他财政收入也应当有法律或者法规的依据。

"任何机关不得以征收费或者其他财政收入的名义开征新税。"这一条款避免了立法机关，特别是行政机关以征费的名义开征新税从而规避税收法定原则的适用。

3. 相关《宪法》条款的修改与完善

在规定税收法定原则条款的同时，对于其他相关《宪法》条款也应当予以修改与完善。目前主要涉及下面这样一个条款：《宪法》第62条规定："全国人民代表大会行使下列职权……（三）制定和修改刑事、民事、国家机构的和其他的基本法律……"为了强调财政立宪的重要性，建议将这一条款修改为："全国人民代表大会行使下列职权……（三）制定和修改刑事、民事、财政、国家机构的和其他的基本法律……"

---

① 《立法法》第8条规定："下列事项只能制定法律……（八）基本经济制度以及财政、税收、海关、金融和外贸的基本制度……"

（二）完善预算法定原则

就预算法定原则而言，我国《宪法》实际上已经确立了这一原则，只是尚不完善，需要结合财政立宪的要求予以修改和完善。

1. 现行《宪法》预算法定原则条款的缺陷

现行《宪法》中的预算制度主要涉及以下几个条款：第 62 条规定："全国人民代表大会行使下列职权：……（十）审查和批准国家的预算和预算执行情况的报告……"第 67 条规定："全国人民代表大会常务委员会行使下列职权：……（五）在全国人民代表大会闭会期间，审查和批准国民经济和社会发展计划、国家预算在执行过程中所必须作的部分调整方案……"第 89 条规定："国务院行使下列职权：……（五）编制和执行国民经济和社会发展计划和国家预算；……"

上述三个条款确立了我国基本的预算制度，其中已经遵循了预算法定原则：预算由全国人大批准。与财政立宪比较完善的国家的预算法定原则相比，存在以下缺陷：

（1）没有明确规定预算在批准之前如何执行的问题。完善的预算法定原则都会涉及立法机关没有在预算年度开始之前如何进行财政支出的问题，我国这个问题虽然一直存在，但并没有在《宪法》中体现。

（2）没有强调预算的法定性。完善的预算法定原则会明确强调预算的法定性，我国《宪法》虽然把预算审批权作为全国人大的一项权力来规定，但没有规定人大批准的预算的效力如何，给政府任意修改预算以及预算权威性不足留下了隐患。

（3）预算的地位不突出。预算是现代社会一项非常重要的制度，预算的审批权是议会的一项除立法权以外最重要的权力之一，而我国《宪法》的相关规定却并没有突出预算的重要性。例如，在全国人大常委会的职权中，预算调整的审批权与其他权力混在一起，仅占半个条款。而在国务院的职权中，预算更是一笔带过，给人一种可有可无的感觉。这与完善的财政立宪制度运用大量的篇幅和条款来规定预算制度形成鲜明的对比。

2. 现行《宪法》预算法定原则条款的完善

把预算这样一个非常复杂，也非常重要的制度分解在全国人大、全国人大常委会以及国务院的职权中予以规定既显得比较分散和凌乱，也无法规定其他一些基本制度。因此，我国应当改变现行《宪法》的这种结构，重新设置一章，规定税收法定原则与预算法定原则以及其他的基本财政制度。建议增加一章"财政"作为第四章，原第四章改为第五章。

结合财政立宪比较完善国家的预算法定原则以及我国《宪法》、《预算法》对相关制度的规定，建议《宪法》规定以下预算条款：

国家总预算为年度预算，它包括每一财政年度的全部收支项目。预算收支必须平衡。

国家预算由全国人民代表大会通过后，按照颁布法律的方式予以颁布。

全国人民代表大会在审议预算时无权增加预算的收入和支出。批准预算的法律，不得规定新的税收。

国库不得在法律所定预算之外拨付任何款项。国家预算批准之前，可暂按上一年度预算执行。

上述预算法定原则条款一方面明确规定了预算的法定性，另一方面也规定了我国的基本预算制度，有利于我国预算法律制度的完善。

"国家总预算为年度预算，它包括每一财政年度的全部收支项目。"这一条款规定了年度预算的制度，即预算的效力仅为一年，全国人大每年都必须审议新的预算。另一方面，它也规定了将一切财政收支均纳入预算的原则，有利于杜绝预算外资金的存在，真正实现纳税人对国家的全国财政收支权的控制。

"预算收支必须平衡。"这是我国《预算法》所确立的一项基本原则，规定在《宪法》中，有利于提高其权威性，避免财政收支失衡，导致财政危机。

"国家预算由全国人民代表大会通过后，按照颁布法律的方式予以颁布。"这一规定明确了预算的地位，即与法律具有同等效力，弥补了我国《宪法》及《预算法》对于预算法律地位规定不明确的缺陷，有利于增强预算的权威性。

"全国人民代表大会在审议预算时无权增加预算的收入和支出。"这一条款限制了全国人大的权力，对于预算收入而言，全国人大并非专业机关，无法判断能否增加预算收入，对于预算支出而言，全国人大并不履行具体的政府事权，也无法掌握具体事权的状况，增加支出是"无的之矢"。预算编制权在政府，议会无权修改是多数国家财政立宪制度的通例。

"批准预算的法律，不得规定新的税收。"这一条款也是在限制全国人大的权力，以确保全国人大无权增加预算收入制度的真正落实，同时也是在限制政府的权力，以确保预算收支平衡目标的真正实现。

"国库不得在法律所定预算之外拨付任何款项。"这一条款强调了预算的法定性，政府不得在预算之外进行财政支出。这一条款没有直接规范政府，而是直接规范国库，显示了国库的独立法律地位。没有法律依据，国库不得进行任何款项的拨付，这就在根本上控制了政府在预算之外进行财政支出的企图和可能性。

"国家预算批准之前，可暂按上一年度预算执行。"这一条明确了我国预算审批时间与预算年度开始时间存在时间差的矛盾，确定了政府预支预算的合法地位。

3. 相关《宪法》条款的修改与完善

在专门设置一章规定财政事项以后，《宪法》在国家机构一章所涉及的预算事项可以保留，但是为了突出预算事项的重要性，建议做以下修改：

第 67 条规定："全国人民代表大会常务委员会行使下列职权：……（五）在全国人民代表大会闭会期间，审查和批准国民经济和社会发展计划、国家预算在执行过程中所必须作的部分调整方案……"建议改为："全国人民代表大会常务委员会行使下列职权：……（五）在全国人民代表大会闭会期间，审查和批准国民经济和社会发展计划在执行过程中所必须作的部分调整方案；（六）在全国人民代表大会闭会期间，审查和批准国家预算在执行过程中所必须作的部分调整方案……"

第 89 条规定："国务院行使下列职权：……（五）编制和执行国民经济和社会发展计划和国家预算……"建议改为："国务院行使下列职权……（五）编制和执行国民经济和社会发展计划；（六）编制和执行国家预算……"

（三）财政立宪的阶段与时机选择

财政立宪是一个长期的系统工程，是财税法治建设的最后一个环节，因此，财政立宪不可能一蹴而就，也不应该不切实际地匆忙在宪法条文中实现财政立宪。从整体来看，我国财政立宪应当遵循三个阶段，在每个阶段都应当把握时机，适时推进财政立宪的进程。

1. 财政立宪的三阶段

财政立宪的第一阶段是形成完善的财税法律体系，基本实现税收法定原则和预算法定原则的要求。主要任务包括制定《税收基本法》和《财政基本法》，将大部分单行税种法上升为法律，如《增值税法》、《营业税法》、《消费税法》等，制定一些基本的财政单行法，如《国库法》、《国有资产管理法》、《财政转移支付法》、《行政收费法》，修改完善主要的财税法，如《预算法》、《个人所得税法》等。这一任务大体可以在十一届人大任期内（2008～2013 年）完成。

财政立宪的第二阶段是通过修宪实现税收法定原则入宪，基本确立财政立宪制度。这一阶段的主要任务就是在《宪法》中增加一个条款规定税收法定原则，鉴于单独增加一个税收法定原则的条款没有适当的位置可以安置，可以考虑在全国人大及其常委会的职权范围内增加税收法定原则的规定。具体建议如下：

《宪法》第 62 条增加一项作为第九项，规定"（九）依据公平合理的原则确定基本的税收制度，通过立法决定开征新税、取消旧税、确定税率和减免税等"。

《宪法》第 67 条增加一项作为第五项，规定"（五）依据全国人民代表大会所确定的基本税收制度，通过立法决定开征新税、取消旧税、确定税率和减免税等"。

上述两条修正案可以将税收立法权明确授予全国人大及其常委会，实现税收法定原则入宪。这一任务大体可以在第十二届人大任期内（2013～2018 年）完成。

财政立宪的第三阶段是通过修宪全面确立比较完善的财政立宪制度。这一阶段的主要任务除了继续加强财税法治建设以外，通过修改《宪法》，增加"财政"专章，将税收法定原则和预算法定原则以及其他基本的财政制度规定在一起。这一任务大体可以在第十四届人大任期内（2023～2028 年）完成。

2. 财政立宪的时机选择

财政立宪应当根据我国经济、政治和法治建设的状况而选择适当的时机予以实现。

《税收基本法》目前已经处于起草阶段，有可能在十一届人大任期内通过。《国有资产法》、《财政转移支付法》、《行政收费法》也进入了起草程序，在十一届人大任期内也有可能出台。《个人所得税法》已经于 2011 年进行了第六次修正，预计在未来五年内还要对该部法律进行进一步修改。内外资企业所得税已经于 2008 年 1 月 1 日实现了统一，新《企业所得税法》已经开始实施。《预算法》的修改已经在进行，预计可以在十一届人大任期内完成修改程序。《财政基本法》、《国库法》、《增值税法》、《营业税法》、《消费税法》等法律则应当选择我国财政收入高速增长，财税法治建设处于攻坚阶段的时机起草和出台。

税收法定原则入宪应当选择我国已经基本完成将税收行政法规上升到法律的任务，财税法治建设取得实质性进展的时候，那时的税收法定原则入宪既是对已经取得的成果的巩固，也是对已经取得成果的一种宣示，中国要通过修宪的方式向全世界表明，中国税收法治建设已经取得实质性突破，中国已经步入了法治社会。

财政立宪的最终实现应当选择我国综合国力已经实现质的飞跃、财税法治建设基本完成、法治社会基本形成、宪政建设已经取得实质性进展之时，那时，我国的财税法律体系已经非常完善，税收法定原则和预算法定原则已经在现实中实现，财政法的基本制度已经成熟，同样需要通过修宪来巩固和展示我国财税法治建设以及宪政建设的成果，财政立宪同样是顺理成章、水到渠成之事。

四、健全财政立宪的保障机制

财政立宪的重点不在宪法如何规定，而在于宪法的规定是否能够落实。只要某些原则能够在现实中贯彻执行，《宪法》规定与否又有什么区别呢？在财政立宪的过程中需要始终把握的一个重点就是健全财政立宪实现的保障机制。财政立宪的实质在于财税法治，财税法治必须以完善的财政司法为基础，因此，设立财政法庭、完善财政司法是保障财政立宪的基础性环节。财政立宪的重点在于议会对政府的监督，在我国就是落实人大的财政权，切实发挥人大的作用。财政立宪的关键在于宪法规则的实施，违宪审查制度就是确保宪法实施的基本制度。

（一）财政法庭的设立

1. 财政司法对财政立宪的保障作用

财政立宪的实质与基础在于财税法治，财税法治的实质在于让法律成为衡量一切行为的准则，而且是最终准则。现代社会，法律问题的最终判断者是司法，司法是法律实施的最后一道环节，肩负着确保法律正确实施的重任，因此也被称为社会正义的最后一道防线。有了司法的保障，即使在执法和守法中出现了偏离法律的问题，也能够予以纠正，而一旦司法偏离了法律或者缺乏了司法的保障，执法和守法一方面更容易偏离法律，另一方面即使在不偏离法律时也缺乏稳定性，而这两者都是法治的大忌。司法的状况在很大程度上决定了整个法治建设的水平，反过来，法治建设的水平也可以通过对司法状况的考察而得知。司法对于宪政制度的构建也具有不可替代的作用，美国政治学家沃尔特·墨菲认为："我国宪政局面的一个永久特征就是民选政府和法院之间的角力。"①

财政立宪最终要实现的目标是纳税人控制政府的财政收支权，而财政司法是作为普通纳税人的个人实现控制政府财政收支权的最重要途径。当政府违法进行财政收支行为并进而侵犯到具体纳税人的合法权益时，纳税人对抗政府最有力的武器就是财政诉讼，特别是在法治社会，几乎是纳税人对抗政府的唯一武器。有了财政司法这一武器，千千万万的纳税人就可以随时监督政府的财政收支行为，一旦其越过法律的界限侵犯到具体纳税人的权益时，纳税人就可以运用财政司法对抗政府的违法行为。在财政司法比较完善的国家，即使政府违法行使财政权的行为没有侵犯到具体纳税人的利益，纳税人也可以通过诉讼的方式来要求政府纠正其违法行为。② 在财政司法为无数纳税人所提供的锐利武器之下，政府违法行

---

① Neal Devins. The Last Word Debate: How Social and Poliltical Forces Shape Constitutional Values, American Bar Association Journal, October 1997, p. 48.

② 即所谓"纳税人诉讼"或者"公益诉讼"。英国著名行政法学家威廉·韦德认为，私法中的救济是与权利相联系的，只有自身权益受到威胁的人才有资格获得救济。但在公法领域，公共主体对公共利益做错了事，就需要突破救济与权利相联系的私法原则，赋予没有直接利害关系的人以救济权，以防止政府的不法行为。这是"法律制度的智慧"的体现。参见〔英〕威廉·韦德：《行政法》，徐炳译，中国大百科全书出版社1997年版，第364~365页。

使财政权的行为丝毫没有藏身之地，真可谓"法网恢恢，疏而不漏"。

2. 设立财政法庭的必要性与可行性

财政司法作为财政立宪的基础性环节是保障财税法治实现的最后一道环节，它集中体现在财政法庭的设立上。考察西方法治发达国家，可以发现，法院在推进财税法治建设中起到了非常重要的作用，在法治发达国家，财政诉讼（主要是税收诉讼）的数量非常多。许多国家为应付财政案件的大量性和复杂性的特点，很早就设立了专业的财政（税务）法庭或者财政（税务）法院。我国台湾地区没有设立专门的财政法庭，财政诉讼是放在行政诉讼中来进行的（设有专门的行政法院），近几年，台湾的财政诉讼占行政诉讼的 50％以上。① 台湾大法官会议对"宪法"所进行的解释中，有很大一部分是与财税法有关的。欧洲法院在欧盟财税法治建设中也发挥了巨大的作用，② 这说明财税法治建设并不仅仅是政府及其税务主管当局的事情，各国法院在财税法治建设中也能起到非常重要的推动作用。相比之下，我国的法院在税收法治建设中至今尚未起到应有的作用，甚至听不到法院的声音。我国的最高法院每年都通过大量的司法解释，实际上也在积极充当立法者的角色，但与财税法有关的司法解释，除了税务犯罪的以外，几乎就没有。可以毫不夸张地说，没有法院的参与，没有法院发挥积极的作用，要想实现财税法治，那几乎是不可能的。

设立财政法庭是建立完善的财政司法制度，从而推动和保障财政立宪的重要举措。财政诉讼具备专业性、技术性、复杂性和大量性的特点，设立财政法庭是十分必要的。设立财政法庭可以更有针对性地培养和选择具备财税法专业知识的法官，可以集中力量审理财政案件，可以专门研究审理财政案件的特殊性，从而可以更好地审理财政案件，依法保护纳税人的财税主权，实现财税法治的终极目标。

财税治税在司法领域的基本要求是有法必依、司法必严、违法必究，要实现这一目标，首要的条件就是要有数量足够的精通财税法知识的法官来及时处理大量的税务案件，而这一条件只有通过设立专门的财政法庭才能实现。没有专门的财政法庭和专门的财政法官就很难保证有大量精通财税法知识的法官，也很难保证法院有足够的时间和精力来使得大量的财政案件得到及时的审理。没有专门的财政法官和财政法庭，完善的财政司法制度就无法建立起来，更无法发挥财政司法对财政立宪的推动和保障作用。

就设立财政法庭的可能性而言，可以从以下几个方面来看：

---

① 葛克昌：《行政程序与纳税人基本权》，翰芦图书出版有限公司 2002 年版，第 4 页。

② 翟继光：《欧洲法院在国际税收协调中的作用及启示》，载《上海财税》2003 年第 11 期。

（1）设立财政法庭不存在法律上的障碍。财政法庭是人民法院内部的专业法庭，设立财政法庭不存在法律上的障碍。《人民法院组织法》第19条规定："基层人民法院可以设刑事审判庭、民事审判庭和经济审判庭，庭设庭长、副庭长。"第24条规定："中级人民法院设刑事审判庭、民事审判庭、经济审判庭，根据需要可以设其他审判庭。"第27条规定："高级人民法院设刑事审判庭、民事审判庭、经济审判庭，根据需要可以设其他审判庭。"由此可见，法律是允许在特定的情况下，随着实践发展的需要而设立新的审判庭的。[1]

（2）各地已经有了设立财政法庭的实践。在司法实践中，各地的基层法院最能感到设立财政法庭的必要性，它们为了解决现实司法实践中大量专业、复杂的税务案件，已经设立了许多专门处理税务案件的税务法庭。如四川省、海南省、辽宁省等地区都尝试性地设立了一些税务法庭。[2] 这些财政法庭在现实中的运作表明，设立财政法庭对于解决财政案件的专业性、复杂性和大量性起到了应有的作用，设立财政法庭对于更好地保障纳税人的合法权益和推进财税法治建设是十分必要的。这些财政法庭摸索和积累了大量的实践经验，当然，在运作过程中也遇到了许多挫折和教训，这些经验、教训对于我们在全国设立财政法庭具有十分重要的参考价值。

（3）社会已经培养了大批适宜做财政法官的人才。近年来，随着依法治税方针的提出，国家开始逐渐重视对税法方面专业人才和高素质人才的培养。在高素质人才的培养方面，许多大学都开始培养财税法方向的研究生和博士生，并已开始有大量财税法硕士和财税法博士进入工作岗位。我国财税系统也开始注重培养财税干部财税法方面的素质，并开办了各种形式的培训班，提高了大批财税干部的法律素质。在司法系统，为了审理税务案件的需要，许多法官也开始自学财税法或进行财税法方面的培训。这些可喜的状况表明，社会中已经自觉培养了大批适宜做财政法官的专门人才，在设立财政法庭的过程中，不会遇到人才方面的障碍。

3. 财政法庭的建制

（1）财政法庭在性质上属于法院的专业法庭。在各国设立的财政法庭或税务法院中，有的属于司法系统，如美国、加拿大，有的属于行政系统，隶属于财政部，如丹麦和韩国。[3] 在我国学者的相关论述中，有的把财政法庭作为行政系统

---

① 各地实际上已经根据司法实践的需要开设了很多专业法庭，如青少年法庭、知识产权法庭等。

② 杨东成：《关于强化税收法制与发展市场经济同步运行的思考》，载《税务与经济》1994年第1期；张涛：《税务稽查大透视》，载《税收与社会》1994年第5期；海南省政府办公厅：《海南八项改革措施》，载《经济日报》1995年1月27日。

③ 涂龙力、王鸿貌主编：《税收基本法研究》，东北财经大学出版社1998年版，第129页。

的一部分，有的把财政法庭作为司法系统的一部分。为了能真正实现设立财政法庭的目的和宗旨，就必须把财政法庭作为司法系统的一部分，即使是今后所要设立的财政法院也必须是司法系统的一部分。在我国司法机关还经常受到行政机关的干涉而难以做到真正独立的现实情况下，如果把财政法庭隶属于行政系统，那么就更难以实现财政法庭的独立，当然也就更难以实现保护纳税人合法权益的目的，难以实现财税法治的目标。[①]

（2）财政法庭在法院系统内的设置。财政法庭作为法院的一个专业法庭，是与民事审判庭、刑事审判庭和行政审判庭相并列的一个审判庭。从我国其他审判庭设立的经验以及我国司法系统的现实运作模式来看，基层人民法院、中级人民法院、高级人民法院和最高人民法院都应该设立相应的财政审判庭。

（3）财政法官的产生。财政法官产生的方式主要有以下两种：一是由法院中对审理财政案件比较有经验的法官组成财政法庭的法官；二是通过司法考试从社会中挑选合格的财政法官，参加财税法方向司法考试的人员可以是财税机关的工作人员，可以是高等院校具有本科以上学历的毕业生，也可以是大学和科研机构中从事教学和科研的学者。

（4）财政法庭的受案范围。在设立初期，财政法庭可以主要受理有关财税方面的民事和行政案件，在取得一定实践经验以后，可以考虑把财税方面的刑事案件也由财政法庭受理，最终实现把所有关于财税方面的民事、行政和刑事案件均由财政法庭统一受理。

（5）财政法庭的组织形式。在财政法庭的组织形式上，国外的先进经验可供借鉴，如加拿大的审理程序分为两种，即非正常程序和正常程序。非正常程序一般是处理争议标的在 12000 加元以下的案件，它的特点是解决争议的时间较短，举证、出庭代表方面没有严格的要求。但如果选择了非正常程序，就失去了向联邦上诉法院进一步上诉的权利，至多只能向本庭提出司法复议。正常程序一般是处理争议标的较大的案件，财政法庭需召开多次听证会，进行法庭调查，同时确定开庭时间。[②] 美国税务法院有小额诉讼。我国台湾地区也有十分完备的简易程序和小额程序，前者主要受理 50 万元（新台币）以下 10 万元以上的案件；后者主要受理 10 万元（新台币）以下的案件。对这两类案件，法院晚上、休息日均开庭，老百姓可随时将争议付诸法律。法官对此两类案件一般不做证据调查，状纸亦表格化，当事人无须理由，只要在表格上打钩即可。这两类程序解决了大量

① 张松：《我国税收基本法立法研究》，载《税务与经济》1996 年第 6 期。
② 徐盛刚：《中、加税务申诉体系的比较研究》，载《税务与经济》1996 年第 5 期。

的小额纠纷，使老百姓逐渐培养起良好的税法意识。① 根据我国法庭组织形式的特点，财政法庭可以采取独任制和合议制两种形式，对于小额的财税案件可以采取独任制的形式采用简易程序来审理。对于一定数额以上以及比较复杂的财税案件应当采取合议制的形式采用一般程序来审理。

　　（6）财政法庭的管辖。财政法庭的管辖分为地域管辖和级别管辖。在地域管辖方面，对于民事财税案件由被告所在地的法院管辖，对于行政财税案件则按照行政诉讼法关于法院管辖的规定处理，即一般由被告所在地法院管辖，特殊情况下，也可以由原告所在地法院管辖。在级别管辖方面，由于一般的税款征收都是由基层税务机关承担的，因此，一般的财税案件均由基层人民法院受理，对于数额巨大、案情复杂的财税案件或被告为地市级以上的财税机关的案件可以由中级人民法院作为一审法院，对于数额特别巨大、社会影响巨大、中级法院无法审理的大型财税案件可以由高级人民法院受理。最高人民法院一般不作为一审法院受理财税案件，在特殊情况下，最高人民法院可以决定直接受理财税案件。②

（二）人大财政权的落实

1. 人大对财政立宪的保障作用

　　财政立宪的终极目标是实现纳税人对国家财政权，特别是政府财政权的控制。在制度设计中，纳税人控制政府财政权的基本制度是通过纳税人代表机关的财政权来控制政府的财政权，在我国就是通过各级人大，特别是全国人大来控制政府的财政权。

　　财政立宪在制度上集中体现在加强人大的财政权，控制（并非削弱）政府的财政权，因此，人大的财政权是否能够得到落实在很大程度上决定着财政立宪的成败。只要人大的财政权加强了，只要政府的财政权被人大控制了，即使没有在宪法中写入财政立宪的条款，同样可以认为实现了财政立宪的目标。离开了人大的财政权，所谓财政立宪就失去了支柱，因为没有什么主体能够控制政府的财政权，而政府的财政权一旦失去控制，纳税人的财产权就无法得到保障，财政立宪的终极目标——纳税人控制政府的财政权也就根本不可能实现。

2. 人大财政权的基本内容

　　根据财政立宪的内容、目标和宗旨，人大的财政权主要包括以下三个方面的内容：

---

　　① 熊晓青：《问题与对策：税收争讼法律制度探讨》，载刘剑文主编：《财税法论丛》第1卷，法律出版社2002年版，第293页。

　　② 翟继光：《试论财政法庭在我国的设立》，载《黑龙江省政法管理干部学院学报》2003年第4期。

（1）税收立法权。财政立宪强调税收法定原则，这一原则体现在人大的职权方面就是税收立法权。人大享有税收立法权能够保障纳税人最终享有征税权，因为人大是纳税人的代表机关，人大所代表的是纳税人的整体利益。人大行使税收立法权的基本方式是通过立法来确定基本的税收制度，从而也就确定了政府"侵犯"纳税人财产权的合法界限以及纳税人基本权的受保障范围。人大拥有税收立法权就拥有了控制政府财政收入的权力。人大的税收立法权同样有界限，它要受到财政立宪所确定的基本原则和基本制度的约束，这是为了真正实现纳税人主权而设置的必要约束。

（2）预算审批权。财政立宪强调预算法定原则，这一原则体现在人大的职权方面就是预算审批权。人大享有预算审批权能够保障纳税人最终享有决定政府如何开支的权力。人大所享有的仅仅是预算的审批权，而不是整个预算权，对于预算的编制和执行，人大无权享有。这种分工是为了实现权力之间的合理分工与制衡，在确保预算民主性的同时，也实现预算的科学性。

（3）财政监督权。人大通过立法行使了财政立宪所赋予的权力以后，这些法律是否得到了执行是衡量人大是否控制了政府的财政权的重要指标，这就需要财政立宪赋予人大财政监督权。人大行使财政监督权的基本方式包括审计和执法检查，而确保人大监督权具有权威性的权力则是人大的任免权以及法律责任的追究。

3. 落实人大财政权的具体措施

近些年来，我国不断加强了人大的财政权，人大已经在一定程度上实现了控制政府财政权的目标，但与财政立宪的要求还有一段距离。落实我国人大的财政权应当重点采取以下两方面的措施：

（1）提高人大素质，增强行使财政权的能力。人大作为纳税人的代表机关与政府相比最大的缺陷在于缺少专家，因此在我国，并不是人大没有财政权，也不是人大不愿意行使财政权，更不是其他机关侵犯了人大的财政权，根本原因在于人大没有能力行使财政权。人大没有能力行使财政权的主要原因在于人大代表不是专家，人大作为一个整体也不是专家，作为"门外汉"的人大想控制作为"专家"的政府，其难度可想而知，甚至根本就是不可能的。因此，实现财政立宪，落实人大财政权必须提高人大素质，增强其行使财政权的能力。十届人大已经在这方面做出了巨大的努力，增加了具有专家色彩的常委会委员，但这并不能从根本上解决问题，人大不能变成"专家俱乐部"，根本措施是应当充分发挥广大纳税人，特别是专家型纳税人的积极性，协助人大行使财政权，例如，在立法过程中发挥民主和专家的力量，为全国人大及其常委会配备各个领域的专家顾问团，在监督过程中赋予纳税人广泛的监督权，特别是诉讼权，当全体纳税人联合起来控制政府之时，政府怎能不为纳税人服务？①

（2）增强人大监督的力度与法律责任的追究。人大财政权的行使重在监督，而监督的威力来自法律责任的追究。我国政府之所以不怕人大，关键在于人大监督不到位，监督以后法律责任不到位。没有监督、没有法律责任的人大只能是"橡皮图章"。最近几年我国人大加强了监督的力度，但法律责任的追究方面仍显得比较滞后。增强人大监督的力度同样必须充分发挥纳税人和专家两方面力量，而增加法律责任的追究则必须一方面完善相关法律制度，明确规定违法行使财政权的法律责任，另一方面则要通过党中央的力量增强人大的人事任免权。如果人大能够大刀阔斧地把那些对违法行使财政权的行为负有领导责任的主要领导免去职务，变成"平民"，严格执法追究那些负有直接责任的主管人员的法律责任，政府就再也不敢轻易越过法律的界限，财政立宪的目标也就离我们不远了。

（三）违宪审查制度的完善

1. 违宪审查制度对财政立宪的保障作用

财政立宪并不仅仅是在《宪法》中增加几项条款，而是要将《宪法》所规定条款的原则和精神落实到现实中，落实到国家财政权运作的实际过程中。判断和保障《宪法》条款是否落实的基本制度就是违宪审查制度。

违宪审查制度的存在具有财政司法和人大财政权所无法替代的作用，即对政府立法权以及人大立法权的监督与控制。财政司法（具备违宪审查功能的司法除外）在面对政府立法时往往显得无能为力，而对人大的立法而言，恐怕只能通过违宪审查来制约。

违宪审查制度的存在为财政立宪的实现奠定了最后一道防线，它的功能不一定体现在真正宣布某项立法违宪无效或者宣布某种行为违宪无效并追究某些人的法律责任，它的存在本身就是一种无形的力量，就具有可怕的威慑力，人大，特别是政府在行使财政权的同时就不得不多看几眼宪法条款，不得不慎重掂量自己行为的后果，避免违宪立法或者违宪行为的发生。违宪审查制度就像一把"上方宝剑"悬在每一个有可能违宪的主体的头上，虽然轻易不会使用，但一旦出鞘，就可能"人头落地"。

2. 我国现行违宪审查制度保障财政立宪功能的欠缺

就我国《宪法》而言，其实已经规定了违宪审查制度，只是并未充分发挥作用而已。《宪法》第 62 条规定："全国人民代表大会行使下列职权：……

---

① 有学者提出了建立和完善立法助理制度、立法辩论制度和立法听证制度。参见李龙主编：《政治文明与依法治国》，浙江大学出版社 2004 年版，第 241～243 页。

（二）监督宪法的实施……（十一）改变或者撤销全国人民代表大会常务委员会不适当的决定；"第 67 条规定："全国人民代表大会常务委员会行使下列职权：（一）解释宪法，监督宪法的实施……；（七）撤销国务院制定的同宪法、法律相抵触的行政法规、决定和命令；（八）撤销省、自治区、直辖市国家权力机关制定的同宪法、法律和行政法规相抵触的地方性法规和决议；"第 89 条规定："国务院行使下列职权……；（十三）改变或者撤销各部、各委员会发布的不适当的命令、指示和规章；（十四）改变或者撤销地方各级国家行政机关的不适当的决定和命令"。

就《宪法》条文而言，应当说我国已经有了比较完善的违宪审查制度。国务院所属各部委以及地方各级行政机关违宪行为，由国务院负责审查；国务院以及地方立法机关的违宪行为由全国人大常委会负责审查；全国人大常委会的违宪行为由全国人大审查；审查者有权撤销或者改变。但就实际运作而言，我国违宪审查制度非常不健全。

首先，无论是国务院，还是全国人大常委会以及全国人大都没有建立完善的违宪审查工作制度，全国人大甚至都没有自己的负责违宪审查工作的机构。其次，《宪法》没有规定启动违宪审查制度的方式。除了拥有审查权的主体以外，其他主体似乎都没有提起违宪审查的权利。而一旦拥有审查权的主体"沉默"，违宪审查制度就会一直"沉默"下去。再次，《宪法》没有规定全国人大对全国人大常委会立法的违宪审查权，也没有规定对全国人大自身立法的违宪审查权。最后，《宪法》没有规定司法机关的违宪审查权，即使司法机关认为法律、行政法规、地方性法规有违宪之嫌，它也无权审查。

3. 完善我国违宪审查制度的具体措施

为了确保财政立宪的实现，必须完善违宪审查制度，为了建设宪政国家和法治国家，同样必须完善我国的违宪审查制度。目前学界和实务界对应当完善我国的违宪审查制度已经没有异议，关键是如何完善，目前尚未有一个比较一致的观点。结合我国的现实国情以及其他国家的成功经验，完善我国的违宪审查制度应当着重从以下三个方面入手：

（1）设立专门机构专司违宪审查之职。违宪审查是一项非常重大的任务，非专门机构、专门人员无力承担如此重任。就我国目前的机构而言，尚没有能够承担起这一重任的。必须在全国人大之下设立一个专门的违宪审查委员会来完成这一重任。这一委员会应当具有高度的权威性、独立性和专业性，能够在人民心目中形成"上方宝剑"那样的威力感。

（2）利用广大纳税人的力量来完善违宪审查制度。违宪审查制度的目的是确保《宪法》的实施，而《宪法》实施的终极目的是实现人民的意志，就财政立宪而言，则是实现纳税人控制国家的财政权。既如此，违宪审查制度就应当充分利用纳税人的积极性，充分相信纳税人的能力，赋予纳税人对违宪审查制度的启动权。当纳税人认为法律、行政法规、地方性法规、部门规章、地方政府规章等违宪时，或者发现政府以及人大的行为违宪时，均可以向违宪审查委员会提出违宪审查的请求，违宪审查委员会应当启动违宪审查程序。在这一过程中，财税法专家学者应当起到积极推动作用。

（3）循序渐进地推进违宪审查制度。违宪审查制度之所以难以建立，根本问题不在这个制度本身，而在于我国的现实国情，即需要进行违宪审查的东西太多，而一旦被宣布违宪，其后果又非常严重，因此，推进我国的违宪审查制度应当遵循循序渐进的原则，不可以盲目追求完美主义。应当逐渐从"低级审查"向"高级审查"过渡，逐渐从"软审查"向"硬审查"过渡。制度建立之初可以先从行政法规、地方性法规、部门规章、地方政府规章开始，待时机成熟逐渐过渡到对全国人大常委会立法的审查，最后过渡到对全国人大立法的审查。可以先进行"软审查"，即不直接宣布违宪立法无效或者直接予以改变和撤销，而是提出违宪审查报告，提出相关的处理建议，留待立法者本身予以修改或者废止，或者由有权机关予以改变和撤销，而在修改或者撤销以前，该立法仍然有效。待时机成熟再进行"硬审查"，即违宪审查委员会直接对违宪立法和行为进行处理，修改或者撤销，并立即生效。

下编 财政法基本制度

第十章 财政法的体系

一、财政法的体系

　　财政法的体系是由财政法的部门法所组成的多层次的、有机联系的统一整体。从形式上来看，财政法可以分为财政收入法、财政支出法和财政管理法。财政收入法包括税法、行政事业性收费法、国债法、罚没收入法、专项收入法、捐赠收入法等。财政支出法包括政府采购法、财政转移支付法、财政投资法等。财政管理法包括预算法、国库法、财政信息公开法等。

　　原苏联的学者认为，无论是集中性的国家财政，还是非集中性的部门财务（相当于我国的国有企事业单位财务）这两部分都属于国家财政。[①] 如古尔维奇就认为："国家预算、税收、信贷、保险以及国营企业和组织的财务等结合起来构成统一的苏维埃社会主义财政体系，苏维埃国家利用这种财政体系进行财政活动。"根据这一观点，财政法的体系也就包括国家的财政活动（包括国家的财政体制和财政职权划分）、预算法、税法、国家信贷、国营保险、国家支出、信贷和结算、货币流通以及财政监督等。[②]

　　新中国成立后，我国学者一般认为，财政法的范围由财政管理体制法、预算法、税法、国营企业财务、预算外资金管理、财政支出制度、基建投资制度、财政监督制度等构成。[③] 目前比较有代表性的观点认为，财政法的体系包括财政法总则、财政管理体制法、国家预算法、国有资产管理法、国债法、税收法、政府

---

　　① 李建英编译：《苏联财政法》，中国财政经济出版社 1985 年版，第 6 页。

　　② ［苏］M. A. 古尔维奇：《苏维埃财政法》，刘家辉译，中国人民大学出版社 1956 年版，第 13、40、41 页。

　　③ 参见西南政法学院 1983 年 4 月编印的《〈财政法概论〉教学大纲》；中国人民大学 1987 年 8 月编印的《财政金融法教学大纲》；罗玉珍主编：《财政法教程》，法律出版社 1986 年版。

采购法、转移支付法和财政监督法等。①

由于各国财政立法体系的不同，各国学者对财政法体系的观点也有所不同。例如，日本财政法学的奠基人杉村章三郎认为，财政法包括财政计划法、公会计法、公财产法、地方财政法、财政统治法；②日本著名财税法学者金子宏认为，财政法包括财政计划法（包括预算法、公债法、财政投融资法及专卖法）、公会计法（包括会计法、补助金法）、公财产法（包括国有财产法、公营企业及其民营化法）、地方财政法（包括财政收支划分法、确保地方财源法）、财政统制法（包括审计法、决算法等）。③

目前我国在财政法领域的法律包括《个人所得税法》、《企业所得税法》、《车船税法》、《税收征收管理法》、《预算法》和《政府采购法》。

二、政府取得财政收入的主要形式

（一）财政收入的界定

财政收入是政府通过各种合法的手段在预算控制之下所取得的用于提供公共产品的货币、实物和其他经济利益。学界对财政收入有不同的界定方式，如有学者认为，财政收入也称为"预算收入"，是国家运用税收、公债、国有企业上缴利润等财政手段，对社会产品进行分配，由此获得集中于国家预算的资金。④有学者认为，财政收入是指政府为了满足国家职能和社会公共的需要，依据一定的原则和方式集中起来的一种货币资金或以货币形式表现的一定量的社会产品。⑤有学者认为，财政收入是指国家为了满足实现其职能的需要，依据其政治和经济权力主要采取税收和国有资产权益收入形式所筹集的一部分社会产品或社会产品价值。⑥也有学者认为，财政收入是指国家为了满足全社会的公共需要，主要基于向社会公众提供公共产品和公共服务等合宪目的，凭借政治权力和经济权力依

① 参见潘静成、刘文华主编：《经济法学》，中国人民大学出版社 1999 年 10 月版，第 338 页；杨紫煊主编：《经济法学》，北京大学出版社、高等教育出版社 1999 年 11 月版，第 381、382 页；杨萍等：《财政法新论》，法律出版社 2000 年 2 月版，第 22、23 页。

② ［日］杉村章三郎：《财政法》，有斐阁 1982 年版。

③ ［日］金子宏：《财政》（总论部分），有斐阁 1984 年版，第 8 页以下。转引自蔡茂寅：《财政作用之权力性与公共性》，《台大法学论丛》第 25 卷第 4 期，第 76 页。

④ 聂庆轶主编：《财政学教程》，立信会计出版社 2002 年版，第 49 页。

⑤ 王乐夫、许文惠主编：《行政管理学》，未来出版社 2002 年版，第 282 页。

⑥ 胡乐亭主编：《财政学》，中国财政经济出版社 2000 年版，第 216 页。

法取得的一切收入。①

（二）财政收入的形式

亚当·斯密将财政收入分为国家资源收入和税收收入。道尔顿则根据收入的征收方式将财政收入分为三类：强制收入，如税收、罚金等；代价收入，如公产收入、公业收入、自由公债收入等；其他收入，包括专卖收入、发行货币收入、捐献收入等。印度学者西拉斯按财政收入形式，将财政收入分为两大类：税收收入，包括直接税和间接税；费税收入，指公产和公业收入、行政收入、公债收入等。② 国际货币基金组织在《2001 年政府财政统计手册》中将政府收入划分为税收收入、社会缴款收入、赠与收入和其他收入四类。我国台湾地区"财政收支划分法"则将国家财政收入划分为 12 类：税课收入、独占及专卖收入、工程受益费收入、罚锾及赔偿收入、规费收入、信托管理收入、财产收入、营业盈余及事业收入、协助收入、捐献及赠与收入、公债及赊借收入、其他收入。

我国学界有学者认为，可按收入的持续与否，将财政收入分为经常性收入和临时性收入。经常性收入是指在连续财政年度可以获得的收入，包括税收、公共收费、公有财产收入和公共企业收入等。或按收入来源渠道将财政收入划分为直接收入与派生收入。直接收入即政府凭借所有权取得的收入，派生收入即政府凭借政治权力取得的收入。还可以按照是否依据权力将财政收入划分为强制性收入和非强制性收入。③ 有学者认为，公共收入按来源、作用和方式不同，主要有以下三种分类：按收入取得的来源，将公共收入分为公产收入、主权收入、税收收入；按收入取得的连续性和作用，将公共收入分为经常收入和临时收入两类；按收入取得的方式或形式，将公共收入分为税收收入和非税收入。④

我国 1991 年的《国家预算管理条例》将财政收入划分为六类：税收收入、企业上缴利润收入、基金收入、专款收入、事业收入、其他收入。我国 1994 年的《预算法》将财政收入划分为四类：税收收入、依照规定应当上缴的国有资产收益、专项收入、其他收入。财政部 2004 年发布的《关于加强政府非税收入管理的通知》将非税收入划分为如下种类：行政事业性收费、政府性基金、国有资源有偿使用收入、国有资产有偿使用收入、国有资本经营收益、彩票公益金、罚没收入、以政府名义接受的捐赠收入、主管部门集中收入以及政府财政资金产生

---

① 刘剑文主编：《财政法学》，北京大学出版社 2009 年版，第 148 页。
② 许正中主编：《公共财政》，中共中央党校出版社 2003 年版，第 164 页。
③ 储敏伟、杨君昌主编：《财政学》，高等教育出版社 2000 年版，第 36 页。
④ 王德祥主编：《现代外国财政制度》，武汉大学出版社 2005 年版，第 127 页。

的利息收入等。

政府取得财政收入的形式可以分为显性形式和隐性形式。显性形式包括税收、行政事业性收费（国家机关、事业单位、代行政府职能的社会团体及其他组织根据法律法规等有关规定，依照国务院规定程序批准，在实施社会公共管理，以及在向公民、法人提供特定公共服务过程中，向特定对象收取的费用）、专项收入（征收排污费收入、征收城市水资源费收入、教育费附加收入）、罚没收入、国企上交利润、其他收入（基本建设贷款归还收入、基本建设收入、捐赠收入、发行彩票收入等）。

隐性形式包括垄断定价、通货膨胀、公共产品供应政策及腐败收入等。垄断定价虽然主要是部分国企的行为，但实际上政府在垄断定价中受益匪浅。以中石化、中石油为例，它们每从消费者手中取得 100 元（按照每升汽油 7 元计算），需要向政府缴纳 14 元消费税、大约 5 元增值税与附加税、大约 5 元企业所得税、大约 1 元石油特别收益金①，合计约 20 元，除此以外，政府还可以股东的身份取得部分税后利润。以工商银行为例，它们每从消费者手中取得 100 元，需要向政府缴纳 5.5 元营业税与附加税、大约 10 元企业所得税，合计约 15 元，除此以外，政府还可以股东的身份取得部分税后利润。根据新华网 2010 年 9 月 4 日消息，2010 中国企业 500 强在安徽合肥发布，中石化以 1.39 万亿元营业收入居榜首。中国企业 500 强居前十位的依次为：中国石化、国家电网、中石油、中国移动、工商银行、建设银行、人寿保险、中国铁建、中国中铁、农业银行，全部为超大型国有企业。②

通货膨胀是指在纸币流通条件下，因货币供给大于货币实际需求，也即现实购买力大于产出供给，导致货币贬值，从而引起的一段时间内物价持续而普遍上涨现象。通货膨胀也可以称为纸币贬值，通俗来讲，就是老百姓手里的钱不值钱了。你手里有 100 元钱，可以购买 20 斤鸡蛋，通货膨胀以后，你手里还是 100 元钱，但只能购买 15 斤鸡蛋。凡是手里持有纸币的人都是通货膨胀的受害者，但受益人是谁？是政府和债务人。因为纸币最终是由政府发行的，如果社会增加了 100 元的产品，政府发行 100 元纸币，此时不会有通货膨胀，但如果政府发行 200 元纸币，在短期内仍不会有通货膨胀，因为我们不会把手里的纸币都拿出来买东西，大部分都储存在银行里，所以，在一定时期内，政府多印钞票的后果不

---

① 根据《石油特别收益金征收管理办法》（财企〔2006〕72 号）规定："石油特别收益金，是指国家对石油开采企业销售国产原油因价格超过一定水平所获得的超额收入按比例征收的收益金。石油特别收益金属中央财政非税收入，纳入中央财政预算管理。"

② http://news.xinhuanet.com/fortune/2010-09/04/c_12517843.htm。

会体现出来。但如果政府持续不断超发纸币，当每个人手里都有用不完的纸币而社会产品并没有随着纸币的增加而同等增加时，当每个人都拿纸币去购买产品时，就没有这么多产品了，纸币就会贬值，就会出现通货膨胀。由于政府在发行100元纸币时，从社会中取走了100元产品，因此，政府是通货膨胀的最大受益者。因此，在经济学中，通常把政府从货币发行中所获得的收益称为铸币税，政府发行一张100元的钞票，印刷成本也许只有1元，但是却能购买100元的商品，其中的99元差价就是铸币税，是政府财政的重要来源。

在债权人与债务人的关系中，债务人是通货膨胀的受益者，债权人是通货膨胀的受害者。因为债务人应当向债权人支付利息，这一利息被称为名义利息，实际利息是扣除了通货膨胀以后的利息。当名义利率等于通货膨胀率时，相当于债务人不需要向债权人支付利息，而当名义利率小于通货膨胀率时，相当于债权人需要向债务人支付利息。举例而言，你将100元（假设可以买到100斤粮食）借给张三，张三承诺按照10%的利率支付利息，一年之后，张三给你110元，假设这一年的通货膨胀率为20%，或者说一年前100元能买到的东西，一年后要花费120元才能买到，此时你手里虽然有110元，但要想买到100斤粮食需要花费120元，你还要再拿出10元。相当于你把钱借给张三一年，什么都没有得到，还要自己倒贴10元，不如一年前就购买100斤粮食放在家里。

公共产品供应政策也会增加政府收入，由于公共产品和部分私人产品之间具有一定的替代性，政府提供公共产品多了，社会消耗具有替代性的私人产品就少了，此时就会减少政府收入。因为政府提供公共产品往往是不盈利或者微利的，而私人产品消耗减少会减少相关私人产品的消费额，而由此也会导致政府税收收入的减少。例如，如果政府修建过多的免费公路，使用高速公路的就少了，高速公路收费就少了，政府从中所获得的税收也就会相应减少；如果政府建设过多的保障性住房，购买商品房的就少了，商品房的价格就会下降，政府从房地产业获得的税收就要减少。政府通过减少某种公共产品的供应量可以提高具有替代性的私人产品的需求量，从而提高该产品的消费，政府从中可以获得较多收益。

国债是由国家发行的债券，是政府为筹集财政资金而发行的一种政府债券，是政府向投资者出具的、承诺在一定时期支付利息和到期偿还本金的债权债务凭证。国债是政府取得财政收入的特殊形式，因为国债是需要还本付息的。从长远来看，国债并不是政府取得财政收入的形式，但在短期内，又是很多政府度过财政困境的重要手段。

三、政府取得财政收入遵循的基本原则

政府取得财政收入应当遵循以下四个原则：公开、民主、公平、适度。政府取得财政收入应当尽量采取显性形式，尽量避免采用隐性形式。财政收入的种类、数额应当向社会公众公开并允许监督和社会审计。政府取得财政收入应当事先征求民意，取得合法的依据，特定项目的收入应特别征求民意。政府在民意和法律允许的范围内取得财政收入应当公平，即按照收益原则、法定原则和负担能力原则筹集财政收入。政府在公开、民主和公平的前提下所征收的财政收入应当适度，按照藏富于民的原则，将最大限度的财富剩余置于老百姓的手中。

四、财政支出的含义与基本形式

财政支出是政府为了履行其公共服务的职能而从财政收入中所进行的资金支付行为。财政支出是与财政收入相对的财政行为，后者是从社会中获取财政资金的行为，前者是将财政资金用于社会的行为。与财政收入相比，财政支出显得更加重要。财政收入仅仅涉及社会资源在私人主体和政府之间的分配问题，而财政支出则涉及财政收入使用的方向和效率。在财政收入阶段，违法的收入分配方式仍有挽救的机会，但在财政支出阶段，违法的支出方式往往难以采取挽救的措施。如果财政支出制度能够确保财政收入取之于民，用之于民，即使取得多一些，或者取得不公平一些，仍不致引起社会的较大反对，但如果财政支出制度导致取之于民的财政收入大部分都没有用之于民，那么，即使是非常少的财政支出也能够引起社会极大的不满。社会对乱收费之所以具有很大的抵制情绪，主要原因不在于其从自己身上取走了部分资源，而在于乱收费的收入往往并不是用于社会公共福利的。

财政支出的形式是指财政支出的外在表现形式。根据不同的标准，可以将财政支出进行不同的划分。国外财政支出的形式，一般由宪法或法律、财政支出惯例及市场缺陷决定，因此各国具体的财政支出项目不尽相同。在理论和实践中具有较大价值的分类方法有以下五种：

（1）根据财政支出能否直接产生经济效益，可以将财政支出划分为生产性支出和非生产性支出。生产性支出是指与社会物质生产直接相关、能够直接产生经济效益的支出，如支持农村生产支出、农业部门基金支出、企业挖潜改造支出等；非生产性支出是指与社会物质生产无直接关系、不能直接产生经济效益的支出，如国防支出、武装警察部队支出、文教卫生事业支出、抚恤和社会福利救济

支出等。

（2）根据财政支出是否遵循等价交换的原则，可以将财政支出划分为购买性支出和转移性支出。购买性支出又称消耗性支出，是指政府遵循等价交换原则购买商品和劳务，包括购买进行日常行政管理活动所需要的或者进行财政投资所需要的各种物品和劳务的支出。购买性支出由社会消费性支出和财政投资支出组成。转移性支出是指政府不遵循等价交换原则，将财政资金无偿地、单方面地转移给其他政府、居民或者其他受益者。转移性支出主要由财政转移支付支出、社会保障支出和财政补贴组成。

（3）根据财政支出最终用于积累还是消费，可以将财政支出划分为消费性支出和积累性支出。积累性支出是指最终用于社会扩大再生产和增加社会储备的支出，如基本建设支出、工业交通部门基金支出、国家物资储备支出等，这部分支出是社会扩大再生产的保证；消费性支出是指用于行政管理、社会福利救济等的支出，这部分支出对提高整个社会的物质文化生活水平起着重要的作用。

（4）根据国家预算收支科目，可以将财政支出划分为一般预算支出、基金预算支出、专用基金支出、资金调拨支出和财政周转金支出。其中，一般预算支出包括基本建设支出、科技三项费用、农林气象等部门事业费、工业交通等部门事业费、商业部门事业费、城市维护费、文教事业费、科学事业费、抚恤和社会福利救济费、国防支出、行政管理费、武装警察部队支出、公检法支出、政策性补贴支出、卫生经费等。基金预算支出包括工业交通部门基金支出、商贸部门基金支出、文教部门基金支出、农业部门基金支出、土地有偿使用支出、其他部门基金支出、地方财政税费附加支出、基金预算调拨支出。专用基金支出是财政部门用专用基金收入安排的相应支出，如粮食风险基金支出等。资金调拨支出是按财政管理体制规定在中央与地方、地方各级财政之间因共享收入的分配、体制结算和转移支付等原因引起上下级财政资金调拨，以及同级财政因平衡预算收支而引起资金调拨事项所产生的支出，包括补助支出、上解支出、调出资金。财政周转金支出是因有偿使用周转金而发生的支出。具体包括周转使用过程中支付资金占用费、手续费及管理机构的费用。

（5）根据财政支出与国家履行职能的关系，可以将财政支出划分为经济建设费支出、社会文教费支出、行政管理费支出以及其他支出。其中，经济建设费支出，包括基本建设支出、流动资金支出、地质勘探支出、国家物资储备支出、工业交通部门基金支出、商贸部门基金支出等；社会文教费支出，包括科学事业费和卫生事业费支出等；行政管理费支出，包括公检法支出、武警部队支出等；其他支出，包括国防支出、债务支出、政策性补贴支出等。

五、我国财政支出的现状与完善

财政支出政策是财政政策的重要组成部分，也是国家宏观调控的重要手段。我国财政支出正逐渐走向规范，各项基本制度建设正在得到加强，但目前仍基本处于不太规范和无法可依的状况。

目前我国财政支出最大的问题有两个：一是取之于民的财政收入并未"用之于民"，二是财政支出的社会监督缺位。

关于财政支出"用之于民"的问题主要体现在各类公款消费上，如公款吃喝、旅游、出国，政府建造豪华办公大楼、配备超标准公车等。这类问题比较容易引起社会公愤，也容易被社会所发现和曝光。最近几年，各地政府纷纷出台政策规范政府各类公款消费和政府办公楼建设等社会比较关注的政府财政支出不规范问题。

关于财政支出的监督问题，主要表现在财政支出不透明，社会缺乏监督途径，即使发现一些违反规定的财政支出现象，普通公民也无法通过法律途径来维护。我国三部诉讼法都并未明确授予普通纳税人对政府财政支出行为进行监督的权利。纳税人只享有向相关部门，如人大、监察部门、纪检部门、财政部门进行举报和检举的权利，由于这种举报和检举行为并不会必然引起相关部门的监督检查，因此，这种权利往往流于形式，难以发挥实效。

第十一章　财政收支划分制度

一、财政收支划分的概念与模式

（一）财政收支划分的概念

现代国家大多是由多层次政府所组成的，不同层次的政府担负着不同的职能，为完成其所担负的职能，各级政府必须具备一定的财政收入。合理确定各层次政府的职能并相应划分各层次政府的财政收入范围是现代财政管理体制所要解决的核心问题，也是充分发挥现代财政职能的基础性环节。

财政收支划分是为了充分发挥各级财政的职能而对国家的中央政府与地方政府以及地方各级政府之间在财政收入和财政支出等方面所享有的职责和权限所进行的划分。财政收支划分的主体是中央政府和地方各级政府；财政收支划分的对象是在财政收入和财政支出等方面所享有的职责和权限，简称财政收支权；财政收支划分的目的是充分发挥各级财政的职能；财政收支划分的基本依据是各级财政的事权划分。

财政收支划分是财政管理体制中的一项重要内容，但不同于财政管理体制。财政管理体制是国家在中央和地方以及地方各级政府之间划分财政收支范围和财政管理职责与权限的基本制度，包括财政收支划分、财政转移支付和财政管理等基本内容。[1] 因此，不能把财政管理体制等同于财政收支划分的制度。[2]

（二）财政收支划分的模式

财政收支划分的模式是根据在财政收支划分中中央政府和地方政府之间权限

---

[1] 邓子基主编：《财政学》，中国人民大学出版社 2001 年版，第 316 页。

[2] 有学者认为，财政体制是"划分各类、各级国家机关之间财政权的制度"，并认为"财政法就是财政分权法"。这里所谓的"财政权"的外延大于本书所述的"财政收支权"，财政收支权只是财政权的一部分。参见刘剑文：《试论我国分税制立法》，载《武汉大学学报》（哲学社会科学版）1998 年第 4 期。

对比关系的特点而归纳和概括出的相对稳定的标准形式或样式。根据各国实践，大体可以概括为三种财政收支划分模式：集权型财政收支划分模式、分权型财政收支划分模式和混合型财政收支划分模式。

1. 集权型财政收支划分模式

集权型财政收支划分模式是指一国在划分财政收支权限时把绝大部分财政职能都划归中央政府，把绝大部分财政收入都划归中央政府，地方政府只承担很少的财政职能、只享受很少的财政收入权限或地方政府的大部分财政职能均由中央政府指定，其所需财政资金大部分均由中央政府通过转移支付来承担的财政收支划分类型。集权型模式的特点是全部或绝大部分财政收入划归中央政府，全部或绝大部分财政支出由中央政府承担，相应的财政收支立法权和管理权也归属于中央政府。地方政府完全依赖中央政府，实质是中央政府在地方的分支机构，执行中央政府的职能。

集权型模式适合于规模非常小的国家和一些政治经济高度集中统一的国家。如新加坡，人口总数只有 500 万左右，中央政府完全有能力直接管理国家全部事务，没有必要进行多层次的分权。再比如，我国在解放初期，政治经济高度集中统一，要求事权高度统一于中央政府，因此，采取集权型模式是完全必要的。[①]

集权型模式的优点是可以集中力量解决社会经济发展的重大问题，便于统筹规划，便于树立中央政府的权威，有利于国家的统一。缺点是容易造成决策失误和管理效益低下，不利于根据各地的不同特点采取相应的财政政策，从而难以适应各地经济发展的实际需要。

2. 分权型财政收支划分模式

分权型财政收支划分模式是指一国在划分财政收支权限时把绝大部分财政职能和财政收入划归地方政府，仅把一小部分财政职能和财政收入划归中央政府的财政收支划分类型。分权型财政收支划分模式的特点是地方政府承担大部分财政职能，享有大部分财政收入，地方政府具有相对独立的财政收支立法权和管理权，具有相对独立的财政收支范围。

分权型模式适合于地方政府独立性较强的联邦制国家或地方自治较完善的分权制国家。如荷兰正推行权力分散制度，把许多任务和责任由中央转移到地方政府，正朝着分权型模式迈进。[②]

分权型模式有利于地方政府根据本地实际情况采取相应的财政政策，更好地

---

① 杨萍、靳万军、窦清红：《财政法新论》，法律出版社 2000 年版，第 30 页。
② 财政部财政制度国际比较课题组编著：《荷兰王国财政制度》，中国财政经济出版社 1998 年版，第 11 页。

满足当地居民对公共产品的偏好，也利于提高财政资金使用的效益。缺点是难以解决公共产品的"外部效应"问题，难以完成某些需要巨大资金的项目，对于具有较大规模效应的项目，也很难提高财政资金的使用效益，另外，也不利于国家的集中统一和综合国力的提高。

3. 混合型财政收支划分模式

混合型财政收支划分模式是指一国根据国情合理划分中央政府和地方政府的事权，并在事权划分的基础上对财政收支权予以适当划分的类型。混合型模式是介于集权型和分权型之间的一种模式，其特点是在财政收支权相对集中于中央的同时，赋予地方一定的财政收支权，根据中央和地方的事权划分来划分中央与地方的财政收支范围，通过转移支付制度来平衡中央与地方之间的财政收支。

混合型模式克服了集权型模式的过度集中和分权型模式的过度分散的缺陷，并吸取了二者的优点，因此，是一种相对科学合理的财政收支划分模式，被绝大多数现代市场经济国家所采用。由于不同国家在政治体制、经济发展水平和社会传统等方面存在较大差异，因此，同是采取混合型模式的国家，具体分权与集权的程度也是大不相同的。有的偏重于集权，有的偏重于分权，但均属于混合型的财政收支划分模式。

二、财政收支划分法的概念、地位与体系

（一）财政收支划分法的概念

财政收支划分法是调整中央与地方以及地方各级政府之间在财政收支权限划分的过程中所发生的社会关系的法律规范的总称。

财政收支划分法是从部门法意义上来讲的，而不是从规范性文件的意义上来讲的。目前，我国已经有关于财政收支划分的法律规范，但尚没有一部《财政收支划分法》。世界上制定《财政收支划分法》的国家并不多，但大多具有较完善的关于财政收支划分的法律规范，这些法律规范散见于《宪法》、宪法性文件和一些基本法之中。我国目前的财政收支划分法散见于《预算法》和国务院《关于实行分税制财政管理体制的决定》之中。我国台湾地区制定了较完备的《财政收支划分法》。

（二）财政收支划分法的地位

财政收支划分法的地位是指财政收支划分法在财政法体系中所处的位置及其重要性。财政收支划分法是财政法中的重要部门法。财政法由财政收支法和财政

管理法两大部门法所组成，其中，财政收支法处于基础性的地位，是财政法的核心内容。财政收支划分法是财政收支法的组成部分，是财政收支法的基础性部门法，因为，财政收支法首先要解决的就是财政收支的权限如何在各级政府之间合理划分的问题，而规范这一划分问题的法律规范就是财政收支划分法。

财政收支划分不仅关涉到各级政府的财政收支权的大小，而且关涉到各级政府在整个国家政权机关体系中的地位，甚至关涉到地方自治与国家结构和国家体制等根本性的《宪法》问题，因此，财政收支划分制度常常被规定于《宪法》或宪法性法律文件之中，如《德国基本法》明确规定了联邦、州和地方三级政府的事权划分，美国《宪法》中也有关于财政收支划分的规定，更多的国家则是以基本法的形式来规定财政收支划分的相关制度，如韩国的《地方财政法》、《地方税法》，日本的《地方税法》，我国台湾地区的《财政收支划分法》等。

（三）财政收支划分法的体系

财政收支划分法的体系是把财政收支划分法律规范分类组合为不同的部门法而组成的有机联系的统一体。财政收支划分法的体系是由财政收支划分法的调整对象——财政收支划分关系的结构与体系所决定的。

根据财政收支划分关系的结构与体系，可以把财政收支划分法分为财政级次划分法、财政收入划分法和财政支出划分法。财政级次划分法是调整一国在进行财政级次划分的过程中所发生的社会关系的法律规范的总称。财政级次划分法要解决的是财政收支划分的前提性问题和基础性问题。财政收入划分法是调整各个财政级次的政府之间在各种财政收入的划分过程中所发生的社会关系的法律规范的总称。财政收入划分法规范的是各财政级次的财政收入权，是财政收支划分法的核心内容。财政支出划分法是调整各财政级次政府之间在各项财政支出的划分过程中所发生的社会关系的法律规范的总称。财政支出划分法规范的是各财政级次在事权划分基础上的财政支出权。①

三、财政收支划分法的基本原则

财政收支划分法的基本原则是指贯穿于财政收支划分法的始终，对财政收支划分法的立法、执法、司法、守法和法律监督整个过程具有指导作用的基本准则。作为财政法的一个部门法，财政法的基本原则当然也是财政收支划分法所必

---

① 我国台湾地区的《财政收支划分法》共四章，分别为总纲、收入、支出和附则，其结构体系可资参考。

须遵循的基本原则，但财政收支划分法也有自己独特的基本原则。财政收支划分法的基本原则包括适度分权原则、事权与财权相结合原则、兼顾效率与公平原则。

（一）适度分权原则

适度分权原则是指在财政收支权的划分上应兼顾中央和地方的利益，在保证中央财政收支权的前提下，适度下放给地方一定财政收支权。适度分权原则是一国分为中央和地方多级政府，各级政府分别承担相应的提供公共物品职能的要求。有些公共物品适合于中央政府提供，则相应的财政收支权就应当集中于中央，有些公共物品适合于地方政府提供，则相应的财政收支权就应当下放给地方。适度分权原则可以调动中央和地方政府的积极性，是现代各国财政收支划分法所遵循的基本原则。

适度分权的标准要根据各级政府提供公共物品效率的高低，以及国家的政治体制和经济发展整体战略的要求而定。我国实行的是中央相对集权的单一政治体制，目前正在集中力量进行社会主义现代化建设和全面建设小康社会的伟大历史任务，许多重大经济发展任务全部或主要由中央政府来承担，因此，财政收支权相对集中于中央是必要的和合理的。但由于我国地域辽阔，各地经济发展水平差异很大，各地所需公共物品的数量和质量也有很大差别，因此，各地也需要根据本地经济发展的要求和居民的公共物品偏好来提供相应的公共物品。由此，也就需要享有相应的财政收支权。我国目前的状况是财政收支权高度集中于中央，因此，适度下放财政收支权应当是我国财政收支划分制度改革的主要方向。

（二）事权与财权相结合原则

事权与财权相结合原则是指在划分财政收支权时必须以各级政府的事权为基础，根据事权的大小来划分财政收支权。事权是指各级政府基于其自身的地位和职能所享有的提供公共物品、管理公共事务的权力。财权是指各级政府所享有的组织财政收入、安排财政支出的权力。

事权与财权相结合的原则是权利与义务相统一、权责相统一等法律基本原则的具体化。事权是享有财权的基础，财权是履行事权的保障。只有把事权与财权相结合、相统一，才能保证各级政府最大效率地完成其各自的职能，才能避免人浮于事或财力不足的现象，才能最大限度地提高财政收支的效益。

我国目前的现状是事权与财权没有很好地结合在一起，主要表现在地方的财权与其承担的事权相比相对较少，使得地方很难充分行使其职责。这种事权与财权相分离的现象不利于充分调动地方的积极性，不利于充分发挥财政收支的效益，因此，在我国的财政收支划分制度改革中，迫切需要贯彻事权与财权相结合的原则。

（三）兼顾效率与公平原则

兼顾效率与公平原则是指在财政收支划分时不能一味强调效率，也不能一味强调公平，而应妥善处理二者之间的比例关系，达到效率与公平的完美结合。效率与公平是一对矛盾，二者之间是对立统一的关系。妥善处理好二者的关系，可以达到效率、公平双丰收的效果；否则，可能既损害了效率，也得不到公平。

在财政收支划分的问题上，效率与公平问题更加突出，它是财政配置资源、分配收入和稳定经济等基本职能在财政收支划分问题上的具体体现，妥善处理好效率与公平的关系，是充分发挥财政职能的前提。一般来讲，效率问题多由地方政府来承担，而公平问题则主要依靠中央政府来承担。当效率与公平相冲突时，要全面权衡二者之间的利弊关系，在需要效率优先时，公平就让道；在需要公平优先时，效率就让道。总之，结果的最优是对二者进行取舍的最终标准，一概遵循"效率优先，兼顾公平"的原则是不妥当的。

目前，我国在财政收支划分问题上效率原则体现得较多，而公平原则体现得不够，在我国全面建设小康社会的道路上，应该向公平适当倾斜，以达到效率与公平的最优配置状态，从而更加迅速地推动我国经济的健康发展。

以上三个基本原则是相互联系、相互统一的，因此，在财政收支划分的立法、执法、司法、守法和法制监督的整个过程中必须综合把握三个基本原则，以切实发挥各基本原则对财政收支划分法制运行过程的指导作用。

四、我国财政收支划分法的基本制度

（一）财政级次划分制度

财政级次划分制度是关于一国是否设立多级财政级次、设立几级财政级次以及如何设置各级财政级次的制度。财政级次划分制度是由一国的政权结构所决定的，基本原则是"一级政权，一级财政"。财政级次划分制度要依据《宪法》或根据《宪法》制定的《财政收支划分法》、《财政法》、《预算法》等基本法律来确定。

我国《宪法》规定了五级政府结构：中央人民政府（国务院）；省、自治区、直辖市人民政府；设区的市、自治州人民政府；县、自治县、不设区的市、市辖区人民政府；乡、民族乡、镇人民政府。

我国《预算法》根据"一级政府一级预算"的原则，相应设立了五级预算，由此，可以认为我国的财政级次为五级：中央财政；省、自治区、直辖市财政；设区的市、自治州财政；县、自治县、不设区的市、市辖区财政；乡、民族乡、镇财政。《预算法》规定，不具备设立预算条件的乡、民族乡、镇，经省、自治区、直辖市政府确定，可以暂不设立预算。因此，在特殊地区，财政级次为四级，没有乡、民族乡、镇财政。

在制定有财政收支划分法的国家和地区，财政级次划分的制度一般在《财政收支划分法》的总则中予以规定。

（二）财政支出划分制度

财政支出划分要依据各级政府事权的大小，也即按照各级政府提供公共物品的数量和质量来确定，而各级政府所能提供和应当提供的公共物品的数量和质量是和各级政府本身的地位和职责紧密联系在一起的。一般来讲，财政的收入分配职能和稳定经济职能应当由中央政府来承担，而财政的资源配置职能则应由中央政府和地方政府共同承担。根据公共物品的受益范围可以把公共物品分为全国性公共物品和区域性公共物品，全国性公共物品应当由中央政府来提供，区域性公共物品则应当由地方政府来提供。

中央政府所应履行的职责一般包括：提供国防安全以及全国性的维持社会秩序服务；实现全国范围内资源的有效配置，弥补市场缺陷；实现公平、合理的收入分配；实现全国经济的稳定和增长。地方政府所承担的职能一般包括：提供本地区内的社会秩序服务；提供本地区内的基础设施和公共事业服务；在本地区内有效配置资源，实现地区经济的稳定与发展。[1]

财政支出一般需要通过预算的方式来进行，我国《预算法》第19条规定了预算支出的六种基本形式：经济建设支出；教育、科学、文化、卫生、体育等事业发展支出；国家管理费用支出；国防支出；各项补贴支出；其他支出。但没有具体规定中央预算支出和地方预算支出的划分方法和原则，而是授权国务院予以规定，并报全国人大常委会备案。[2]

国务院1993年底颁布的《关于实行分税制财政管理体制的决定》对中央与地方事权和财政支出的划分做了明确区分。根据这一决定，中央财政主要承担国家安全、外交和中央国家机关运转所需经费，调整国民经济结构、协调地区发展、实施宏观调控所必需的支出以及由中央直接管理的事业发展支出。具体包

---

① 参见刘剑文主编：《财政税收法》（第2版），法律出版社2001年版，第59～61页。
② 参见《预算法》第21条。

括：国防经费，武警经费、外交和援外支出，中央级行政管理费，中央统管的基本建设投资，中央直属企业的技术改造和新产品试制费，地质勘探费，由中央财政安排的支农支出，由中央负担的国内外债务的还本付息支出，以及由中央本级负担的公检法支出和文化、教育、卫生、科学等各项事业费支出。地方财政主要承担本地区政权机关运转所需支出以及本地区经济、事业发展所需支出。具体包括：地方行政管理费，公检法支出，部分武警经费，民兵事业费，地方统筹的基本建设投资，地方企业的技术改造和新产品试制经费，支农支出，城市维护和建设经费，地方文化、教育、卫生等各项事业费，价格补贴支出及其他支出。

（三）财政收入划分制度

在确定了财政支出划分制度以后，就要依据事权与财权相结合的原则，合理确定各级政府的财政收入权，这一任务是由财政收入划分制度来完成的。财政收入划分的依据是各级政府的财政支出范围，原则是事权与财权相结合，确保各级政府能充分完成其财政支出的任务。财政收入划分的对象是财政收入权，财政收入权是各级政府在财政收入方面所享有的权力的总称，包括财政收入设立权、财政收入征收权和财政收入享用权。现代国家，财政收入的形式主要是税收。[①] 因此，划分财政收入权主要是划分税收收入权。税收收入权一般包括税收收入的设立权即税收立法权、税收征收权和税收享用权。

为确保地方政府能获得充足的财政收入，各国一般均规定地方政府享有税收征收权和享用权，但关于税收设立权即税收立法权，各国一般均采取审慎态度，这主要是因为税收事关人民的基本财产权，没有人民代表的同意，不能任意征收税收。另外，税率也是国家财政政策的重要杠杆，为确保税收公平的实现和国家宏观调控能力的增强，必须把税收立法权或基本的税收立法权划归中央。由于各国政治经济体制的不同，在税收立法权的分配问题上也有不同的制度。一般来讲，各国关于税收收入权划分的基本方法包括以下几种：①税额分割法。先统一征税，然后再将税额按照一定的比例在中央与地方政府之间予以分割。②税率分割法。各级财政对于同一税基分别采用各自税率予以征税的方法。具体征收方法有三种：一是由各级财政根据其各自分享的税率分别征收；二是先由上级财政按照其分享的税率予以征税，再由下级财政按照上级财政所征收的税额的一定比率予以征收；三是上级财政在征税时对下级财政所享有的税率一并征收，然后再按下级财政所分享的比例划归下级财政。③税种分割法。在税收立法权基本上集中

---

① 一般把税收收入占财政收入一半以上的国家称为"租税国家"或"税收国家"。参见〔日〕北野弘久：《税法学原论》，陈刚、杨建广等译，中国检察出版社 2001 年版，第 2 页。

于中央的前提下，把各税种按照其自身的特点在中央与地方财政之间予以分割的方法。各级财政根据自己所分享的税收分别征收，分别使用。④税权分割法。税收立法权在中央与地方之间予以适当划分，由中央与地方分别立法，分别设定本级财政的税收收入的种类和范围，并分别征收和使用。以上所述四种基本方法可以结合使用，从而可以组合成许多混合方法，如在税权分割法的基础上实行税率分割法或税种分割法。不同方法均有其自身的优缺点，因此，各国在划分税收收入时，一般是综合采用以上各种方法，以趋利避害，达到税收收入划分的最佳状态。

我国《预算法》第19条规定了财政收入的主要形式：税收收入；依照规定应当上缴的国有资产收益；专项收入；其他收入。但没有明确划分哪些收入属于中央，哪些收入属于地方，而是授权国务院予以规定，并报全国人大常委会备案。①

国务院《关于实行分税制财政管理体制的决定》根据事权与财权相结合的原则，采用税种分割法，按税种划分中央与地方的收入。将维护国家权益、实施宏观调控所必需的税种划为中央税；将同经济发展直接相关的主要税种划为中央与地方共享税；将适合地方征管的税种划为地方税，并充实地方税税种，增加地方税收入。具体划分如下：

（1）中央固定收入包括：关税，海关代征消费税和增值税，消费税，中央企业所得税，地方银行和外资银行及非银行金融企业所得税，② 铁道部门、各银行总行、各保险总公司等集中交纳的收入（包括营业税、所得税、利润和城市维护建设税），中央企业上交利润等。

（2）地方固定收入包括：营业税（不含铁道部门、各银行总行、各保险总公司集中交纳的营业税），地方企业所得税（不含上述地方银行和外资银行及非银

---

① 参见《预算法》第21条。

② 2001年12月31日，国务院发布《所得税收入分享改革方案》，改革现行按企业隶属关系划分所得税收入的办法，对企业所得税和个人所得税收入实行中央和地方按比例分享。主要内容为：除少数特殊行业或企业外，对其他企业所得税和个人所得税收入实行中央与地方按比例分享。中央保证各地区2001年地方实际的所得税收入基数，实施增量分成。除铁路运输、国家邮政、中国工商银行、中国农业银行、中国银行、中国建设银行、国家开发银行、中国农业发展银行、中国进出口银行以及海洋石油天然气企业缴纳的所得税继续作为中央收入外，其他企业所得税和个人所得税收入由中央与地方按比例分享。2002年所得税收入中央分享50%，地方分享50%；2003年所得税收入中央分享60%，地方分享40%；2003年以后年份的分享比例根据实际收入情况再行考虑。为了保证改革的顺利实施，防止所得税征管脱节，改革方案出台后，现行国家税务局、地方税务局征管企业所得税、个人所得税（包括储蓄存款利息所得个人所得税）的范围暂不作变动。自改革方案实施之日（2002年1月1日）起，新登记注册的企事业单位的所得税，由国家税务局征收管理。

行金融企业所得税），地方企业上交利润，个人所得税，[1] 城镇土地使用税，固定资产投资方向调节税，[2] 城市维护建设税（不含铁道部门、各银行总行、各保险总公司集中交纳的部分），[3] 房产税，车船使用税，[4] 印花税，屠宰税（已经废除），农牧业税（已经废除），对农业特产收入征收的农业税（简称农业特产税）（已经废除），[5] 耕地占用税，契税，遗产和赠与税（尚未开征），土地增值税，国有土地有偿使用收入等。

（3）中央与地方共享收入包括：增值税、资源税、证券交易税。增值税中央分享 75％，地方分享 25％。资源税按不同的资源品种划分，大部分资源税作为地方收入，海洋石油资源税作为中央收入。证券交易税（尚未开征），中央与地方各分享 50％。[6]

五、国外财政收支划分法的比较与借鉴

（一）美国财政收支划分法

1. 财政级次划分制度

美国是典型的联邦制国家，在政权体系上分为联邦、州和地方三级，相应地，在财政级次上也划分为联邦财政、州财政和地方财政三级。

2. 财政支出划分制度

美国按照公共物品的层次性、外溢性等特征分别由联邦政府、州政府或地方政府提供。联邦政府的支出项目包括国防、人力资源、物质资源、净利息、其他用途和未分配冲减性收入六大项。其中，"人力资源"中分教育（包括培训、就业与社会服务）、卫生、收入保障、社会保障、退伍军人福利与服务、医疗保险

---

① 根据 1999 年 11 月 1 日实施的《对储蓄存款利息所得征收个人所得税的实施办法》（国务院颁布）的规定，对储蓄存款利息所征收的个人所得税应缴入中央国库。

② 根据财政部、国家税务总局、国家发展计划委员会 1999 年 12 月 17 日发布的《关于暂停征收固定资产投资方向调节税的通知》，固定资产投资方向调节税自 2000 年 1 月 1 日起暂停征收。

③ 根据国务院批转的《国家税务总局工商税制改革实施方案》的规定，应修改 1985 年 2 月 8 日国务院颁布的《城市维护建设税暂行条例》，并将其更改为城乡维护建设税，但关于城乡维护建设税的法规尚未出台。

④ 我国自 2001 年 1 月 1 日起开始征收车辆购置税，根据《车辆购置税暂行条例》第 11 条的规定，车辆购置税由国家税务局征收。目前，车船使用税已经改为车船税。

⑤ 农业税废除后，仅保留烟叶税，目前，烟叶税属于地方收入。

⑥ 目前，对股票交易征收证券（股票）交易印花税，自 1997 年 1 月 1 日起，将证券（股票）交易印花税分享比例调整为中央 80％，地方 20％。1998 年 6 月改为中央 88％、地方 12％。2000 年改为中央 91％、地方 9％。2001 年改为中央 94％、地方 6％。从 2002 年起改为中央 97％、地方 3％。

等六项内容。"物质资源"中分能源、自然资源与环境、商务与住宅信贷、交通和地区发展等五项。"其他用途"分国际事务、一般科技、农业、司法管理和一般政府支出等五项。州和地方政府财政支出主要包括教育、公路建设、公共福利、卫生保健、公共基础设施等。

国防、邮政服务、社会保障和医疗保险全部资金由联邦财政承担。退伍军人福利基本由联邦财政承担，州财政承担很少一部分。自然资源大部分由联邦财政承担，州和地方财政只承担小部分。失业救济由州财政承担。高速公路和监狱项目基本由州财政和地方财政承担，联邦财政承担很小一部分。公共福利基本上由州财政承担。火灾消防由地方财政承担。排水几乎全部由地方财政承担，警察服务和教育大部分由地方财政承担。[1]

3. 财政收入划分制度

在财政收入划分上，美国采取的是税权分割法，即联邦、州和地方均享有财政收入的设定权、征收权和享用权，从而形成了联邦税制体系、州税制体系和地方税制体系。

目前，联邦政府开征的税种包括个人所得税、社会保障税、公司所得税、遗产与赠与税、消费税和关税。州政府开征的税种包括销售税、个人所得税、公司所得税、消费税、财产税、遗产与赠与税、资源税和社会保障税。地方政府开征的税种包括财产税、销售税、消费税、个人所得税、公司所得税和社会保障税。各级政府之间税收收入所占比重，一般保持在58%、22%和20%左右。联邦政府的税收收入以个人所得税和社会保障税等所得税为主，州政府的税收收入以销售税为主，地方政府的税收收入则以财产税为主。[2]

（二）法国财政收支划分法

1. 财政级次划分制度

法国是一个具有深厚中央集权传统的国家，政权体系分为中央、大区、省、市镇四级。国家财政由中央财政（国家财政）和包括大区、省、市镇的地方财政组成。

2. 财政支出划分制度

政府的经济管理职能主要包括：运用宏观政策手段调节社会总需求和总供

---

① 财政部财政制度国际比较课题组编著：《美国财政制度》，中国财政经济出版社1998年版，第29～39页。

② 财政部税收制度国际比较课题组编著：《美国税制》，中国财政经济出版社2000年版，第262～263页。

给；制定国民经济长期发展目标和战略，对经济结构和地区布局进行引导和不同程度的调整；提供基础设施、生态保护及其他公共产品与服务；建立和制定法律法规，规范市场运行秩序；运用税收、福利政策和行政手段对国民收入进行再分配和调节；有效管理国有资产等。

中央政府主要负责宏观管理与战略发展规划；大区政府主要负责经济结构布局的调整，制定地区发展的五年计划，提出有关基础设施等战略性项目的规划，经与中央政府有关部门进行谈判，以法律的形式确定下来。省级政府负责社会保险和社会问题，如就业问题。市镇政府只负责本市的市政规划和建设，并提供最基本的公共产品和服务。有些市镇政府也可以给企业提供一些力所能及的帮助。

3. 财政收入划分制度

法国的财政收入权基本上集中于中央，地方只有很有限的财政收入权。在财政收入设定权上，基本上是由中央来行使的。如宪法规定，税收立法权属于议会，税收条例和法令的制定权属于财政部，地方政府必须执行国家的税收法律和政策。地方政权仅享有一定程度的税收立法权，如制定地方税收的税率，决定开征必要的税收和对纳税人采取减免税措施等。

法国的财政收入包括税收收入和非税收收入。非税收收入包括国营企业的经营收入、国家垫款和贷款的利息收入、国家财产收入和国家行政部门的业务收入等。税收分为国家税收和地方税收。主体税种全部划归为中央税收。国家税收包括个人所得税、公司所得税、增值税、消费税、印花税、交易税、遗产税和关税。地方税收包括建筑地产税、非建筑地产税、房地产税、专利税、工资税、财产转移税、娱乐税、电力税、海外领地海洋税等。中央财政收入占总财政收入的70％左右，地方财政收入占30％左右。

（三）日本财政收支划分法

1. 财政级次划分制度

日本是单一制国家，政权体系包括中央政府，都、道、府、县政府和市、町、村政府三级。财政也相应划分为三级：中央财政、都道府县财政和市町村财政。

2. 财政支出划分制度

中央政府的支出范围包括：关系国家全局利益的国防、外交、造币事务；需由中央统一规划办理的重大经济事务；与人民生活密切相关且需全国统一协调的事务。都道府县政府的支出范围包括：跨区域性事务，即超过一个市町村辖区范围的事务；统一性事务，如本区域内的警察、交通运营、教育、社会福利以及各种营业许可等在都道府县内需要依照全国统一标准处理的必要事务；联络调整性事务，如对市町村组织、运作、管理需要提出合理性劝告、指导的事务；补充性事务，如高等院校、医疗保健设施的建设、产业振兴等超出市町村能力以外的事务。都道府县政府职责范围以外的所有事务，均属于市町村财政支出的范围。在日本，地方政府提供了全国绝大部分公共物品和服务，其承担的公共事务远大于中央政府。[1]

3. 财政收入划分制度

日本实行中央集中领导下的地方自治制度，在财政收入划分上采取税权分割法，即中央与地方均享有财政收入的设定权、征收权和享用权。为确保全国税收政策的大致统一，日本通过《地方税法》对地方的税收立法权予以限制。地方的税收立法必须符合《地方税法》的有关规定，必须在中央授权范围内予以制定。

日本税收分为中央税（国税）、地方税和共享税（交付税）。国税主要包括个人所得税、法人税、遗产税、消费税、酒税、关税和印花税等。地方税又分为都道府县税和市町村税。都道府县税主要包括都道府县民税、事业税、地方消费税、烟税、不动产购置税、汽车税、汽车购置税和汽油交易税等；市町村税主要包括市町村民税、固定资产税、烟税、事业所税和城市规划税等。

（四）俄罗斯联邦财政收支划分法

1. 财政级次划分制度

俄罗斯联邦 1993 年通过的新《宪法》规定，俄罗斯联邦是一个具有共和国政体的民主制、联邦制国家。俄罗斯联邦财政分为三级：联邦财政、联邦主体财政（地区财政）和地方财政。

2. 财政支出划分制度

联邦预算主要承担的支出包括：①国家国防支出，即用于维持军队、购买武器装备、进行军事科研等方面的费用。②国民经济支出，即用于基础科学研究、工业、能源、建筑、农业、渔业、交通、邮电及其他基础部门的财政援助和投资，以及用于军工转产、环境保护、发展大众传媒工具等方面的费用等。③国家行政管理支出及护法机关和安全机关支出。④外交活动支出。⑤社会文化措施支出。⑥偿还到期国债本金及利息支出。⑦补充国家储备和后备支出。⑧联邦对地方的财政援助支出等。

按照联邦《宪法》规定："在俄罗斯联邦的管辖范围之外，以及俄罗斯联邦对俄罗斯联邦和俄罗斯联邦主体共同管辖对象拥有的权限范围之外，俄罗斯联邦主体享有充分的完全的国家权力。"联邦主体即地区财政承担的职能包括：国民

---

① 刘剑文主编：《财政税收法》（第 2 版），法律出版社 2001 年版，第 78 页。

经济支出，即对住宅公用事业、农工综合体和交通运输业的支出；社会文化领域的支出；政权机关和管理机关的行政管理支出；基本建设投资支出；对地方预算的财政援助支出等。

地方财政包括：设有市区划分的市财政、区财政、区属市财政和村、镇财政。市、区财政职能包括：国民经济支出、社会文化领域的支出、地方自治机关经费支出、对儿童的补助和补偿支出、基本建设投资支出及其他支出等。村、镇财政的职能包括：地方自治机关经费支出、住宅与公用事业支出、体育支出、教育支出、文化支出、卫生支出、社会政策支出及其他支出。

3. 财政收入划分制度

俄罗斯联邦财政收入的主要形式是税收，除此以外，还包括非税收收入，主要包括对外经济活动收入、国家财产私有化收入、推销国家债券的收入和其他收入。税收分三级：联邦税、地区税（联邦主体税）和地方税。

俄罗斯联邦三级财政分别享有一定程度的财政收入权，联邦税和联邦税征收的共同原则由联邦立法规定，地区税和地方税的大部分税种由中央统一立法并在全国范围内统一征收，个别税种是否开征由各级政权机关决定，个别税种的税率在联邦法律规定的最高税率的限度内由各级政权机关决定。

目前，联邦税主要包括增值税、消费税、银行收入税、保险活动收入税、交易所经营收入税、有价证券业务税、关税、矿产原料基地再生产提成、自然资源使用费、企业所得税（利润税）、自然人所得税、道路基金税、印花税、国家规费、财产继承与赠与税、使用"俄罗斯"和"俄联邦"名称税、交通税等。地区税包括企业财产税、林业收入、水源付费和教育税。地方税包括自然人财产税、土地税、自然人从事经营活动注册捐、商业执照捐、广告税、经营酒类商品许可证捐、使用地方标准捐等共计23种。其中较重要的税种由联邦立法规定最高税率，由地区政权机关规定具体税率，其余税种是否开征由地方政权机关决定。[①]

（五）荷兰财政收支划分法

1. 财政级次划分制度

荷兰的政府分三个层次：中央政府、省级政府和市级政府。相应地，全国划分为三级财政：中央财政、省财政和市财政。

2. 财政支出划分制度

中央财政承担资源配置、收入分配和稳定经济增长的职能。

---

① 财政部财政制度国际比较课题组编著：《俄罗斯联邦财政制度》，中国财政经济出版社1998年版，第31~33、82~83页。

省政府的事权范围包括：一般行政管理；民防系统（尤其是防空）与减灾；医院与疗养所；区域与空间计划；水源净化；垃圾处理；屠宰房；环境保护；公园和开放场所；道路；农业、林业、渔业与捕猎；商业；旅游。

市政府的事权范围包括：一般行政管理、区域规划、公共住房、交通、环境、社会服务、教育、文化、福利。市财政支出占全国财政支出的16%，荷兰真正体现了财权在中央，事权在地方的财政模式。

3. 财政收入划分制度

中央政府负责征收几乎各项税收。省级政府的收入来源有三个：省级政府水资源管理部门征收的水资源税；省级政府征收的机动车税、地下水税和水污染税；来自中央政府的补助。市政府也开征一些税收，但主要收入依靠上级政府的补助。具体包括市基金的支付（占总收入的28%）、中央政府拨给的特别款项（占总收入的45%）、地方税、费退款、服务费、租费收入和市财产税。[①]

（六）国外财政收支划分法的成功做法

从上述对国外财政收支划分法的概述中可以看出，国外财政收支划分法有许多共同点，也有许多值得我们借鉴的地方。归纳起来，这些优点主要包括以下几个方面：

1. 采取适合国情的财政收支划分模式

各个国家所采取的财政收支划分模式是不相同的，但共同点是均适合于各自的具体国情。财政收支划分法的各种模式并没有绝对优劣之分，各国也没有必要模仿甚至照搬其他国家的模式，具体采用哪种模式，需要根据本国的政治、经济、文化、社会传统等多种因素来确定。世界各国所采取的各不相同的财政收支划分模式本身就说明了这一点。

2. 事权与财权相结合，具体内容清晰明确

事权与财权相结合也是国外财政收支划分制度的一个共同点，事权是享有财权的合理性基础，财权是完成事权的物质保障，只有实现二者的恰当结合才能充分实现各级政府的基本职能，才能充分提高各级政府提供公共物品的效率。事权与财权不仅要结合，而且要各自划分清晰。只有清晰的划分才能保证各级政府职责的明确，也才能真正实现事权与财权相结合的目标。国外在事权与财权的划分方面都是相当清晰明确的，而且都强调实现二者的恰当结合。

---

① 财政部财政制度国际比较课题组编著：《荷兰王国财政制度》，中国财政经济出版社1998年版，第11、30～32、138～144页。

3. 采用法律的方式将财政收支划分制度予以固定

各国财政收支划分的具体制度是不尽相同的，但通过相应的法律形式将这种基本制度规定下来是各国的普遍做法。财政收支划分关系到中央与地方的基本制度安排，必须通过法律的形式将之固定下来才能保持国家各项基本制度的稳定，也才能实现中央与地方关系的和谐。

六、我国财政收支划分法的缺陷与完善

（一）我国财政收支划分法的缺陷

我国财政收支划分法的不足主要表现在以下几个方面：

1. 立法层次低、立法体系不健全

财政收支划分法是财政法中的重要部门法，关系到各级政府在国家政权体系中的地位，关系到各级政府所承担的事权范围的大小和能否充分发挥其职能。财政收支划分法在一定程度上是一个国家政治体制、经济体制和立法体制的直接反映，也直接或间接地影响着一国政治、经济和立法体制的未来走向。因此，财政收支划分法在一国的法律体系中居于十分重要的地位，许多国家的财政收支划分制度都是通过宪法或其他基本法律的形式来加以规定的。而我国的财政收支划分制度基本上是由国务院的"规定"或"决定"来规范的，其立法层次显然太低。立法层次太低会导致一系列不良后果，如法律规定缺乏权威性、制度的稳定性较差、立法的科学性和民主性难以保证等，而且这些不良后果已经严重影响到我国财政收支划分制度的完善以及经济体制改革的推进。

财政收支划分法不仅立法层次低，立法体系和立法内容也很不健全。首先，财政收支划分法是通过国务院的"规定"或"决定"来规范的，而不是通过严格意义上的行政法规来规范的。虽然国务院的规范性文件在效力上等同于行政法规，但无论从其名称上、结构体系上，还是从其语言表述上都与行政法规有相当大的距离。其次，财政收支划分法的基本内容还有很大一部分没有法律规范予以规定。比如，关于财政收入中的非税收收入就基本上处于无法可依的空白状态，而这些非税收收入在地方财政中所占的比重也是丝毫不能忽视的。最后，作为一个完善的立法体系，要有不同层次的法律形式予以规范，如法律、配套行政法规和部门规章等，而财政收支划分法则基本上只有一个孤零零的国务院规定予以规范，显然与完善的财政收支划分法体系相去甚远，而一个完善的财政收支划分法体系是市场经济发达国家的一个共同的前提条件。

2. 政府间事权划分不清，财政支出范围混乱

虽然对于政府间事权的划分，我国已经有原则上的规定，但在现实生活中，政府职能不清、职责不分，甚至政企不分的现象依然十分普遍。政府和企业各自的定位仍没有处理好，许多本应由企业来处理的问题，政府过多干预；许多本应由政府来承担的职责，却推给企业。在微观的经济活动方面，政府仍然管理得过多，而在宏观调控和基础设施建设及其他社会保障系统方面，政府则没有很好地履行其职能。

在上下级政府之间，很多事项都难以区分清楚，许多本应由地方财政负担的支出，却由中央财政承担，而许多本应由中央财政负担的支出，却推给地方财政。上下级政府之间事权划分和财政支出范围的划分随意性很大，同样的事项，在一处由上级政府承担，在另一处则由下级政府承担，在一时由上级政府承担，在另一时则下放给地方政府承担，它们之间区分的标准很模糊，或者根本没有标准可循。这种事权划分的模糊和财政支出范围划分的混乱，导致许多政府机关人浮于事，也很难对其进行绩效审计和考核，由此导致了财政支出整体效益的低下。

我国现行的分税制财政体制，主要划分了中央和省一级的财权，但对事权界定不够明晰，财权和事权不统一。省以下的财政体制改革也有待完善。目前对省、市、县分别有哪些财权，应对哪些事情负责，还规定得不够明确，各级之间扯皮很多。从根本上解决这些问题，必须进一步调整和完善财政分级管理体制。要进一步深化和完善分税制财政体制，合理界定各级政府的财权、事权范围和财政支出责任。属于省、市级政府承担的财政支出，省、市级财政应积极筹措资金予以保障，不得以任何形式转嫁给县乡财政。同时，要根据各级政府的财政支出责任划分收入范围以及收入分布结构，合理划分省以下各级政府财政收入，凡是由县乡政府承担的事权要有相应的财力保障。[①]

3. 财政收入权划分不合理

在财政收入权划分上，我国实行的是高度集中的模式，财政收入权特别是其中最重要的税收立法权高度集中于中央，地方只享有极其有限的税收立法权。分税制实施后我国地方税制更加薄弱，地方没有充足的财政收入来源，但又要完成大量的公共事务，因此，就避开税收而大量收取各种"费"，曾导致一时产生费大于税、费挤占税的现象。这一方面是我国财税立法不完善的体现，另一方面也是地方缺乏税收立法权的必然结果。

---

① 参见 2002 年 12 月 26 日李岚清在全国财政、税务工作会议上的讲话：《健全和完善社会主义市场经济下的公共财政和税收体制》，载《人民日报》2003 年 2 月 22 日第 2 版。

赋予地方一定的财政收入权特别是税收立法权有利于调动地方的积极性和主动性，有利于地方因地制宜地采取适当的财政收支政策，也是分税制财政体制的题中应有之义。

（二）我国财政收支划分法的完善

针对以上所述我国财政收支划分法的不足，借鉴国外财政收支划分法的成功经验，完善我国财政收支划分法必须从以下几个方面入手：

1. 进一步明确中央与地方政府的事权划分

进一步划清各级政府的事权。首先，应按"政企分开"、"职能转换"的原则界定政府的经济事权。政府应逐步放弃直接从事个人、社会组织有能力承担且与公共服务、宏观调控无关的经济活动，放弃对国有企业经营管理活动的直接参与，集中力量从事个人、社会组织无力承担或与公共服务、宏观调控密切相关的经济活动。其次，应借鉴国外立法的成功经验，将政府经济事务与社会事务方面的事权在各级政府间合理划分，并以法律形式固定下来，以使各司其职。再次，可设定中央政府和地方政府共管事项，并可以由中央政府有偿委托地方政府单独办理。此外，对国有企业利润、公债收入、事业性收费、罚没收入也应在财政收支划分法中进一步明确其财政收入级次。①

2. 合理划分中央与地方的财政收入权

为进一步扩大地方的财政收入规模，应该赋予地方一定的税收立法权，包括税种的开征权、停征权和调整权等。划分税收立法权，可以借鉴法国、日本、俄罗斯联邦等国的做法，对于全国开征的基本税种及其基本税收要素，如纳税人、征税对象、税率等由中央统一立法，对于地方税中对地区间经济影响较大的税种也应当由中央统一立法，但可以适当赋予地方一定的机动权力，如税率调整权、税收减免权等，对于地方税中对地区间经济影响较小的税种可以由地方（一般为省级政权机关）予以立法决定是否开征，结合本地区实际情况，地方也可以开征一些不对全国及地区间经济产生较大影响的地方性小税种。为保证全国税负的基本平衡，对于地方的税收立法权，中央应当享有一定的监督权。

3. 制定《财政收支划分法》并完善相关法律制度

在明确中央与地方的事权划分和合理划分中央与地方的财政收入权以后，就需要用法律的形式予以明确规定，以保证事权和财权划分的权威性和稳定性。《财政收支划分法》应该由全国人大常委会制定，其结构可以借鉴我国台湾地区的《财政收支划分法》。可以分为总则、收入、支出和附则四章：总则规定财政

---

① 刘剑文：《试论我国分税制立法》，载《武汉大学学报》（哲学社会科学版）1998 年第 4 期。

收支划分法的基本原则和财政级次划分基本制度；收入可以按财政收入的主要形式分为税收收入、国有企业上缴利润、国债收入、规费收入、罚没收入和其他收入等几节，明确划分各种收入所属的财政级次；支出明确划分各级财政的支出范围以及在各级财政支出范围交叉时如何划分等基本的规则；附则规定本法的其他事项，如定义条款、说明条款和生效条款等。

完善的财政收支划分法体系还需要有与之配套的行政法规和部门规章如《实施条例》和《实施办法》，以及与之配合的其他相关法律制度如《预算法》、《财政转移支付法》等。只有这些配套的法律规范和相关的法律制度都相应具备和逐渐完善，一个完善的财政收支划分法体系才能真正建立起来，也才能真正在现实生活中发挥作用。

第十二章　财政预算制度

一、预算基础理论

（一）预算的概念

预算源自英文 budget，原指财政大臣向议会报告时装财政计划书的皮囊，后来专指皮囊内的财政计划书，明治维新时期日本人将其翻译为"预算"，意思是"预先算定"。有学者认为，从财政法的角度来看，预算是国家原则上在一个会计年度内以收入与支出为中心所确定的财政计划，经议会议决而成立，授权并赋予政府以执行义务的制度。[①] 预算从形式来看是政府对未来一个年度的财政收支计划，也是国家未来一个年度的经济、政治、文化、社会等方面的大政方针的账目表；从实质来看，是全体纳税人通过纳税人的代表及其代表机关控制政府收取和开支纳税人税款以及其他财政资金的制度。

（二）预算的原则

根据我国《预算法》的规定，预算要遵循以下原则：

（1）复式预算原则。复式预算兴起于 20 世纪 20～30 年代，是在单式预算的基础上发展演变而来的。它是指在预算年度内将全部政府预算收支按经济性质归类，分别汇编成两个或两个以上的预算，以特定的预算收入来源保证特定的预算支出，并使两者具有相对稳定的对应关系。复式预算一般分为经常预算、资本预算和专项基金预算。《预算法》规定："中央预算和地方各级政府预算按照复式预算编制。复式预算的编制办法和实施步骤，由国务院规定。"

（2）收支平衡原则。收支平衡一般是指财政支出不能大于财政收入，但不同类别的预算往往有不同要求。经常预算和专项基金预算严格要求收支平衡，不列赤字。资本预算可以适当举债。《预算法》规定："中央政府公共预算不列赤字。

---

① 蔡茂寅：《预算法之原理》，元照出版有限公司 2008 年版，第 3 页。

中央预算中必需的建设投资的部分资金，可以通过举借国内和国外债务等方式筹措，但是借债应当有合理的规模和结构。"《预算法》规定："地方各级预算按照量入为出、收支平衡的原则编制，不列赤字。除法律和国务院另有规定外，地方政府不得发行地方政府债券。"①

（3）真实客观原则。这一原则要求预算的收入和支出必须真实准确、符合客观实际，必须与经济发展水平相适应。《预算法》规定："各级预算收入的编制，应当与国民生产总值的增长率相适应。按照规定必须列入预算的收入，不得隐瞒、少列，也不得将上年的非正常收入作为编制预算收入的依据。"

（4）统筹节约原则。这一原则要求预算的编制应当厉行节约、统筹兼顾各方利益。《预算法》规定："各级预算支出的编制，应当贯彻厉行节约、勤俭建国的方针。各级预算支出的编制，应当统筹兼顾、确保重点，在保证政府公共支出合理需要的前提下，妥善安排其他各类预算支出。""中央预算和有关地方政府预算中安排必要的资金，用于扶助经济不发达的民族自治地方、革命老根据地、边远、贫困地区发展经济文化建设事业。""各级政府预算应当按照本级政府预算支出额的1％至3％设置预备费，用于当年预算执行中的自然灾害救灾开支及其他难以预见的特殊开支。"

（三）预算级次

国家实行一级政府一级预算，设立中央，省、自治区、直辖市，设区的市、自治州，县、自治县、不设区的市、市辖区，乡、民族乡、镇五级预算。不具备设立预算条件的乡、民族乡、镇，经省、自治区、直辖市政府确定，可以暂不设立预算。

---

① 地方政府债券是政府债券的形式之一，在新中国成立初期就已经存在。如早在1950年，东北人民政府就发行过东北生产建设折实公债，但1981年恢复国债发行以来，就从未发行过地方政府债券。由于我国《预算法》的限制，我国的政府债券长期限于中央政府债券。但地方政府在诸如桥梁、公路、隧道、供水、供气等基础设施的建设中又面临资金短缺的问题，于是形成了具有中国特色的地方政府债券，即以企业债券的形式发行地方政府债券。如1999年上海城市建设投资开发公司发行5亿元浦东建设债券，名义上是公司债券，但所筹资金则是用于上海地铁建设；济南自来水公司发行1.5亿元供水建设债券，名义上是公司债券，而所筹资金则用于济南自来水设施建设。2000年以后，国债发行总规模中有少量中央政府代地方政府发行的债券，其中2001年为400亿元，2002年为250亿元，2003年为250亿元，2004年为150亿元，2005年为100亿元。2009年2月17日，在北京召开的十一届全国人大常委会第十八次委员长会议听取了《国务院关于安排发行2009年地方政府债券的报告》有关情况的汇报，在法律上正式确立了财政部代理发行地方政府债券的制度。

（四）预算构成

中央政府预算（以下简称中央预算）由中央各部门①（含直属单位②，下同）的预算组成。中央预算包括地方向中央上解的收入数额和中央对地方返还或者给予补助的数额。

地方预算由各省、自治区、直辖市总预算组成。地方各级总预算由本级政府预算（以下简称本级预算）和汇总的下一级总预算组成。下一级只有本级预算的，下一级总预算即指下一级的本级预算；没有下一级预算的，总预算即指本级预算。

地方各级政府预算由本级各部门③（含直属单位④，下同）的预算组成。地方各级政府预算包括下级政府向上级政府上解的收入数额和上级政府对下级政府返还或者给予补助的数额。

各部门预算由本部门所属各单位预算组成。本部门机关经费预算，应当纳入本部门预算。

单位预算是指列入部门预算的国家机关、社会团体和其他单位的收支预算。

（五）预算年度

预算年度是政府预算所跨越的 12 个月的期限，国际上一般有历年制和跨年制两种。历年制是以公历 1 月 1 日至 12 月 31 日为一个预算年度。目前，世界上大多数国家实行历年制预算年度，如中国、朝鲜、德国、法国、意大利、奥地利、比利时、丹麦、芬兰、希腊、爱尔兰、冰岛、卢森堡、荷兰、西班牙、葡萄牙、瑞士、挪威、俄罗斯、波兰、匈牙利、罗马尼亚、墨西哥、巴西、瑞典等。

跨年制是以跨越两个公历年度的 12 个月期间为一个预算年度，跨年制预算年度包括以下四种制度：①以公历 3 月 1 日至次年 2 月 28（29）日为一个预算年度（一般简称为三月制），如土耳其。②以公历 4 月 1 日至次年 3 月 31 日为一个预算年度（一般简称为四月制），如英国、加拿大、日本、印度、印度尼西亚、新加坡、缅甸、新西兰、博茨瓦纳、莱索托、马拉维、南非、不丹、斯威士兰、牙买加、伯利兹。③以公历 7 月 1 日至次年 6 月 30 日为一个预算年度（一般简称为七月制），如孟加拉国、巴基斯坦、苏丹、科威特、澳大利亚、毛里求斯、

---

① 中央各部门，是指与财政部直接发生预算缴款、拨款关系的国家机关、军队、政党组织和社会团体。

② 直属单位，是指与财政部直接发生预算缴款、拨款关系的企业和事业单位。

③ 本级各部门，是指与本级政府财政部门直接发生预算缴款、拨款关系的地方国家机关、政党组织和社会团体。

④ 直属单位，是指与本级政府财政部门直接发生预算缴款、拨款关系的企业和事业单位。

坦桑尼亚、塞拉利昂、津巴布韦、埃及、喀麦隆、冈比亚、加纳、肯尼亚。④以公历 10 月 1 日至次年 9 月 30 日为一个预算年度（一般简称为十月制），如美国、尼泊尔、泰国、海地。

各国预算年度并非一成不变，如瑞典在 20 世纪 90 年代将预算年度从七月制改为历年制，美国预算年度在 1844～1976 年实行七月制，1976 年改为十月制。

我国北洋政府在 1914 年公布了我国历史上第一部《会计法》，其中所规定的会计年度和预算年度为公历 7 月 1 日至次年 6 月 30 日。1936 年国民政府决定自1939 年起将预算年度改为历年制。新中国成立后，相关立法均规定预算年度自公历 1 月 1 日起，至 12 月 31 日止。目前，中国大陆、中国台湾、中国澳门的预算年度实行历年制，中国香港预算年度实行四月制。

（六）预算的效力

预算的效力是指预算在法律上的约束力。预算的效力首先涉及预算的性质问题。关于这一问题，主要有预算行政说、预算法规范说（特殊法律形式说）以及预算法律说。预算行政说认为预算本质上是政府的行政行为，在民主宪政体制下，无非是增加了一道议会承认或者认可的程序，本质上仍然是对政府行政行为的承认和认可。如日本学者美浓部达吉认为，预算是国会对政府一年期的财政计划加以承认的意思表示，仅于国会与政府间有其效力。① 预算法规范说（特殊法律形式说）认为预算也是法律的形式之一，只不过与一般法律规范的形式不同而已。预算法律说则认为虽然预算具有与一般法律不同的形式，但预算就是法律，具有和法律相同的本质属性。②

法国 1826 年 3 月 31 日的政令第 5 条是这样定义预算的：它是一个法案，通过这个法案对国家年度收入和国家年度开支或其他公用事业开支进行预先的安排。德国《联邦基本法》规定："联邦之一切收支应编入预算案，联邦企业及特别财产仅需列其收入或支出，预算案应收支平衡。预算案应为一会计年度或依年别分数会计年度，于第一会计年度开始前以预算法订定之。"我国台湾地区"《宪法》"规定："立法院"有议决法律案、预算案、戒严案、大赦案、宣战案、媾和案、条约案及"国家"其他重要事项之权。我国台湾地区"《预算法》"规定：各主管机关依其施政计划初步估计之收支，称概算；预算之未经立法程序者，称预算案；其经立法程序而公布者，称法定预算；在法定预算范围内，由各机关依法分配实施之计划，称分配预算。1814 年的《荷兰王国宪法》第 105 条规定："国家财政收支

① ［日］美浓部达吉著，宫泽俊义补订：《日本国宪法原论》，有斐阁 1952 年版，第 344 页。
② 蔡茂寅：《预算法之原理》，元照出版有限公司 2008 年版，第 45～51 页。

预算由议会法令规定。"德国1919年的《魏玛宪法》第85条规定:"联邦之收支,应于每会计年度预先估计,并编入预算案。预算于会计年度之前,以法律定之。"1919年《芬兰共和国宪法》第66条规定:"每一财政年度的全部收支项目应列入年度预算,年度预算由议会通过后,按照颁布法律的方式予以颁布。"

我国《宪法》和《预算法》并未明确规定预算的性质,但《预算法》明确规定:经本级人民代表大会批准的预算,非经法定程序,不得改变。因此,无论预算在我国现行法律体系中属于什么性质,其对政府的约束力都是不容置疑的。

预算的法律效力在收入、支出等方面具有不同的要求。在预算收入方面,政府取得任何预算收入都应当具有实体法的依据,不能仅依据预算而取得相应的财政收入。当然,政府在编制预算收入时,也应当根据现行有效的法律法规来编制,不能将无法律法规依据的收入列入预算。政府取得财政收入的数额应当根据法律法规所规定的条件来确定,而不能为完成预算所规定的收入任务而违反相关法律法规的规定。预算在收入方面对政府的约束是软约束,即无论政府实际取得的财政收入是低于还是高于预算收入,都不能仅凭此就断定政府违反预算;预算在支出方面对政府的约束是单向硬约束,即政府开支不能超过预算的数额,但是可以低于预算数额。当政府开支低于预算数额时,应当根据政府实际履行职责的状况来判断政府的行为是否合法,其判断依据是具体规定政府职责的法律法规,而非预算和《预算法》。

(七) 我国预算立法

1951年8月19日政务院公布了《预算决算暂行条例》,1991年10月21日国务院令第90号发布了《国家预算管理条例》,1994年3月22日第八届全国人民代表大会第二次会议通过了《中华人民共和国预算法》,1995年11月22日国务院第三十七次常务会议通过了《中华人民共和国预算法实施条例》。

二、预算管理职权

(一) 全国人大及其常委会的职权

全国人民代表大会审查中央和地方预算草案及中央和地方预算执行情况的报告;批准中央预算和中央预算执行情况的报告;改变或者撤销全国人民代表大会常务委员会关于预算、决算的不适当的决议。全国人民代表大会常务委员会监督中央和地方预算的执行;审查和批准中央预算的调整方案;审查和批准中央决算;撤销国务院制定的同宪法、法律相抵触的关于预算、决算的行政法规、决定和命令；撤销省、自治区、直辖市人民代表大会及其常务委员会制定的同宪法、法律和行政法规相抵触的关于预算、决算的地方性法规和决议。

（二）地方人大及其常委会的职权

县级以上地方各级人民代表大会审查本级总预算草案及本级总预算执行情况的报告；批准本级预算和本级预算执行情况的报告；改变或者撤销本级人民代表大会常务委员会关于预算、决算的不适当的决议；撤销本级政府关于预算、决算的不适当的决定和命令。

县级以上地方各级人民代表大会常务委员会监督本级总预算的执行；审查和批准本级预算的调整方案；审查和批准本级政府决算（以下简称本级决算）；撤销本级政府和下一级人民代表大会及其常务委员会关于预算、决算的不适当的决定、命令和决议。

设立预算的乡、民族乡、镇的人民代表大会审查和批准本级预算和本级预算执行情况的报告；监督本级预算的执行；审查和批准本级预算的调整方案；审查和批准本级决算；撤销本级政府关于预算、决算的不适当的决定和命令。

（三）国务院的职权

国务院编制中央预算、决算草案；向全国人民代表大会作关于中央和地方预算草案的报告；将省、自治区、直辖市政府报送备案的预算汇总后报全国人民代表大会常务委员会备案；组织中央和地方预算的执行；决定中央预算预备费的动用；编制中央预算调整方案；监督中央各部门和地方政府的预算执行；改变或者撤销中央各部门和地方政府关于预算、决算的不适当的决定、命令；向全国人民代表大会、全国人民代表大会常务委员会报告中央和地方预算的执行情况。

（四）地方人民政府的职权

县级以上地方各级政府编制本级预算、决算草案；向本级人民代表大会作关于本级总预算草案的报告；将下一级政府报送备案的预算汇总后报本级人民代表大会常务委员会备案；组织本级总预算的执行；决定本级预算预备费的动用；编制本级预算的调整方案；监督本级各部门和下级政府的预算执行；改变或者撤销本级各部门和下级政府关于预算、决算的不适当的决定、命令；向本级人民代表大会、本级人民代表大会常务委员会报告本级总预算的执行情况。

乡、民族乡、镇政府编制本级预算、决算草案；向本级人民代表大会作关于本级预算草案的报告；组织本级预算的执行；决定本级预算预备费的动用；编制本级预算的调整方案；向本级人民代表大会报告本级预算的执行情况。

（五）财政部门的职权

国务院财政部门具体编制中央预算、决算草案；具体组织中央和地方预算的执行；提出中央预算预备费动用方案；具体编制中央预算的调整方案；定期向国务院报告中央和地方预算的执行情况。

地方各级政府财政部门具体编制本级预算、决算草案；具体组织本级总预算的执行；提出本级预算预备费动用方案；具体编制本级预算的调整方案；定期向本级政府和上一级政府财政部门报告本级总预算的执行情况。

（六）部门和单位的职权

各部门编制本部门预算、决算草案；组织和监督本部门预算的执行；定期向本级政府财政部门报告预算的执行情况。

各单位编制本单位预算、决算草案；按照国家规定上缴预算收入，安排预算支出，并接受国家有关部门的监督。

三、预算收支范围

（一）预算收支的种类

预算由预算收入和预算支出组成。预算收入包括：税收收入；依照规定应当上缴的国有资产收益；① 专项收入；② 其他收入。预算支出包括：经济建设支出；③ 教育、科学、文化、卫生、体育等事业发展支出；④ 国家管理费用支出；国防支出；各项补贴支出；其他支出。

（二）预算收支的划分

国家实行中央和地方分税制。分税制是在划分中央与地方事权的基础上，确

---

① 即各部门和各单位占有、使用和依法处分境内外国有资产产生的收益，按照国家有关规定应当上缴预算的部分。

② 即根据特定需要由国务院批准或者经国务院授权由财政部批准，设置、征集和纳入预算管理、有专项用途的收入。

③ 经济建设支出，包括用于经济建设的基本建设投资支出，支持企业的挖潜改造支出，拨付的企业流动资金支出，拨付的生产性贷款贴息支出，专项建设基金支出，支持农业生产支出以及其他经济建设支出。

④ 事业发展支出，是指用于教育，科学、文化、卫生、体育、工业、交通、商业、农业、林业、环境保护、水利、气象等方面事业的支出，具体包括公益性基本建设支出、设备购置支出、人员费用支出、业务费用支出以及其他事业发展支出。

定中央与地方财政支出范围，并按税种划分中央与地方预算收入的财政管理体制。

预算收入划分为中央预算收入、[①] 地方预算收入、[②] 中央和地方预算共享收入。[③] 预算支出划分为中央预算支出[④]和地方预算支出[⑤]。

中央预算与地方预算有关收入和支出项目的划分、地方向中央上解收入、中央对地方返还或者给予补助的具体办法，由国务院规定，报全国人民代表大会常务委员会备案。

（三）预算收入的使用

预算收入应当统筹安排使用；确需设立专用基金项目的，须经国务院批准。上级政府不得在预算之外调用下级政府预算的资金。下级政府不得挤占或者截留属于上级政府预算的资金。

四、预算编制

（一）预算编制的主体与时间

各级政府、各部门、各单位应当按照国务院规定的时间编制预算草案。预算草案，是指各级政府、各部门、各单位编制的未经法定程序审查和批准的预算收支计划。

（二）预算编制的依据和方法

中央预算和地方各级政府预算，应当参考上一年预算执行情况和本年度收支预测进行编制。各级政府编制年度预算草案的依据包括：法律、法规；国民经济和社会发展计划、财政中长期计划以及有关的财政经济政策；本级政府的预算管

---

① 中央预算收入，是指按照分税制财政管理体制，纳入中央预算、地方不参与分享的收入，包括中央本级收入和地方按照规定向中央上解的收入。

② 地方预算收入，是指按照分税制财政管理体制，纳入地方预算、中央不参与分享的收入，包括地方本级收入和中央按照规定返还或者补助地方的收入。

③ 中央和地方预算共享收入，是指按照分税制财政管理体制，中央预算和地方预算对同一税种的收入，按照一定划分标准或者比例分享的收入。

④ 中央预算支出，是指按照分税制财政管理体制，由中央财政承担并列入中央预算的支出，包括中央本级支出和中央返还或者补助地方的支出。

⑤ 地方预算支出，是指按照分税制财政管理体制，由地方财政承担并列入地方预算的支出，包括地方本级支出和地方按照规定上解中央的支出。

理职权和财政管理体制确定的预算收支范围；上一年度预算执行情况和本年度预算收支变化因素；上级政府对编制本年度预算草案的指示和要求。各部门、各单位编制年度预算草案的依据包括：法律、法规；本级政府的指示和要求以及本级政府财政部门的部署；本部门、本单位的职责、任务和事业发展计划；本部门、本单位的定员定额标准；本部门、本单位上一年度预算执行情况和本年度预算收支变化因素。

中央预算和地方各级政府预算按照复式预算编制，分为政府公共预算、国有资产经营预算、社会保障预算和其他预算。

（三）中央预算编制的原则

中央政府公共预算不列赤字。中央预算中必需的建设投资的部分资金，可以通过举借国内和国外债务等方式筹措，但是借债应当有合理的规模和结构。中央预算中对已经举借的债务还本付息所需的资金，依照上述规定办理。

中央预算的编制内容包括：本级预算收入和支出；上一年度结余用于本年度安排的支出；返还或者补助地方的支出；地方上解的收入。中央财政本年度举借的国内外债务和还本付息数额应当在本级预算中单独列示。

（四）地方预算编制的原则

地方各级预算按照量入为出、收支平衡的原则编制，不列赤字。除法律和国务院另有规定外，地方政府不得发行地方政府债券。

地方各级政府预算的编制内容包括：本级预算收入和支出；上一年度结余用于本年度安排的支出；上级返还或者补助的收入；返还或者补助下级的支出；上解上级的支出；下级上解的收入。

（五）预算编制的基本规范

各级预算收入的编制，应当与国民生产总值的增长率相适应。按照规定必须列入预算的收入，不得隐瞒、少列，也不得将上年的非正常收入作为编制预算收入的依据。

各级预算支出的编制，应当贯彻厉行节约、勤俭建国的方针。各级预算支出的编制，应当统筹兼顾，确保重点，在保证政府公共支出合理需要的前提下，妥善安排其他各类预算支出。

（六）专项基金和预备费

中央预算和有关地方政府预算中安排必要的资金，用于扶助经济不发达的民族自治地方、革命老根据地、边远、贫困地区发展经济文化建设事业。

各级政府预算应当按照本级政府预算支出额的 1%～3% 设置预备费，用于当年预算执行中的自然灾害救灾开支及其他难以预见的特殊开支。

（七）周转金与年度结余

各级政府预算应当按照国务院的规定设置预算周转金。预算周转金，是指各级政府为调剂预算年度内季节性收支差额，保证及时用款而设置的周转资金。各级政府预算周转金从本级政府预算的结余中设置和补充，其额度应当逐步达到本级政府预算支出总额的 4%。

各级政府预算的上年结余，可以在下年用于上年结转项目的支出；有余额的，可以补充预算周转金；再有余额的，可以用于下年必需的预算支出。

（八）预算草案的汇总

国务院于每年 11 月 10 日前向省、自治区、直辖市政府和中央各部门下达编制下一年度预算草案的指示，提出编制预算草案的原则和要求。财政部根据国务院编制下一年度预算草案的指示，部署编制预算草案的具体事项，规定预算收支科目，报表格式、编报方法，并安排财政收支计划。

中央各部门应当根据国务院的指示和财政部的部署，结合本部门的具体情况，提出编制本部门预算草案的要求，具体布置所属各单位编制预算草案。中央各部门负责本部门所属各单位预算草案的审核，并汇总编制本部门的预算草案，于每年 12 月 10 日前报财政部审核。

省、自治区、直辖市政府根据国务院的指示和财政部的部署，结合本地区的具体情况，提出本行政区域编制预算草案的要求。县级以上地方各级政府财政部门审核本级各部门的预算草案，编制本级政府预算草案，汇编本级总预算草案，经本级政府审定后，按照规定期限报上一级省、自治区、直辖市政府财政部门汇总的本级总预算草案，应当于下一年 1 月 10 日前报财政部。

财政部审核中央各部门的预算草案，编制中央预算草案，汇总地方预算草案，汇编中央和地方预算草案。

县级以上各级政府财政部门审核本级各部门的预算草案时、发现不符合编制预算要求的，应当予以纠正，汇编本级总预算时，发现下级政府预算草案不符合国务院和本级政府编制预算要求的，应当及时向本级政府报告，由本级政府予以纠正。

（九）预算草案的初步审查

国务院财政部门应当在每年全国人民代表大会会议举行的一个月前，将中央预算草案的主要内容提交全国人民代表大会财政经济委员会进行初步审查。

省、自治区、直辖市、设区的市、自治州政府财政部门应当在本级人民代表大会会议举行的一个月前，将本级预算草案的主要内容提交本级人民代表大会有关的专门委员会或者根据本级人民代表大会常务委员会主任会议的决定提交本级人民代表大会常务委员会有关的工作委员会进行初步审查。

县、自治县、不设区的市、市辖区政府财政部门应当在本级人民代表大会会议举行的一个月前，将本级预算草案的主要内容提交本级人民代表大会常务委员会进行初步审查。

五、预算审查和批准

(一) 预算草案报告

国务院在全国人民代表大会举行会议时，向大会作关于中央和地方预算草案的报告。地方各级政府在本级人民代表大会举行会议时，向大会作关于本级总预算草案的报告。

(二) 各级预算审查和批准的主体

中央预算由全国人民代表大会审查和批准。地方各级政府预算由本级人民代表大会审查和批准。

(三) 地方预算的上报与汇总

乡、民族乡、镇政府应当及时将经本级人民代表大会批准的本级预算报上一级政府备案。县级以上地方各级政府应当及时将经本级人民代表大会批准的本级预算及下一级政府报送备案的预算汇总，报上一级政府备案。

县级以上地方各级政府将下一级政府依照上述规定报送备案的预算汇总后，报本级人民代表大会常务委员会备案。国务院将省、自治区、直辖市政府依照上述规定报送备案的预算汇总后，报全国人民代表大会常务委员会备案。

(四) 上级政府对下级政府预算的监督

国务院和县级以上地方各级政府对下一级政府依照上述规定报送备案的预算，认为有同法律、行政法规相抵触或者有其他不适当之处，需要撤销批准预算的决议的，应当提请本级人民代表大会常务委员会审议决定。

（五）预算的批复

各级政府预算经本级人民代表大会批准后，本级政府财政部门应当及时向本级各部门批复预算。各部门应当及时向所属各单位批复预算。

中央预算草案经全国人民代表大会批准后，为当年中央预算。财政部应当自全国人民代表大会批准中央预算之日起 30 日内，批复中央各部门预算，中央各部门应当自财政部批复本部门预算之日起 15 日内，批复所属各单位预算。

地方各级政府预算草案经本级人民代表大会批准后，为当年本级政府预算。县级以上地方各级政府财政部门应当自本级人民代表大会批准本级政府预算之日起 30 日内，批复本级各部门预算。地方各部门应当自本级财政部门批复本部门预算之日起 15 日内，批复所属各单位预算。

六、预算执行

（一）预算执行主体

各级预算由本级政府组织执行，具体工作由本级政府财政部门负责。

（二）预算生效前的执行依据

预算年度开始后，各级政府预算草案在本级人民代表大会批准前，本级政府可以先按照上一年同期的预算支出数额安排支出；① 预算经本级人民代表大会批准后，按照批准的预算执行。

（三）预算收入的执行

预算收入征收部门，必须依照法律、行政法规的规定，及时、足额征收应征的预算收入。不得违反法律、行政法规规定，擅自减征、免征或者缓征应征的预算收入，不得截留、占用或者挪用预算收入。

有预算收入上缴任务的部门和单位，必须依照法律、行政法规和国务院财政部门的规定，将应当上缴的预算资金及时、足额地上缴国家金库（以下简称国库），不得截留、占用、挪用或者拖欠。

---

① 上一年同期的预算支出数额，是指上一年度同期预算安排用于各部门、各单位正常运转的人员经费、业务经费等必需的支出数额。

(四) 预算支出的执行

各级政府财政部门必须依照法律、行政法规和国务院财政部门的规定，及时、足额地拨付预算支出资金，加强对预算支出的管理和监督。各级政府、各部门、各单位的支出必须按照预算执行。

政府财政部门应当加强对预算拨款的管理，并遵循下列原则：①按照预算拨款，即按照批准的年度预算和用款计划拨款，不得办理无预算、无用款计划、超预算、超计划的拨款，不得擅自改变支出用途。②按照规定的预算级次和程序拨款，即根据用款单位的申请，按照用款单位的预算级次和审定的用款计划，按期核拨，不得越级办理预算拨款。③按照进度拨款，即根据各用款单位的实际用款进度和国库库款情况拨付资金。

(五) 国库制度

县级以上各级预算必须设立国库；具备条件的乡、民族乡、镇也应当设立国库。中央国库业务由中国人民银行经理，地方国库业务依照国务院的有关规定办理。

各级国库必须按照国家有关规定，及时准确地办理预算收入的收纳、划分、留解和预算支出的拨付。

各级国库库款的支配权属于本级政府财政部门。除法律、行政法规另有规定外，未经本级政府财政部门同意，任何部门、单位和个人都无权动用国库库款或者以其他方式支配已入国库的库款。各级政府应当加强对本级国库的管理和监督。

(六) 预算执行的管理

各级政府应当加强对预算执行的领导，支持政府财政、税务、海关等预算收入的征收部门依法组织预算收入，支持政府财政部门严格管理预算支出。财政、税务、海关等部门在预算执行中，应当加强对预算执行的分析；发现问题时应当及时建议本级政府采取措施予以解决。

各部门、各单位应当加强对预算收入和支出的管理，不得截留或者动用应当上缴的预算收入，也不得将不应当在预算内支出的款项转为预算内支出。

(七) 预备费与周转金的使用

各级政府预算预备费的动用方案，由本级政府财政部门提出，报本级政府决定。各级政府预算周转金由本级政府财政部门管理，用于预算执行中的资金周转，不得挪作他用。

七、预算调整

（一）预算调整的含义

预算调整是指经全国人民代表大会批准的中央预算和经地方各级人民代表大会批准的本级预算，在执行中因特殊情况需要增加支出或者减少收入，使原批准的收支平衡的预算的总支出超过总收入，或者使原批准的预算中举借债务的数额增加的部分变更。

（二）预算调整的程序

各级政府对于必须进行的预算调整，应当编制预算调整方案。预算调整方案由政府财政部门负责具体编制。预算调整方案应当列明调整的原因、项目、数额、措施及有关说明，经本级政府审定后，提请本级人民代表大会常务委员会审查和批准。中央预算的调整方案必须提请全国人民代表大会常务委员会审查和批准。县级以上地方各级政府预算的调整方案必须提请本级人民代表大会常务委员会审查和批准；乡、民族乡、镇政府预算的调整方案必须提请本级人民代表大会审查和批准。未经批准，不得调整预算。

未经批准调整预算，各级政府不得作出任何使原批准的收支平衡的预算的总支出超过总收入或者使原批准的预算中举借债务的数额增加的决定。对违反上述规定作出的决定，本级人民代表大会、本级人民代表大会常务委员会或者上级政府应当责令其改变或者撤销。

（三）返还与补助的处理

在预算执行中，因上级政府返还或者给予补助而引起的预算收支变化，不属于预算调整。接受返还或者补助款项的县级以上地方各级政府应当向本级人民代表大会常务委员会报告有关情况；接受返还或者补助款项的乡、民族乡、镇政府应当向本级人民代表大会报告有关情况。

（四）预算科目间的调剂

各部门、各单位的预算支出应当按照预算科目和数额执行，不得挪用。不同预算科目间的预算资金需要调剂使用的，必须经本级政府财政部门同意。

（五）预算调整方案的备案

地方各级政府预算的调整方案经批准后，由本级政府报上一级政府备案。

八、决算

（一）决算草案的编制

决算草案①由各级政府、各部门、各单位，在每一预算年度终了后按照国务院规定的时间编制。财政部应当在每年第四季度部署编制决算草案的原则、要求、方法和报送期限，制发中央各部门决算、地方决算及其他有关决算的报表格式。县级以上地方政府财政部门根据财政部的部署，部署编制本级政府各部门和下级政府决算草案的原则、要求、方法和报送期限，制发本级政府各部门决算、下级政府决算及其他有关决算的报表格式。

编制决算草案，必须符合法律、行政法规，做到收支数额准确、内容完整、报送及时。各部门对所属各单位的决算草案，应当审核并汇总编制本部门的决算草案，在规定的期限内报本级政府财政部门审核。各级政府财政部门对本级各部门决算草案审核后发现有不符合法律、行政法规规定的，有权予以纠正。

（二）决算草案的审查与批准

国务院财政部门编制中央决算草案，报国务院审定后，由国务院提请全国人民代表大会常务委员会审查和批准。县级以上地方各级政府财政部门编制本级决算草案，报本级政府审定后，由本级政府提请本级人民代表大会常务委员会审查和批准。乡、民族乡、镇政府编制本级决算草案，提请本级人民代表大会审查和批准。

（三）决算的批复与备案

各级政府决算经批准后，财政部门应当向本级各部门批复决算。地方各级政府应当将经批准的决算，报上一级政府备案。

（四）上级政府对下级政府决算的监督

国务院和县级以上地方各级政府对下一级政府依照上述规定报送备案的决

---

① 决算草案，是指各级政府、各部门、各单位编制的未经法定程序审查和批准的预算收支的年度执行结果。

算，认为有同法律、行政法规相抵触或者有其他不适当之处，需要撤销批准该项决算的决议的，应当提请本级人民代表大会常务委员会审议决定；经审议决定撤销的，该下级人民代表大会常务委员会应当责成本级政府依照本法规定重新编制决算草案，提请本级人民代表大会常务委员会审查和批准。

九、监督与法律责任

（一）预算监督的主体

全国人民代表大会及其常务委员会对中央和地方预算、决算进行监督。县级以上地方各级人民代表大会及其常务委员会对本级和下级政府预算、决算进行监督。乡、民族乡、镇人民代表大会对本级预算、决算进行监督。

（二）人大及其常委会的监督职权

各级人民代表大会和县级以上各级人民代表大会常务委员会有权就预算、决算中的重大事项或者特定问题组织调查，有关的政府、部门、单位和个人应当如实反映情况和提供必要的材料。

各级人民代表大会和县级以上各级人民代表大会常务委员会举行会议时，人民代表大会代表或者常务委员会组成人员，依照法律规定程序就预算、决算中的有关问题提出询问或者质询，受询问或者受质询的有关的政府或者财政部门必须及时给予答复。

各级政府应当在每一预算年度内至少两次向本级人民代表大会或者其常务委员会作预算执行情况的报告。

（三）政府的监督

各级政府监督下级政府的预算执行；下级政府应当定期向上一级政府报告预算执行情况。各级政府财政部门负责监督检查本级各部门及其所属各单位预算的执行，并向本级政府和上一级政府财政部门报告预算执行情况。各级政府审计部门对本级各部门、各单位和下级政府的预算执行、决算实行审计监督。

（四）擅自变更预算的法律责任

各级政府未经依法批准擅自变更预算，使经批准的收支平衡的预算的总支出超过总收入，或者使经批准的预算中举借债务的数额增加的，对负有直接责任的主管人员和其他直接责任人员追究行政责任。

（五）擅自动用库款的法律责任

违反法律、行政法规的规定，擅自动用国库库款或者擅自以其他方式支配已入国库的库款的，由政府财政部门责令退还或者追回国库库款，并由上级机关给予负有直接责任的主管人员和其他直接责任人员行政处分。

擅自动用国库库款或者擅自以其他方式支配已入国库的库款，是指：预算收入征收部门不经政府财政部门或者政府财政部门授权的机构同意退库的；预算收入征收部门将所收税款和其他预算收入存入在国库之外设立的过渡性账户、经费账户和其他账户的；经理国库业务的银行未经有关政府财政部门同意，动用国库库款或者办理退库的；经理国库业务的银行违反规定将国库库款挪作他用的；不及时收纳、留解预算收入，或者延解、占压国库库款的；不及时将预算拨款划入用款单位账户，占压政府财政部门拨付的预算资金的。

（六）隐瞒收入或者扩大支出的法律责任

隐瞒预算收入或者将不应当在预算内支出的款项转为预算内支出的，由上一级政府或者本级政府财政部门责令纠正，并由上级机关给予负有直接责任的主管人员和其他直接责任人员行政处分。

第十三章　政府采购制度

一、政府采购法的概念与体系

(一) 政府采购的概念

从理论上讲，政府采购是指政府以及其他组织机构运用财政资金采购商品的行为。从法律规定的角度讲，政府采购，是指各级国家机关、事业单位和团体组织，使用财政性资金采购依法制定的集中采购目录以内的或者采购限额标准以上的货物、工程和服务的行为。采购，是指以合同方式有偿取得货物、工程和服务的行为，包括购买、租赁、委托、雇用等。货物，是指各种形态和种类的物品，包括原材料、燃料、设备、产品等；工程，是指建设工程，包括建筑物和构筑物的新建、改建、扩建、装修、拆除、修缮等；服务，是指除货物和工程以外的其他政府采购对象。

政府采购概念中有两个核心要素：①政府采购的主体是政府以及类似政府的组织机构（包括全部或者主要依靠财政拨款的事业单位和团体组织）。②政府采购使用的经费是财政资金，财政资金主要是指来自国库的资金。

(二) 政府采购法的概念与适用范围

1. 政府采购法的概念

政府采购法是调整采购人、供应商、采购代理机构以及相关监督主体在政府采购活动中所形成的社会关系的法律规范的总称。政府采购法对于规范政府采购行为，提高政府采购资金的使用效益，维护国家利益和社会公共利益，保护政府采购当事人的合法权益，促进廉政建设都具有非常重要的意义。我国目前规范政府采购的基本法律是 1999 年 8 月 30 日第九届全国人民代表大会常务委员会第十一次会议通过并于 2000 年 1 月 1 日开始实施的《中华人民共和国招标投标法》（以下简称《招标投标法》）以及 2002 年 6 月 29 日第九届全国人民代表大会常务委员会第二十八次会议通过并于 2003 年 1 月 1 日开始实施的《中华人民共和国政府采购法》（以下简称《政府采购法》）。除此以外，还有国务院、财政部等部门颁布的关于政府采购的规范性文件，如1999年6月1日国务院办公厅发布的《转发国务院机关事务管理局关于在国务院各部门机关试行政府采购意见的通知》，2002年10月7日国务院办公厅发布的《关于印发中央国家机关全面推行政府采购制度实施方案的通知》，2007年4月3日财政部颁布的《自主创新产品政府采购合同管理办法》，2007年12月27日财政部颁布的《政府采购进口产品管理办法》等。

2.《政府采购法》的适用范围

根据《政府采购法》的规定，在中华人民共和国境内进行的政府采购都要适用该法。对因严重自然灾害和其他不可抗力事件所实施的紧急采购和涉及国家安全和秘密的采购，不适用该法。军事采购法规由中央军事委员会另行制定，可以参照《政府采购法》，但《政府采购法》对军事采购无约束力。政府采购工程进行招标投标的，适用《招标投标法》，但仍然要遵守《政府采购法》的相关规定。

3.《招标投标法》的适用范围

根据《招标投标法》的规定，在中华人民共和国境内进行招标投标活动，适用该法。在中华人民共和国境内进行下列工程建设项目包括项目的勘察、设计、施工、监理以及与工程建设有关的重要设备、材料等的采购，必须进行招标：大型基础设施、公用事业等关系社会公共利益、公众安全的项目；全部或者部分使用国有资金投资或者国家融资的项目；使用国际组织或者外国政府贷款、援助资金的项目。上述所列项目的具体范围和规模标准，由国务院发展计划部门会同国务院有关部门制定，报国务院批准。法律或者国务院对必须进行招标的其他项目的范围有规定的，依照其规定。任何单位和个人不得将依法必须进行招标的项目化整为零或者以其他任何方式规避招标。

4. 我国政府采购法的现状

政府采购制度改革是财政支出管理改革的重要内容，对提高财政资金使用效益，支持国内企业发展，从源头上防止和治理腐败，具有十分重要的意义。近年来，政府采购制度改革工作取得了较大进展，但也存在一些问题，主要是一些地区和部门对政府采购制度改革还存在观望态度，干预具体采购活动的现象时有发生，采购行为不够规范透明，采购程序不够科学严密，管理体制尚不健全，采购管理人员和执行人员素质有待进一步提高等。

政府采购是国家公共财政的一项重要内容。中国加入世界贸易组织后政府采购面临着诸多严峻挑战。我国的政府采购工作应从我国国情出发，建立与国际法及国际通行做法要求相衔接、符合市场经济规范和公共财政框架要求的政府采购制度，逐步建立政府采购的法律体系，依法管理、监督政府采购行为。[①]

（三）政府采购法的体系与基本原则

1. 政府采购法的体系

政府采购法的体系是指由规范政府采购关系的法律规范按照一定的标准分类组合形成的多层次的、有机联系的统一体。以政府采购的流程为标准，可以将政府采购法划分为政府采购主体法、政府采购程序法和政府采购监督法。政府采购主体法是规范政府采购主体的种类、资格、基本权利义务的法律规范的总称。政府采购程序法是规范政府采购基本程序的法律规范的总称。政府采购监督法是规范相关监督主体对政府采购的整个流程进行监督检查以及政府采购各类主体违法行为及其法律责任的法律规范的总称。

2. 政府采购法的基本原则

政府采购法的基本原则是对政府采购的整个过程和所有参与主体具有指导性的一般性规范，是对政府采购的一般制度和具体规范所体现出的具有共同性的指导思想的概括和总结。政府采购法的基本原则包括公开透明原则、公平竞争原则、社会政策原则、公正原则和诚实信用原则。

公开透明原则是指政府采购的整个过程，包括参与主体、采购信息、采购过程以及事后的监督都应当采取公开的方式进行，向社会公开，允许社会公众参与和监督。为保障公开透明原则的实现，《政府采购法》规定，政府采购的信息应当在政府采购监督管理部门指定的媒体上及时向社会公开发布，但涉及商业秘密的除外。

公平竞争原则是指政府采购的供应商应当在公平的环境中进行竞争，任何主体都不能歧视部分供应商，不应当给他们参与政府采购施加障碍。为保障公平竞争原则的实现，《政府采购法》规定，任何单位和个人不得采用任何方式，阻挠和限制供应商自由进入本地区和本行业的政府采购市场。

社会政策原则是指政府采购应当有利于国家相关社会政策的执行，应当为国家的相关社会政策服务。在社会政策允许的范围内，可以适当偏离公平竞争原则。为保障社会政策原则的实现，《政府采购法》规定政府采购应当有助于实现国家的经济和社会发展政策目标，包括保护环境，扶持不发达地区和少数民族地区，促进中小企业发展等。《政府采购法》还规定，政府采购应当采购本国货物、工程和服务。但有下列情形之一的除外：需要采购的货物、工程或者服务在中国境内无法获取或者无法以合理的商业条件获取的；为在中国境外使用而进行采购

---

① 参见杨惠芳：《应对入世挑战完善我国政府采购制度》，载《当代财经》2003 年第 3 期。

的；其他法律、行政法规另有规定的。本国货物、工程和服务的界定，依照国务院有关规定执行。

公正原则是指政府采购的整个过程应当以公平和公正为准则，全面保障政府采购各方主体的权利，不偏向任何一方，不从事任何违背公平正义的行为。为了保障公正原则的实现，《政府采购法》规定在政府采购活动中，采购人员及相关人员与供应商有利害关系的，必须回避。供应商认为采购人员及相关人员与其他供应商有利害关系的，可以申请其回避。相关人员，包括招标采购中评标委员会的组成人员，竞争性谈判采购中谈判小组的组成人员，询价采购中询价小组的组成人员等。

诚实信用原则是指政府采购活动的当事人在政府采购活动中应讲信用，恪守诺言，诚实不欺，在追求自己利益的同时不损害他人和社会利益，要求各方当事人在政府采购活动中维持双方的利益以及当事人利益与社会利益的平衡。为了保障诚实信用原则的实现，《政府采购法》规定，政府采购当事人不得相互串通损害国家利益、社会公共利益和其他当事人的合法权益；不得以任何手段排斥其他供应商参与竞争。

二、政府采购的主体

政府采购的主体也称为政府采购当事人，是指在政府采购活动中享有权利和承担义务的各类主体，包括采购人、供应商和采购代理机构等。

（一）采购人

采购人是指依法进行政府采购的国家机关、事业单位和团体组织，简单地说，也就是政府采购中的购买方。在招标投标程序中，采购人也称为招标人，招标人是依照《招标投标法》规定提出招标项目、进行招标的法人或者其他组织。

《政府采购法》虽然并未对采购人的资格做出明确限制，但对采购人的采购能力作出了明确规定：采购人采购纳入集中采购目录的政府采购项目，必须委托集中采购机构代理采购；采购未纳入集中采购目录的政府采购项目，可以自行采购，也可以委托集中采购机构在委托的范围内代理采购。纳入集中采购目录属于通用的政府采购项目的，应当委托集中采购机构代理采购；属于本部门、本系统有特殊要求的项目，应当实行部门集中采购；属于本单位有特殊要求的项目，经省级以上人民政府批准，可以自行采购。采购人可以委托经国务院有关部门或者省级人民政府有关部门认定资格的采购代理机构，在委托的范围内办理政府采购事宜。采购人有权自行选择采购代理机构，任何单位和个人不得以任何方式为采购人指定采购代理机构。采购人依法委托采购代理机构办理采购事宜的，应当由采购人与采购代理机构签订委托代理协议，依法确定委托代理的事项，约定双方的权利义务。

《招标投标法》对于招标人的招标能力也进行了规范：招标项目按照国家有关规定需要履行项目审批手续的，应当先履行审批手续，取得批准。招标人应当有进行招标项目的相应资金或者资金来源已经落实，并应当在招标文件中如实载明。

（二）供应商

供应商是指向采购人提供货物、工程或者服务的法人、其他组织或者自然人。供应商参加政府采购活动应当具备下列条件：具有独立承担民事责任的能力；具有良好的商业信誉和健全的财务会计制度；具有履行合同所必需的设备和专业技术能力；有依法缴纳税收和社会保障资金的良好记录；参加政府采购活动前三年内，在经营活动中没有重大违法记录；法律、行政法规规定的其他条件。采购人可以根据采购项目的特殊要求，规定供应商的特定条件，但不得以不合理的条件对供应商实行差别待遇或者歧视待遇。采购人可以要求参加政府采购的供应商提供有关资质证明文件和业绩情况，并根据《政府采购法》规定的供应商条件和采购项目对供应商的特定要求，对供应商的资格进行审查。

两个以上的自然人、法人或者其他组织可以组成一个联合体，以一个供应商的身份共同参加政府采购。以联合体形式进行政府采购的，参加联合体的供应商均应当具备《政府采购法》对供应商所规定的条件，并应当向采购人提交联合协议，载明联合体各方承担的工作和义务。联合体各方应当共同与采购人签订采购合同，就采购合同约定的事项对采购人承担连带责任。供应商不得以向采购人、采购代理机构、评标委员会的组成人员、竞争性谈判小组的组成人员、询价小组的组成人员行贿或者采取其他不正当手段谋取中标或者成交。

在招标投标程序中，供应商也叫投标人，它是响应招标、参加投标竞争的法人或者其他组织。依法招标的科研项目允许个人参加投标的，投标的个人适用本法有关投标人的规定。投标人应当具备承担招标项目的能力；国家有关规定对投标人资格条件或者招标文件对投标人资格条件有规定的，投标人应当具备规定的资格条件。

（三）采购代理机构

采购代理机构是接受采购人的委托，代理采购人从事政府采购活动的主体。集中采购机构为采购代理机构。设区的市、自治州以上人民政府根据本级政府采购项目组织集中采购的需要设立集中采购机构。集中采购机构是非营利事业法人，根据采购人的委托办理采购事宜。集中采购机构进行政府采购活动，应当符合采购价格低于市场平均价格、采购效率更高、采购质量优良和服务良好的要求。采购代理机构不得以向采购人行贿或者采取其他不正当手段谋取非法利益。

在招标投标程序中，招标代理机构是依法设立、从事招标代理业务并提供相关服务的社会中介组织。招标人有权自行选择招标代理机构，委托其办理招标事宜。任何单位和个人不得以任何方式为招标人指定招标代理机构。招标人具有编制招标文件和组织评标能力的，可以自行办理招标事宜。任何单位和个人不得强制其委托招标代理机构办理招标事宜。依法必须进行招标的项目，招标人自行办理招标事宜的，应当向有关行政监督部门备案。招标代理机构应当具备下列条件：有从事招标代理业务的营业场所和相应资金；有能够编制招标文件和组织评标的相应专业力量；有符合《招标投标法》规定条件、可以作为评标委员会成员入选的技术、经济等方面的专家库。

从事工程建设项目招标代理业务的招标代理机构，其资格由国务院或者省、自治区、直辖市人民政府的建设行政主管部门认定。具体办法由国务院建设行政主管部门会同国务院有关部门制定。从事其他招标代理业务的招标代理机构，其资格认定的主管部门由国务院规定。招标代理机构与行政机关和其他国家机关不得存在隶属关系或者其他利益关系。招标代理机构应当在招标人委托的范围内办理招标事宜，并遵守《招标投标法》关于招标人的规定。

三、政府采购方式

政府采购方式是指政府采购所采取的基本步骤、程序、形式和方法的总称。政府采购使用的是财政资金，应当通过政府采购方式来确保政府采购的公平、公正和公开。因此，政府采购的方式应具备公平、公正和公开的特征。根据《政府采购法》的规定，我国政府采购采用以下方式：公开招标；邀请招标；竞争性谈判；单一来源采购；询价；国务院政府采购监督管理部门认定的其他采购方式。

（一）公开招标

公开招标是招标的基本形式之一，是指招标人以招标公告的方式邀请不特定的法人或者其他组织投标。由于公开招标最能体现公平、公正和公开的特征，因此，《政府采购法》规定，公开招标应作为政府采购的主要方式。

公开招标虽然具有公平、公正和公开的特征，但也需耗费较大的人力、财力以及较长的时间，一般只适用于采购数额较大的商品。《政府采购法》规定，采购人采购货物或者服务应当采用公开招标方式的，其具体数额标准，属于中央预算的政府采购项目，由国务院规定；属于地方预算的政府采购项目，由省、自治区、直辖市人民政府规定；因特殊情况需要采用公开招标以外的采购方式的，应当在采购活动开始前获得设区的市、自治州以上人民政府采购监督管理部门的批准。

设定标准是确保公开招标发挥最大效能的重要方法，但也容易为采购人规避公开招标方式提供渠道。为此，《政府采购法》规定，采购人不得将应当以公开招标方式采购的货物或者服务化整为零或者以其他任何方式规避公开招标采购。为真正确保这一制度的实施，还需要制定更加具体的标准，规定哪些货物或者服务不能化整为零，以及规避公开招标的其他方式具体包括哪些。

（二）邀请招标

邀请招标，是指招标人以投标邀请书的方式邀请特定的法人或者其他组织投标。邀请招标的公开性、公正性和公平性比公开招标稍逊，但也有其特定的适用范围。国务院发展计划部门确定的国家重点项目和省、自治区、直辖市人民政府确定的地方重点项目不适宜公开招标的，经国务院发展计划部门或者省、自治区、直辖市人民政府批准，可以进行邀请招标。符合下列情形之一的货物或者服务，可以采用邀请招标方式采购：具有特殊性，只能从有限范围的供应商处采购的；采用公开招标方式的费用占政府采购项目总价值的比例过大的。一般而言，只有在公开招标方式无法使用的情况下才选择邀请招标方式。

还有一些比较特殊的情况，不宜公开，或者不宜耗费较长时间，公开招标和邀请招标都无法满足这些特殊政府采购的需要，可以依法不采取招标的方式进行采购。涉及国家安全、国家秘密、抢险救灾或者属于利用扶贫资金实行以工代赈、需要使用农民工等特殊情况，不适宜进行招标的项目，按照国家有关规定可以不进行招标。

（三）竞争性谈判

竞争性谈判，是指采购人或者采购代理机构直接邀请三家以上供应商就采购事宜进行谈判的方式。竞争性谈判作为一种独立的采购方式，已经被各地广泛应用于政府采购项目中，这种方式是除招标方式之外最能体现采购竞争性原则、经济效益原则和公平性原则的一种方式，同时也是政府采购的国际规则所确认的、各国普遍采用的方式。

竞争性谈判也具有特定的适用范围，不能普遍采用。根据《政府采购法》的规定，符合下列情形之一的货物或者服务，可以依法采用竞争性谈判方式采购：

招标后没有供应商投标或者没有合格标的或者重新招标未能成立的；技术复杂或者性质特殊，不能确定详细规格或者具体要求的；采用招标所需时间不能满足用户紧急需要的；不能事先计算出价格总额的。

（四）单一来源采购

单一来源采购是一种没有竞争的采购方式。采购实体在适当的条件下向单一的供应商、承包商或服务提供者征求建议或报价来采购货物、工程或服务。单一来源采购，也称直接采购，是指达到了限额标准和公开招标数额标准，但所购商品的来源渠道单一，或属专利、首次创造、合同追加、原有采购项目的后续扩充以及发生了不可预见紧急情况不能从其他供应商处采购等情况。

单一来源采购的局限性导致了其适用条件更加苛刻，不具有普遍适用性。根据《政府采购法》的规定，符合下列情形之一的货物或者服务，可以依法采用单一来源方式采购：只能从唯一供应商处采购的；发生了不可预见的紧急情况不能从其他供应商处采购的；必须保证原有采购项目一致性或者服务配套的要求，需要继续从原供应商处添购，且添购资金总额不超过原合同采购金额10％的。

（五）询价

询价又称询盘，是指交易的一方为购买或出售某种商品，向对方口头或书面发出的探询交易条件的过程。其内容可繁可简，可只询问价格，也可询问其他有关的交易条件。询价对买卖双方均无约束力，接受询价的一方可给予答复，亦可不做回答。但作为交易磋商的起点，商业习惯上，收到询价的一方应迅速作出答复。

询价的局限性导致其适用条件也非常苛刻，不具有普遍适用性。根据《政府采购法》的规定，采购的货物规格、标准统一、现货货源充足且价格变化幅度小的政府采购项目，可以依法采用询价方式采购。

四、政府采购程序

（一）集中政府采购的一般程序

集中政府采购一般包括以下五个程序：编制政府采购预算、制订政府采购计划、组织采购、履行合同、支付采购资金。

集中政府采购的第一步是编制政府采购预算。各部门编制政府采购预算，列明采购项目及资金预算，并按照预算管理权限汇总上报财政部（或者其他各级政府财政主管部门，下同）审核。集中政府采购的第二步是制订政府采购计划。财政部依据批复的部门预算，汇总编制各部门当年政府采购计划（主要包括政府采购项目和实施要求），下达给各部门执行，并抄送中央国家机关政府采购中心（或者其他各级政府设立的政府采购中心，下同）。集中政府采购的第三步是组织采购。各部门根据财政部下达的政府采购计划，一般于一个月内将列入集中采购目录的采购项目向中央国家机关政府采购中心报送采购清单，其主要内容包括采购项目名称、技术规格、数量、使用要求、配送单位名单和交货时间等。中央国家机关政府采购中心根据各部门报送的采购清单制订具体操作方案并报财政部备案。各部门与中央国家机关政府采购中心应当签订委托代理协议，确定委托代理事项，约定双方的权利和义务。中央国家机关政府采购中心实施公开招标采购的，应当在有关部门指定媒体上公布招标信息，随机确定评标专家，按程序进行评标、签订合同。集中政府采购的第四步是履行合同。采购合同签订后，当事人应当按照合同规定履行各自的权利和义务。中央国家机关政府采购中心或采购部门负责验收，需要时应请质检部门或其他有关单位参加验收。集中政府采购的第五步是支付采购资金。根据政府采购计划，属于财政直接支付资金的采购项目，采购部门应按照签订的合同和财政部有关规定，填报采购资金支付申请书并报财政部。财政部审核无误后，按合同约定将资金支付给供应商；不属于财政直接支付的采购项目，由采购部门按现行资金管理渠道和合同规定付款。

（二）预算编制与采购方式的确定

政府采购是执行预算的方式之一，因此，负有编制部门预算职责的部门在编制下一财政年度部门预算时，应当将该财政年度政府采购的项目及资金预算列出，报本级财政部门汇总。部门预算的审批，按预算管理权限和程序进行。

政府采购应当严格按照批准的预算执行。政府采购实行集中采购和分散采购相结合。集中采购的范围由省级以上人民政府公布的集中采购目录确定。属于中央预算的政府采购项目，其集中采购目录由国务院确定并公布；属于地方预算的政府采购项目，其集中采购目录由省、自治区、直辖市人民政府或者其授权的机构确定并公布。纳入集中采购目录的政府采购项目，应当实行集中采购。政府采购限额标准，属于中央预算的政府采购项目，由国务院确定并公布；属于地方预算的政府采购项目，由省、自治区、直辖市人民政府或者其授权的机构确定并公布。

（三）公开招标采购程序

公开招标是最具备公开、公正和公平的程序，因此，也是最复杂的一套程序。一个完整的公开招标采购程序包括发布招标公告、投标、废标与重新组织招标、开标、评标和中标。

1. 发布招标公告

招标人采用公开招标方式的，应当发布招标公告。依法必须进行招标的项目的招标公告，应当通过国家指定的报刊、信息网络或者其他媒介发布。招标公告应当载明招标人的名称和地址、招标项目的性质、数量、实施地点和时间以及获取招标文件的办法等事项。货物和服务项目实行招标方式采购的，自招标文件开始发出之日起至投标人提交投标文件截止之日止，不得少于 20 日。

招标人可以根据招标项目本身的要求，在招标公告或者投标邀请书中，要求潜在投标人提供有关资质证明文件和业绩情况，并对潜在投标人进行资格审查；国家对投标人的资格条件有规定的，依照其规定。招标人不得以不合理的条件限制或者排斥潜在投标人，不得对潜在投标人实行歧视待遇。招标人应当根据招标项目的特点和需要编制招标文件。招标文件应当包括招标项目的技术要求、对投标人资格审查的标准、投标报价要求和评标标准等所有实质性要求和条件以及拟签订合同的主要条款。国家对招标项目的技术、标准有规定的，招标人应当按照其规定在招标文件中提出相应要求。招标项目需要划分标段、确定工期的，招标人应当合理划分标段、确定工期，并在招标文件中载明。

招标文件不得要求或者标明特定的生产供应者以及含有倾向或者排斥潜在投标人的其他内容。招标人根据招标项目的具体情况，可以组织潜在投标人踏勘项目现场。招标人不得向他人透露已获取招标文件的潜在投标人的名称、数量以及可能影响公平竞争的有关招标投标的其他情况。招标人设有标底的，标底必须保密。

招标人对已发出的招标文件进行必要的澄清或者修改的，应当在招标文件要求提交投标文件截止时间的 15 日前，以书面形式通知所有招标文件收受人。该澄清或者修改的内容为招标文件的组成部分。招标人应当确定投标人编制投标文件所需要的合理时间；但是，依法必须进行招标的项目，自招标文件开始发出之日起至投标人提交投标文件截止之日止，不得少于 20 日。

2. 投标

投标人应当按照招标文件的要求编制投标文件。投标文件应当对招标文件提出的实质性要求和条件作出响应。招标项目属于建设施工的，投标文件的内容应当包括拟派出的项目负责人与主要技术人员的简历、业绩和拟用于完成招标项目的机械设备等。

投标人应当在招标文件要求提交投标文件的截止时间前，将投标文件送达投标地点。招标人收到投标文件后，应当签收保存，不得开启。投标人少于三个的，招标人应当依法重新招标。在招标文件要求提交投标文件的截止时间后送达的投标文件，招标人应当拒收。

投标人在招标文件要求提交投标文件的截止时间前，可以补充、修改或者撤回已提交的投标文件，并书面通知招标人。补充、修改的内容为投标文件的组成部分。

投标人根据招标文件载明的项目实际情况，拟在中标后将中标项目的部分非主体、非关键性工作进行分包的，应当在投标文件中载明。

两个以上法人或者其他组织可以组成一个联合体，以一个投标人的身份共同投标。联合体各方均应当具备承担招标项目的相应能力；国家有关规定或者招标文件对投标人资格条件有规定的，联合体各方均应当具备规定的相应资格条件。由同一专业的单位组成的联合体，按照资质等级较低的单位确定资质等级。联合体各方应当签订共同投标协议，明确约定各方拟承担的工作和责任，并将共同投标协议连同投标文件一并提交招标人。联合体中标的，联合体各方应当共同与招标人签订合同，就中标项目向招标人承担连带责任。招标人不得强制投标人组成联合体共同投标，不得限制投标人之间的竞争。

投标人不得相互串通投标报价，不得排挤其他投标人的公平竞争，损害招标人或者其他投标人的合法权益。投标人不得与招标人串通投标，损害国家利益、社会公共利益或者他人的合法权益。禁止投标人以向招标人或者评标委员会成员行贿的手段谋取中标。投标人不得以低于成本的报价竞标，也不得以他人名义投标或者以其他方式弄虚作假，骗取中标。

3. 废标与重新组织招标

在招标采购中，出现下列情形之一的，应予废标：符合专业条件的供应商或者对招标文件作实质响应的供应商不足三家的；出现影响采购公正的违法、违规行为的；投标人的报价均超过了采购预算，采购人不能支付的；因重大变故，采购任务取消的。

废标后，采购人应当将废标理由通知所有投标人。废标后，除采购任务取消情形外，应当重新组织招标；需要采取其他方式采购的，应当在采购活动开始前获得设区的市、自治州以上人民政府采购监督管理部门或者政府有关部门批准。

4. 开标

开标应当在招标文件确定的提交投标文件截止时间的同一时间公开进行；开标地点应当为招标文件中预先确定的地点。开标由招标人主持，邀请所有投标人参加。开标时，由投标人或者其推选的代表检查投标文件的密封情况，也可以由招标人委托的公证机构检查并公证；经确认无误后，由工作人员当众拆封，宣读投标人名称、投标价格和投标文件的其他主要内容。招标人在招标文件要求提交投标文件的截止时间前收到的所有投标文件，开标时都应当当众予以拆封、宣读。开标过程应当记录，并存档备查。

5. 评标

评标由招标人依法组建的评标委员会负责。依法必须进行招标的项目，其评标委员会由招标人的代表和有关技术、经济等方面的专家组成，成员人数为五人以上单数，其中技术、经济等方面的专家不得少于成员总数的 2/3。上述专家应当从事相关领域工作满八年并具有高级职称或者具有同等专业水平，由招标人从国务院有关部门或者省、自治区、直辖市人民政府有关部门提供的专家名册或者招标代理机构的专家库内的相关专业的专家名单中确定；一般招标项目可以采取随机抽取方式，特殊招标项目可以由招标人直接确定。与投标人有利害关系的人不得进入相关项目的评标委员会；已经进入的应当更换。评标委员会成员的名单在中标结果确定前应当保密。

招标人应当采取必要的措施，保证评标在严格保密的情况下进行。任何单位和个人不得非法干预、影响评标的过程和结果。评标委员会可以要求投标人对投标文件中含义不明确的内容作必要的澄清或者说明，但是澄清或者说明不得超出投标文件的范围或者改变投标文件的实质性内容。

评标委员会应当按照招标文件确定的评标标准和方法，对投标文件进行评审和比较；设有标底的，应当参考标底。评标委员会完成评标后，应当向招标人提出书面评标报告，并推荐合格的中标候选人。招标人根据评标委员会提出的书面评标报告和推荐的中标候选人确定中标人。招标人也可以授权评标委员会直接确定中标人。国务院对特定招标项目的评标有特别规定的，从其规定。

6. 中标

中标人的投标应当符合下列条件之一：能够最大限度地满足招标文件中规定的各项综合评价标准；能够满足招标文件的实质性要求，并且经评审的投标价格最低；但是投标价格低于成本的除外。评标委员会经评审，认为所有投标都不符合招标文件要求的，可以否决所有投标。依法必须进行招标的项目的所有投标被否决的，招标人应当依法重新招标。

在确定中标人前，招标人不得与投标人就投标价格、投标方案等实质性内容进行谈判。评标委员会成员应当客观、公正地履行职务，遵守职业道德，对所提出的评审意见承担个人责任。评标委员会成员不得私下接触投标人，不得收受投标人的财物或者其他好处。评标委员会成员和参与评标的有关工作人员不得透露对投标文件的评审和比较、中标候选人的推荐情况以及与评标有关的其他情况。

中标人确定后，招标人应当向中标人发出中标通知书，并同时将中标结果通知所有未中标的投标人。中标通知书对招标人和中标人具有法律效力。中标通知书发出后，招标人改变中标结果的，或者中标人放弃中标项目的，应当依法承担法律责任。

招标人和中标人应当自中标通知书发出之日起 30 日内，按照招标文件和中标人的投标文件订立书面合同。招标人和中标人不得再行订立背离合同实质性内容的其他协议。招标文件要求中标人提交履约保证金的，中标人应当提交。依法必须进行招标的项目，招标人应当自确定中标人之日起 15 日内，向有关行政监督部门提交招标投标情况的书面报告。

中标人应当按照合同约定履行义务，完成中标项目。中标人不得向他人转让中标项目，也不得将中标项目肢解后分别向他人转让。中标人按照合同约定或者经招标人同意，可以将中标项目的部分非主体、非关键性工作分包给他人完成。接受分包的人应当具备相应的资格条件，并不得再次分包。中标人应当就分包项目向招标人负责，接受分包的人就分包项目承担连带责任。

（四）邀请招标采购程序

邀请招标的程序仅次于公开招标，邀请招标的基本程序与公开招标基本相同，也包括招标、开标、评标和中标几个阶段。在招标阶段的要求相对简化一些，在其他阶段与公开招标基本相当。

招标人采用邀请招标方式的，应当向三个以上具备承担招标项目的能力、资信良好的特定的法人或者其他组织发出投标邀请书。投标邀请书应当载明招标人的名称和地址、招标项目的性质、数量、实施地点和时间以及获取招标文件的办法等事项。

根据《政府采购法》的规定，货物或者服务项目采取邀请招标方式采购的，采购人应当从符合相应资格条件的供应商中，通过随机方式选择三家以上的供应商，并向其发出投标邀请书。

（五）其他采购方式的基本程序

其他采购方式程序相对比较简单，特别是单一来源采购，比较类似于普通消费者到特定厂家或者商家采购货物的程序。询价采购在三种方式中相对复杂一些，比较类似于普通消费者到市场上货比三家以后再采购货物的程序。竞争性谈判采购是三种方式中最复杂的一种，比较类似大中型企业按照比较正规的方式采购大宗货物的程序。

1. 竞争性谈判采购程序

采用竞争性谈判方式采购的，应当遵循下列程序：①成立谈判小组。谈判小组由采购人的代表和有关专家共三人以上的单数组成，其中专家的人数不得少于成员总数的 2/3。②制定谈判文件。谈判文件应当明确谈判程序、谈判内容、合同草案的条款以及评定成交的标准等事项。③确定邀请参加谈判的供应商名单。谈判小组从符合相应资格条件的供应商名单中确定不少于三家的供应商参加谈判，并向其提供谈判文件。④谈判。谈判小组所有成员集中与单一供应商分别进行谈判。在谈判中，谈判的任何一方不得透露与谈判有关的其他供应商的技术资料、价格和其他信息。谈判文件有实质性变动的，谈判小组应当以书面形式通知所有参加谈判的供应商。⑤确定成交供应商。谈判结束后，谈判小组应当要求所有参加谈判的供应商在规定时间内进行最后报价，采购人从谈判小组提出的成交候选人中根据符合采购需求、质量和服务相等且报价最低的原则确定成交供应商，并将结果通知所有参加谈判的未成交的供应商。

2. 单一来源采购程序

采取单一来源方式采购的，采购人与供应商应当遵循《政府采购法》规定的原则，在保证采购项目质量和双方商定合理价格的基础上进行采购。

3. 询价采购程序

采取询价方式采购的，应当遵循下列程序：①成立询价小组。询价小组由采购人的代表和有关专家共三人以上的单数组成，其中专家的人数不得少于成员总数的 2/3。询价小组应当对采购项目的价格构成和评定成交的标准等事项作出规定。②确定被询价的供应商名单。询价小组根据采购需求，从符合相应资格条件的供应商名单中确定不少于三家的供应商，并向其发出询价通知书让其报价。③询价。询价小组要求被询价的供应商一次报出不得更改的价格。④确定成交供应商。采购人根据符合采购需求、质量和服务相等且报价最低的原则确定成交供应商，并将结果通知所有被询价的未成交的供应商。

（六）验收与资料保存

无论采取哪种采购方式，都少不了两个必要的程序：验收与资料保存。验收是为了确保供应商提供的商品符合采购人的要求，而资料保存是为了确保政府采购的公平、公开和公正而对必要的事后监督所保存的证据。通过对政府采购各个阶段相关资料的审查就可以在一定程度上判断该采购是否遵循了公平、公开和公正的原则。

采购人或者其委托的采购代理机构应当组织对供应商履约的验收。大型或者复杂的政府采购项目，应当邀请国家认可的质量检测机构参加验收工作。验收方成员应当在验收书上签字，并承担相应的法律责任。

采购人、采购代理机构对政府采购项目每项采购活动的采购文件应当妥善保存，不得伪造、变造、隐匿或者销毁。采购文件的保存期限为从采购结束之日起至少保存 15 年。采购文件包括采购活动记录、采购预算、招标文件、投标文件、评标标准、评估报告、定标文件、合同文本、验收证明、质疑答复、投诉处理决定及其他有关文件、资料。采购活动记录至少应当包括下列内容：采购项目类别、名称；采购项目预算、资金构成和合同价格；采购方式，采用公开招标以外的采购方式的，应当载明原因；邀请和选择供应商的条件及原因；评标标准及确定中标人的原因；废标的原因；采用招标以外采购方式的相应记载。

五、政府采购合同

政府采购合同是指在政府采购中，采购人和供应商所签订的规定双方在政府采购中权利义务的协议。政府采购合同是政府采购中的一项重要制度，是保证政府采购顺利完成的核心制度之一。

（一）政府采购合同的法律适用

政府采购合同虽然是政府采购过程中所签订的协议，但政府采购合同也适用《合同法》。采购人和供应商之间的权利和义务，应当按照平等、自愿的原则以合同方式约定。采购人可以委托采购代理机构代表其与供应商签订政府采购合同。由采购代理机构以采购人名义签订合同的，应当提交采购人的授权委托书，作为合同附件。就政府采购合同的性质来看，公共工程采购合同及由行政机关决定执行特定经济社会政策目标的货物采购合同、服务采购合同和其他工程采购合同类似行政合同，其余则为民事合同。从发展趋势来看，作为民事合同的政府采购合同占较大比重。[①]

（二）政府采购合同的形式与条款

政府采购合同应当采用书面形式。国务院政府采购监督管理部门应当会同国务院有关部门，规定政府采购合同必须具备的条款。使用国际组织和外国政府贷款进行的政府采购，贷款方、资金提供方与中方达成的协议对采购的具体条件另有规定的，可以适用其规定，但不得损害国家利益和社会公共利益。使用国际组织或者外国政府贷款、援助资金的项目进行招标，贷款方、资金提供方对招标投标的具体条件和程序有不同规定的，可以适用其规定，但违背中华人民共和国的社会公共利益的除外。

---

① 参见王文英：《试论政府采购合同的性质》，载《行政法学研究》2003 年第 3 期。

（三）政府采购合同的签订与备案

采购人与中标、成交供应商应当在中标、成交通知书发出之日起 30 日内，按照采购文件确定的事项签订政府采购合同。中标、成交通知书对采购人和中标、成交供应商均具有法律效力。中标、成交通知书发出后，采购人改变中标、成交结果的，或者中标、成交供应商放弃中标、成交项目的，应当依法承担法律责任。政府采购项目的采购合同自签订之日起七个工作日内，采购人应当将合同副本报同级政府采购监督管理部门和有关部门备案。

（四）政府采购合同的履行与变更、终止

经采购人同意，中标、成交供应商可以依法采取分包方式履行合同。政府采购合同分包履行的，中标、成交供应商就采购项目和分包项目向采购人负责，分包供应商就分包项目承担责任。政府采购合同履行中，采购人需追加与合同标的相同的货物、工程或者服务的，在不改变合同其他条款的前提下，可以与供应商协商签订补充合同，但所有补充合同的采购金额不得超过原合同采购金额的 10%。政府采购合同的双方当事人不得擅自变更、中止或者终止合同。政府采购合同继续履行将损害国家利益和社会公共利益的，双方当事人应当变更、中止或者终止合同。有过错的一方应当承担赔偿责任；双方都有过错的，各自承担相应的责任。

六、政府采购质疑与投诉

（一）询问与质疑

供应商对政府采购活动事项有疑问的，可以向采购人提出询问，采购人应当及时作出答复，但答复的内容不得涉及商业秘密。供应商认为采购文件、采购过程和中标、成交结果使自己的权益受到损害的，可以在知道或者应知其权益受到损害之日起七个工作日内，以书面形式向采购人提出质疑。采购人应当在收到供应商的书面质疑后七个工作日内作出答复，并以书面形式通知质疑供应商和其他有关供应商，但答复的内容不得涉及商业秘密。采购人委托采购代理机构采购的，供应商可以向采购代理机构提出询问或者质疑，采购代理机构应当就采购人委托授权范围内的事项作出答复。投标人和其他利害关系人认为招标投标活动不符合《招标投标法》有关规定的，有权向招标人提出异议或者依法向有关行政监督部门投诉。

（二）投诉与复议、诉讼

质疑供应商对采购人、采购代理机构的答复不满意或者采购人、采购代理机构未在规定的时间内作出答复的，可以在答复期满后 15 个工作日内向同级政府采购监督管理部门投诉。政府采购监督管理部门应当在收到投诉后 30 个工作日内，对投诉事项作出处理决定，并以书面形式通知投诉人和与投诉事项有关的当事人。政府采购监督管理部门在处理投诉事项期间，可以视具体情况书面通知采购人暂停采购活动，但暂停时间不得超过 30 日。投诉人对政府采购监督管理部门的投诉处理决定不服或者政府采购监督管理部门逾期未作处理的，可以依法申请行政复议或者向人民法院提起行政诉讼。

七、政府采购监督检查与法律责任

（一）政府采购监督检查

各级人民政府财政部门是负责政府采购监督管理的部门，依法履行对政府采购活动的监督管理职责。各级人民政府其他有关部门依法履行与政府采购活动有关的监督管理职责。财政部是中央国家机关政府采购工作的监督管理部门，主要履行下列职责：制定中央国家机关政府采购管理规章制度；编制政府采购计划；拟定政府集中采购目录、集中采购限额标准和公开招标数额标准（不包括工程公开招标），报国务院批准公布；负责集中采购资金的缴拨管理；负责从事中央国家机关政府采购业务的社会招标代理机构的登记备案；负责集中采购机构的业绩考核；管理政府采购信息的统计和发布工作；负责政府采购管理人员的培训；按法律规定权限受理政府采购活动中的投诉事项；办理其他有关政府采购管理事务。

政府采购监督管理部门应当加强对政府采购活动及集中采购机构的监督检查。监督检查的主要内容是：有关政府采购的法律、行政法规和规章的执行情况；采购范围、采购方式和采购程序的执行情况；政府采购人员的职业素质和专业技能。

政府采购监督管理部门不得设置集中采购机构，不得参与政府采购项目的采购活动。采购代理机构与行政机关不得存在隶属关系或者其他利益关系。集中采购机构应当建立健全内部监督管理制度。采购活动的决策和执行程序应当明确，并相互监督、相互制约。经办采购的人员与负责采购合同审核、验收人员的职责权限应当明确，并相互分离。集中采购机构的采购人员应当具有相关职业素质和专业技能，符合政府采购监督管理部门规定的专业岗位任职要求。集中采购机构对其工作人员应当加强教育和培训；对采购人员的专业水平、工作实绩和职业道德状况定期进行考核。采购人员经考核不合格的，不得继续任职。

政府采购项目的采购标准应当公开。采用本法规定的采购方式的，采购人在采购活动完成后，应当将采购结果予以公布。采购人必须按照本法规定的采购方式和采购程序进行采购。任何单位和个人不得违反《政府采购法》规定，要求采购人或者采购工作人员向其指定的供应商进行采购。

政府采购监督管理部门应当对政府采购项目的采购活动进行检查，政府采购当事人应当如实反映情况，提供有关材料。政府采购监督管理部门应当对集中采购机构的采购价格、节约资金效果、服务质量、信誉状况、有无违法行为等事项进行考核，并定期如实公布考核结果。依照法律、行政法规的规定对政府采购负有行政监督职责的政府有关部门，应当按照其职责分工，加强对政府采购活动的监督。

审计机关应当对政府采购进行审计监督。政府采购监督管理部门、政府采购各当事人有关政府采购活动，应当接受审计机关的审计监督。监察机关应当加强对参与政府采购活动的国家机关、国家公务员和国家行政机关任命的其他人员实施监察。任何单位和个人对政府采购活动中的违法行为，有权控告和检举，有关部门、机关应当依照各自职责及时处理。

（二）政府采购法律责任

1. 采购人、采购代理机构及其工作人员违法行为的法律责任

采购人、采购代理机构有下列情形之一的，责令限期改正，给予警告，可以并处罚款，对直接负责的主管人员和其他直接责任人员，由其行政主管部门或者有关机关给予处分，并予通报：应当采用公开招标方式而擅自采用其他方式采购的；擅自提高采购标准的；委托不具备政府采购业务代理资格的机构办理采购事务的；以不合理的条件对供应商实行差别待遇或者歧视待遇的；在招标采购过程中与投标人进行协商谈判的；中标、成交通知书发出后不与中标、成交供应商签订采购合同的；拒绝有关部门依法实施监督检查的。

采购人、采购代理机构及其工作人员有下列情形之一，构成犯罪的，依法追究刑事责任；尚不构成犯罪的，处以罚款；有违法所得的，并处没收违法所得；属于国家机关工作人员的，依法给予行政处分：与供应商或者采购代理机构恶意串通的；在采购过程中接受贿赂或者获取其他不正当利益的；在有关部门依法实施的监督检查中提供虚假情况的；开标前泄露标底的。

有上述违法行为之一影响中标、成交结果或者可能影响中标、成交结果的，

按下列情况分别处理：未确定中标、成交供应商的，终止采购活动；中标、成交供应商已经确定但采购合同尚未履行的，撤销合同，从合格的中标、成交候选人中另行确定中标、成交供应商；采购合同已经履行的，给采购人、供应商造成损失的，由责任人承担赔偿责任。

采购人对应当实行集中采购的政府采购项目，不委托集中采购机构实行集中采购的，由政府采购监督管理部门责令改正；拒不改正的，停止按预算向其支付资金，由其上级行政主管部门或者有关机关依法给予其直接负责的主管人员和其他直接责任人员处分。采购人未依法公布政府采购项目的采购标准和采购结果的，责令改正，对直接负责的主管人员依法给予处分。

采购人、采购代理机构违反《政府采购法》规定隐匿、销毁应当保存的采购文件或者伪造、变造采购文件的，由政府采购监督管理部门处以 2 万元以上 10 万元以下的罚款，对其直接负责的主管人员和其他直接责任人员依法给予处分；构成犯罪的，依法追究刑事责任。采购代理机构在代理政府采购业务中有违法行为的，按照有关法律规定处以罚款，可以依法取消其进行相关业务的资格，构成犯罪的，依法追究刑事责任。

政府采购当事人有上述违法行为之一，给他人造成损失的，并应依照有关民事法律规定承担民事责任。

2. 供应商违法行为的法律责任

供应商有下列情形之一的，处以采购金额 5‰以上 10‰以下的罚款，列入不良行为记录名单，在一至三年内禁止参加政府采购活动，有违法所得的，并处没收违法所得，情节严重的，由工商行政管理机关吊销营业执照；构成犯罪的，依法追究刑事责任：提供虚假材料谋取中标、成交的；采取不正当手段诋毁、排挤其他供应商的；与采购人、其他供应商或者采购代理机构恶意串通的；向采购人、采购代理机构行贿或者提供其他不正当利益的；在招标采购过程中与采购人进行协商谈判的；拒绝有关部门监督检查或者提供虚假情况的。供应商有上述前五项情形之一的，中标、成交无效。

政府采购当事人有上述违法行为之一，给他人造成损失的，并应依照有关民事法律规定承担民事责任。

3. 监督管理部门及其工作人员违法行为的法律责任

政府采购监督管理部门的工作人员在实施监督检查中违反《政府采购法》规定滥用职权，玩忽职守，徇私舞弊的，依法给予行政处分；构成犯罪的，依法追究刑事责任。

政府采购监督管理部门对供应商的投诉逾期未做处理的，给予直接负责的主管人员和其他直接责任人员行政处分。

政府采购监督管理部门对集中采购机构业绩的考核，有虚假陈述，隐瞒真实情况的，或者不做定期考核和公布考核结果的，应当及时纠正，由其上级机关或者监察机关对其负责人进行通报，并对直接负责的人员依法给予行政处分。集中采购机构在政府采购监督管理部门考核中，虚报业绩，隐瞒真实情况的，处以 2 万元以上 20 万元以下的罚款，并予以通报；情节严重的，取消其代理采购的资格。

4. 各类主体禁止公平竞争的法律责任

任何单位或者个人阻挠和限制供应商进入本地区或者本行业政府采购市场的，责令限期改正；拒不改正的，由该单位、个人的上级行政主管部门或者有关机关给予单位责任人或者个人处分。

第十四章　财政转移支付制度

一、财政转移支付的概念与基本模式

财政转移支付是政府间财政运作的主要形式，它在平衡各级政府的财政支付能力、确保各地纳税人获得大体相同的公共产品以及促进地区经济发展等方面都能起到巨大的作用。在现代税收国家，财政转移支付在整个财政支出中所占的比重都在不断上升，在很多国家已经成为中央政府财政支出的主要形式。因此，法治健全国家大多通过《宪法》、基本法和法律的形式来规范财政转移支付，我国在这方面尚无立法，急需对财政转移支付立法的相关问题进行研讨。

政府间财政转移支付是指各级政府之间财政资金的相互转移或财政资金在各级政府之间的再分配。支持政府进行转移支付的理论基础是市场经济决定的收入分配结果的不公平，这是政府介入收入分配领域的一个重要前提条件。转移支付实质上是对政府收入的一种再分配，它是政府行使收入再分配职能所采取的主要形式和手段，其社会道义上的目标是公平，经济上的目标是社会效用最大化。

财政转移支付有两种基本模式：单一纵向模式和纵横交错模式。单一纵向模式是指上级政府通过特定的财政体制把各地区所创造的财力数量不等地集中起来，再根据各地区财政收支平衡状况和实施宏观调控政策的需要，将集中起来的部分财政收入以不等的数量分配给各地区，以此实现各地区间财力配置的相对均衡。美国、日本、加拿大等国实行这一模式。

在纵横交错模式下，纵向的转移支付侧重于实现国家的宏观调控政策目标；横向的转移支付则主要用于解决财政经济落后地区公共开支不足的问题。德国的财政转移支付制度是这种模式的典型代表。

二、财政转移支付立法的基本原则

财政转移支付法是指调整在财政转移支付过程中发生的经济关系的法律规范的总称，是财政法制度的重要组成部分。立法的基本原则决定了一部法律的基本价值取向和制度安排，因此，研究财政转移支付立法问题必须首先解决立法的基本原则问题。

（一）财政民主原则

财政从词源上看，就是国家为了完成其职能而动员起来的一切基金的总称。[①]而从现实制度上来看，财政不过就是国家参与国民收入分配，管理和运用公共资金的一种活动、关系或者制度。从经济角度看，财政资金全部来源于人民的劳动；从法律角度看，财政资金主要来源于纳税人所缴纳的税款。财政转移支付所支配的是财政资金，因此，财政转移支付及其立法首先应当遵循财政民主原则。

财政民主原则在财政转移支付立法中的基本要求是财政转移支付的立法过程及其所形成的基本法律制度应当最大限度地体现纳税人的意志。纳税人应当在财政转移支付立法的过程中处于支配地位。财政转移支付立法之所以应当遵循民主原则，一方面是因为财政转移支付的资金主要来源于纳税人所缴纳的税款，另一方面是因为财政转移支付主要是为纳税人服务，解决纳税人享受基本公共产品不均衡的问题。

财政民主原则在财政转移支付立法中的具体要求包括以下几个方面：

（1）立法草案的起草应当充分听取纳税人的建议。具体到我国就要求财政转移支付立法草案的起草应当由全国人大及其常委会负责，可以由专门委员会或者工作委员会起草，也可以在专门委员会或者工作委员会的组织领导下，委托科研机构、高等院校起草。在起草过程中应当广开言路，设立专门工作组负责收集、整理和反馈纳税人的立法建议以及对草案的修改建议。

（2）立法草案的起草过程应当是透明的。应当及时将立法草案的起草进度及草案的具体内容通过网络、媒体等方式公之于众，让纳税人可以亲历立法草案的起草过程，为纳税人表达自己的意愿提供基本的前提条件。

（3）立法草案中的焦点问题和争议较大的问题应当举行立法听证会。立法听证会是比较正式的表达纳税人意愿的方式，根据我国《个人所得税法》修改过程中所举办的首次立法听证会的经验，目前大量召开立法听证会的时机已经成熟。经过立法听证会的立法更能体现纳税人的意志，也更能让纳税人感到立法充分听取和尊重了自己的意志。

（4）立法草案中设计的基本制度应当充分体现纳税人的意志。财政转移支付立法完成以后，其基本制度的运作过程同样应当给予纳税人充分的发言权，使得纳税人有权对财政转移支付的规模、方式、方法及其具体的程序提出自己的建议

---

① 李建英编译：《苏联财政法》，中国财政经济出版社1985年版，第43页。

并能够被相关机关所重视。

对于上述内容，很多国家的《宪法》中都有明确规定，例如，《日本国宪法》第16条规定："任何人对损害的救济，公务员的罢免，法律、命令以及规章的制定、废止和修订以及其他有关事项，都有和平请愿的权利，任何人都不得因进行此种请愿而受到歧视。"财政转移支付的立法过程显然也适用这一规定。

（二）财政法定原则

财政涉及纳税人的基本财产权以及国家职能的实现，现代各国都强调通过《宪法》和法律来规范，大部分国家都在《宪法》中确立了财政法定原则。例如，《日本国宪法》第84条规定："新课租税，或变更现行租税，必须有法律或法律规定之条件作依据。"第85条规定："国家费用的支出，或国家负担债务，必须根据国会决议。"《斯里兰卡民主社会主义共和国宪法》第148条规定："议会对国家财政实行全面控制。任何地方当局或其他公用当局非经议会通过的法律或现行法律授权不得征收任何税、捐、费。"第152条规定："凡涉及授权动用共和国的统一基金或其他基金或从中拨付款项的法案或动议，规定征收任何税或取消、增减任何现行税的法案或动议，非由部长提出并经内阁批准或授权批准，不得提交议会审议。"

财政法定原则是财政民主原则的要求和体现，也是财政民主原则实现的保障，当然也在某种程度上限制了财政民主原则。财政法定原则偏重于形式，而财政民主原则偏重于内容。在现代代议民主制下，法定是民主的实现方式，但因其是间接民主，有时候并不能完全体现民主，因此，有必要将财政民主和财政法定作为两个单独的原则体现在财政转移支付的立法之中。

财政法定原则要求财政转移支付的基本制度应当通过立法机关的立法予以规范，在财政转移支付制度的运作过程中，基本的财政转移支付也应当首先经过立法机关的批准。具体说来，主要是两个方面的要求：

（1）应当由全国人大或者全国人大常委会制定《财政转移支付法》来规范基本制度的运作，而不能由国务院通过行政法规来规范，更不能由财政部通过部门规章来规范。① 当然，在全国人大及其常委会立法的基础上，国务院可以制定实

---

① 我国目前的现状就是财政转移支付制度基本上是由财政部的部门规章来规范的，例如，2000年11月29日财政部发布了《2000年实施天然林保护工程后中央对地方财政减收转移支付办法》（财预〔2000〕368号）（目前已经失效），2002年7月26日财政部发布了《农村税费改革中央对地方转移支付暂行办法》（财预〔2002〕468号），2002年12月26日财政部发布了《财政部关于2002年一般性转移支付办法》（财预〔2002〕616号），2003年7月17日财政部发布了《2003年农村税费改革中央对地方转移支付办法》（财预〔2003〕255号），2003年10月23日财政部发布了《财政部关于加强农村税费改革转移支付资金管理的通知》（财预〔2003〕485号）。

施细则，财政部可以制定具体操作规范。

（2）在财政转移支付制度的运作过程中，应当充分发挥全国人大及其常委会事前批准、事后监督的作用。每年财政转移支付的数额应当列入当年的预算并经过全国人大及其常委会的审批，而财政转移支付的运作过程及其结果应当通过审计署的审计并由全国人大及其常委会负责监督。[①]

（三）财政公平原则

财政转移支付制度的一个基本功能是为了保证全国各地的纳税人能够享受大体相同水平的基本公共产品。因此，财政转移支付制度特别强调"杀富济贫"，即财政资金由富裕地区向贫困地区流动。美国的无条件拨款、加拿大的财政均等化补助、德国的财政平等化横向转移支付、日本的地方交付税制度以及韩国的一般地方交付税制度都是为了确保全国各地区的财力保持大体平衡而采取的财政转移支付制度。[②] 上述制度的理论依据以及所遵循的基本准则就是财政公平原则。

财政公平原则所强调的核心是全国各地的纳税人在基本公共产品的享受上，应当保持大体相同的水平。这既是基本人权保障的要求，也是保持全国经济均衡发展、保证社会秩序稳定和民族、地区团结统一的要求。

财政公平原则一方面要通过财政民主原则和财政法定原则来实现，另一方面，也是对财政民主原则和财政法定原则的约束与限制。一般来讲，充分发扬民主，通过严格立法程序确定的财政转移支付制度是公平的制度，但是，民主和法定也有可能出现"多数人的暴政"，因此，财政公平原则是宪法层面对财政民主和财政法定原则的约束和限制，即多数人不能通过民主程序来剥夺少数人的基本人权，不能通过立法来违反基本的财政公平原则，否则，这种立法即是无效的。

财政公平原则在财政转移支付立法中的具体要求包括两个方面：

（1）财政转移支付的标准应当统一。这种统一应当是全国性的，在标准问题上不应当存在地区差异。以地区差异为借口而谋求标准的特殊，其本身就是对财政公平原则的背离。

（2）财政转移支付的标准应当能够真正反映各地区纳税人所享受的基本公共

---

①　《德国基本法》第114条的规定值得借鉴："1. 联邦财政部长必须在下一决算年度中为政府决算得到批准，而向联邦议会两院提交所有收入和支出以及资产和债务方面的决算报告。2. 联邦审计院审计预算的执行和非预算资金的管理，经济效益性和合法合规性，其成员拥有与法官相同的独立性。联邦审计院每年要向联邦政府、联邦议会两院提交报告。联邦审计院的其他权限由联邦法律加以规定。"

②　关于上述各国财政转移支付制度的基本内容，可以参见钟守英主编：《转移支付制度比较与借鉴》，武汉工业大学出版社1996年版；刘小明：《财政转移支付制度研究》，中国财政经济出版社2001年版；刘剑文主编：《财税法学》，高等教育出版社2004年版。

产品的水平。如果这一标准不能达到这一目的，那么，严格按照这一标准进行财政转移支付不仅不会缩小地区享受基本公共产品的差距，而且会拉大这种差距。

(四) 财政效率原则

财政转移支付除了平衡各地财力的基本功能以外，还具有一个重要的功能，即提高财政资金使用的效率。公共产品理论认为，公共产品可以分为不同的层次，有全国性公共产品和地方性公共产品。全国性公共产品由中央政府提供，效率较高；地方性公共产品由地方政府提供，效率较高。当财政收入的划分与各级政府提供公共产品的划分不相一致时，就需要进行财政转移支付。另外，公共产品具有外溢性，邻近地区有可能享受了其他地区提供的公共产品，这时也需要在邻近地区之间进行财政转移支付，以平衡各地提供公共产品的成本和收益。各国财政转移支付除了上述平衡各地财力的目的以外，也有很多是为了实现公共产品的提供与财政收入之间的大体平衡。如美国的配套拨款、加拿大的教育卫生项目固定补助、德国的纵向税收协调、日本的地方让与税制度以及国库支出金制度、韩国的国库补助金制度等。财政转移支付在履行上述职能时应当遵循财政效率原则。

财政效率原则在财政转移支付立法中的具体要求主要表现在两个方面：①财政资金本身的使用应当符合收益最大化原则。②财政资金的使用应当最大限度地促进经济的发展。前者能够在短期内通过项目建设资金使用的经济效益予以衡量，后者一般要经过一段时期的经济发展才能做出判断。

财政效率原则与财政公平原则是财政转移支付制度在追求不同的价值目标时所应分别遵循的基本原则，二者就其所适用的财政转移支付的具体制度而言是不矛盾的。但一定时期财政资金的总量是一定的，用于某方面的财政支出多了，用于其他方面的就少了，就这一点而言，二者是存在矛盾的。至于在特定历史时期，财政转移支付应当考虑效率多一点还是考虑公平多一点，应当通过民主立法程序来确定。如果把财政民主原则和财政法定原则定位为财政转移支付立法所应遵循的两大形式原则，那么，财政公平原则和财政效率原则就是财政转移支付立法所应遵循的两大实质原则。

在财政转移支付立法中还应当遵循很多具体原则，但都可以为上述四个基本原则所概括。当然，为了真正遵循上述四个基本原则，还应该继续探讨财政转移支付立法中所应当遵循的具体原则并将这些原则转化为可以操作的具体制度，只有这样，我们所制定出来的《财政转移支付法》才能既符合民意，又能够充分实现其所追求的财政公平与财政效率两大目标。

三、中央对地方一般性财政转移支付制度

（一）目标和基本原则

一般性转移支付的总体目标是缩小地区间财力差距，逐步实现基本公共服务均等化，保障国家出台的主体功能区政策顺利实施，加快形成统一规范透明的一般性转移支付制度。

一般性转移支付资金的分配遵循以下原则：一是公平公正，资金分配选取影响财政收支的客观因素，采用统一规范的方式操作；二是公开透明，坚持民主理财的理念，测算办法和过程公开透明；三是稳步推进，中央财政逐步加大一般性转移支付规模，加快完善转移支付分配办法。2008 年 6 月 19 日，财政部发布了《2008 年中央对地方一般性转移支付办法》（财预〔2008〕90 号），规定了一般性转移支付制度。

（二）转移支付额的确定

一般性转移支付资金分配选取影响财政收支的客观因素，适当考虑人口规模、人口密度、海拔、温度、少数民族等成本差异，结合各地实际财政收支情况，采用规范的公式化方法进行分配。

一般性转移支付按照各地标准财政收入和标准财政支出差额以及转移支付系数计算确定。用公式表示为：

某地区一般性转移支付额＝（该地区标准财政支出－该地区标准财政收入）×该地区转移支付系数

凡标准财政收入大于或等于标准财政支出的地区，不纳入一般性转移支付范围。

各地区标准财政收入分省（自治区、直辖市，以下简称省）计算。各省的标准财政收入由地方本级标准财政收入、中央对地方返还及补助（扣除地方上解）、计划单列市上解收入等构成。

（三）地方本级标准财政收入

地方本级标准财政收入主要根据相关税种的税基和税率计算，并适当考虑实际收入情况确定。

1. 增值税（地方分享 25% 部分）

税基采用国家统计局提供的制造业、采掘业、电力燃气水资源供应业和批发

零售贸易业的增加值，税率按照全国平均有效税率计算确定。

2. 营业税

按照税目分别计算。其中，建筑业、餐饮业、销售不动产和公路运输等应税品目的税基采用国家统计局提供的营业收入、销售额等，税率按照全国平均有效税率计算确定；金融保险业、邮电通信业、文化体育业、服务业、交通运输业（不含公路运输）和转让无形资产等应税品目的营业税按照实际收入计算。

3. 城市维护建设税

税基采用消费税实际收入、增值税和营业税的标准财政收入之和，税率按照各地实际有效税率计算确定。其中，各地实际有效税率根据各地区城市维护建设税实际收入与增值税、消费税和营业税实际收入之和的比例确定。

4. 企业所得税（地方分享40%部分）

税基采用国家统计局提供的企业利润，税率按照全国平均有效税率计算确定。

5. 个人所得税（地方分享40%部分）

按照税目分别计算。其中工资薪金所得税按照各地人均应税工资、平均有效税率、各地城镇居民人均可支配收入等因素计算；个体工商业户所得税税基按照个体工商业户营业收入，税率按照全国平均有效税率分类计算确定；其他个人所得税及储蓄存款利息所得税按照实际数计算。

6. 资源税

按照税目分别计算。其中，原煤、原油、原盐、天然气和铁矿石等应税品目的资源税税基采用实际产量，单位税额分别按照各地区单位税额计算确定；其他非金属原矿和有色金属原矿资源税按照实际收入计算。

7. 契税

税基采用建设部和国土资源部提供的商品房销售额和土地出让利润，税率按照全国平均有效税率计算确定。

8. 据实计算收入

印花税、烟叶税、房产税、耕地占用税、城镇土地使用税、车船使用牌照税、土地增值税、罚没收入、教育费附加专项收入、其他收入（不含捐款）等按照实际收入计算。

（四）中央对地方返还及补助收入（扣除地方上解）与计划单列市上解收入

1. 中央对地方返还及补助收入（扣除地方上解）

中央对地方返还及补助收入按照决算数确定。主要项目包括："两税"返还、所得税基数返还、原体制补助、调整工资转移支付、艰苦边远地区津贴转移支付、民族地区转移支付、农村税费改革转移支付（不含民兵训练费转移支付）、降低农业税税率和取消农业特产税减收转移支付、缓解县乡财政困难转移支付、农村义务教育转移支付、结算补助、其他补助等财力性转移支付，专项转移支付中的分部门事业费补助和社会保障转移支付，各地区对中央的体制上解、专项上解等。

2. 计划单列市上解收入

按照计划单列市上解省级收入决算数计算。

（五）标准财政支出的确定

为更好地体现以人为本的理念，测算标准财政支出时，选取各地总人口为主要因素。按照财政管理科学化、精细化的要求，为强化各级政府的支出责任，配合主体功能区政策实施，分省、市、县（含乡镇级，下同）三个行政级次测算标准财政支出。根据海拔、人口密度、温度、运输距离、少数民族、地方病等影响财政支出的客观因素计算确定成本差异系数。

1. 行政部门标准财政支出

标准财政支出 $= \sum i$（$\sum j$ 各级次总人口×该级次人均支出标准×支出成本差异系数）

$i=$ 省本级、地市本级、县级（县市旗、市辖区分别计算，下同）。

$j=0，1，2，…$该级次行政单位个数。

人均支出标准＝该级次全国总支出÷该级次全国总人口

支出成本差异系数＝（人口规模系数×0.85＋面积系数×0.15）×（艰苦边远系数×人员经费占该项支出比重＋温度系数×取暖费占该项支出比重＋海拔系数×运距系数×燃油费占该项支出比重＋路况系数×车辆维修费占该项支出比重＋1－（人员经费占比＋取暖费占比＋燃油费占比＋车辆维修费占比））×民族系数

2. 公检法部门标准财政支出

标准财政支出 $= \sum i$（$\sum j$ 各级次总人口×该级次人均支出标准×支出成本差异系数）

$i=$ 省本级、地市本级、县级。

$j=0，1，2，…$该级次行政单位个数。

人均支出标准＝该级次全国总支出÷该级次全国总人口

公检法部门支出成本差异系数比照行政部门测算办法计算确定。

3. 教育部门标准财政支出

标准财政支出＝∑i（∑j 各级次学生数×该级次生均支出标准×支出成本差异系数）

i＝省本级、地市本级、县级。

j＝0，1，2，…该级次行政单位个数。

生均支出标准＝该级次全国总支出÷该级次全国学生数

教育部门支出成本差异系数比照行政部门测算办法计算确定。

考虑到目前分县学生数没有公开的统计数据，各地学生数按照总人口及学生比例计算确定。

4. 文体广部门标准财政支出

标准财政支出＝∑i（∑j 各级次总人口×该级次人均支出标准×支出成本差异系数）

i＝省本级、地市本级、县级。

j＝0，1，2，…该级次行政单位个数。

人均支出标准＝该级次全国总支出÷该级次全国总人口

文体广部门支出成本差异系数比照行政部门测算办法计算确定。

5. 卫生部门标准财政支出

标准财政支出＝∑i（∑j 各级次总人口×该级次人均支出标准×支出成本差异系数）

i＝省本级、地市本级、县级。

j＝0，1，2，…该级次行政单位个数。

人均支出标准＝该级次全国总支出÷该级次全国总人口

支出成本差异系数＝（人口规模系数×0.85＋面积系数×0.15）×（艰苦边远系数×人员经费占该项支出比重＋温度系数×取暖费占该项支出比重＋海拔系数×运距系数×燃油费占该项支出比重＋路况系数×车辆维修费占该项支出比重＋1－（人员经费占比＋取暖费占比＋燃油费占比＋车辆维修费占比））×民族系数×地方病防治系数

6. 其他部门标准财政支出

标准财政支出＝∑i（∑j 各级次总人口×该级次人均支出标准×支出成本差异系数）

i＝省本级、地市本级、县级。

j＝0，1，2，…该级次行政单位个数。

人均支出标准＝该级次全国总支出÷该级次全国总人口

其他部门支出成本差异系数比照行政部门测算办法计算确定。

7. 农业标准财政支出

标准财政支出＝∑i（∑j 农村人口×人均农业支出标准×40％＋∑j 粮食播种面积×单位面积农业支出标准×30％＋∑j 粮棉油总产量×单位产量农业支出×30％）

i＝省本级、地市本级、县级。

j＝0，1，2，…该级次行政单位个数。

8. 林业标准财政支出

标准财政支出＝∑i（∑j 林地面积×单位面积林业支出标准）

i＝省本级、地市本级、县级。

j＝0，1，2，…该级次行政单位个数。

草地面积按照一定比例折算成林地面积。

9. 城市维护费标准财政支出

标准财政支出＝∑i（∑j 城区人口×人均城市维护费支出标准×95％＋城区面积×单位面积城市维护费支出标准×5％）

i＝地市本级、县级。

j＝0，1，2，…该级次行政单位个数。

10. 基本建设标准财政支出

考虑各地基建支出管理级次不同，按省统一测算。

标准财政支出＝（总人口×人均基建支出×95％＋面积×单位面积基建支出标准×5％）×成本差异系数

成本差异系数考虑人口规模、海拔、温度、经济发展水平、县级行政区划个数等因素计算确定。

11. 离退休标准财政支出

标准财政支出＝∑i（∑j 离退休人数×人均离退休支出标准）

i＝省本级、地市本级、县级。

j＝0，1，2，…该级次行政单位个数。

如果实际支出大于标准财政支出，采用实际支出数作为离退休标准财政支出。

12. 村级管理标准财政支出

标准财政支出＝村委会个数×村均标准×规模系数

规模系数根据平均村级人口计算确定。

13. 其他支出

标准财政支出＝∑j 标准财政支出×其他支出占已测算支出比重

14. 据实测算的相关支出

对于难以选取客观因素，各地政策差异较大，以及保障力度较好的社会保障、政策性补贴、优抚救济（含流浪乞讨人员救助支出）、水利等支出据实计算。

（六）转移支付系数的确定

转移支付系数参照一般性转移支付总额、各地区标准财政收支差额以及各地区财政困难程度等因素确定。其中，困难程度系数根据标准财政收支缺口占标准财政支出比重及各地一般预算收入占一般预算支出比重计算确定。

（七）转移支付资金的管理与监督

各地区要根据本地对下财政体制、辖区内财力分布等实际情况，加大对财政困难县乡的支持力度，保障县级政府履行职能的基本财力需求。基层财政部门要将上级下达的一般性转移支付资金，重点用于基本公共服务领域，推进民生改善，促进社会和谐。

四、边境地区专项转移支付资金管理制度

（一）边境地区专项转移支付资金的含义与用途

边境地区专项转移支付资金，是指中央财政设立，主要用于边境维护和管理、改善边境地区民生、促进边境贸易发展的专项资金。为促进边境地区各项社会事业和谐发展，确保将党中央、国务院对边境地区人民的关怀落到实处，进一步规范边境地区专项转移支付资金管理，提高资金使用效益，财政部制定了《边境地区专项转移支付资金管理办法》。

边境地区专项转移支付资金主要用于以下方面：①边境维护和管理，包括国门建设及其周边环境整治，界桩、界碑的树立和维护，界河河堤及河道整治，边境管控等。②改善边境地区民生，包括基层政权建设、教育、文化、卫生等社会事业，以及改善边民生产生活条件等民生事项。③促进边境贸易发展和边境小额贸易企业能力建设，包括边境一类口岸运转，通关条件改善，边贸仓储、交通等基础设施建设；为边贸企业创造良好的生产经营环境，安排贷款贴息，支持企业技术培训、科研、创新、人才引进、提升服务水平等能力建设。

（二）边境地区专项转移支付资金管理的原则和体制

边境地区专项转移支付资金的管理应当遵循以下原则：①突出重点，资金重

点用于解决边境地区承担的中央事权、具有区域特点的支出责任，以及社会经济发展中存在的突出问题。②公开透明，资金使用和项目选择应当按照财政规章制度进行，纳入政务公开范围。③注重实效，坚持办实事、重实效，主要以社会效益为目标，强化绩效考评。④专款专用，资金不得截留或挪做他用，不得用于平衡预算。

边境地区专项转移支付资金的使用实行分级管理。省以下各级财政部门的管理职责由省、自治区、计划单列市财政部门（以下统称省级财政部门）研究确定。

财政部负责制定边境地区专项转移支付资金管理政策，分配、下达转移支付资金，组织实施对省级财政部门管理和使用转移支付资金情况的绩效评价和监督检查。

省级财政部门负责制定本地区边境地区专项转移支付政策，向省以下财政部门分配、下达转移支付资金；组织实施对省以下财政部门管理和使用转移支付资金的绩效评价和监督检查。

省以下财政部门负责管理、安排和使用本地区边境地区专项转移支付资金。

（三）边境地区专项转移支付资金的来源与分配

中央财政在年度预算中安排边境地区专项转移支付资金，其中专项用于支持边境贸易发展和边境小额贸易企业能力建设的转移支付资金实行与口岸过货量等因素挂钩的适度增长机制。省级财政可以根据本地区实际情况，安排资金与中央财政下达的专项转移支付资金一并使用。边境地区专项转移支付资金不要求县级财政配套。

边境地区专项转移支付资金分配对象为有陆地边境线、存在边境小额贸易以及承担特殊边境事务的地区。

财政部对省级财政部门分配边境地区专项转移支付资金，应当采用因素法，并考虑各地区管理和使用转移支付资金的绩效评价和监督检查结果。补助资金依据陆地边境线长度、边境县个数、边境县总人口、行政村个数、边境一类口岸人员通关量和过货量、边境贸易额等因素分配。

省级财政部门对省以下财政部门下达边境地区专项转移支付资金，应当根据本地区实际情况，确定补助范围，同时考虑对省以下财政部门管理和使用转移支付资金情况的绩效评价和监督检查结果。

对于专项用于支持边境贸易发展和边境小额贸易企业能力建设的转移支付资金，各级政府不得调剂用于其他边境事项。省级财政部门要将专项用于支持边境贸易发展和边境小额贸易企业能力建设的转移支付资金分配落实到有边境小额贸易的市、县（市辖区）级政府财政部门，由其安排使用。

省级财政可以根据边境地区专项转移支付资金管理的需要，在本级政府年度预算中按照中央补助额的2%～5%另行安排管理费，用于省级和省以下财政部门委托或聘请有关单位和评审机构进行检查验收、绩效评价等开支。

（四）资金使用范围与管理

地方财政部门在研究确定边境地区专项转移支付资金使用范围时，应与本地区经济社会发展的总体规划相衔接，广泛征求相关部门意见。在安排专项用于支持边境贸易发展和边境小额贸易企业能力建设的转移支付资金时，要征求商务、税务、海关等部门的意见。

财政部应于每年3月底之前将补助资金下达省级财政部门，省级财政部门应于每年4月底前向省以下财政部门下达补助资金。在中央财政补助资金下达前，省级财政部门可按照中央财政提前告知的预算，向省以下财政部门分配和拨付补助资金。

五、革命老区专项转移支付资金管理制度

（一）资金管理的原则

革命老区专项转移支付资金，是指中央财政设立，主要用于改善革命老区人民生产生活条件和促进革命老区各项社会事业发展的专项资金。为建设社会主义新农村，促进革命老区各项社会事业和谐发展，确保将党中央、国务院对革命老区人民的关怀落到实处，进一步规范革命老区专项转移支付资金管理，提高资金使用效益，财政部于2006年4月29日制定了《革命老区专项转移支付资金管理办法》。

革命老区专项转移支付资金的管理应当遵循以下原则：突出重点，资金主要用于发展乡、村公益事业和解决与人民生产生活密切相关的突出问题；公开透明，资金使用和项目选择应当按照规定程序进行，纳入政务公开范围；注重实效，坚持办实事、重实效，以社会效益为目标，强化绩效考评；专款专用，资金不得用于平衡预算，不得截留或挪做他用。

（二）管理权责

革命老区专项转移支付资金的使用实行中央、省、县分级管理。市级财政部门可以根据省级财政部门的授权行使有关的管理职责。

财政部负责制定革命老区专项转移支付资金管理政策；分配、下达转移支付资金；审核省级财政部门上报的三年项目规划和年度项目；组织实施对省级财政部门管理和使用转移支付资金情况的绩效评价和监督检查。

省级财政部门负责汇总、编制本地区革命老区专项转移支付资金三年项目规划；统筹管理本地区项目库；审核并批准县级财政部门上报的年度项目；组织实施对县级财政部门管理和使用转移支付资金以及项目实施情况的绩效评价和监督检查。

县级财政部门负责编制本地区革命老区专项转移支付资金三年项目规划；申报年度项目；根据省级财政部门的批复，建立本地区项目库；组织项目实施。

（三）资金安排和分配

中央财政在年度预算中安排革命老区专项转移支付资金。省级财政可以根据本地区实际情况，安排资金与中央财政下达的专项转移支付资金一并使用。革命老区专项转移支付资金不要求县级财政配套。

革命老区专项转移支付资金分配对象为对中国革命做出较大贡献、经济社会发展相对落后、财政较为困难的革命老区县、自治县、不设区的市、市辖区（以下简称县）。

财政部对省、自治区、直辖市（以下简称省）分配革命老区专项转移支付资金采用因素法，并考虑对各地区管理和使用转移支付资金的绩效评价和监督检查结果。

省级财政部门对县级财政部门下达革命老区专项转移支付资金时，应当根据本地区实际情况，确定革命老区范围，以审定批准的革命老区县上报项目的投资额为基础，同时考虑对县级财政部门管理和使用转移支付资金以及项目实施情况的绩效评价和监督检查结果。

省级财政部门统筹补助的革命老区县不得少于财政部核定的补助个数，县均补助额不得少于中央财政县均补助额的一半。

省级财政可以根据革命老区专项转移支付资金管理的需要，在本级政府年度预算中按照中央补助额的2％～5％另行安排项目管理费，用于省级和县级财政部门委托或聘请有关单位和评审机构进行项目评估、评审、检查验收、绩效评价等开支。

（四）资金使用范围

革命老区专项转移支付资金主要用于革命老区专门事务、革命老区公益事业和基础设施建设。具体包括：①专门事务，包括革命遗址保护，革命纪念场馆的建设和改造，烈士陵园的维护和改造，老红军、军烈属活动场所的建设和维护。②公益事业，包括村容村貌及环境整治、农村义务教育学校建设及设备更新、农村医疗卫生机构建设及设备更新、农村文化站所建设及设备更新、农村敬老院建设及设备更新。③基础设施建设，包括人畜安全饮水设施建设及维护、群众安居工程、乡村道路建设及维护。

革命老区专项转移支付资金不得有偿使用，不得用于行政事业单位人员支出和公用支出，不得用于投资经商办企业，不得用于购置交通工具（专用车船等除外）、通信设备以及其他与革命老区专项转移支付资金使用原则及范围不相符的各项开支。

（五）三年项目规划

三年项目规划应当在深入调查研究、广泛征求意见的基础上编制，符合革命老区资金的使用原则及范围，符合本地区经济社会发展的总体规划，符合革命老区人民的愿望和需求。

三年项目规划的内容包括总体目标、实施计划及步骤、资金和项目管理措施、预期效果分析及监督检查措施等。

省级财政部门汇总县级财政部门上报的三年项目规划，编制省级三年项目规划，并上报财政部。财政部审定的省级三年项目规划是省级财政部门批复县级财政部门三年项目规划的依据。

三年项目规划经上级财政部门批准后不得随意变更。

（六）项目申报和审定

财政部统一制定项目申报书文本范本及指南。县级财政部门应当按照《革命老区专项转移支付资金管理办法》规定及项目申报指南，组织各项目单位填制项目申报书，经审核后提出审核意见，将审核意见及项目申报书于每年2月底前一并上报省级财政部门。

省级财政部门根据财政部批准的三年项目规划，审定县级财政部门上报的具体申报项目，并于每年3月底前将审定意见及项目申报书报财政部备案。财政部认为需要对项目进行调整的，应当于每年4月底前将意见通知省级财政部门。省级财政部门于5月底前将年度项目批复县级财政部门，同时拨付资金。

（七）项目实施

县级财政部门根据省级财政部门批复的项目和下达的项目资金，组织项目实施。县级财政部门应当严格按照项目实施计划、预算和规定用途使用资金，不得随意调整。如因特殊情况确需变更的，由县级财政部门提出申请报告，经省级财政部门批准后方可变更。省级财政部门应当将变更结果及时上报财政部备案。依法应当实行政府采购的项目，应当按照政府采购法及相关规定执行。

县级财政部门应当与项目单位签订项目实施责任书，并根据项目进度或合同要求拨付资金，具备条件的可实行报账制管理或国库集中支付。项目单位根据批复的项目预算，组织项目实施，基本建设类项目应当建立工程监理制度。项目完工后，县级财政部门组织对项目的技术、财务、资产等进行审核验收，出具项目验收报告，对国有资产进行产权登记。县级财政部门应当按照省级财政部门的规定编制年度项目实施报告，于年度终了后三个月内上报省级财政部门。利用革命老区专项转移支付资金实施的项目，应当统一设立革命老区专项转移支付资金项目标志，标志的具体样式由财政部统一制定。

（八）监督检查

财政部负责组织对省级财政部门管理和使用革命老区专项转移支付资金的绩效评价和监督检查。省级财政部门负责组织对县级财政部门管理和使用革命老区专项转移支付资金的绩效评价和监督检查，对完工项目进行项目评审，对资金使用和项目实施进行日常检查。省级财政部门应当编制年度项目绩效评价和检查报告，于次年六月底前上报财政部。

第十五章　政府信息公开制度

一、政府信息公开的原则与组织机构

（一）立法目的

政府信息，是指行政机关在履行职责过程中制作或者获取的，以一定形式记录、保存的信息。为了保障公民、法人和其他组织依法获取政府信息，提高政府工作的透明度，促进依法行政，充分发挥政府信息对人民群众生产、生活和经济社会活动的服务作用，2007年4月5日，国务院颁布了《中华人民共和国政府信息公开条例》（以下简称《政府信息公开条例》）。

（二）政府信息公开的组织机构

各级人民政府应当加强对政府信息公开工作的组织领导。国务院办公厅是全国政府信息公开工作的主管部门，负责推进、指导、协调、监督全国的政府信息公开工作。县级以上地方人民政府办公厅（室）或者县级以上地方人民政府确定的其他政府信息公开工作主管部门负责推进、指导、协调、监督本行政区域的政府信息公开工作。

各级人民政府及县级以上人民政府部门应当建立健全本行政机关的政府信息公开工作制度，并指定机构（以下统称政府信息公开工作机构）负责本行政机关政府信息公开的日常工作。政府信息公开工作机构的具体职责是：具体承办本行政机关的政府信息公开事宜；维护和更新本行政机关公开的政府信息；组织编制本行政机关的政府信息公开指南、政府信息公开目录和政府信息公开工作年度报告；对拟公开的政府信息进行保密审查；本行政机关规定的与政府信息公开有关的其他职责。

（三）政府信息公开的原则

行政机关公开政府信息，应当遵循公正、公平、便民的原则。

行政机关应当及时、准确地公开政府信息。行政机关发现影响或者可能影响社会稳定、扰乱社会管理秩序的虚假或者不完整信息的，应当在其职责范围内发布准确的政府信息予以澄清。

行政机关应当建立健全政府信息发布协调机制。行政机关发布政府信息涉及其他行政机关的，应当与有关行政机关进行沟通、确认，保证行政机关发布的政府信息准确一致。行政机关发布政府信息依照国家有关规定需要批准的，未经批准不得发布。

行政机关公开政府信息，不得危及国家安全、公共安全、经济安全和社会稳定。

二、政府信息公开的范围

(一) 主动公开的信息与重点公开的信息

行政机关对符合下列基本要求之一的政府信息应当主动公开：涉及公民、法人或者其他组织切身利益的；需要社会公众广泛知晓或者参与的；反映本行政机关机构设置、职能、办事程序等情况的；其他依照法律、法规和国家有关规定应当主动公开的。

县级以上各级人民政府及其部门应当依照上述规定，在各自职责范围内确定主动公开的政府信息的具体内容，并重点公开下列政府信息：行政法规、规章和规范性文件；国民经济和社会发展规划、专项规划、区域规划及相关政策；国民经济和社会发展统计信息；财政预算、决算报告；行政事业性收费的项目、依据、标准；政府集中采购项目的目录、标准及实施情况；行政许可的事项、依据、条件、数量、程序、期限以及申请行政许可需要提交的全部材料目录及办理情况；重大建设项目的批准和实施情况；扶贫、教育、医疗、社会保障、促进就业等方面的政策、措施及其实施情况；突发公共事件的应急预案、预警信息及应对情况；环境保护、公共卫生、安全生产、食品药品、产品质量的监督检查情况。

设区的市级人民政府、县级人民政府及其部门重点公开的政府信息还应当包括下列内容：城乡建设和管理的重大事项；社会公益事业建设情况；征收或者征用土地、房屋拆迁及其补偿、补助费用的发放、使用情况；抢险救灾、优抚、救济、社会捐助等款物的管理、使用和分配情况。

乡（镇）人民政府应当依照上述规定，在其职责范围内确定主动公开的政府信息的具体内容，并重点公开下列政府信息：贯彻落实国家关于农村工作政策的情况；财政收支、各类专项资金的管理和使用情况；乡（镇）土地利用总体规划、宅基地使用的审核情况；征收或者征用土地、房屋拆迁及其补偿、补助费用的发放、使用情况；乡（镇）的债权债务、筹资筹劳情况；抢险救灾、优抚、救济、社会捐助等款物的发放情况；乡镇集体企业及其他乡镇经济实体承包、租赁、拍卖等情况；执行计划生育政策的情况。

（二）申请公开的信息

除行政机关主动公开的政府信息外，公民、法人或者其他组织还可以根据自身生产、生活、科研等特殊需要，向国务院部门、地方各级人民政府及县级以上地方人民政府部门申请获取相关政府信息。

（三）政府信息的保密

行政机关应当建立健全政府信息发布保密审查机制，明确审查的程序和责任。行政机关在公开政府信息前，应当依照《保守国家秘密法》以及其他法律、法规和国家有关规定对拟公开的政府信息进行审查。行政机关对政府信息不能确定是否可以公开时，应当依照法律、法规和国家有关规定报有关主管部门或者同级保密工作部门确定。

行政机关不得公开涉及国家秘密、商业秘密、个人隐私的政府信息。但是，经权利人同意或者行政机关认为不公开可能对公共利益造成重大影响的涉及商业秘密、个人隐私的政府信息，可以予以公开。

三、政府信息公开的方式和程序

（一）主动公开信息的方式和程序

行政机关应当将主动公开的政府信息，通过政府公报、政府网站、新闻发布会以及报刊、广播、电视等便于公众知晓的方式公开。

各级人民政府应当在国家档案馆、公共图书馆设置政府信息查阅场所，并配备相应的设施、设备，为公民、法人或者其他组织获取政府信息提供便利。行政机关可以根据需要设立公共查阅室、资料索取点、信息公告栏、电子信息屏等场所、设施，公开政府信息。行政机关应当及时向国家档案馆、公共图书馆提供主动公开的政府信息。

行政机关制作的政府信息，由制作该政府信息的行政机关负责公开；行政机关从公民、法人或者其他组织获取的政府信息，由保存该政府信息的行政机关负责公开。法律、法规对政府信息公开的权限另有规定的，从其规定。

属于主动公开范围的政府信息，应当自该政府信息形成或者变更之日起20个工作日内予以公开。法律、法规对政府信息公开的期限另有规定的，从其规定。

行政机关应当编制、公布政府信息公开指南和政府信息公开目录，并及时更新。政府信息公开指南，应当包括政府信息的分类、编排体系、获取方式，政府信息公开工作机构的名称、办公地址、办公时间、联系电话、传真号码、电子邮箱等内容。政府信息公开目录，应当包括政府信息的索引、名称、内容概述、生成日期等内容。

（二）申请信息公开的方式和程序

公民、法人或者其他组织依照《政府信息公开条例》规定向行政机关申请获取政府信息的，应当采用书面形式（包括数据电文形式）；采用书面形式确有困难的，申请人可以口头提出，由受理该申请的行政机关代为填写政府信息公开申请。政府信息公开申请应当包括下列内容：申请人的姓名或者名称、联系方式；申请公开的政府信息的内容描述；申请公开的政府信息的形式要求。

对申请公开的政府信息，行政机关根据下列情况分别做出答复：属于公开范围的，应当告知申请人获取该政府信息的方式和途径；属于不予公开范围的，应当告知申请人并说明理由；依法不属于本行政机关公开或者该政府信息不存在的，应当告知申请人，对能够确定该政府信息的公开机关的，应当告知申请人该行政机关的名称、联系方式；申请内容不明确的，应当告知申请人做出更改、补充。

申请公开的政府信息中含有不应当公开的内容，但是能够做区分处理的，行政机关应当向申请人提供可以公开的信息内容。行政机关认为申请公开的政府信息涉及商业秘密、个人隐私，公开后可能损害第三方合法权益的，应当书面征求第三方的意见；第三方不同意公开的，不得公开。但是，行政机关认为不公开可能对公共利益造成重大影响的，应当予以公开，并将决定公开的政府信息内容和理由书面通知第三方。

行政机关收到政府信息公开申请，能够当场答复的，应当当场予以答复。行政机关不能当场答复的，应当自收到申请之日起15个工作日内予以答复；如需延长答复期限的，应当经政府信息公开工作机构负责人同意，并告知申请人，延长答复的期限不得超过15个工作日。申请公开的政府信息涉及第三方权益的，行政机关征求第三方意见所需时间不计算在本条第二款规定的期限内。

公民、法人或者其他组织向行政机关申请提供与其自身相关的税费缴纳、社会保障、医疗卫生等政府信息的，应当出示有效身份证件或者证明文件。公民、法人或者其他组织有证据证明行政机关提供的与其自身相关的政府信息记录不准确的，有权要求该行政机关予以更正。该行政机关无权更正的，应当转送有权更正的行政机关处理，并告知申请人。

行政机关依申请公开政府信息，应当按照申请人要求的形式予以提供；无法按照申请人要求的形式提供的，可以通过安排申请人查阅相关资料、提供复制件或者其他适当形式提供。

行政机关依申请提供政府信息，除可以收取检索、复制、邮寄等成本费用外，不得收取其他费用。行政机关不得通过其他组织、个人以有偿服务方式提供政府信息。行政机关收取检索、复制、邮寄等成本费用的标准由国务院价格主管部门会同国务院财政部门制定。申请公开政府信息的公民确有经济困难的，经本人申请、政府信息公开工作机构负责人审核同意，可以减免相关费用。申请公开政府信息的公民存在阅读困难或者视听障碍的，行政机关应当为其提供必要的帮助。

四、政府信息公开的监督和保障

（一）政府部门的监管

各级人民政府应当建立健全政府信息公开工作考核制度、社会评议制度和责任追究制度，定期对政府信息公开工作进行考核、评议。政府信息公开工作主管部门和监察机关负责对行政机关政府信息公开的实施情况进行监督检查。各级行政机关应当在每年 3 月 31 日前公布本行政机关的政府信息公开工作年度报告。

政府信息公开工作年度报告应当包括下列内容：行政机关主动公开政府信息的情况；行政机关依申请公开政府信息和不予公开政府信息的情况；政府信息公开的收费及减免情况；因政府信息公开申请行政复议、提起行政诉讼的情况；政府信息公开工作存在的主要问题及改进情况；其他需要报告的事项。

（二）社会的监管

公民、法人或者其他组织认为行政机关不依法履行政府信息公开义务的，可以向上级行政机关、监察机关或者政府信息公开工作主管部门举报。收到举报的机关应当予以调查处理。

公民、法人或者其他组织认为行政机关在政府信息公开工作中的具体行政行为侵犯其合法权益的，可以依法申请行政复议或者提起行政诉讼。

（三）相关法律责任

行政机关违反《政府信息公开条例》的规定，未建立健全政府信息发布保密审查机制的，由监察机关、上一级行政机关责令改正；情节严重的，对行政机关主要负责人依法给予处分。

行政机关违反《政府信息公开条例》的规定，有下列情形之一的，由监察机关、上一级行政机关责令改正；情节严重的，对行政机关直接负责的主管人员和其他直接责任人员依法给予处分；构成犯罪的，依法追究刑事责任：不依法履行政府信息公开义务的；不及时更新公开的政府信息内容、政府信息公开指南和政府信息公开目录的；违反规定收取费用的；通过其他组织、个人以有偿服务方式提供政府信息的；公开不应当公开的政府信息的；违反《政府信息公开条例》规定的其他行为。

五、政府信息公开制度的完善

目前，政府信息公开制度存在的主要问题是相关政府及其政府部门以"涉及国家秘密"为名拒绝公民公开部分信息的申请，[①] 因此，目前的主要工作是由国务院或者国务院办公厅出台具体的细则或者解释，明确规定哪些具体的项目属于不能公开的"涉及国家秘密"的信息。这一细则或者解释没有必要穷尽所有的项目，只需要就老百姓比较关心的一些项目予以解释和列举即可，例如，政府招待费、公务车的数量和耗油量、公款出国考察费、用于特定项目的财政费用等。不解决这一问题就难以将政府信息公开制度落到实处。

除此以外，还应当进一步保障赋予公民、法人或者其他组织的司法救济权，目前《政府信息公开条例》所规定的"具体行政行为侵犯其合法权益的"没有细化的解释，特别是对于公民、法人或者其他组织申请政府公开相关信息，政府以"涉及国家秘密"不予公开这一情形能否提起复议和诉讼还不清晰。或者说，公民、法人或者其他组织申请公开信息的权利是否是这里所列举的"合法权益"？如果是，那么，政府不公开信息的行为是否属于"侵犯"？如果属于，相关主体就可以提起复议和诉讼。当然在诉讼中还存在一个法院是否有足够的能力和胆量

---

① 可以参考相关媒体的报道：《河南小伙要求政府公开公款消费被当间谍》（http：//news. 163. com/09/0803/08/5FPFN6NO00011229. html）；《要求公开"三公消费"，咋像"间谍"？》（http：//news. qq. com/a/20090804/000063. htm）；《企业违法排污情况咋就属于"国家机密"？》（http：//www. sznews. com/news/content/2009-04/21/content _ 3710765. htm）；《沈阳市民要求政府公开招待费 官员称难度极大》（http：//society. people. com. cn/GB/8348189. html）。

去审查相关信息是否真的"涉及国家秘密"的问题。

总之，政府信息公开的道路还很漫长，《政府信息公开条例》的出台仅仅是指明了一个方向和目标，真正实现这一目标还需要解决很多难题并建立一系列相关保障制度。

六、财政民主原则与政府信息公开

财政民主原则的核心是纳税人在财政决策中处于核心地位，享有最终的决定权，同时附带享有知情权和监督权。财政透明原则是确保纳税人知情权的必备原则。财政民主原则的基本标准是纳税人享有充分的知情权、决策权和监督权。

为确保纳税人的知情权，对于一般性的财政收支信息应当通过新闻媒体、网站等进行公开，不需要纳税人申请，以最大限度降低纳税人行使知情权的成本。对于比较具体的财政收支信息，除根据法律规定需要保密的以外，均可以通过申请的方式向特定纳税人公开。对于根据法律规定需要保密的信息，在各级人大代表履行保密义务的前提下，可以通过申请的方式获取。只有极少数核心机密信息才能不向一般人大代表公开，仅供少数人决定，该少数人应当通过民选的方式取得纳税人的信任。

为确保纳税人的决策权，财政收入必须具备严格的法律依据，行政法规和地方性法规可以在法律授权范围内征收一定的行政规费。表决通过法律的人大代表应当真正代表纳税人，纳税人可以通过法定程序罢免人大代表。

为确保纳税人的监督权，纳税人可以通过诉讼的方式要求政府部门就特定财政收入和财政支出项目提供法律依据、事实依据以及相关专家意见、鉴定结论等。对于违法的财政收入，应当退还纳税人并加算银行同期存款利息，同时追究违法者的法律责任（刑事责任、政治责任、行政责任和经济责任）。对于违法的财政支出，应当立即采取补救措施，追回财政资金，同时追究违法者的法律责任（刑事责任、政治责任、行政责任和经济责任）。

财政民主原则的实现必须以私有财产权的确立和保护为前提。私有财产权是财政民主原则保护的对象，私有财产权为财政民主原则的实现提供了动力。财政民主原则的实现还必须以民主文化传统的培育和形成为生存环境。

第十六章　彩票管理制度

一、立法目的与管理体制

（一）立法目的

为了加强彩票管理，规范彩票市场发展，维护彩票市场秩序，保护彩票参与者的合法权益，促进社会公益事业发展，国务院于 2009 年 5 月 4 日发布了《彩票管理条例》。

（二）彩票的含义、种类与发行原则

彩票，是指国家为筹集社会公益资金，促进社会公益事业发展而特许发行、依法销售，自然人自愿购买，并按照特定规则获得中奖机会的凭证。彩票不返还本金、不计付利息。

国务院特许发行福利彩票、体育彩票。未经国务院特许，禁止发行其他彩票。禁止在中华人民共和国境内发行、销售境外彩票。

彩票的发行、销售和开奖，应当遵循公开、公平、公正和诚实信用的原则。

（三）彩票的管理体制

国务院财政部门负责全国的彩票监督管理工作。国务院民政部门、体育行政部门按照各自的职责分别负责全国的福利彩票、体育彩票管理工作。省、自治区、直辖市人民政府财政部门负责本行政区域的彩票监督管理工作。省、自治区、直辖市人民政府民政部门、体育行政部门按照各自的职责分别负责本行政区域的福利彩票、体育彩票管理工作。县级以上各级人民政府公安机关和县级以上工商行政管理机关，在各自的职责范围内，依法查处非法彩票，维护彩票市场秩序。

二、彩票发行和销售管理制度

（一）彩票发行机构的设立

国务院民政部门、体育行政部门依法设立的福利彩票发行机构、体育彩票发行机构（以下简称彩票发行机构），分别负责全国的福利彩票、体育彩票发行和组织销售工作。省、自治区、直辖市人民政府民政部门、体育行政部门依法设立的福利彩票销售机构、体育彩票销售机构（以下简称彩票销售机构），分别负责本行政区域的福利彩票、体育彩票的销售工作。

（二）彩票品种的开设与变更

彩票发行机构申请开设、停止福利彩票、体育彩票的具体品种（以下简称彩票品种）或者申请变更彩票品种审批事项的，应当依照《彩票管理条例》规定的程序报国务院财政部门批准。国务院财政部门应当根据彩票市场健康发展的需要，按照合理规划彩票市场和彩票品种结构、严格控制彩票风险的原则，对彩票发行机构的申请进行审查。

彩票发行机构申请开设彩票品种，应当经国务院民政部门或者国务院体育行政部门审核同意，向国务院财政部门提交下列申请材料：申请书；彩票品种的规则；发行方式、发行范围；市场分析报告及技术可行性分析报告；开奖、兑奖操作规程；风险控制方案。国务院财政部门应当自受理申请之日起90个工作日内，通过专家评审、听证会等方式对开设彩票品种听取社会意见，对申请进行审查并做出书面决定。

彩票发行机构申请变更彩票品种的规则、发行方式、发行范围等审批事项的，应当经国务院民政部门或者国务院体育行政部门审核同意，向国务院财政部门提出申请并提交与变更事项有关的材料。国务院财政部门应当自受理申请之日起45个工作日内，对申请进行审查并做出书面决定。

彩票发行机构申请停止彩票品种的，应当经国务院民政部门或者国务院体育行政部门审核同意，向国务院财政部门提出书面申请并提交与停止彩票品种有关的材料。国务院财政部门应当自受理申请之日起10个工作日内，对申请进行审查并做出书面决定。

经批准开设、停止彩票品种或者变更彩票品种审批事项的，彩票发行机构应当在开设、变更、停止的10个自然日前，将有关信息向社会公告。

因维护社会公共利益的需要，在紧急情况下，国务院财政部门可以采取必要措施，决定变更彩票品种审批事项或者停止彩票品种。

（三）彩票销售管理制度

彩票发行机构、彩票销售机构应当依照政府采购法律、行政法规的规定，采购符合标准的彩票设备和技术服务。彩票设备和技术服务的标准，由国务院财政部门会同国务院民政部门、体育行政部门依照国家有关标准化法律、行政法规的规定制定。

彩票发行机构、彩票销售机构应当建立风险管理体系和可疑资金报告制度，保障彩票发行、销售的安全。彩票发行机构、彩票销售机构负责彩票销售系统的数据管理、开奖兑奖管理以及彩票资金的归集管理，不得委托他人管理。

彩票发行机构、彩票销售机构可以委托单位、个人代理销售彩票。彩票发行机构、彩票销售机构应当与接受委托的彩票代销者签订彩票代销合同。福利彩票、体育彩票的代销合同示范文本分别由国务院民政部门、体育行政部门制定。彩票代销者不得委托他人代销彩票。彩票销售机构应当为彩票代销者配置彩票投注专用设备。彩票投注专用设备属于彩票销售机构所有，彩票代销者不得转借、出租、出售。

彩票销售机构应当在彩票发行机构的指导下，统筹规划彩票销售场所的布局。彩票销售场所应当按照彩票发行机构的统一要求，设置彩票销售标志，张贴警示标语。

彩票发行机构、彩票销售机构、彩票代销者不得有下列行为：进行虚假性、误导性宣传；以诋毁同业者等手段进行不正当竞争；向未成年人销售彩票；以赊销或者信用方式销售彩票。

需要销毁彩票的，由彩票发行机构报国务院财政部门批准后，在国务院民政部门或者国务院体育行政部门的监督下销毁。

彩票发行机构、彩票销售机构应当及时将彩票发行、销售情况向社会全面公布，接受社会公众的监督。

三、彩票开奖和兑奖管理制度

（一）开奖管理制度

彩票发行机构、彩票销售机构应当按照批准的彩票品种的规则和开奖操作规程开奖。国务院民政部门、体育行政部门和省、自治区、直辖市人民政府民政部门、体育行政部门应当加强对彩票开奖活动的监督，确保彩票开奖的公开、公正。

彩票发行机构、彩票销售机构应当确保彩票销售数据的完整、准确和安全。当期彩票销售数据封存后至开奖活动结束前，不得查阅、变更或者删除销售数据。彩票发行机构、彩票销售机构应当加强对开奖设备的管理，确保开奖设备正常运行，并配置备用开奖设备。彩票发行机构、彩票销售机构应当在每期彩票销售结束后，及时向社会公布当期彩票的销售情况和开奖结果。

（二）兑奖管理制度

彩票中奖者应当自开奖之日起 60 个自然日内，持中奖彩票到指定的地点兑奖，彩票品种的规则规定需要出示身份证件的，还应当出示本人身份证件。逾期不兑奖的视为弃奖。禁止使用伪造、变造的彩票兑奖。

彩票发行机构、彩票销售机构、彩票代销者应当按照彩票品种的规则和兑奖操作规程兑奖。彩票中奖奖金应当以人民币现金或者现金支票形式一次性兑付。不得向未成年人兑奖。彩票发行机构、彩票销售机构、彩票代销者以及其他因职务或者业务便利知悉彩票中奖者个人信息的人员，应当对彩票中奖者个人信息予以保密。

四、彩票资金管理制度

（一）彩票资金的种类

彩票资金包括彩票奖金、彩票发行费和彩票公益金。彩票资金构成比例由国务院决定。彩票品种中彩票资金的具体构成比例，由国务院财政部门按照国务院的决定确定。随着彩票发行规模的扩大和彩票品种的增加，可以降低彩票发行费比例。

（二）彩票资金账户的开设及其监管

彩票发行机构、彩票销售机构应当按照国务院财政部门的规定开设彩票资金账户，用于核算彩票资金。国务院财政部门和省、自治区、直辖市人民政府财政部门应当建立彩票发行、销售和资金管理信息系统，及时掌握彩票销售和资金流动情况。

（三）彩票资金的用途

彩票奖金用于支付彩票中奖者。彩票单注奖金的最高限额，由国务院财政部门根据彩票市场发展情况决定。逾期未兑奖的奖金，纳入彩票公益金。

彩票发行费专项用于彩票发行机构、彩票销售机构的业务费用支出以及彩票代销者的销售费用支出。彩票发行机构、彩票销售机构的业务费实行收支两条线管理，其支出应当符合彩票发行机构、彩票销售机构的财务管理制度。

彩票公益金专项用于社会福利、体育等社会公益事业，不用于平衡财政一般预算。彩票公益金按照政府性基金管理办法纳入预算，实行收支两条线管理。

（四）彩票资金的管理与监督

彩票发行机构、彩票销售机构应当按照国务院财政部门的规定，及时上缴彩票公益金和彩票发行费中的业务费，不得截留或者挪做他用。财政部门应当及时核拨彩票发行机构、彩票销售机构的业务费。

彩票公益金的分配政策，由国务院财政部门会同国务院民政、体育行政等有关部门提出方案，报国务院批准后执行。

彩票发行费、彩票公益金的管理、使用单位，应当依法接受财政部门、审计机关和社会公众的监督。彩票公益金的管理、使用单位，应当每年向社会公告公益金的使用情况。国务院财政部门和省、自治区、直辖市人民政府财政部门应当每年向本级人民政府报告上年度彩票公益金的筹集、分配和使用情况，并向社会公告。

五、彩票管理制度相关法律责任

（一）违法发行销售彩票的法律责任

违反《彩票管理条例》规定，擅自发行、销售彩票，或者在中华人民共和国境内发行、销售境外彩票构成犯罪的，依法追究刑事责任；尚不构成犯罪的，由公安机关依法给予治安管理处罚；有违法所得的，没收违法所得。

彩票发行机构、彩票销售机构有下列行为之一的，由财政部门责令停业整顿；有违法所得的，没收违法所得，并处违法所得 3 倍的罚款；对直接负责的主管人员和其他直接责任人员，依法给予处分；构成犯罪的，依法追究刑事责任：未经批准开设、停止彩票品种或者未经批准变更彩票品种审批事项的；未按批准的彩票品种的规则、发行方式、发行范围、开奖兑奖操作规程发行、销售彩票或者开奖兑奖的；将彩票销售系统的数据管理、开奖兑奖管理或者彩票资金的归集管理委托他人管理的；违反规定查阅、变更、删除彩票销售数据的；以赊销或者信用方式销售彩票的；未经批准销毁彩票的；截留、挪用彩票资金的。

　　彩票发行机构、彩票销售机构有下列行为之一的，由财政部门责令改正；有违法所得的，没收违法所得；对直接负责的主管人员和其他直接责任人员，依法给予处分：采购不符合标准的彩票设备或者技术服务的；进行虚假性、误导性宣传的；以诋毁同业者等手段进行不正当竞争的；向未成年人销售彩票的；泄露彩票中奖者个人信息的；未将逾期未兑奖的奖金纳入彩票公益金的；未按规定上缴彩票公益金、彩票发行费中的业务费的。

　　彩票代销者有下列行为之一的，由民政部门、体育行政部门责令改正，并处2000元以上1万元以下罚款；有违法所得的，没收违法所得：委托他人代销彩票或者转借、出租、出售彩票投注专用设备的；进行虚假性、误导性宣传的；以诋毁同业者等手段进行不正当竞争的；向未成年人销售彩票的；以赊销或者信用方式销售彩票的。彩票代销者有上述行为受到处罚的，彩票发行机构、彩票销售机构有权解除彩票代销合同。

（二）伪造变造彩票的法律责任

　　伪造、变造彩票或使用伪造、变造的彩票兑奖的，依法给予治安管理处罚；构成犯罪的，依法追究刑事责任。

（三）彩票公益金违法行为的法律责任

　　彩票公益金管理、使用单位违反彩票公益金管理、使用规定的，由财政部门责令限期改正；有违法所得的，没收违法所得；在规定期限内不改正的，没收已使用彩票公益金形成的资产，取消其彩票公益金使用资格。

（四）监管部门工作人员渎职的法律责任

　　依照《彩票管理条例》的规定履行彩票管理职责的财政部门、民政部门、体育行政部门的工作人员，在彩票监督管理活动中滥用职权、玩忽职守、徇私舞弊，构成犯罪的，依法追究刑事责任；尚不构成犯罪的，依法给予处分。

六、彩票管理制度的完善

　　彩票发行收入作为政府财政收入之一，同样应当遵循财政收入的四个基本原则：公开、民主、公平、适度。彩票发行收入的数额、资金使用状况应当向社会公开。彩票发行的数额、金额、奖金的设置、资金使用应当征求民意并经过全国人大常委会的批准，并接受权力机关的监督、审计机关的审计监督、纪检监察机关的监督以及人民群众的监督。彩票发行和中奖的规则应当公平，彩票的使用方向应当公平，即用于履行政府职责最基本的福利事业和体育事业。彩票的发行规模、奖金规模都应当适度，避免引起其他不良的社会后果。

不知大家是否思考过这样一个问题：谁会去购买彩票？是富人还是穷人？你只需观察一下彩票代销点的地理位置、内部设置以及人们是怎样去买彩票的就可以得出这样一个结论：买彩票的主要是穷人。因为富人有发财致富的途径，而且收益稳定，前途一片光明，而穷人也想发财致富，但没有发财致富的途径，而且前途一片暗淡。彩票可以给人带来一夜暴富的机会，也给没有发财致富的穷人带来了一点希望。如果购买彩票的主要都是穷人，我们就只能说，政府通过彩票发行所筹集的财政收入主要来自穷人，而这就违反了政府取得财政收入的公平原则：财政收入应当主要从富人身上筹集。由于穷人与富人相比享受体育福利的机会更少，因此，主要从穷人身上筹集的财政收入又没有主要用于穷人身上，这又违反了财政支出的公平原则：财政支出应当确保穷人和富人享受大体相同的基本公共物品。

由于购买彩票在本质上是一种赌博，而新闻媒体在彩票中奖的概率上又进行了误导性的宣传：一方面大肆宣传彩票给人们带来的一夜暴富的喜讯，[1] 另一方面则对很多人因为沉溺于彩票而导致妻离子散、穷困潦倒的现象不予报道，这会给购买彩票和准备购买彩票的穷人一种错误的导向。如果再考虑到购买彩票具有使人上瘾的性质，[2] 我们就更应该反思是否有必要继续保留彩票制度了。

---

① 仅以 2009 年以来的大奖为例，如《716 万彩票大奖因无人领取成为公益金》（http：//news. sina. com. cn/s/2011-01-13/025921806789. shtml）；《河南一人揽 3 亿 5 千万大奖 甘肃亿元神话就此终结》（http：//sports. sohu. com/20091009/n267207426. shtml）；《双色球狂喷 55 注 505 万 上海一彩民 200 元独揽 2.59 亿》（http：//sports. sina. com. cn/l/2010-08-10/21365143987. shtml）；《河南驻马店 2.58 亿彩票大奖得主领奖 捐出 1050 万》（http：//sz. bendibao. com/news/20101014/250451. htm）；《彩票惊现异常巧合号码 同中 851 万大奖》（http：//scnews. newssc. org/system/2009/12/02/012459905. shtml）。

② 关于买彩票是否会上瘾的问题，笔者并未进行调查和统计，但身边的确有很多上瘾的个案，在百度中输入"彩票上瘾"可以得到 141 万条结果（2011 年 1 月 29 日检索）。

第十七章　企业国有资产管理制度

一、企业国有资产管理基础制度

（一）立法目的与适用范围

企业国有资产（以下称国有资产），是指国家对企业各种形式的出资所形成的权益。为了维护国家基本经济制度，巩固和发展国有经济，加强对国有资产的保护，发挥国有经济在国民经济中的主导作用，促进社会主义市场经济发展，2008 年 10 月 28 日第十一届全国人民代表大会常务委员会第五次会议通过了《中华人民共和国企业国有资产法》（以下简称《企业国有资产法》）。

《企业国有资产法》主要适用于非金融企业，金融企业可以参照适用。金融企业国有资产的管理与监督，法律、行政法规另有规定的，依照其规定。

（二）国有资产的所有权与履行出资人职责的主体

国有资产属于国家所有即全民所有。国务院代表国家行使国有资产所有权。国务院和地方人民政府依照法律、行政法规的规定，分别代表国家对国家出资企业履行出资人职责，享有出资人权益。国务院确定的关系国民经济命脉和国家安全的大型国家出资企业，[①] 重要基础设施和重要自然资源等领域的国家出资企业，由国务院代表国家履行出资人职责。其他的国家出资企业，由地方人民政府代表国家履行出资人职责。

国务院和地方人民政府应当按照政企分开、社会公共管理职能与国有资产出资人职能分开、不干预企业依法自主经营的原则，依法履行出资人职责。

---

① 国家出资企业，是指国家出资的国有独资企业、国有独资公司以及国有资本控股公司、国有资本参股公司。

（三）国有资产管理的基础制度

国家采取措施，推动国有资本向关系国民经济命脉和国家安全的重要行业和关键领域集中，优化国有经济布局和结构，推进国有企业的改革和发展，提高国有经济的整体素质，增强国有经济的控制力、影响力。

国家建立健全与社会主义市场经济发展要求相适应的国有资产管理与监督体制，建立健全国有资产保值增值考核和责任追究制度，落实国有资产保值增值责任。国家建立健全国有资产基础管理制度。具体办法按照国务院的规定制定。国有资产受法律保护，任何单位和个人不得侵害。

二、履行出资人职责的机构

（一）履行出资人职责机构的确立

国务院国有资产监督管理机构和地方人民政府按照国务院的规定设立的国有资产监督管理机构，根据本级人民政府的授权，代表本级人民政府对国家出资企业履行出资人职责。国务院和地方人民政府根据需要，可以授权其他部门、机构代表本级人民政府对国家出资企业履行出资人职责。代表本级人民政府履行出资人职责的机构、部门，以下统称履行出资人职责的机构。

（二）履行出资人职责机构的权利

履行出资人职责的机构代表本级人民政府对国家出资企业依法享有资产收益、参与重大决策和选择管理者等出资人权利。履行出资人职责的机构依照法律、行政法规的规定，制定或者参与制定国家出资企业的章程。履行出资人职责的机构对法律、行政法规和本级人民政府规定须经本级人民政府批准的履行出资人职责的重大事项，应当报请本级人民政府批准。

履行出资人职责的机构委派的股东代表参加国有资本控股公司、国有资本参股公司召开的股东会会议、股东大会会议，应当按照委派机构的指示提出提案、发表意见、行使表决权，并将其履行职责的情况和结果及时报告委派机构。

（三）履行出资人职责机构的义务

履行出资人职责的机构应当依照法律、行政法规以及企业章程履行出资人职责，保障出资人权益，防止国有资产损失。履行出资人职责的机构应当维护企业作为市场主体依法享有的权利，除依法履行出资人职责外，不得干预企业经营活动。

履行出资人职责的机构对本级人民政府负责，向本级人民政府报告履行出资人职责的情况，接受本级人民政府的监督和考核，对国有资产的保值增值负责。履行出资人职责的机构应当按照国家有关规定，定期向本级人民政府报告有关国有资产总量、结构、变动、收益等汇总分析的情况。

三、国家出资企业的管理

（一）国家出资企业的权利

国家出资企业对其动产、不动产和其他财产依照法律、行政法规以及企业章程享有占有、使用、收益和处分的权利。国家出资企业依法享有的经营自主权和其他合法权益受法律保护。

（二）国家出资企业的义务

国家出资企业从事经营活动，应当遵守法律、行政法规，加强经营管理，提高经济效益，接受人民政府及其有关部门、机构依法实施的管理和监督，接受社会公众的监督，承担社会责任，对出资人负责。国家出资企业应当依法建立和完善法人治理结构，建立健全内部监督管理和风险控制制度。

国家出资企业应当依照法律、行政法规和国务院财政部门的规定，建立健全财务、会计制度，设置会计账簿，进行会计核算，依照法律、行政法规以及企业章程的规定向出资人提供真实、完整的财务、会计信息。国家出资企业应当依照法律、行政法规以及企业章程的规定，向出资人分配利润。

国有独资公司、国有资本控股公司和国有资本参股公司依照《中华人民共和国公司法》（以下简称《公司法》）的规定设立监事会。国有独资企业由履行出资人职责的机构按照国务院的规定委派监事组成监事会。国家出资企业的监事会依照法律、行政法规以及企业章程的规定，对董事、高级管理人员执行职务的行为进行监督，对企业财务进行监督检查。

国家出资企业依照法律规定，通过职工代表大会或者其他形式，实行民主管理。

国家出资企业对其所出资企业依法享有资产收益、参与重大决策和选择管理者等出资人权利。国家出资企业对其所出资企业，应当依照法律、行政法规的规定，通过制定或者参与制定所出资企业的章程，建立权责明确、有效制衡的企业内部监督管理和风险控制制度，维护其出资人权益。

四、国家出资企业管理者的选择与考核

（一）国家出资企业管理者的选择

履行出资人职责的机构依照法律、行政法规以及企业章程的规定，任免或者建议任免国家出资企业的下列人员：任免国有独资企业的经理、副经理、财务负责人和其他高级管理人员；任免国有独资公司的董事长、副董事长、董事、监事会主席和监事；向国有资本控股公司、国有资本参股公司的股东会、股东大会提出董事、监事人选。国家出资企业中应当由职工代表出任的董事、监事，依照有关法律、行政法规的规定由职工民主选举产生。

履行出资人职责的机构任命或者建议任命的董事、监事、高级管理人员，应当具备下列条件：有良好的品行；有符合职位要求的专业知识和工作能力；有能够正常履行职责的身体条件；法律、行政法规规定的其他条件。董事、监事、高级管理人员在任职期间出现不符合前款规定情形或者出现《公司法》规定的不得担任公司董事、监事、高级管理人员情形的，履行出资人职责的机构应当依法予以免职或者提出免职建议。①

履行出资人职责的机构对拟任命或者建议任命的董事、监事、高级管理人员的人选，应当按照规定的条件和程序进行考察。考察合格的，按照规定的权限和程序任命或者建议任命。

（二）国家出资企业管理者的义务

未经履行出资人职责的机构同意，国有独资企业、国有独资公司的董事、高级管理人员不得在其他企业兼职；未经股东会、股东大会同意，国有资本控股公司、国有资本参股公司的董事、高级管理人员不得在经营同类业务的其他企业兼职；未经履行出资人职责的机构同意，国有独资公司的董事长不得兼任经理；未经股东会、股东大会同意，国有资本控股公司的董事长不得兼任经理；董事、高

---

① 根据《公司法》第147条的规定，有下列情形之一的，不得担任公司的董事、监事、高级管理人员：（1）无民事行为能力或者限制民事行为能力。（2）因贪污、贿赂、侵占财产、挪用财产或者破坏社会主义市场经济秩序，被判处刑罚，执行期满未逾五年，或者因犯罪被剥夺政治权利，执行期满未逾五年。（3）担任破产清算的公司、企业的董事或者厂长、经理，对该公司、企业的破产负有个人责任的，自该公司、企业破产清算完结之日起未逾三年。（4）担任因违法被吊销营业执照、责令关闭的公司、企业的法定代表人，并负有个人责任的，自该公司、企业被吊销营业执照之日起未逾三年。（5）个人所负数额较大的债务到期未清偿。

级管理人员不得兼任监事。

国家出资企业的董事、监事、高级管理人员，应当遵守法律、行政法规以及企业章程，对企业负有忠实义务和勤勉义务，不得利用职权收受贿赂或者取得其他非法收入和不当利益，不得侵占、挪用企业资产，不得超越职权或者违反程序决定企业重大事项，不得有其他侵害国有资产出资人权益的行为。

（三）国家出资企业管理者的考核

国家建立国家出资企业管理者经营业绩考核制度。履行出资人职责的机构应当对其任命的企业管理者进行年度和任期考核，并依据考核结果决定对企业管理者的奖惩。履行出资人职责的机构应当按照国家有关规定，确定其任命的国家出资企业管理者的薪酬标准。

国有独资企业、国有独资公司和国有资本控股公司的主要负责人，应当接受依法进行的任期经济责任审计。

国有独资企业的经理、副经理、财务负责人和其他高级管理人员，国有独资公司的董事长、副董事长、董事、监事会主席和监事，国务院和地方人民政府规定由本级人民政府任免的，依照其规定。履行出资人职责的机构依照上述规定对上述企业管理者进行考核、奖惩并确定其薪酬标准。

五、关系国有资产出资人权益的重大事项

（一）一般规定

国家出资企业合并、分立、改制、上市，增加或者减少注册资本，发行债券，进行重大投资，为他人提供大额担保，转让重大财产，进行大额捐赠，分配利润，以及解散、申请破产等重大事项，应当遵守法律、行政法规以及企业章程的规定，不得损害出资人和债权人的权益。

国有独资企业、国有独资公司合并、分立，增加或者减少注册资本，发行债券，分配利润，以及解散、申请破产，由履行出资人职责的机构决定。

国有独资企业、国有独资公司有《企业国有资产法》所列事项的，除依照《企业国有资产法》和有关法律、行政法规以及企业章程的规定，由履行出资人职责的机构决定的以外，国有独资企业由企业负责人集体讨论决定，国有独资公司由董事会决定。

国有资本控股公司、国有资本参股公司有《企业国有资产法》所列事项的，依照法律、行政法规以及公司章程的规定，由公司股东会、股东大会或者董事会

决定。由股东会、股东大会决定的，履行出资人职责的机构委派的股东代表应当依照《企业国有资产法》的规定行使权利。

重要的国有独资企业、国有独资公司、国有资本控股公司[①]的合并、分立、解散、申请破产以及法律、行政法规和本级人民政府规定应当由履行出资人职责的机构报经本级人民政府批准的重大事项，履行出资人职责的机构在作出决定或者向其委派参加国有资本控股公司股东会会议、股东大会会议的股东代表作出指示前，应当报请本级人民政府批准。

国家出资企业发行债券、投资等事项，有关法律、行政法规规定应当报经人民政府或者人民政府有关部门、机构批准、核准或者备案的，依照其规定。

国家出资企业投资应当符合国家产业政策，并按照国家规定进行可行性研究；与他人交易应当公平、有偿，取得合理对价。

国家出资企业的合并、分立、改制、解散、申请破产等重大事项，应当听取企业工会的意见，并通过职工代表大会或者其他形式听取职工的意见和建议。

国有独资企业、国有独资公司、国有资本控股公司对其所出资企业的重大事项参照上述规定履行出资人职责。具体办法由国务院规定。

（二）企业改制

企业改制是指：国有独资企业改为国有独资公司；国有独资企业、国有独资公司改为国有资本控股公司或者非国有资本控股公司；国有资本控股公司改为非国有资本控股公司。

企业改制应当依照法定程序，由履行出资人职责的机构决定或者由公司股东会、股东大会决定。重要的国有独资企业、国有独资公司、国有资本控股公司的改制，履行出资人职责的机构在作出决定或者向其委派参加国有资本控股公司股东会会议、股东大会会议的股东代表作出指示前，应当将改制方案报请本级人民政府批准。

企业改制应当制订改制方案，载明改制后的企业组织形式、企业资产和债权债务处理方案、股权变动方案、改制的操作程序、资产评估和财务审计等中介机构的选聘等事项。企业改制涉及重新安置企业职工的，还应当制订职工安置方案，并经职工代表大会或者职工大会审议通过。

企业改制应当按照规定进行清产核资、财务审计、资产评估，准确界定和核实资产，客观、公正地确定资产的价值。企业改制涉及以企业的实物、知识产权、土地使用权等非货币财产折算为国有资本出资或者股份的，应当按照规定对

---

① 重要的国有独资企业、国有独资公司和国有资本控股公司，按照国务院的规定确定。

折价财产进行评估，以评估确认价格作为确定国有资本出资额或者股份数额的依据。不得将财产低价折股或者有其他损害出资人权益的行为。

（三）与关联方的交易

国家出资企业的关联方①不得利用与国家出资企业之间的交易，谋取不当利益，损害国家出资企业利益。

国有独资企业、国有独资公司、国有资本控股公司不得无偿向关联方提供资金、商品、服务或者其他资产，不得以不公平的价格与关联方进行交易。

未经履行出资人职责的机构同意，国有独资企业、国有独资公司不得有下列行为：与关联方订立财产转让、借款的协议；为关联方提供担保；与关联方共同出资设立企业，或者向董事、监事、高级管理人员或者其近亲属所有或者实际控制的企业投资。

国有资本控股公司、国有资本参股公司与关联方的交易，依照《公司法》和有关行政法规以及公司章程的规定，由公司股东会、股东大会或者董事会决定。由公司股东会、股东大会决定的，履行出资人职责的机构委派的股东代表，应当依照《企业国有资产法》的规定行使权利。公司董事会对公司与关联方的交易作出决议时，该交易涉及的董事不得行使表决权，也不得代理其他董事行使表决权。

（四）资产评估

国有独资企业、国有独资公司和国有资本控股公司合并、分立、改制，转让重大财产，以非货币财产对外投资，清算或者有法律、行政法规以及企业章程规定应当进行资产评估的其他情形的，应当按照规定对有关资产进行评估。

国有独资企业、国有独资公司和国有资本控股公司应当委托依法设立的符合条件的资产评估机构进行资产评估；涉及应当报经履行出资人职责的机构决定的事项的，应当将委托资产评估机构的情况向履行出资人职责的机构报告。

国有独资企业、国有独资公司、国有资本控股公司及其董事、监事、高级管理人员应当向资产评估机构如实提供有关情况和资料，不得与资产评估机构串通评估作价。

资产评估机构及其工作人员受托评估有关资产，应当遵守法律、行政法规以及评估执业准则，独立、客观、公正地对受托评估的资产进行评估。资产评估机构应当对其出具的评估报告负责。

---

① 关联方，是指由本企业的董事、监事、高级管理人员及其近亲属以及这些人员所有或实际控制的企业。

（五）国有资产转让

国有资产转让，是指依法将国家对企业的出资所形成的权益转移给其他单位或者个人的行为；按照国家规定无偿划转国有资产的除外。国有资产转让应当有利于国有经济布局和结构的战略性调整，防止国有资产损失，不得损害交易各方的合法权益。

国有资产转让由履行出资人职责的机构决定。履行出资人职责的机构决定转让全部国有资产的，或者转让部分国有资产致使国家对该企业不再具有控股地位的，应当报请本级人民政府批准。

国有资产转让应当遵循等价有偿和公开、公平、公正的原则。除按照国家规定可以直接协议转让的以外，国有资产转让应当在依法设立的产权交易场所公开进行。转让方应当如实披露有关信息，征集受让方；征集产生的受让方为两个以上的，转让应当采用公开竞价的交易方式。转让上市交易的股份依照《中华人民共和国证券法》的规定进行。

国有资产转让应当以依法评估的、经履行出资人职责的机构认可或者由履行出资人职责的机构报经本级人民政府核准的价格为依据，合理确定最低转让价格。

法律、行政法规或者国务院国有资产监督管理机构规定可以向本企业的董事、监事、高级管理人员及其近亲属以及这些人员所有或实际控制的企业转让的国有资产在转让时，上述人员或者企业参与受让的，应当与其他受让参与者平等竞买；转让方应当按照国家有关规定，如实披露有关信息；相关的董事、监事和高级管理人员不得参与转让方案的制定和组织实施的各项工作。

国有资产向境外投资者转让的，应当遵守国家有关规定，不得危害国家安全和社会公共利益。

六、国有资本经营预算

（一）国有资本经营预算的范围

国家建立健全国有资本经营预算制度，对取得的国有资本收入及其支出实行预算管理。国家取得的下列国有资本收入，以及下列收入的支出，应当编制国有资本经营预算：从国家出资企业分得的利润；国有资产转让收入；从国家出资企业取得的清算收入；其他国有资本收入。

（二）国有资本经营预算的编制

国有资本经营预算按年度单独编制，纳入本级人民政府预算，报请本级人民代表大会批准。

国有资本经营预算支出按照当年预算收入规模安排，不列赤字。

国务院和有关地方人民政府财政部门负责国有资本经营预算草案的编制工作，履行出资人职责的机构向财政部门提出由其履行出资人职责的国有资本经营预算建议草案。

国有资本经营预算管理的具体办法和实施步骤，由国务院规定，报请全国人民代表大会常务委员会备案。

七、国有资产的监督

（一）人大的监督

各级人民代表大会常务委员会通过听取和审议本级人民政府履行出资人职责的情况和国有资产监督管理情况的专项工作报告，组织对本法实施情况的执法检查等，依法行使监督职权。

（二）政府的监督

国务院和地方人民政府应当对其授权履行出资人职责的机构履行职责的情况进行监督。国务院和地方人民政府审计机关依照《中华人民共和国审计法》的规定，对国有资本经营预算的执行情况和属于审计监督对象的国家出资企业进行审计监督。

（三）社会的监督

国务院和地方人民政府应当依法向社会公布国有资产状况和国有资产监督管理工作情况，接受社会公众的监督。任何单位和个人有权对造成国有资产损失的行为进行检举和控告。

履行出资人职责的机构根据需要，可以委托会计师事务所对国有独资企业、国有独资公司的年度财务会计报告进行审计，或者通过国有资本控股公司的股东会、股东大会决议，由国有资本控股公司聘请会计师事务所对公司的年度财务会计报告进行审计，以维护出资人权益。

八、企业国有资产管理的法律责任

（一）履行出资人职责机构及其工作人员的法律责任

履行出资人职责的机构有下列行为之一的，对其直接负责的主管人员和其他直接责任人员依法给予处分：不按照法定的任职条件，任命或者建议任命国家出资企业管理者的；侵占、截留、挪用国家出资企业的资金或者应当上缴的国有资本收入的；违反法定的权限、程序，决定国家出资企业重大事项，造成国有资产损失的；有其他不依法履行出资人职责的行为，造成国有资产损失的。

履行出资人职责的机构的工作人员玩忽职守、滥用职权、徇私舞弊，尚不构成犯罪的，依法给予处分。

（二）国有企业管理人员的法律责任

履行出资人职责的机构委派的股东代表未按照委派机构的指示履行职责，造成国有资产损失的，依法承担赔偿责任；属于国家工作人员的，并依法给予处分。

国家出资企业的董事、监事、高级管理人员有下列行为之一，造成国有资产损失的，依法承担赔偿责任；属于国家工作人员的，并依法给予处分：利用职权收受贿赂或者取得其他非法收入和不当利益的；侵占、挪用企业资产的；在企业改制、财产转让等过程中，违反法律、行政法规和公平交易规则，将企业财产低价转让、低价折股的；违反《企业国有资产法》规定与本企业进行交易的；不如实向资产评估机构、会计师事务所提供有关情况和资料，或者与资产评估机构、会计师事务所串通出具虚假资产评估报告、审计报告的；违反法律、行政法规和企业章程规定的决策程序，决定企业重大事项的；有其他违反法律、行政法规和企业章程执行职务行为的。国家出资企业的董事、监事、高级管理人员因上述所列行为取得的收入，依法予以追缴或者归国家出资企业所有。履行出资人职责的机构任命或者建议任命的董事、监事、高级管理人员有上述所列行为之一，造成国有资产重大损失的，由履行出资人职责的机构依法予以免职或者提出免职建议。

在涉及关联方交易、国有资产转让等交易活动中，当事人恶意串通，损害国有资产权益的，该交易行为无效。

国有独资企业、国有独资公司、国有资本控股公司的董事、监事、高级管理人员违反《企业国有资产法》规定，造成国有资产重大损失，被免职的，自免职之日起五年内不得担任国有独资企业、国有独资公司、国有资本控股公司的董事、监事、高级管理人员；造成国有资产特别重大损失，或者因贪污、贿赂、侵占财产、挪用财产或者破坏社会主义市场经济秩序被判处刑罚的，终身不得担任国有独资企业、国有独资公司、国有资本控股公司的董事、监事、高级管理人员。

（三）中介机构的法律责任

接受委托对国家出资企业进行资产评估、财务审计的资产评估机构、会计师事务所违反法律、行政法规的规定和执业准则，出具虚假的资产评估报告或者审计报告的，依照有关法律、行政法规的规定追究法律责任。

第十八章　国库管理制度

一、国库的概念与基本制度

（一）国库的概念

国库的全称为国家金库。在传统意义上，国库是一个存放具体实物、货币和黄金的库房。但现代意义上的国库，已经不单单是库房，每个国家的国库往往都担负着保管、管理该国财政的资产和负债，以及反映该国预算执行情况的一系列国家财政职能。国库的职能已由传统的"库藏"管理发展成控制政府预算内、外资金，管理政府现金和债务等全面财政管理。

（二）国库的立法

为了统一组织国家财政收支，健全国家金库制度，1985 年 7 月 27 日国务院发布了《中华人民共和国国家金库条例》。

（三）国库的基本制度

国库负责办理国家预算资金的收入和支出。在执行任务中，必须认真贯彻国家的方针、政策和财经制度，发挥国库的促进和监督作用。中国人民银行具体经理国库。组织管理国库工作是人民银行的一项重要职责。

各级国库库款的支配权，按照国家财政体制的规定，分别属于同级财政机关。各级人民政府应加强对同级国库的领导，监督所属部门、单位，不得超越国家规定的范围动用国库库款。

二、国库的组织机构

（一）国库的设立

国库机构按照国家财政管理体制设立，原则上一级财政设立一级国库。中央设立总库；省、自治区、直辖市设立分库；省辖市、自治州设立中心支库；县和相当于县的市、区设立支库。支库以下经收处的业务，由专业银行的基层机构代理。

（二）国库领导的确定

各级国库的主任，由各该级人民银行行长兼任，副主任由主管国库工作的副行长兼任。不设人民银行机构的地方，国库业务由人民银行委托当地专业银行办理，工作上受上级国库领导，受委托的专业银行行长兼国库主任。

（三）国库的管理体制

国库业务工作实行垂直领导。各省、自治区、直辖市分库及其所属各级支库，既是中央国库的分支机构，也是地方国库。

各级国库应当设立专门的工作机构办理国库业务。机构设置按照上述规定，四级国库分别为司、处、科、股。人员应当稳定，编制单列。业务量不大的县支库，可不设专门机构，但要有专人办理国库业务。

三、国库的职责权限

（一）国库的基本职责

国库的基本职责如下：办理国家预算收入的收纳、划分和留解；办理国家预算支出的拨付；向上级国库和同级财政机关反映预算收支执行情况；协助财政、税务机关督促企业和其他有经济收入的单位及时向国家缴纳应缴款项，对于屡催不缴的，应依照税法协助扣收入库；组织管理和检查指导下级国库的工作；办理国家交办的同国库有关的其他工作。

（二）国库的主要权限

国库的主要权限如下：督促检查各经收处和收入机关所收之款是否按规定全

部缴入国库，发现违法不缴的，应及时查究处理；对擅自变更各级财政之间收入划分范围、分成留解比例，以及随意调整库款账户之间存款余额的，国库有权拒绝执行；对不符合国家规定要求办理退库的，国库有权拒绝办理；监督财政存款的开户和财政库款的支拨；任何单位和个人强令国库办理违反国家规定的事项，国库有权拒绝执行，并及时向上级报告；对不符合规定的凭证，国库有权拒绝受理。

（三）国库的工作制度与纪律

各级国库应加强会计核算工作，严密核算手续，健全账簿报表，保证各项预算收支数字完整、准确。国库工作人员要忠于职守，热爱本职工作，严格保守国家机密。对坚持执行国家方针、政策和财经制度，敢于同违反财经纪律行为做斗争的，要给予表扬和鼓励；对打击报复国库人员的，要严肃处理。

四、库款的收纳与退付

（一）库款的收纳

国家的一切预算收入，应按照规定全部缴入国库，任何单位不得截留、坐支或自行保管。国家各项预算收入，分别由各级财政机关、税务机关和海关负责管理，并监督缴入国库。缴库方式由财政部和中国人民银行总行另行规定。

国库收纳库款以人民币为限。以金银、外币等缴款，应当向当地银行兑换成人民币后缴纳。经济特区缴纳库款的办法，中外合资经营企业、中外合作经营企业和外籍人员缴纳库款的办法，由财政部和中国人民银行总行另行规定。

（二）库款的退付

预算收入的退付，必须在国家统一规定的退库范围内办理。必须从收入中退库的，应严格按照财政管理体制的规定，从各该级预算收入的有关项目中退付。

五、库款的支拨

（一）库款支拨的凭证

国家的一切预算支出，一律凭各级财政机关的拨款凭证，经国库统一办理拨付。

（二）库款支拨的方式

中央预算支出，采取实拨资金和限额管理两种方式。中央级行政事业经费，实行限额管理。地方预算支出，采用实拨资金的方式；如果采用限额管理，财政应随限额拨足资金，不由银行垫款。各级国库库款的支拨，必须在同级财政存款余额内支付。只办理转账，不支付现金。

六、国库管理制度改革

2001 年 3 月 16 日，财政部、中国人民银行《关于印发〈财政国库管理制度改革试点方案〉的通知》（财库［2001］24 号）拉开了国库管理制度改革的序幕。

（一）改革现行财政国库管理制度的必要性

我国现行的财政性资金缴库和拨付方式，是通过征收机关和预算单位设立多重账户分散进行的。这种在传统体制下形成的运作方式，越来越不适应社会主义市场经济体制下公共财政的发展要求。主要弊端是：重复和分散设置账户，导致财政资金活动透明度不高，不利于对其实施有效管理和全面监督；财政收支信息反馈迟缓，难以及时为预算编制、执行分析和宏观经济调控提供准确依据；财政资金入库时间延滞，收入退库不规范，大量资金经常滞留在预算单位，降低了使用效率；财政资金使用缺乏事前监督，截留、挤占、挪用等问题时有发生，甚至出现腐败现象。因此，必须对现行财政国库管理制度进行改革，逐步建立和完善以国库单一账户体系为基础、资金缴拨以国库集中收付为主要形式的财政国库管理制度。

（二）财政国库管理制度改革的指导思想和原则

财政国库管理制度改革的指导思想是：按照社会主义市场经济体制下公共财政的发展要求，借鉴国际通行做法和成功经验，结合我国具体国情，建立和完善以国库单一账户体系为基础、资金缴拨以国库集中收付为主要形式的财政国库管理制度，进一步加强财政监督，提高资金使用效益，更好地发挥财政在宏观调控中的作用。

根据上述指导思想，财政国库管理制度改革遵循以下原则：

（1）有利于规范操作。合理确定财政部门、征收单位、预算单位、中国人民银行国库和代理银行的管理职责，不改变预算单位的资金使用权限，使所有财政性收支都按规范的程序在国库单一账户体系内运作。

（2）有利于管理监督。增强财政收支活动透明度，基本不改变预算单位财务管理和会计核算权限，使收入缴库和支出拨付的整个过程都处于有效的监督管理之下。

（3）有利于方便用款。减少资金申请和拨付环节，使预算单位用款更加及时和便利。

（4）有利于分步实施。改革方案要体现系统性和前瞻性，使改革目标逐步得到实现。

（三）建立国库单一账户体系

按照财政国库管理制度的基本发展要求，建立国库单一账户体系，所有财政性资金都纳入国库单一账户体系管理，收入直接缴入国库或财政专户，支出通过国库单一账户体系支付到商品和劳务供应者或用款单位。

国库单一账户体系的构成如下：财政部门在中国人民银行开设国库单一账户，按收入和支出设置分类账，收入账按预算科目进行明细核算，支出账按资金使用性质设立分账册；财政部门按资金使用性质在商业银行开设零余额账户；在商业银行为预算单位开设零余额账户；财政部门在商业银行开设预算外资金财政专户，按收入和支出设置分类账；财政部门在商业银行为预算单位开设小额现金账户；经国务院和省级人民政府批准或授权财政部门开设特殊过渡性专户（以下简称特设专户）。

建立国库单一账户体系后，相应取消各类收入过渡性账户。预算单位的财政性资金逐步全部纳入国库单一账户管理。

国库单一账户体系中各类账户的功能如下：国库单一账户为国库存款账户，用于记录、核算和反映纳入预算管理的财政收入和支出活动，并用于与财政部门在商业银行开设的零余额账户进行清算，实现支付；财政部门的零余额账户，用于财政直接支付和与国库单一账户支出清算；预算单位的零余额账户用于财政授权支付和清算；预算外资金财政专户，用于记录、核算和反映预算外资金的收入和支出活动，并用于预算外资金日常收支清算；小额现金账户，用于记录、核算和反映预算单位的零星支出活动，并用于与国库单一账户清算；特设专户，用于记录、核算和反映预算单位的特殊专项支出活动，并用于与国库单一账户清算。

上述账户和专户要与财政部门及其支付执行机构、中国人民银行国库部门和预算单位的会计核算保持一致性，相互核对有关账务记录。在建立健全现代化银行支付系统和财政管理信息系统的基础上，逐步实现由国库单一账户核算所有财政性资金的收入和支出，并通过各部门在商业银行的零余额账户处理日常支付和清算业务。

（四）规范收入收缴程序

按政府收支分类标准，对财政收入实行分类。适应财政国库管理制度的改革要求，将财政收入的收缴分为直接缴库和集中汇缴。直接缴库是由缴款单位或缴款人按有关法律法规规定，直接将应缴收入缴入国库单一账户或预算外资金财政专户。集中汇缴是由征收机关（有关法定单位）按有关法律法规规定，将所收的应缴收入汇总缴入国库单一账户或预算外资金财政专户。

直接缴库程序如下：直接缴库的税收收入，由纳税人或税务代理人提出纳税申报，经征收机关审核无误后，由纳税人通过开户银行将税款缴入国库单一账户。直接缴库的其他收入，比照上述程序缴入国库单一账户或预算外资金财政专户。

集中汇缴程序如下：小额零散税收和法律另有规定的应缴收入，由征收机关于收缴收入的当日汇总缴入国库单一账户。非税收入中的现金缴款，比照本程序缴入国库单一账户或预算外资金财政专户。

规范收入退库管理。涉及从国库中退库的，依照法律、行政法规有关国库管理的规定执行。

（五）规范支出拨付程序

财政支出总体上分为购买性支出和转移性支出。根据支付管理需要，具体分为：工资支出，即预算单位的工资性支出；购买支出，即预算单位除工资支出、零星支出之外购买服务、货物、工程项目等支出；零星支出，即预算单位购买支出中的日常小额部分，除《政府采购品目分类表》所列品目以外的支出，或列入《政府采购品目分类表》所列品目，但未达到规定数额的支出；转移支出，即拨付给预算单位或下级财政部门，未指明具体用途的支出，包括拨付企业补贴和未指明具体用途的资金、中央对地方的一般性转移支付等。

按照不同的支付主体，对不同类型的支出，分别实行财政直接支付和财政授权支付。

在财政直接支付方式下，由财政部门开具支付令，通过国库单一账户体系，直接将财政资金支付到收款人（即商品和劳务供应者，下同）或用款单位账户。实行财政直接支付的支出包括：工资支出、购买支出以及中央对地方的专项转移支付，拨付企业大型工程项目或大型设备采购的资金等，直接支付到收款人；转移支出（中央对地方专项转移支出除外），包括中央对地方的一般性转移支付中的税收返还、原体制补助、过渡期转移支付、结算补助等支出，对企业的补贴和未指明购买内容的某些专项支出等，支付到用款单位（包括下级财政部门和预算单位，下同）。

在财政授权支付方式下，预算单位根据财政授权，自行开具支付令，通过国库单一账户体系将资金支付到收款人账户。实行财政授权支付的支出包括未实行财政直接支付的购买支出和零星支出。

财政直接支付程序如下：预算单位按照批复的部门预算和资金使用计划，向财政国库支付执行机构提出支付申请，财政国库支付执行机构根据批复的部门预算和资金使用计划及相关要求对支付申请审核无误后，向代理银行发出支付令，并通知中国人民银行国库部门，通过代理银行进入全国银行清算系统实时清算，财政资金从国库单一账户划拨到收款人的银行账户。

财政直接支付主要通过转账方式进行，也可以采取"国库支票"支付。财政国库支付执行机构根据预算单位的要求签发支票，并将签发给收款人的支票交给预算单位，由预算单位转给收款人。收款人持支票到其开户银行入账，收款人开户银行再与代理银行进行清算。每日营业终了前由国库单一账户与代理银行进行清算。

工资性支付涉及的各预算单位人员编制、工资标准、开支数额等，分别由编制部门、人事部门和财政部门核定。

支付对象为预算单位和下级财政部门的支出，由财政部门按照预算执行进度将资金从国库单一账户直接拨付到预算单位或下级财政部门账户。

财政授权支付程序如下：预算单位按照批复的部门预算和资金使用计划，向财政国库支付执行机构申请授权支付的月度用款限额，财政国库支付执行机构将批准后的限额通知代理银行和预算单位，并通知中国人民银行国库部门。预算单位在月度用款限额内，自行开具支付令，通过财政国库支付执行机构转由代理银行向收款人付款，并与国库单一账户清算。

上述财政直接支付和财政授权支付流程，以现代化银行支付系统和财政信息管理系统的国库管理操作系统为基础。在这些系统尚未建立和完善前，财政国库支付执行机构或预算单位的支付令通过人工操作转到代理银行，代理银行通过现行银行清算系统向收款人付款，并在每天轧账前，与国库单一账户进行清算。

预算外资金的支付，逐步比照上述程序实施。

（六）中央预算单位2011年深化国库集中支付改革

2010年12月8日，财政部发布了《关于中央预算单位2011年深化国库集中支付改革若干问题的通知》（财库〔2010〕138号），要求全面深化国库集中支付改革，进一步扩大改革级次和范围，实现所有中央预算单位和所有一般预算、政府性基金和国有资本经营预算资金实行国库集中支付；健全和完善国库单一账户体系，逐步将中央预算单位实有资金银行账户纳入国库单一账户体系并实施动态管理；深化公务卡改革，将改革推进到所有三级和具备条件的三级以下预算单位，扩大结算范围，切实减少公务支出的现金使用；加强用款计划管理，不断提高用款计划的科学性和准确性；推进财政授权支付网上银行试点工作；认真做好预算执行细化管理后国库集中支付年终结余资金的申报核定工作；进一步加强预算单位银行账户、往来资金、会计核算和资金安全等财务管理工作；完善各单位预算执行管理制度和预算支出责任制度，切实提高预算执行的均衡性和效率，并严格按照国库集中支付制度规定支付资金。

2011 年，实行财政直接支付的资金范围包括：一般预算支出和政府性基金支出中，年度财政投资在 500 万元（含 500 万元）以上的工程采购支出（包括建筑安装工程、设备采购、工程监理、设计服务、移民征地拆迁和工程质量保证金等支出，不包括建设单位管理费等零星支出）；中央基层预算单位项目支出中，纳入政府采购预算且金额在 100 万元（含 100 万元）以上的物品和服务采购支出（财政部另有规定的除外）；基本支出中纳入财政统发范围的工资、离退休费；能够直接支付到收款人或用款单位的转移性支出，包括拨付有关企业的补贴等；国有资本经营预算支出（财政部另有规定的除外）。

实行财政授权支付的资金范围包括：一般预算支出和政府性基金支出中，未纳入财政直接支付的工程、物品、服务等购买支出和零星支出；特别紧急支出；财政部规定的其他支出。

根据财政部《关于将按预算外资金管理的收入纳入预算管理的通知》（财预〔2010〕88 号）规定，从 2011 年 1 月 1 日起，除教育收费不纳入预算实行财政专户管理外，其他按预算外资金管理的收入将全部纳入预算管理。对纳入预算管理的资金，要严格按照财政国库管理制度有关规定支付；不纳入预算但实行财政专户管理的资金，暂按原渠道从财政专户中核拨。

图书在版编目(CIP)数据

财政法学原理/翟继光著.—北京:经济管理出版社,2011.5

ISBN 978-7-5096-1458-7

Ⅰ.①财… Ⅱ.①翟… Ⅲ.①财政法-法的理论-中国 Ⅳ.①D922.201

中国版本图书馆 CIP 数据核字(2011)第 089228 号

出版发行:**经济管理出版社**

北京市海淀区北蜂窝 8 号中雅大厦 11 层

电话:(010)51915602   邮编:100038

印刷:北京广益印刷有限公司   经销:新华书店

组稿编辑:陆雅丽   责任编辑:陆雅丽

责任印制:黄 铄   责任校对:蒋 方

720mm×1000mm/16   19.5 印张   360 千字

2011 年 8 月第 1 版   2011 年 8 月第 1 次印刷

定价:39.00 元

书号:ISBN 978-7-5096-1458-7